Collection

Alexandre Dumas

1802 - 1870

56 - *Vingt ans après*

Tome III et IV

ISBN : 978-2-37884-700-5

Éditions Ararauna, 34400 Lunel, France

Dépôt légal : Mai 2022

TABLE DES MATIÈRES

Tome III

TABLE DES MATIÈRES

Tome III

Tome IV

Tome III

I

La tour de Saint-Jacques-la-Boucherie

À six heures moins un quart, M. de Gondy avait fait toutes ses courses et était rentré à l'archevêché.

À six heures on annonça le curé de Saint-Merri.

Le coadjuteur jeta vivement les yeux derrière lui et vit qu'il était suivi d'un autre homme.

– Faites entrer, dit-il.

Le curé entra, et Planchet avec lui.

– Monseigneur, dit le curé de Saint-Merri, voici la personne dont j'ai eu l'honneur de vous parler.

Planchet salua de l'air d'un homme qui a fréquenté les bonnes maisons.

– Et vous êtes disposé à servir la cause du peuple ? demanda Gondy.

– Je crois bien, dit Planchet : je suis frondeur dans l'âme. Tel que vous me voyez, monseigneur, je suis condamné à être pendu.

– Et à quelle occasion ?

– J'ai tiré des mains des sergents de Mazarin un noble seigneur qu'ils reconduisaient à la Bastille, où il était depuis cinq ans.

– Vous le nommez ?

– Oh ! monseigneur le connaît bien : c'est le comte de Rochefort.

– Ah ! vraiment oui ! dit le coadjuteur, j'ai entendu parler de cette affaire : vous aviez soulevé tout le quartier, m'a-t-on dit ?

– À peu près, dit Planchet d'un air satisfait de lui-même.

– Et vous êtes de votre état ?...

– Confiseur, rue des Lombards.

– Expliquez-moi comment il se fait qu'exerçant un état si pacifique vous ayez des inclinations si belliqueuses ?

– Comment monseigneur, étant d'Église, me reçoit-il maintenant en habit de cavalier, avec l'épée au côté et les éperons aux bottes ?

– Pas mal répondu, ma foi ! dit Gondy en riant ; mais, vous le savez, j'ai toujours eu, malgré mon rabat, des inclinations guerrières.

– Eh bien, monseigneur, moi, avant d'être confiseur, j'ai été trois ans sergent au régiment de Piémont, et avant d'être trois ans au régiment de Piémont, j'ai été dix-huit mois laquais de M. d'Artagnan.

– Le lieutenant aux mousquetaires ? demanda Gondy.

– Lui-même, monseigneur.

– Mais on le dit mazarin enragé ?

– Heu... fit Planchet.

– Que voulez-vous dire ?

– Rien, monseigneur. M. d'Artagnan est au service ; M. d'Artagnan fait son état de défendre Mazarin, qui le paye, comme nous faisons, nous autres bourgeois, notre état d'attaquer le Mazarin, qui nous vole.

– Vous êtes un garçon intelligent, mon ami, peut-on compter sur vous ?

– Je croyais, dit Planchet, que M. le curé vous avait répondu pour moi.

– En effet ; mais j'aime à recevoir cette assurance de votre bouche.

– Vous pouvez compter sur moi, monseigneur, pourvu qu'il s'agisse de faire un bouleversement par la ville.

– Il s'agit justement de cela. Combien d'hommes croyez-vous pouvoir rassembler dans la nuit ?

– Deux cents mousquets et cinq cents hallebardes.

– Qu'il y ait seulement un homme par chaque quartier qui en fasse autant, et demain nous aurons une assez forte armée.

– Mais oui.

– Seriez-vous disposé à obéir au comte de Rochefort ?

– Je le suivrais en enfer ; et ce n'est pas peu dire, car je le crois capable d'y descendre.

– Bravo !

– À quel signe pourra-t-on distinguer demain les amis des ennemis ?

– Tout frondeur peut mettre un nœud de paille à son chapeau.

– Bien. Donnez la consigne.

– Avez-vous besoin d'argent ?

– L'argent ne fait jamais de mal en aucune chose, monseigneur. Si on n'en a pas, on s'en passera ; si on en a, les choses n'iront que plus vite et mieux.

Gondy alla à un coffre et tira un sac.

– Voici cinq cents pistoles, dit-il ; et si l'action va bien, comptez demain sur pareille somme.

– Je rendrai fidèlement compte à monseigneur de cette somme, dit Planchet en mettant le sac sous son bras.

– C'est bien, je vous recommande le cardinal.

– Soyez tranquille, il est en bonnes mains.

Planchet sortit, le curé resta un peu en arrière.

– Êtes-vous content, monseigneur ? dit-il.

– Oui, cet homme m'a l'air d'un gaillard résolu.

– Eh bien, il fera plus qu'il n'a promis.

– C'est merveilleux alors.

Et le curé rejoignit Planchet, qui l'attendait sur l'escalier. Dix minutes après on annonçait le curé de Saint-Sulpice.

Dès que la porte du cabinet de Gondy fut ouverte, un homme s'y précipita, c'était le comte de Rochefort.

– C'est donc vous, mon cher comte ! dit de Gondy en lui tendant la main.

– Vous êtes donc enfin décidé, monseigneur ? dit Rochefort.

– Je l'ai toujours été, dit Gondy.

– Ne parlons plus de cela, vous le dites, je vous crois ; nous allons donner le bal au Mazarin.

– Mais... je l'espère.

– Et quand commencera la danse ?

– Les invitations se font pour cette nuit, dit le coadjuteur, mais les violons ne commenceront à jouer que demain matin.

– Vous pouvez compter sur moi et sur cinquante soldats que m'a promis le chevalier d'Humières, dans l'occasion où j'en aurais besoin.

– Sur cinquante soldats ?

– Oui ; il fait des recrues et me les prête ; la fête finie, s'il en manque, je les remplacerai.

– Bien, mon cher Rochefort ; mais ce n'est pas tout.

– Qu'y a-t-il encore ? demanda Rochefort en souriant.

– M. de Beaufort, qu'en avez-vous fait ?

– Il est dans le Vendômois, où il attend que je lui écrive de revenir à Paris.

– Écrivez-lui, il est temps.

– Vous êtes donc sûr de votre affaire ?

– Oui, mais il faut qu'il se presse ; car à peine le peuple de Paris va-t-il être révolté, que nous aurons dix princes pour un qui voudront se mettre à sa tête : s'il tarde, il trouvera la place prise.

– Puis-je lui donner avis de votre part ?

– Oui, parfaitement.

– Puis-je lui dire qu'il doit compter sur vous ?

– À merveille.

– Et vous lui laisserez tout pouvoir ?

– Pour la guerre, oui ; quant à la politique...

– Vous savez que ce n'est pas son fort.

– Il me laissera négocier à ma guise mon chapeau de cardinal.

– Vous y tenez ?

– Puisqu'on me force de porter un chapeau d'une forme qui ne me convient pas, dit Gondy, je désire au moins que ce chapeau soit rouge.

– Il ne faut pas disputer des goûts et des couleurs, dit Rochefort en riant ; je réponds de son consentement.

– Et vous lui écrivez ce soir ?

– Je fais mieux que cela, je lui envoie un messager.

– Dans combien de jours peut-il être ici ?

– Dans cinq jours.

– Qu'il vienne, et il trouvera un changement.

– Je le désire.

– Je vous en réponds.

– Ainsi ?

– Allez rassembler vos cinquante hommes et tenez-vous prêt.

– À quoi ?

– À tout.

– Y a-t-il un signe de ralliement ?

– Un nœud de paille au chapeau.

– C'est bien. Adieu, monseigneur.

– Adieu, mon cher Rochefort.

– Ah ! mons Mazarin, mons Mazarin ! dit Rochefort en entraînant son curé, qui n'avait pas trouvé moyen de placer un mot dans ce dialogue, vous verrez si je suis trop vieux pour être un homme d'action !

Il était neuf heures et demie, il fallait bien une demi-heure au coadjuteur pour se rendre de l'archevêché à la tour de Saint-Jacques-la-Boucherie.

Le coadjuteur remarqua qu'une lumière veillait à l'une des fenêtres les plus élevées de la tour.

– Bon, dit-il, notre syndic est à son poste.

Il frappa, on vint lui ouvrir. Le vicaire lui-même l'attendait et le conduisit en l'éclairant jusqu'au haut de la tour ; arrivé là, il lui montra une petite porte, posa la lumière dans un angle de la muraille pour que le coadjuteur pût la trouver en sortant, et descendit.

Quoique la clef fût à la porte, le coadjuteur frappa.

– Entrez, dit une voix que le coadjuteur reconnut pour celle du mendiant.

De Gondy entra. C'était effectivement le donneur d'eau bénite du parvis Saint-Eustache. Il attendait couché sur une espèce de grabat.

En voyant entrer le coadjuteur il se leva.

Dix heures sonnèrent.

– Eh bien ! dit Gondy, m'as-tu tenu parole ?

– Pas tout à fait, dit le mendiant.

– Comment cela ?

– Vous m'avez demandé cinq cents hommes, n'est-ce pas ?

– Oui, eh bien ?

– Eh bien ! je vous en aurai deux mille.

– Tu ne te vantes pas ?

– Voulez-vous une preuve ?

– Oui.

Trois chandelles étaient allumées, chacune d'elles brûlant devant une fenêtre dont l'une donnait sur la Cité, l'autre sur le Palais-Royal, l'autre sur la rue Saint-Denis.

L'homme alla silencieusement à chacune des trois chandelles et les souffla l'une après l'autre.

Le coadjuteur se trouva dans l'obscurité, la chambre n'était plus éclairée que par le rayon incertain de la lune perdue dans les gros nuages noirs dont elle frangeait d'argent les extrémités.

– Qu'as-tu fait ? dit le coadjuteur.

– J'ai donné le signal.

– Lequel ?

– Celui des barricades.

– Ah ! ah !

– Quand vous sortirez d'ici vous verrez mes hommes à l'œuvre. Prenez seulement garde de vous casser les jambes en vous heurtant à quelque chaîne ou en vous laissant tomber dans quelque trou.

– Bien ! Voici la somme, la même que celle que tu as reçue. Maintenant souviens-toi que tu es un chef et ne va pas boire.

– Il y a vingt ans que je n'ai bu que de l'eau.

L'homme prit le sac des mains du coadjuteur, qui entendit le bruit que faisait la main en fouillant et en maniant les pièces d'or.

– Ah ! ah ! dit le coadjuteur, tu es avare, mon drôle.

Le mendiant poussa un soupir et rejeta le sac.

– Serai-je donc toujours le même, dit-il, et ne parviendrai-je jamais à dépouiller le vieil homme ? Ô misère, ô vanité !

– Tu le prends, cependant.

– Oui, mais je fais vœu devant vous d'employer ce qui me restera à des œuvres pies.

Son visage était pâle et contracté comme l'est celui d'un homme qui vient de subir une lutte intérieure.

– Singulier homme ! murmura Gondy.

Et il prit son chapeau pour s'en aller, mais en se retournant il vit le mendiant entre lui et la porte.

Son premier mouvement fut que cet homme lui voulait quelque mal.

Mais bientôt, au contraire, il lui vit joindre les deux mains et il tomba à genoux.

– Monseigneur, lui dit-il, avant de me quitter, votre bénédiction, je vous prie.

– Monseigneur ! s'écria Gondy ; mon ami, tu me prends pour un autre.

– Non, monseigneur, je vous prends pour ce que vous êtes, c'est-à-dire pour M. le coadjuteur ; je vous ai reconnu du premier coup d'œil.

Gondy sourit.

– Et tu veux ma bénédiction ? dit-il.

– Oui, j'en ai besoin.

Le mendiant dit ces paroles avec un ton d'humilité si grande et de repentir si profond, que Gondy étendit sa main sur lui et lui donna sa bénédiction avec toute l'onction dont il était capable.

– Maintenant, dit le coadjuteur, il y a communion entre nous. Je t'ai béni et tu m'es sacré, comme à mon tour je le suis pour toi. Voyons, as-tu commis quelque crime que poursuive la justice humaine dont je puisse te garantir ?

Le mendiant secoua la tête.

– Le crime que j'ai commis, monseigneur, ne relève point de la justice humaine, et vous ne pouvez m'en délivrer qu'en me bénissant souvent comme vous venez de le faire.

– Voyons, sois franc, dit le coadjuteur, tu n'as pas fait toute ta vie le métier que tu fais ?

– Non, monseigneur, je ne le fais pas depuis six ans.

– Avant de le faire, où étais-tu ?

– À la Bastille.

– Et avant d'être à la Bastille ?

– Je vous le dirai, monseigneur, le jour où vous voudrez bien m'entendre en confession.

– C'est bien. À quelque heure du jour ou de la nuit que tu te présentes, souviens-toi que je suis prêt à te donner l'absolution.

– Merci, monseigneur, dit le mendiant d'une voix sourde, mais je ne suis pas encore prêt à la recevoir.

– C'est bien. Adieu.

– Adieu, monseigneur, dit le mendiant en ouvrant la porte et en se courbant devant le prélat.

Le coadjuteur prit la chandelle, descendit et sortit tout rêveur.

II

L'émeute

Il était onze heures de la nuit à peu près. Gondy n'eut pas fait cent pas dans les rues de Paris qu'il s'aperçut du changement étrange qui s'était opéré.

Toute la ville semblait habitée d'êtres fantastiques ; on voyait des ombres silencieuses qui dépavaient les rues, d'autres qui traînaient et qui renversaient des charrettes, d'autres qui creusaient des fossés à engloutir des compagnies entières de cavaliers. Tous ces personnages si actifs allaient, venaient, couraient, pareils à des démons accomplissant quelque œuvre inconnue : c'étaient les mendiants de la cour des Miracles, c'étaient les agents du donneur d'eau bénite du parvis Saint-Eustache qui préparaient les barricades du lendemain.

Gondy regardait ces hommes de l'obscurité, ces travailleurs nocturnes, avec une certaine épouvante ; il se demandait si, après avoir fait sortir toutes ces créatures immondes de leurs repaires, il aurait le pouvoir de les y faire rentrer. Quand quelqu'un de ces êtres s'approchait de lui, il était prêt à faire le signe de la croix.

Il gagna la rue Saint-Honoré et la suivit en s'avançant vers la rue de la Ferronnerie. Là, l'aspect changea : c'étaient des marchands qui couraient de boutique en boutique ; les portes semblaient fermées comme les contrevents ; mais elles n'étaient que poussées, si bien qu'elles s'ouvraient et se refermaient aussitôt pour donner entrée à des hommes qui semblaient craindre de laisser voir ce qu'ils portaient ; ces hommes, c'étaient les boutiquiers qui ayant des armes en prêtaient à ceux qui n'en avaient pas.

Un individu allait de porte en porte, pliant sous le poids d'épées, d'arquebuses, de mousquetons, d'armes de toute espèce, qu'il déposait au fur et à mesure. À la lueur d'une lanterne, le coadjuteur reconnut Planchet.

Le coadjuteur regagna le quai par la rue de la Monnaie ; sur le quai, des groupes de bourgeois en manteaux noirs et gris, selon qu'ils appartenaient à la haute ou à la basse bourgeoisie, stationnaient immobiles, tandis que des hommes isolés passaient d'un groupe à l'autre. Tous ces manteaux gris ou noirs étaient relevés par-derrière par la pointe d'une épée, par-devant par le canon d'une arquebuse ou d'un mousqueton.

En arrivant sur le Pont-Neuf, le coadjuteur trouva ce pont gardé ; un homme s'approcha de lui.

– Qui êtes-vous ? demanda cet homme ; je ne vous reconnais pas pour être des nôtres.

– C'est que vous ne reconnaissez pas vos amis, mon cher monsieur Louvières, dit le coadjuteur en levant son chapeau.

Louvières le reconnut et s'inclina.

Gondy poursuivit sa route et descendit jusqu'à la tour de Nesle. Là, il vit une longue file de gens qui se glissaient le long des murs. On eût dit d'une procession de fantômes, car ils étaient tous enveloppés de manteaux blancs. Arrivés à un certain endroit, tous ces hommes semblaient s'anéantir l'un après l'autre comme si la terre eût manqué sous leurs pieds. Gondy s'accouda dans un angle et les vit disparaître depuis le premier jusqu'à l'avant-dernier.

Le dernier leva les yeux pour s'assurer sans doute que lui et ses compagnons n'étaient point épiés, et malgré l'obscurité il aperçut Gondy. Il marcha droit à lui et lui mit le pistolet sous la gorge.

– Holà ! monsieur de Rochefort, dit Gondy en riant, ne plaisantons pas avec les armes à feu.

Rochefort reconnut la voix.

– Ah ! c'est vous, monseigneur ? dit-il.

– Moi-même. Quelles gens menez-vous ainsi dans les entrailles de la terre ?

– Mes cinquante recrues du chevalier d'Humières, qui sont destinées à entrer dans les chevau-légers, et qui ont pour tout équipement reçu leurs manteaux blancs.

– Et vous allez ?

– Chez un sculpteur de mes amis ; seulement nous descendons par la trappe où il introduit ses marbres.

– Très bien, dit Gondy.

Et il donna une poignée de main à Rochefort, qui descendit à son tour et referma la trappe derrière lui.

Le coadjuteur rentra chez lui. Il était une heure du matin. Il ouvrit la fenêtre et se pencha pour écouter.

Il se faisait par toute la ville une rumeur étrange, inouïe, inconnue ; on sentait qu'il se passait dans toutes ces rues, obscures comme des gouffres, quelque chose d'inusité et de terrible. De temps en temps un grondement pareil à celui d'une tempête qui s'amasse ou d'une houle qui monte se faisait entendre ; mais rien de clair, rien de distinct, rien d'explicable ne se présentait à l'esprit : on eût dit de ces bruits mystérieux et souterrains qui précèdent les tremblements de terre.

L'œuvre de révolte dura toute la nuit ainsi. Le lendemain, Paris en s'éveillant sembla tressaillir à son propre aspect. On eût dit d'une ville assiégée. Des hommes armés se tenaient sur les barricades l'œil menaçant, le mousquet à l'épaule ; des mots d'ordre, des patrouilles, des arrestations, des exécutions même, voilà ce que le passant trouvait à chaque pas. On arrêtait les chapeaux à plumes et les épées dorées pour leur faire crier : *Vive Broussel ! à bas le Mazarin !* et quiconque se refusait à cette cérémonie était hué, conspué et même battu. On ne tuait pas encore, mais on sentait que ce n'était pas l'envie qui en manquait.

Les barricades avaient été poussées jusqu'auprès du Palais-Royal. De la rue des Bons-Enfants à celle de la Ferronnerie, de la rue Saint-Thomas-du-Louvre au Pont-Neuf, de la rue Richelieu à la porte Saint-Honoré, il y avait plus de dix mille hommes armés, dont les plus avancés criaient des défis aux sentinelles impassibles du régiment des gardes placées en vedettes tout autour du Palais-Royal, dont les grilles étaient refermées derrière elles, précaution qui rendait leur situation précaire. Au milieu de tout cela circulaient, par bandes de cent, de cent cinquante, de deux cents, des hommes hâves, livides, déguenillés, portant des espèces d'étendards où étaient écrits ces mots : *Voyez la misère du peuple !* Partout où passaient ces gens, des cris frénétiques se faisaient entendre ; et il y avait tant de bandes semblables, que l'on criait partout.

L'étonnement d'Anne d'Autriche et de Mazarin fut grand à leur lever, quand on vint leur annoncer que la Cité, que la veille au soir ils avaient laissée tranquille, se réveillait fiévreuse et tout en émotion ; aussi ni l'un ni l'autre ne voulaient-ils croire les rapports qu'on leur faisait, disant qu'ils ne s'en rapporteraient de cela qu'à leurs yeux et à leurs oreilles. On leur ouvrit une fenêtre. Ils virent, ils entendirent et ils furent convaincus.

Mazarin haussa les épaules et fit semblant de mépriser fort cette populace, mais il pâlit visiblement et, tout tremblant, courut à son cabinet, enfermant son or et ses bijoux dans ses cassettes, et passant à ses doigts ses plus beaux diamants. Quant à la reine, furieuse et abandonnée à sa seule volonté, elle fit venir le maréchal de La Meilleraie, lui ordonna de prendre autant d'hommes qu'il lui plairait et d'aller voir ce que c'était que cette *plaisanterie*.

Le maréchal était d'ordinaire fort aventureux et ne doutait de rien, ayant ce haut mépris de la populace que professaient pour elle les gens d'épée ; il prit cent cinquante hommes et voulut sortir par le pont du Louvre, mais là il rencontra Rochefort et ses cinquante chevau-légers accompagnés de plus de quinze cents personnes. Il n'y avait pas moyen de forcer une pareille barrière. Le maréchal ne l'essaya même point et remonta le quai.

Mais au Pont-Neuf il trouva Louvières et ses bourgeois. Cette fois le maréchal essaya de charger, mais il fut accueilli à coups de mousquet, tandis que les pierres tombaient comme grêle par toutes les fenêtres. Il y laissa trois hommes.

Il battit en retraite vers le quartier des Halles, mais il y trouva Planchet et ses hallebardiers. Les hallebardes se couchèrent menaçantes vers lui ; il voulut passer sur le ventre à tous ces manteaux gris, mais les manteaux gris tinrent bon, et le maréchal recula vers la rue Saint-Honoré, laissant sur le champ quatre de ses gardes qui avaient été tués tout doucement à l'arme blanche.

Alors il s'engagea dans la rue Saint-Honoré ; mais là il rencontra les barricades du mendiant de Saint-Eustache. Elles étaient gardées, non seulement par des hommes armés, mais encore par des femmes et des enfants. Maître Friquet, possesseur d'un pistolet et d'une épée que lui avait donnés Louvières, avait organisé une bande de drôles comme lui, et faisait un bruit à tout rompre.

Le maréchal crut ce point plus mal gardé que les autres et voulut le forcer. Il fit mettre pied à terre à vingt hommes pour forcer et ouvrir cette barricade, tandis que lui et le reste de sa troupe à cheval protégeraient les assaillants. Les vingt hommes marchèrent droit à l'obstacle ; mais, là, de derrière les poutres, d'entre les roues des charrettes, du haut des pierres, une fusillade terrible partit, et au bruit de cette fusillade, les hallebardiers de Planchet apparurent au coin du cimetière des Innocents, et les bourgeois de Louvières au coin de la rue de la Monnaie.

Le maréchal de La Meilleraie était pris entre deux feux.

Le maréchal de La Meilleraie était brave, aussi résolut-il de mourir où il était. Il rendit coups pour coups, et les hurlements de douleur commencèrent à retentir dans la foule. Les gardes, mieux exercés, tiraient plus juste, mais les bourgeois, plus nombreux, les écrasaient sous un véritable ouragan de fer. Les hommes tombaient autour de lui comme ils auraient pu tomber à Rocroy ou à Lérida. Fontrailles, son aide de camp, avait le bras cassé, son cheval avait reçu une balle dans le cou, et il avait grand-peine à le maîtriser, car la douleur le rendait presque fou. Enfin, il en était à ce moment suprême où le plus brave sent le frisson dans ses veines et la sueur sur son front, lorsque tout à coup la foule s'ouvrit du côté de la rue de l'Arbre-Sec en criant : « Vive le coadjuteur ! » et Gondy, en rochet et en camail, parut, passant tranquille au milieu de la fusillade, et distribuant à droite et à gauche ses bénédictions avec autant de calme que s'il conduisait la procession de la Fête-Dieu.

Tout le monde tomba à genoux.

Le maréchal le reconnut et courut à lui.

– Tirez-moi d'ici, au nom du ciel, dit-il, ou j'y laisserai ma peau et celle de tous mes hommes.

Il se faisait un tumulte au milieu duquel on n'eût pas entendu gronder le tonnerre du ciel. Gondy leva la main et réclama le silence. On se tut.

– Mes enfants, dit-il, voici M. le maréchal de La Meilleraie, aux intentions duquel vous vous êtes trompés, et qui s'engage, en rentrant au Louvre, à demander en votre nom, à la reine, la liberté de notre Broussel. Vous y engagez-vous, maréchal ? ajouta Gondy en se tournant vers La Meilleraie.

– Morbleu ! s'écria celui-ci, je le crois bien que je m'y engage ! Je n'espérais pas en être quitte à si bon marché.

– Il vous donne sa parole de gentilhomme, dit Gondy.

Le maréchal leva la main en signe d'assentiment.

« Vive le coadjuteur ! » cria la foule. Quelques voix ajoutèrent même. « Vive le maréchal ! » mais toutes reprirent en chœur : « À bas le Mazarin ! »

La foule s'ouvrit, le chemin de la rue Saint-Honoré était le plus court. On ouvrit les barricades, et le maréchal et le reste de sa troupe firent retraite, précédés par Friquet et ses bandits, les uns faisant semblant de battre du tambour, les autres imitant le son de la trompette.

Ce fut presque une marche triomphante : seulement, derrière les gardes, les barricades se refermaient ; le maréchal rongeait ses poings.

Pendant ce temps, comme nous l'avons dit, Mazarin était dans son cabinet, mettant ordre à ses petites affaires. Il avait fait demander d'Artagnan ; mais, au milieu de tout ce tumulte, il n'espérait pas le voir, d'Artagnan n'étant pas de service. Au bout de dix minutes le lieutenant parut sur le seuil, suivi de son inséparable Porthos.

– Ah ! venez, venez, monsou d'Artagnan, s'écria le cardinal, et soyez le bienvenu, ainsi que votre ami. Mais que se passe-t-il donc dans ce damné Paris ?

– Ce qui se passe, monseigneur ! rien de bon, dit d'Artagnan en hochant la tête ; la ville est en pleine révolte, et tout à l'heure, comme je traversais la rue Montorgueil avec M. du Vallon que voici et qui est bien votre serviteur, malgré mon uniforme et peut-être même à cause de mon uniforme, on a voulu nous faire crier : Vive Broussel ! et faut-il que je dise, monseigneur, ce qu'on a voulu nous faire crier encore ?

– Dites, dites.

– Et : À bas Mazarin ! Ma foi, voilà le grand mot lâché.

Mazarin sourit, mais devint fort pâle.

– Et vous avez crié ? dit-il.

– Ma foi non, dit d'Artagnan, je n'étais pas en voix ; M. du Vallon est enrhumé et n'a pas crié non plus. Alors, monseigneur...

– Alors quoi ? demanda Mazarin.

– Regardez mon chapeau et mon manteau.

Et d'Artagnan montra quatre trous de balle dans son manteau et deux dans son feutre. Quant à l'habit de Porthos, un coup de hallebarde l'avait ouvert sur le flanc, et un coup de pistolet avait coupé sa plume.

– *Diavolo !* dit le cardinal pensif et en regardant les deux amis avec une naïve admiration, j'aurais crié, moi !

En ce moment le tumulte retentit plus rapproché.

Mazarin s'essuya le front en regardant autour de lui. Il avait bonne envie d'aller à la fenêtre, mais il n'osait.

– Voyez donc ce qui se passe, monsieur d'Artagnan, dit-il.

D'Artagnan alla à la fenêtre avec son insouciance habituelle.

– Oh ! oh ! dit-il, qu'est-ce que cela ? le maréchal de La Meilleraie qui revient sans chapeau, Fontrailles qui porte son bras en écharpe, des gardes blessés, des chevaux tout en sang... Eh ! mais... que font donc les sentinelles ! elles mettent en joue, elles vont tirer !

– On leur a donné la consigne de tirer sur le peuple, s'écria Mazarin, si le peuple approchait du Palais-Royal.

– Mais si elles font feu, tout est perdu ! s'écria d'Artagnan.

– Nous avons les grilles.

– Les grilles ! il y en a pour cinq minutes ; les grilles ! elles seront arrachées, tordues, broyées !... Ne tirez pas, mordieu ! s'écria d'Artagnan en ouvrant la fenêtre.

Malgré cette recommandation, qui, au milieu du tumulte, n'avait pu être entendue, trois ou quatre coups de mousquet retentirent, puis une fusillade terrible leur succéda ; on entendit cliqueter les balles sur la façade du Palais-Royal, une d'elles passa sous le bras de d'Artagnan et alla briser une glace dans laquelle Porthos se mirait avec complaisance.

– *Ohimé !* s'écria le cardinal ; une glace de Venise !

– Oh ! monseigneur, dit d'Artagnan en refermant tranquillement la fenêtre, ne pleurez pas encore, cela n'en vaut pas la peine, car il est probable que dans une heure il n'en restera pas une au Palais-Royal, de toutes vos glaces, qu'elles soient de Venise ou de Paris.

– Mais quel est donc votre avis, alors ? dit le cardinal tout tremblant.

– Eh morbleu ! de leur rendre Broussel, puisqu'ils vous le redemandent ! Que diable voulez-vous faire d'un conseiller au Parlement ? Ce n'est bon à rien !

– Et vous, monsieur du Vallon, est-ce votre avis ? Que feriez-vous ?

– Je rendrais Broussel, dit Porthos.

– Venez, venez, messieurs, s'écria Mazarin, je vais parler de la chose à la reine.

Au bout du corridor il s'arrêta.

– Je puis compter sur vous, n'est-ce pas, messieurs ? dit-il.

– Nous ne nous donnons pas deux fois, dit d'Artagnan, nous nous sommes donnés à vous, ordonnez, nous obéirons.

– Eh bien ! dit Mazarin, entrez dans ce cabinet, et attendez.

En faisant un détour, il rentra dans le salon par une autre porte.

III

L'émeute se fait révolte

Le cabinet où l'on avait fait entrer d'Artagnan et Porthos n'était séparé du salon où se trouvait la reine que par des portières de tapisserie. Le peu d'épaisseur de la séparation permettait donc d'entendre tout ce qui se passait, tandis que l'ouverture qui se trouvait entre les deux rideaux, si étroite qu'elle fût, permettait de voir.

La reine était debout dans ce salon, pâle de colère ; mais cependant sa puissance sur elle-même était si grande, qu'on eût dit qu'elle n'éprouvait aucune émotion. Derrière elle étaient Comminges, Villequier et Guitaut ; derrière les hommes, les femmes.

Devant elle, le chancelier Séguier, le même qui, vingt ans auparavant, l'avait si fort persécutée, racontait que son carrosse venait d'être brisé, qu'il avait été poursuivi, qu'il s'était jeté dans l'Hôtel d'O, que l'hôtel avait été aussitôt envahi, pillé, dévasté ; heureusement il avait eu le temps de gagner un cabinet perdu dans la tapisserie, où une vieille femme l'avait enfermé avec son frère l'évêque de Meaux. Là, le danger avait été si réel, les forcenés s'étaient approchés de ce cabinet avec de telles menaces, que le chancelier avait cru que son heure était venue, et qu'il s'était confessé à son frère, afin d'être tout prêt à mourir s'il était découvert. Heureusement ne l'avait-il point été : le peuple, croyant qu'il s'était évadé par quelque porte de derrière, s'était retiré et lui avait laissé la retraite libre. Il s'était alors déguisé avec les habits du marquis d'O et il était sorti de l'hôtel, enjambant par-dessus les corps de son exempt et de deux gardes qui avaient été tués en défendant la porte de la rue.

Pendant ce récit, Mazarin était entré, et sans bruit s'était glissé près de la reine et écoutait.

– Eh bien ! demanda la reine quand le chancelier eut fini, que pensez-vous de cela ?

– Je pense que la chose est fort grave, madame.

– Mais quel conseil me proposez-vous ?

– J'en proposerais bien un à Votre Majesté, mais je n'ose.

– Osez, osez, monsieur, dit la reine avec un sourire amer, vous avez bien osé autre chose.

Le chancelier rougit et balbutia quelques mots.

– Il n'est pas question du passé, mais du présent, dit la reine. Vous avez dit que vous aviez un conseil à me donner, quel est-il ?

– Madame, dit le chancelier en hésitant, ce serait de relâcher Broussel.

La reine, quoique très pâle, pâlit visiblement encore et sa figure se contracta.

– Relâcher Broussel ! dit-elle, jamais !

En ce moment on entendit des pas dans la salle précédente, et, sans être annoncé, le maréchal de La Meilleraie parut sur le seuil de la porte.

– Ah ! vous voilà, maréchal ! s'écria Anne d'Autriche avec joie, vous avez mis toute cette canaille à la raison, j'espère ?

– Madame, dit le maréchal, j'ai laissé trois hommes au Pont-Neuf, quatre aux Halles, six au coin de la rue de l'Arbre-Sec et deux à la porte de votre palais, en tout quinze. Je ramène dix ou douze blessés. Mon chapeau est resté je ne sais où, emporté par une balle et, selon toute probabilité, je serais resté avec mon chapeau, sans M. le coadjuteur, qui est venu et qui m'a tiré d'affaire.

– Ah ! au fait, dit la reine, cela m'eût étonnée de ne pas voir ce basset à jambes torses mêlé dans tout cela.

– Madame, dit La Meilleraie en riant, n'en dites pas trop de mal devant moi, car le service qu'il m'a rendu est encore tout chaud.

– C'est bon, dit la reine, soyez-lui reconnaissant tant que vous voudrez ; mais cela ne m'engage pas, moi. Vous voilà sain et sauf, c'est tout ce que je désirais ; soyez non seulement le bienvenu, mais le bien revenu.

– Oui, madame ; mais je suis le bien revenu à une condition, c'est que je vous transmettrai les volontés du peuple.

– Des volontés ! dit Anne d'Autriche en fronçant le sourcil. Oh ! oh ! monsieur le maréchal, il faut que vous vous soyez trouvé dans un bien grand danger, pour vous charger d'une ambassade si étrange !

Et ces mots furent prononcés avec un accent d'ironie qui n'échappa point au maréchal.

– Pardon, madame, dit le maréchal, je ne suis pas avocat, je suis homme de guerre, et par conséquent peut-être je comprends mal la valeur des mots ; c'est le *désir* et non la volonté du peuple que j'aurais dû dire. Quant à ce que vous me faites l'honneur de me répondre, je crois que vous vouliez dire que j'ai eu peur.

La reine sourit.

– Eh bien ! oui, madame, j'ai eu peur ; c'est la troisième fois de ma vie que cela m'arrive, et cependant je me suis trouvé à douze batailles rangées et je ne sais combien de combats et d'escarmouches : oui, j'ai eu peur, et j'aime mieux être en face de Votre Majesté, si menaçant que soit son sourire, qu'en face de ces démons d'enfer qui m'ont accompagné jusqu'ici et qui sortent je ne sais d'où.

– Bravo ! dit tout bas d'Artagnan à Porthos, bien répondu.

– Eh bien ! dit la reine se mordant les lèvres, tandis que les courtisans se regardaient avec étonnement, quel est ce désir de mon peuple ?

– Qu'on lui rende Broussel, madame, dit le maréchal.

– Jamais ! dit la reine, jamais !

– Votre Majesté est la maîtresse, dit La Meilleraie saluant en faisant un pas en arrière.

– Où allez-vous, maréchal ? dit la reine.

– Je vais rendre la réponse de Votre Majesté à ceux qui l'attendent.

– Restez, maréchal, je ne veux pas avoir l'air de parlementer avec des rebelles.

– Madame, j'ai donné ma parole, dit le maréchal.

– Ce qui veut dire ?...

– Que si vous ne me faites pas arrêter, je suis forcé de descendre.

Les yeux d'Anne d'Autriche lancèrent deux éclairs.

– Oh ! qu'à cela ne tienne, monsieur, dit-elle, j'en ai fait arrêter de plus grands que vous ; Guitaut !

Mazarin s'élança.

– Madame, dit-il, si j'osais à mon tour vous donner un avis...

– Serait-ce aussi de rendre Broussel, monsieur ? En ce cas vous pouvez vous en dispenser.

– Non, dit Mazarin, quoique peut-être celui-là en vaille bien un autre.

– Que serait-ce, alors ?

– Ce serait d'appeler M. le coadjuteur.

– Le coadjuteur ! s'écria la reine, cet affreux brouillon ! C'est lui qui a fait toute cette révolte.

– Raison de plus, dit Mazarin ; s'il l'a faite, il peut la défaire.

– Et tenez, madame, dit Comminges qui se tenait près d'une fenêtre par laquelle il regardait ; tenez, l'occasion est bonne, car le voici qui donne sa bénédiction sur la place du Palais-Royal.

La reine s'élança vers la fenêtre.

– C'est vrai, dit-elle, le maître hypocrite ! voyez !

– Je vois, dit Mazarin, que tout le monde s'agenouille devant lui, quoiqu'il ne soit que coadjuteur ; tandis que si j'étais à sa place on me mettrait en pièces, quoique je sois cardinal. Je persiste donc, madame, dans *mon désir* (Mazarin appuya sur ce mot) que Votre Majesté reçoive le coadjuteur.

– Et pourquoi ne dites-vous pas, vous aussi, dans *votre volonté ?* répondit la reine à voix basse.

Mazarin s'inclina.

La reine demeura un instant pensive. Puis relevant la tête :

– Monsieur le maréchal, dit-elle, allez me chercher M. le coadjuteur, et me l'amenez.

– Et que dirai-je au peuple ? demanda le maréchal.

– Qu'il ait patience, dit Anne d'Autriche ; je l'ai bien, moi !

Il y avait dans la voix de la fière Espagnole un accent si impératif, que le maréchal ne fit aucune observation ; il s'inclina et sortit.

D'Artagnan se retourna vers Porthos :

– Comment cela va-t-il finir ? dit-il.

– Nous le verrons bien, dit Porthos avec son air tranquille.

Pendant ce temps Anne d'Autriche allait à Comminges et lui parlait tout bas.

Mazarin, inquiet, regardait du côté où étaient d'Artagnan et Porthos.

Les autres assistants échangeaient des paroles à voix basse.

La porte se rouvrit ; le maréchal parut, suivi du coadjuteur.

– Voici, madame, dit-il, M. de Gondy qui s'empresse de se rendre aux ordres de Votre Majesté.

La reine fit quelques pas à sa rencontre et s'arrêta froide, sévère, immobile et la lèvre inférieure dédaigneusement avancée.

Gondy s'inclina respectueusement.

– Eh bien, monsieur, dit la reine, que dites-vous de cette émeute ?

– Que ce n'est déjà plus une émeute, madame, répondit le coadjuteur, mais une révolte.

– La révolte est chez ceux qui pensent que mon peuple puisse se révolter ! s'écria Anne incapable de dissimuler devant le coadjuteur, qu'elle regardait à bon titre peut-être, comme le promoteur de toute cette émotion. La révolte, voilà comment appellent ceux qui la désirent le mouvement qu'ils ont fait eux-mêmes ; mais, attendez, attendez, l'autorité du roi y mettra bon ordre.

– Est-ce pour me dire cela, madame, répondit froidement Gondy, que Votre Majesté m'a admis à l'honneur de sa présence ?

– Non, mon cher coadjuteur, dit Mazarin, c'était pour vous demander votre avis dans la conjoncture fâcheuse où nous nous trouvons.

– Est-il vrai, demanda de Gondy en feignant l'air d'un homme étonné, que Sa Majesté m'ait fait appeler pour me demander un conseil ?

– Oui, dit la reine, on l'a voulu.

Le coadjuteur s'inclina.

– Sa Majesté désire donc...

– Que vous lui disiez ce que vous feriez à sa place, s'empressa de répondre Mazarin.

Le coadjuteur regarda la reine, qui fit un signe affirmatif.

– À la place de Sa Majesté, dit froidement Gondy, je n'hésiterais pas, je rendrais Broussel.

– Et si je ne le rends pas, s'écria la reine, que croyez-vous qu'il arrive ?

– Je crois qu'il n'y aura pas demain pierre sur pierre dans Paris, dit le maréchal.

– Ce n'est pas vous que j'interroge, dit la reine d'un ton sec et sans même se retourner, c'est M. de Gondy.

– Si c'est moi que Sa Majesté interroge, répondit le coadjuteur avec le même calme, je lui dirai que je suis en tout point de l'avis de monsieur le maréchal.

Le rouge monta au visage de la reine, ses beaux yeux bleus parurent prêts à lui sortir de la tête ; ses lèvres de carmin, comparées par tous les poètes du temps à des grenades en fleur, pâlirent et tremblèrent de rage : elle effraya presque Mazarin lui-même, qui pourtant était habitué aux fureurs domestiques de ce ménage tourmenté :

– Rendre Broussel ! s'écria-t-elle enfin avec un sourire effrayant : le beau conseil, par ma foi ! On voit bien qu'il vient d'un prêtre !

Gondy tint ferme. Les injures du jour semblaient glisser sur lui comme les sarcasmes de la veille ; mais la haine et la vengeance s'amassaient silencieusement et goutte à goutte au fond de son cœur. Il regarda froidement la reine, qui poussait Mazarin pour lui faire dire à son tour quelque chose.

Mazarin, selon son habitude, pensait beaucoup et parlait peu.

– Hé ! hé ! dit-il, bon conseil d'ami. Moi aussi je le rendrais, ce bon monsou Broussel, mort ou vif, et tout serait fini.

– Si vous le rendiez mort, tout serait fini, comme vous dites, monseigneur, mais autrement que vous ne l'entendez.

– Ai-je dit mort ou vif ? reprit Mazarin : manière de parler ; vous savez que j'entends bien mal le français, que vous parlez et écrivez si bien, vous, monsou le coadjuteur.

– Voilà un conseil d'État, dit d'Artagnan à Porthos, mais nous en avons tenu de meilleurs à La Rochelle, avec Athos et Aramis.

– Au bastion Saint-Gervais, dit Porthos.

– Là et ailleurs.

Le coadjuteur laissa passer l'averse, et reprit, toujours avec le même flegme :

– Madame, si Votre Majesté ne goûte pas l'avis que je lui soumets, c'est sans doute parce qu'elle en a de meilleurs à suivre ; je connais trop la sagesse de la reine et celle de ses conseillers pour supposer qu'on laissera longtemps la ville capitale dans un trouble qui peut amener une révolution.

– Ainsi donc, à votre avis, reprit en ricanant l'Espagnole qui se mordait les lèvres de colère, cette émeute d'hier, qui aujourd'hui est déjà une révolte, peut demain devenir une révolution ?

– Oui, madame, dit gravement le coadjuteur.

– Mais, à vous entendre, monsieur, les peuples auraient donc oublié tout frein ?

– L'année est mauvaise pour les rois, dit Gondy en secouant la tête, regardez en Angleterre, madame.

– Oui, mais heureusement nous n'avons point en France d'Olivier Cromwell, répondit la reine.

– Qui sait ? dit Gondy, ces hommes-là sont pareils à la foudre : on ne les connaît que lorsqu'ils frappent.

Chacun frissonna, et il se fit un moment de silence.

Pendant ce temps, la reine avait ses deux mains appuyées sur sa poitrine ; on voyait qu'elle comprimait les battements précipités de son cœur.

– Porthos, murmura d'Artagnan, regardez bien ce prêtre.

– Bon, je le vois, dit Porthos. Eh bien ?

– Eh bien ! c'est un homme.

Porthos regarda d'Artagnan d'un air étonné ; il était évident qu'il ne comprenait point parfaitement ce que son ami voulait dire.

– Votre Majesté, continua impitoyablement le coadjuteur, va donc prendre les mesures qui conviennent. Mais je les prévois terribles et de nature à irriter encore les mutins.

– Eh bien, alors, vous, monsieur le coadjuteur, qui avez tant de puissance sur eux et qui êtes notre ami, dit ironiquement la reine, vous les calmerez en leur donnant vos bénédictions.

– Peut-être sera-t-il trop tard, dit Gondy toujours de glace, et peut-être aurai-je perdu moi-même toute influence, tandis qu'en leur rendant leur Broussel, Votre Majesté coupe toute racine à la sédition et prend droit de châtier cruellement toute recrudescence de révolte.

– N'ai-je donc pas ce droit ? s'écria la reine.

– Si vous l'avez, usez-en, répondit Gondy.

– Peste ! dit d'Artagnan à Porthos, voilà un caractère comme je les aime ; que n'est-il ministre, et que ne suis-je son d'Artagnan, au lieu d'être à ce bélître de Mazarin ! Ah ! mordieu ! les beaux coups que nous ferions ensemble !

– Oui, dit Porthos.

La reine, d'un signe, congédia la cour, excepté Mazarin. Gondy s'inclina et voulut se retirer comme les autres.

– Restez, monsieur, dit la reine.

« Bon, dit Gondy en lui-même, elle va céder. »

– Elle va le faire tuer, dit d'Artagnan à Porthos ; mais, en tout cas, ce ne sera point par moi. Je jure Dieu, au contraire, que si l'on arrive sur lui, je tombe sur les arrivants.

– Moi aussi, dit Porthos.

– Bon ! murmura Mazarin en prenant un siège, nous allons voir du nouveau.

La reine suivait des yeux les personnes qui sortaient. Quand la dernière eut refermé la porte, elle se retourna. On voyait qu'elle faisait des efforts inouïs pour dompter sa colère ; elle s'éventait, elle respirait des cassolettes, elle allait et venait. Mazarin restait sur le siège où il s'était assis, paraissant réfléchir. Gondy, qui commençait à s'inquiéter, sondait des yeux toutes les tapisseries, tâtait la cuirasse qu'il portait sous sa longue robe, et de temps en temps cherchait sous son camail si le manche d'un bon poignard espagnol qu'il y avait caché était bien à la portée de sa main.

– Voyons, dit la reine en s'arrêtant enfin, voyons, maintenant que nous sommes seuls, répétez votre conseil, monsieur le coadjuteur.

– Le voici, madame : feindre une réflexion, reconnaître publiquement une erreur, ce qui est la force des gouvernements forts, faire sortir Broussel de sa prison et le rendre au peuple.

– Oh ! s'écria Anne d'Autriche, m'humilier ainsi ! Suis-je oui ou non la reine ? Toute cette canaille qui hurle est-elle ou non la foule de mes sujets ? Ai-je des amis, des gardes ? Ah ! par Notre-Dame ! comme disait la reine Catherine, continua-t-elle en se montant à ses propres paroles, plutôt que de leur rendre cet infâme Broussel, je l'étranglerais de mes propres mains !

Et elle s'élança les poings crispés vers Gondy, que certes en ce moment elle détestait pour le moins autant que Broussel.

Gondy demeura immobile, pas un muscle de son visage ne bougea ; seulement son regard glacé se croisa comme un glaive avec le regard furieux de la reine.

– Voilà un homme mort, s'il y a encore quelque Vitry à la cour et que le Vitry entre en ce moment, dit le Gascon. Mais moi, avant qu'il arrive à ce bon prélat, je tue le Vitry, et net ! M. le cardinal de Mazarin m'en saura un gré infini.

– Chut ! dit Porthos ; écoutez donc.

– Madame ! s'écria le cardinal en saisissant Anne d'Autriche et en la tirant en arrière ; madame, que faites-vous ?

Puis il ajouta en espagnol :

– Anne, êtes-vous folle ? vous faites ici des querelles de bourgeoise, vous, une reine ! et ne voyez-vous pas que vous avez devant vous, dans la personne de ce prêtre, tout le peuple de Paris, auquel il est dangereux de faire insulte en ce moment, et que, si ce prêtre le veut, dans une heure vous n'aurez plus de couronne ! Allons donc, plus tard, dans une autre occasion, vous tiendrez ferme et fort, mais aujourd'hui ce n'est pas l'heure ; aujourd'hui, flattez et caressez, ou vous n'êtes qu'une femme vulgaire.

Aux premiers mots de ce discours, d'Artagnan avait saisi le bras de Porthos et l'avait serré progressivement ; puis quand Mazarin se fut tu :

– Porthos, dit-il tout bas, ne dites jamais devant Mazarin que j'entends l'espagnol ou je suis un homme perdu et vous aussi.

– Bon, dit Porthos.

Cette rude semonce, empreinte d'une éloquence qui caractérisait Mazarin lorsqu'il parlait italien ou espagnol, et qu'il perdait entièrement lorsqu'il parlait français, fut prononcée avec un visage impénétrable qui ne laissa soupçonner à Gondy, si habile physionomiste qu'il fût, qu'un simple avertissement d'être plus modérée.

De son côté aussi, la reine rudoyée s'adoucit tout à coup ; elle laissa pour ainsi dire tomber de ses yeux le feu, de ses joues le sang, de ses lèvres la colère verbeuse. Elle s'assit, et d'une voix humide de pleurs, laissant tomber ses bras abattus à ses côtés :

– Pardonnez-moi, monsieur le coadjuteur, dit-elle, et attribuez cette violence à ce que je souffre. Femme, et par conséquent assujettie aux faiblesses de mon sexe, je m'effraie de la guerre civile ; reine et accoutumée à être obéie, je m'emporte aux premières résistances.

– Madame, dit de Gondy en s'inclinant, Votre Majesté se trompe en qualifiant de résistance mes sincères avis. Votre Majesté n'a que des sujets soumis et respectueux. Ce n'est point à la reine que le peuple en veut, il appelle Broussel, et voilà tout, trop heureux de vivre sous les lois de Votre Majesté, si toutefois Votre Majesté lui rend Broussel, ajouta Gondy en souriant.

Mazarin qui, à ces mots : *Ce n'est pas à la reine que le peuple en veut*, avait déjà dressé l'oreille, croyant que le coadjuteur allait parler des cris : *À bas le Mazarin !* sut gré à Gondy de cette suppression, et dit de sa voix la plus soyeuse et avec son visage le plus gracieux :

– Madame, croyez-en le coadjuteur, qui est l'un des plus habiles politiques que nous ayons ; le premier chapeau de cardinal qui vaquera semble fait pour sa noble tête.

« Ah ! que tu as besoin de moi, rusé coquin ! » dit de Gondy.

– Et que nous promettra-t-il à nous, dit d'Artagnan, le jour où on voudra le tuer ? Peste, s'il donne comme cela des chapeaux, apprêtons-nous, Porthos, et demandons chacun un régiment dès demain. Corbleu ! que la guerre civile dure une année seulement, et je ferai redorer pour moi l'épée de connétable !

– Et moi ? dit Porthos.

– Toi ! je te ferai donner le bâton de maréchal de M. de La Meilleraie, qui ne me paraît pas en grande faveur en ce moment.

– Ainsi, monsieur, dit la reine, sérieusement, vous craignez l'émotion populaire ?

– Sérieusement, madame, reprit Gondy étonné de ne pas être plus avancé ; je crains, quand le torrent a rompu sa digue, qu'il ne cause de grands ravages.

– Et moi, dit la reine, je crois que dans ce cas, il lui faut opposer des digues nouvelles. Allez, je réfléchirai.

Gondy regarda Mazarin d'un air étonné. Mazarin s'approcha de la reine pour lui parler. En ce moment on entendit un tumulte effroyable sur la place du Palais-Royal.

Gondy sourit, le regard de la reine s'enflamma, Mazarin devint très pâle.

– Qu'est-ce encore ? dit-il.

En ce moment Comminges se précipita dans le salon.

– Pardon, madame, dit Comminges à la reine en entrant, mais le peuple a broyé les sentinelles contre les grilles, et en ce moment il force les portes : qu'ordonnez-vous ?

– Écoutez, madame, dit Gondy.

Le mugissement des flots, le bruit de la foudre, les rugissements d'un volcan, ne peuvent point se comparer à la tempête de cris qui s'éleva au ciel en ce moment.

– Ce que j'ordonne ? dit la reine.

– Oui, le temps presse.

– Combien d'hommes à peu près avez-vous au Palais-Royal ?

– Six cents hommes.

– Mettez cent hommes autour du roi, et avec le reste balayez-moi toute cette populace.

– Madame, dit Mazarin, que faites-vous ?

– Allez ! dit la reine.

Comminges sortit avec l'obéissance passive du soldat.

En ce moment un craquement horrible se fit entendre, une des portes commençait à céder.

– Eh ! madame, dit Mazarin, vous nous perdez tous, le roi, vous et moi.

Anne d'Autriche, à ce cri parti de l'âme du cardinal effrayé, eut peur à son tour, elle rappela Comminges.

– Il est trop tard ! dit Mazarin en s'arrachant les cheveux, il est trop tard !

La porte céda, et l'on entendit les hurlements de joie de la populace. D'Artagnan mit l'épée à la main et fit signe à Porthos d'en faire autant.

– Sauvez la reine ! s'écria Mazarin en s'adressant au coadjuteur.

Gondy s'élança vers la fenêtre qu'il ouvrit ; il reconnut Louvières à la tête d'une troupe de trois ou quatre mille hommes peut-être.

– Pas un pas de plus ! cria-t-il, la reine signe.

– Que dites-vous ? s'écria la reine.

– La vérité, madame, dit Mazarin lui présentant une plume et un papier, il le faut. Puis il ajouta : Signez, Anne, je vous en prie, je le veux !

La reine tomba sur une chaise, prit la plume et signa.

Contenu par Louvières, le peuple n'avait pas fait un pas de plus ; mais ce murmure terrible qui indique la colère de la multitude continuait toujours.

La reine écrivit :

Le concierge de la prison de Saint-Germain mettra en liberté le conseiller Broussel.

Et elle signa.

Le coadjuteur, qui dévorait des yeux ses moindres mouvements, saisit le papier aussitôt que la signature y fut déposée, revint à la fenêtre, et l'agitant avec la main :

– Voici l'ordre, dit-il.

Paris tout entier sembla pousser une grande clameur de joie ; puis les cris : « Vive Broussel ! Vive le coadjuteur ! » retentirent.

– Vive la reine ! dit le coadjuteur.

Quelques cris répondirent au sien, mais pauvres et rares.

Peut-être le coadjuteur n'avait-il poussé ce cri que pour faire sentir à Anne d'Autriche sa faiblesse.

– Et maintenant que vous avez ce que vous avez voulu, dit-elle, allez, monsieur de Gondy.

– Quand la reine aura besoin de moi, dit le coadjuteur en s'inclinant, Sa Majesté sait que je suis à ses ordres.

La reine fit un signe de tête, Gondy se retira.

– Ah ! prêtre maudit ! s'écria Anne d'Autriche en étendant la main vers la porte à peine fermée, je te ferai boire un jour le reste du fiel que tu m'as versé aujourd'hui.

Mazarin voulut s'approcher d'elle.

– Laissez-moi ! dit-elle ; vous n'êtes pas un homme !

Et elle sortit.

– C'est vous qui n'êtes pas une femme, murmura Mazarin.

Puis, après un instant de rêverie, il se souvint que d'Artagnan et Porthos devaient être là, et par conséquent avaient tout entendu. Il fronça le sourcil et alla droit à la tapisserie, qu'il souleva ; le cabinet était vide.

Au dernier mot de la reine, d'Artagnan avait pris Porthos par la main et l'avait entraîné vers la galerie.

Mazarin entra à son tour dans la galerie et trouva les deux amis qui se promenaient.

– Pourquoi avez-vous quitté le cabinet, monsieur d'Artagnan ? dit Mazarin.

– Parce que, dit d'Artagnan, la reine a ordonné à tout le monde de sortir et que j'ai pensé que cet ordre était pour nous comme pour les autres.

– Ainsi vous êtes ici depuis...

– Depuis un quart d'heure à peu près, dit d'Artagnan en regardant Porthos et en lui faisant signe de ne pas le démentir.

Mazarin surprit ce signe et demeura convaincu que d'Artagnan avait tout vu et tout entendu, mais il lui sut gré du mensonge.

– Décidément, monsieur d'Artagnan, vous êtes l'homme que je cherchais, et vous pouvez compter sur moi ainsi que votre ami.

Puis, saluant les deux amis de son plus charmant sourire, il rentra plus tranquille dans son cabinet, car à la sortie de Gondy, le tumulte avait cessé comme par enchantement.

IV

Le malheur donne de la mémoire

Anne était rentrée furieuse dans son oratoire.

– Quoi ! s'écria-t-elle en tordant ses beaux bras, quoi, le peuple a vu M. de Condé, le premier prince du sang, arrêté par ma belle-mère, Marie de Médicis ; il a vu ma belle-mère, son ancienne régente, chassée par le cardinal ; il a vu M. de Vendôme, c'est-à-dire le fils de Henri IV, prisonnier à Vincennes ; il n'a rien dit tandis qu'on insultait, qu'on incarcérait, qu'on menaçait ces grands personnages ! et pour un Broussel ! Jésus, qu'est donc devenue la royauté ?

Anne touchait sans y penser à la question brûlante. Le peuple n'avait rien dit pour les princes, le peuple se soulevait pour Broussel ; c'est qu'il s'agissait d'un plébéien, et qu'en défendant Broussel le peuple sentait instinctivement qu'il se défendait lui-même.

Pendant ce temps, Mazarin se promenait de long en large dans son cabinet, regardant de temps en temps sa belle glace de Venise tout étoilée.

– Eh ! disait-il, c'est triste, je le sais bien, d'être forcé de céder ainsi ; mais bah ! nous prendrons notre revanche : qu'importe Broussel ! c'est un nom, ce n'est pas une chose.

Si habile politique qu'il fût, Mazarin se trompait cette fois : Broussel était une chose et non pas un nom.

Aussi, lorsque le lendemain matin Broussel fit son entrée à Paris dans un grand carrosse, ayant son fils Louvières à côté de lui et Friquet derrière la voiture, tout le peuple en armes se précipita-t-il sur son passage ! Les cris de : « Vive Broussel ! Vive notre père ! » retentissaient de toutes parts et portaient la mort aux oreilles de Mazarin ; de tous les côtés les espions du cardinal et de la reine rapportaient de fâcheuses nouvelles, qui trouvaient le ministre fort agité et la reine fort tranquille. La reine paraissait mûrir dans sa tête une grande résolution, ce qui redoublait les inquiétudes de Mazarin. Il connaissait l'orgueilleuse princesse et craignait fort les résolutions d'Anne d'Autriche.

Le coadjuteur était rentré au Parlement plus roi que le roi, la reine et le cardinal ne l'étaient à eux trois ensemble ; sur son avis, un édit du Parlement avait invité les bourgeois à déposer leurs armes et à démolir les barricades : ils savaient maintenant qu'il ne fallait qu'une heure pour reprendre les armes et qu'une nuit pour refaire les barricades.

Planchet était rentré dans sa boutique ; la victoire amnistie : Planchet n'avait donc plus peur d'être pendu ; il était convaincu que, si l'on faisait seulement mine de l'arrêter, le peuple se soulèverait pour lui comme il venait de le faire pour Broussel.

Rochefort avait rendu ses chevau-légers au chevalier d'Humières : il en manquait bien deux à l'appel ; mais le chevalier, qui était frondeur dans l'âme, n'avait pas voulu entendre parler de dédommagement.

Le mendiant avait repris sa place au parvis Saint-Eustache, distribuant toujours son eau bénite d'une main et demandant l'aumône de l'autre ; et nul ne se doutait que ces deux mains-là venaient d'aider à tirer de l'édifice social la pierre fondamentale de la royauté.

Louvières était fier et content, il s'était vengé du Mazarin, qu'il détestait, et avait fort contribué à faire sortir son père de prison ; son nom avait été répété avec terreur au Palais-Royal, et il disait en riant au conseiller réintégré dans sa famille :

— Croyez-vous, mon père, que si maintenant je demandais une compagnie à la reine elle me la donnerait ?

D'Artagnan avait profité du moment de calme pour renvoyer Raoul, qu'il avait eu grand-peine à retenir enfermé pendant l'émeute, et qui voulait absolument tirer l'épée pour l'un ou l'autre parti. Raoul avait fait quelque difficulté d'abord, mais d'Artagnan avait parlé au nom du comte de La Fère. Raoul avait été faire une visite à Mme de Chevreuse et était parti pour rejoindre l'armée.

Rochefort seul trouvait la chose assez mal terminée : il avait écrit à M. le duc de Beaufort de venir ; le duc allait arriver et trouverait Paris tranquille.

Il alla trouver le coadjuteur, pour lui demander s'il ne fallait pas donner avis au prince de s'arrêter en route ; mais Gondy y réfléchit un instant et dit :

— Laissez-le continuer son chemin.

— Mais ce n'est donc pas fini ? demanda Rochefort.

— Bon ! mon cher comte, nous ne sommes encore qu'au commencement.

— Qui vous fait croire cela ?

— La connaissance que j'ai du cœur de la reine : elle ne voudra pas demeurer battue.

— Prépare-t-elle donc quelque chose ?

— Je l'espère.

— Que savez-vous, voyons ?

– Je sais qu'elle a écrit à M. le Prince de revenir de l'armée en toute hâte.

– Ah ! ah ! dit Rochefort, vous avez raison, il faut laisser venir M. de Beaufort.

Le soir même de cette conversation, le bruit se répandit que M. le Prince était arrivé.

C'était une nouvelle bien simple et bien naturelle, et cependant elle eut un immense retentissement ; des indiscrétions, disait-on, avaient été commises par Mme de Longueville, à qui M. le Prince, qu'on accusait d'avoir pour sa sœur une tendresse qui dépassait les bornes de l'amitié fraternelle, avait fait des confidences.

Ces confidences dévoilaient de sinistres projets de la part de la reine.

Le soir même de l'arrivée de M. le Prince, des bourgeois plus avancés que les autres, des échevins, des capitaines de quartier s'en allaient chez leurs connaissances, disant :

– Pourquoi ne prendrions-nous pas le roi et ne le mettrions-nous pas à l'Hôtel de Ville ? C'est un tort de le laisser élever par nos ennemis, qui lui donnent de mauvais conseils ; tandis que s'il était dirigé par M. le coadjuteur, par exemple, il sucerait des principes nationaux et aimerait le peuple.

La nuit fut sourdement agitée ; le lendemain on revit les manteaux gris et noirs, les patrouilles de marchands en armes et les bandes de mendiants.

La reine avait passé la nuit à conférer seule à seul avec M. le Prince ; à minuit il avait été introduit dans son oratoire et ne l'avait quittée qu'à cinq heures.

À cinq heures la reine se rendit au cabinet du cardinal. Si elle n'était pas encore couchée, elle, le cardinal était déjà levé.

Il rédigeait une réponse à Cromwell, six jours étaient déjà écoulés sur les dix qu'il avait demandés à Mordaunt.

– Bah ! disait-il, je l'aurai fait un peu attendre, mais M. Cromwell sait trop ce que c'est que les révolutions pour ne pas m'excuser.

Il relisait donc avec complaisance le premier paragraphe de son factum, lorsqu'on gratta doucement à la porte qui communiquait aux appartements de la reine. Anne d'Autriche pouvait seule venir par cette porte. Le cardinal se leva et alla ouvrir.

La reine était en négligé, mais le négligé lui allait encore, car, ainsi que Diane de Poitiers et Ninon, Anne d'Autriche conserva ce privilège de rester toujours belle : seulement ce matin-là elle était plus belle que de coutume, car ses yeux avaient tout le brillant que donne au regard une joie intérieure.

– Qu'avez-vous, madame, dit Mazarin inquiet, vous avez l'air toute fière ?

– Oui, Giulio, dit-elle, fière et heureuse, car j'ai trouvé le moyen d'étouffer cette hydre.

– Vous êtes un grand politique, ma reine, dit Mazarin, voyons le moyen.

Et il cacha ce qu'il écrivait en glissant la lettre commencée sous du papier blanc.

– Ils veulent me prendre le roi, vous savez ? dit la reine.

– Hélas ! oui ! et me pendre, moi.

– Ils n'auront pas le roi.

– Et ils ne me pendront pas, *benone.*

– Écoutez : je veux leur enlever mon fils et moi-même, et vous avec moi ; je veux que cet événement, qui du jour au lendemain changera la face des choses, s'accomplisse sans que d'autres le sachent que vous, moi et une troisième personne.

– Et quelle est cette troisième personne ?

– M. le Prince.

– Il est donc arrivé, comme on me l'avait dit ?

– Hier soir.

– Et vous l'avez vu ?

– Je le quitte.

– Il prête les mains à ce projet ?

– Le conseil vient de lui.

– Et Paris ?

– Il l'affame et le force à se rendre à discrétion.

– Le projet ne manque pas de grandiose, mais je n'y vois qu'un empêchement.

– Lequel ?

– L'impossibilité.

– Parole vide de sens. Rien n'est impossible.

– En projet.

– En exécution. Avons-nous de l'argent ?

– Un peu, dit Mazarin tremblant qu'Anne d'Autriche ne demandât à puiser dans sa bourse.

– Avons-nous des troupes ?

– Cinq ou six mille hommes.

– Avons-nous du courage ?

– Beaucoup.

– Alors la chose est facile. Oh ! comprenez-vous, Giulio ? Paris, cet odieux Paris, se réveillant un matin sans reine et sans roi, cerné, assiégé, affamé, n'ayant plus pour toute ressource que son stupide Parlement et son maigre coadjuteur aux jambes torses !

– Joli ! joli ! dit Mazarin : je comprends l'effet ; mais je ne vois pas le moyen d'y arriver.

– Je le trouverai, moi !

– Vous savez que c'est la guerre, la guerre civile, ardente, acharnée, implacable.

– Oh ! oui, oui, la guerre, dit Anne d'Autriche ; oui, je veux réduire cette ville rebelle en cendres ; je veux éteindre le feu dans le sang ; je veux qu'un exemple effroyable éternise le crime et le châtiment. Paris ! je le hais, je le déteste.

– Tout beau, Anne, vous voilà sanguinaire ! Prenez garde, nous ne sommes pas au temps des Malatesta et des Castruccio Castracani ; vous vous ferez décapiter, ma belle reine, et ce serait dommage.

– Vous riez.

– Je ris très peu, la guerre est dangereuse avec tout un peuple : voyez votre frère Charles Ier, il est mal, très mal.

– Nous sommes en France et je suis Espagnole.

– Tant pis, *per Baccho*, tant pis, j'aimerais mieux que vous fussiez française, et moi aussi : on nous détesterait moins tous les deux.

– Cependant vous m'approuvez ?

– Oui, si je vois la chose possible.

– Elle l'est, c'est moi qui vous le dis ; faites vos préparatifs de départ.

– Moi ! je suis toujours prêt à partir ; seulement, vous le savez, je ne pars jamais... et cette fois probablement pas plus que les autres.

– Enfin, si je pars, partirez-vous ?

– J'essaierai.

– Vous me faites mourir, avec vos peurs, Giulio, et de quoi donc avez-vous peur ?

– De beaucoup de choses.

– Desquelles ?

La physionomie de Mazarin, de railleuse qu'elle était, devint sombre.

– Anne, dit-il, vous n'êtes qu'une femme, et, comme femme, vous pouvez insulter à votre aise les hommes, sûre que vous êtes de l'impunité : vous m'accusez d'avoir peur : je n'ai pas tant peur que vous, puisque je ne me sauve pas, moi. Contre qui crie-t-on ? Est-ce contre vous ou contre moi ? Qui veut-on pendre ? Est-ce vous ou moi ? Eh bien, je fais tête à l'orage, moi, cependant, que vous accusez d'avoir peur, non pas en bravache, ce n'est pas ma mode, mais je tiens. Imitez-moi, pas tant d'éclat, plus d'effet. Vous criez très haut, vous n'aboutissez à rien. Vous parlez de fuir !

Mazarin haussa les épaules, prit la main de la reine et la conduisit à la fenêtre :

– Regardez !

– Eh bien ? dit la reine aveuglée par son entêtement.

– Eh bien, que voyez-vous de cette fenêtre ? Ce sont, si je ne m'abuse, des bourgeois cuirassés, casqués, armés de bons mousquets, comme au temps de la Ligue, et qui regardent si bien la fenêtre d'où vous les regardez, vous, que vous allez être vue si vous soulevez si fort le rideau. Maintenant, venez à cette autre : que voyez-vous ? Des gens du peuple armés de hallebardes qui gardent vos portes. À chaque ouverture de ce palais où je vous conduirais, vous en verriez autant ; vos portes sont gardées, les soupiraux de vos caves sont gardés, et je vous dirai à mon tour ce que ce bon La Ramée me disait de M. de Beaufort : « À moins d'être oiseau ou souris, vous ne sortirez pas. »

– Il est cependant sorti, lui.

– Comptez-vous sortir de la même manière ?

– Je suis donc prisonnière alors ?

– Parbleu ! dit Mazarin, il y a une heure que je vous le prouve.

Et Mazarin reprit tranquillement sa dépêche commencée, à l'endroit où il l'avait interrompue.

Anne, tremblante de colère, rouge d'humiliation, sortit du cabinet en repoussant derrière elle la porte avec violence.

Mazarin ne tourna pas même la tête.

Rentrée dans ses appartements, la reine se laissa tomber sur un fauteuil et se mit à pleurer.

Puis tout à coup frappée d'une idée subite :

« Je suis sauvée, dit-elle en se levant. Oh ! oui, oui, je connais un homme qui saura me tirer de Paris, lui, un homme que j'ai trop longtemps oublié. »

Et, rêveuse, quoique avec un sentiment de joie :

« Ingrate que je suis, dit-elle, j'ai vingt ans oublié cet homme, dont j'eusse dû faire un maréchal de France. Ma belle-mère a prodigué l'or, les dignités, les caresses à Concini, qui l'a perdue, le roi a fait Vitry maréchal de France pour un assassinat, et moi, j'ai laissé dans l'oubli, dans la misère, ce noble d'Artagnan qui m'a sauvée. »

Et elle courut à une table sur laquelle étaient du papier et de l'encre, et se mit à écrire.

V

L'entrevue

Ce matin-là d'Artagnan était couché dans la chambre de Porthos. C'était une habitude que les deux amis avaient prise depuis les troubles. Sous leur chevet était leur épée, et sur leur table, à portée de la main étaient leurs pistolets.

D'Artagnan dormait encore et rêvait que le ciel se couvrait d'un grand nuage jaune, que de ce nuage tombait une pluie d'or, et qu'il tendait son chapeau sous une gouttière.

Porthos rêvait de son côté que le panneau de son carrosse n'était pas assez large pour contenir les armoiries qu'il y faisait peindre.

Ils furent réveillés à sept heures par un valet sans livrée qui apportait une lettre à d'Artagnan.

– De quelle part ? demanda le Gascon.

– De la part de la reine, répondit le valet.

– Hein ! fit Porthos en se soulevant sur son lit, que dit-il donc ?

D'Artagnan pria le valet de passer dans une salle voisine, et dès qu'il eut refermé la porte il sauta à bas de son lit et lut rapidement, pendant que Porthos le regardait les yeux écarquillés et sans oser lui adresser une question.

– Ami Porthos, dit d'Artagnan en lui tendant la lettre, voici pour cette fois ton titre de baron et mon brevet de capitaine. Tiens, lis et juge.

Porthos étendit la main, prit la lettre, et lut ces mots d'une voix tremblante :

La reine veut parler à M. d'Artagnan, qu'il suive le porteur.

– Eh bien ! dit Porthos, je ne vois rien là que d'ordinaire.

– J'y vois, moi, beaucoup d'extraordinaire, dit d'Artagnan. Si l'on m'appelle, c'est que les choses sont bien embrouillées. Songe un peu quel remue-ménage a dû se faire dans l'esprit de la reine, pour qu'après vingt ans mon souvenir remonte à la surface.

– C'est juste, dit Porthos.

– Aiguise ton épée, baron, charge tes pistolets, donne l'avoine aux chevaux, je te réponds qu'il y aura du nouveau avant demain ; et *motus* !

– Ah çà ! ce n'est point un piège qu'on nous tend pour se défaire de nous ? dit Porthos toujours préoccupé de la gêne que sa grandeur future devait causer à autrui.

– Si c'est un piège, reprit d'Artagnan, je le flairerai, sois tranquille. Si Mazarin est Italien, je suis Gascon, moi.

Et d'Artagnan s'habilla en un tour de main.

Comme Porthos, toujours couché, lui agrafait son manteau, on frappa une seconde fois à la porte.

– Entrez, dit d'Artagnan.

Un second valet entra.

– De la part de Son Éminence le cardinal Mazarin, dit-il.

D'Artagnan regarda Porthos.

– Voilà qui se complique, dit Porthos, par où commencer ?

– Cela tombe à merveille, dit d'Artagnan ; Son Éminence me donne rendez-vous dans une demi-heure.

– Bien.

– Mon ami, dit d'Artagnan se retournant vers le valet, dites à Son Éminence que dans une demi-heure je suis à ses ordres.

Le valet salua et sortit.

– C'est bien heureux qu'il n'ait pas vu l'autre, reprit d'Artagnan.

– Tu crois donc qu'ils ne t'envoient pas chercher tous deux pour la même chose ?

– Je ne le crois pas, j'en suis sûr.

– Allons, allons, d'Artagnan, alerte ! Songe que la reine t'attend ; après la reine, le cardinal ; et après le cardinal, moi.

D'Artagnan rappela le valet d'Anne d'Autriche.

– Me voilà, mon ami, dit-il, conduisez-moi.

Le valet le conduisit par la rue des Petits-Champs, et, tournant à gauche, le fit entrer par la petite porte du jardin qui donnait sur la rue Richelieu, puis on gagna un escalier dérobé, et d'Artagnan fut introduit dans l'oratoire.

Une certaine émotion dont il ne pouvait se rendre compte faisait battre le cœur du lieutenant ; il n'avait plus la confiance de la jeunesse, et l'expérience lui avait appris toute la gravité des événements passés. Il savait ce que c'était que la noblesse des princes et la majesté des rois, il s'était habitué à classer sa médiocrité après les illustrations de la fortune et de la naissance. Jadis il eût abordé Anne d'Autriche en jeune homme qui salue une femme. Aujourd'hui c'était autre chose : il se rendait près d'elle comme un humble soldat près d'un illustre chef.

Un léger bruit troubla le silence de l'oratoire. D'Artagnan tressaillit et vit une blanche main soulever la tapisserie, et à sa forme, à sa blancheur, à sa beauté, il reconnut cette main royale qu'un jour on lui avait donnée à baiser.

La reine entra.

– C'est vous, monsieur d'Artagnan, dit-elle en arrêtant sur l'officier un regard plein d'affectueuse mélancolie, c'est vous et je vous reconnais bien. Regardez-moi à votre tour, je suis la reine ; me reconnaissez-vous ?

– Non, madame, répondit d'Artagnan.

– Mais ne savez-vous donc plus, continua Anne d'Autriche avec cet accent délicieux qu'elle savait, lorsqu'elle le voulait, donner à sa voix, que la reine a eu besoin d'un jeune cavalier brave et dévoué, qu'elle a trouvé ce cavalier, et que, quoiqu'il ait pu croire qu'elle l'avait oublié, elle lui a gardé une place au fond de son cœur ?

– Non, madame, j'ignore cela, dit le mousquetaire.

– Tant pis, monsieur, dit Anne d'Autriche, tant pis, pour la reine du moins, car la reine aujourd'hui a besoin de ce même courage et de ce même dévouement.

– Eh quoi ! dit d'Artagnan, la reine, entourée comme elle est de serviteurs si dévoués, de conseillers si sages, d'hommes si grands enfin par leur mérite ou leur position, daigne jeter les yeux sur un soldat obscur !

Anne comprit ce reproche voilé ; elle en fut émue plus qu'irritée. Tant d'abnégation et de désintéressement de la part du gentilhomme gascon l'avait maintes fois humiliée, elle s'était laissé vaincre en générosité.

– Tout ce que vous me dites de ceux qui m'entourent, monsieur d'Artagnan, est vrai peut-être, dit la reine : mais moi je n'ai de confiance qu'en vous seul. Je sais que vous êtes à M. le cardinal, mais soyez à moi aussi et je me charge de votre fortune. Voyons, feriez-vous pour moi aujourd'hui ce que fit jadis pour la reine ce gentilhomme que vous ne connaissez pas ?

– Je ferai tout ce qu'ordonnera Votre Majesté, dit d'Artagnan.

La reine réfléchit un moment ; et, voyant l'attitude circonspecte du mousquetaire :

– Vous aimez peut-être le repos ? dit-elle.

– Je ne sais, car je ne me suis jamais reposé, madame.

– Avez-vous des amis ?

– J'en avais trois : deux ont quitté Paris et j'ignore où ils sont allés. Un seul me reste, mais c'est un de ceux qui connaissaient, je crois, le cavalier dont Votre Majesté m'a fait l'honneur de me parler.

– C'est bien, dit la reine : vous et votre ami, vous valez une armée.

– Que faut-il que je fasse, madame ?

– Revenez à cinq heures et je vous le dirai ; mais ne parlez à âme qui vive, monsieur, du rendez-vous que je vous donne.

– Non, madame.

– Jurez-le sur le Christ.

– Madame, je n'ai jamais menti à ma parole ; quand je dis non, c'est non.

La reine, quoique étonnée de ce langage, auquel ses courtisans ne l'avaient pas habituée, en tira un heureux présage pour le zèle que d'Artagnan mettrait à la servir dans l'accomplissement de son projet. C'était un des artifices du Gascon de cacher parfois sa profonde subtilité sous les apparences d'une brutalité loyale.

– La reine n'a pas autre chose à m'ordonner pour le moment ? dit-il.

– Non, monsieur, répondit Anne d'Autriche, et vous pouvez vous retirer jusqu'au moment que je vous ai dit.

D'Artagnan salua et sortit.

« Diable ! dit-il lorsqu'il fut à la porte, il paraît qu'on a bien besoin de moi ici. »

Puis, comme la demi-heure était écoulée. Il traversa la galerie et alla heurter à la porte du cardinal.

Bernouin l'introduisit.

– Je me rends à vos ordres, monseigneur, dit-il.

Et, selon son habitude, d'Artagnan jeta un coup d'œil rapide autour de lui, et remarqua que Mazarin avait devant lui une lettre cachetée. Seulement elle était posée sur le bureau du côté de l'écriture, de sorte qu'il était impossible de voir à qui elle était adressée.

– Vous venez de chez la reine ? dit Mazarin en regardant fixement d'Artagnan.

– Moi, monseigneur ! qui vous a dit cela ?

– Personne ; mais je le sais.

– Je suis désespéré de dire à monseigneur qu'il se trompe, répondit impudemment le Gascon, fort de la promesse qu'il venait de faire à Anne d'Autriche.

– J'ai ouvert moi-même l'antichambre, et je vous ai vu venir du bout de la galerie.

– C'est que j'ai été introduit par l'escalier dérobé.

– Comment cela ?

– Je l'ignore ; il y aura eu malentendu.

Mazarin savait qu'on ne faisait pas dire facilement à d'Artagnan ce qu'il voulait cacher ; aussi renonça-t-il à découvrir pour le moment le mystère que lui faisait le Gascon.

– Parlons de mes affaires, dit le cardinal, puisque vous ne voulez rien me dire des vôtres.

D'Artagnan s'inclina.

– Aimez-vous les voyages ? demanda le cardinal.

– J'ai passé ma vie sur les grands chemins.

– Quelque chose vous retiendrait-il à Paris ?

– Rien ne me retiendrait à Paris qu'un ordre supérieur.

– Bien. Voici une lettre qu'il s'agit de remettre à son adresse.

– À son adresse, monseigneur ? mais il n'y en a pas.

En effet, le côté opposé au cachet était intact de toute écriture.

– C'est-à-dire, reprit Mazarin, qu'il y a une double enveloppe.

– Je comprends, et je dois déchirer la première, arrivé à un endroit donné seulement.

– À merveille. Prenez et partez. Vous avez un ami, M. du Vallon, je l'aime fort, vous l'emmènerez.

– Diable ! se dit d'Artagnan, il sait que nous avons entendu sa conversation d'hier, et il veut nous éloigner de Paris.

– Hésiteriez-vous ? demanda Mazarin.

– Non, monseigneur, et je pars sur-le-champ. Seulement je désirerais une chose...

– Laquelle ? dites.

– C'est que Votre Éminence passât chez la reine.

– Quand cela ?

– À l'instant même.

– Pourquoi faire ?

– Pour lui dire seulement ces mots : « J'envoie M. d'Artagnan quelque part, et je le fais partir tout de suite. »

– Vous voyez bien, dit Mazarin, que vous avez vu la reine.

– J'ai eu l'honneur de dire à Votre Éminence qu'il était possible qu'il y eût un malentendu.

– Que signifie cela ? demanda Mazarin.

– Oserais-je renouveler ma prière à Son Éminence ?

– C'est bien, j'y vais. Attendez-moi ici.

Mazarin regarda avec attention si aucune clef n'avait été oubliée aux armoires et sortit.

Dix minutes s'écoulèrent, pendant lesquelles d'Artagnan fit tout ce qu'il put pour lire à travers la première enveloppe ce qui était écrit sur la seconde ; mais il n'en put venir à bout.

Mazarin rentra pâle et vivement préoccupé ; il alla s'asseoir à son bureau. D'Artagnan l'examinait comme il venait d'examiner l'épître ; mais l'enveloppe de son visage était presque aussi impénétrable que l'enveloppe de la lettre.

« Eh, eh ! dit le Gascon, il a l'air fâché. Serait-ce contre moi ? Il médite ; est-ce de m'envoyer à la Bastille ? Tout beau, monseigneur ! au premier mot que vous en dites, je vous étrangle et me fais frondeur. On me portera en triomphe comme M. Broussel, et Athos me proclamera le Brutus français. Ce serait drôle. »

Le Gascon, avec son imagination toujours galopante, avait déjà vu tout le parti qu'il pouvait tirer de la situation.

Mais Mazarin ne donna aucun ordre de ce genre et se mit au contraire à faire patte de velours à d'Artagnan :

– Vous aviez raison, lui dit-il, mon cher monsou d'Artagnan, et vous ne pouvez partir encore.

– Ah ! fit d'Artagnan.

– Rendez-moi donc cette dépêche, je vous prie.

D'Artagnan obéit. Mazarin s'assura que le cachet était bien intact.

– J'aurai besoin de vous ce soir, dit-il, revenez dans deux heures.

– Dans deux heures, monseigneur, dit d'Artagnan, j'ai un rendez-vous auquel je ne puis manquer.

– Que cela ne vous inquiète pas, dit Mazarin, c'est le même.

« Bon ! pensa d'Artagnan, je m'en doutais. »

– Revenez donc à cinq heures et amenez-moi ce cher M. du Vallon ; seulement, laissez-le dans l'antichambre : je veux causer avec vous seul.

D'Artagnan s'inclina.

En s'inclinant il se disait :

« Tous deux le même ordre, tous deux à la même heure, tous deux au Palais-Royal ; je devine. Ah ! voilà un secret que M. de Gondy eût payé cent mille livres. »

– Vous réfléchissez ! dit Mazarin inquiet.

– Oui, je me demande si nous devons être armés ou non.

– Armés jusqu'aux dents, dit Mazarin.

– C'est bien, monseigneur, on le sera.

D'Artagnan salua, sortit et courut répéter à son ami les promesses flatteuses de Mazarin, lesquelles donnèrent à Porthos une allégresse inconcevable.

VI

La fuite

Le Palais-Royal, malgré les signes d'agitation que donnait la ville, présentait, lorsque d'Artagnan s'y rendit vers les cinq heures du soir, un spectacle des plus réjouissants. Ce n'était pas étonnant : la reine avait rendu Broussel et Blancmesnil au peuple. La reine n'avait réellement donc rien à craindre, puisque le peuple n'avait plus rien à demander. Son émotion était un reste d'agitation auquel il fallait laisser le temps de se calmer, comme après une tempête il faut quelquefois plusieurs journées pour affaisser la houle.

Il y avait eu un grand festin, dont le retour du vainqueur de Lens était le prétexte. Les princes, les princesses étaient invités, les carrosses encombraient les cours depuis midi. Après le dîner, il devait y avoir jeu chez la reine.

Anne d'Autriche était charmante, ce jour-là, de grâce et d'esprit, jamais on ne l'avait vue de plus joyeuse humeur. La vengeance en fleurs brillait dans ses yeux et épanouissait ses lèvres.

Au moment où l'on se leva de table, Mazarin s'éclipsa. D'Artagnan était déjà à son poste et l'attendait dans l'antichambre. Le cardinal parut l'air riant, le prit par la main et l'introduisit dans son cabinet.

– Mon cher monsou d'Artagnan, dit le ministre en s'asseyant, je vais vous donner la plus grande marque de confiance qu'un ministre puisse donner à un officier.

D'Artagnan s'inclina.

– J'espère, dit-il, que monseigneur me la donne sans arrière-pensée et avec cette conviction que j'en suis digne.

– Le plus digne de tous, mon cher ami, puisque c'est à vous que je m'adresse.

– Eh bien ! dit d'Artagnan, je vous l'avouerai, monseigneur, il y a longtemps que j'attends une occasion pareille. Ainsi, dites-moi vite ce que vous avez à me dire.

– Vous allez, mon cher monsou d'Artagnan, reprit Mazarin, avoir ce soir entre les mains le salut de l'État.

Il s'arrêta.

– Expliquez-vous, monseigneur, j'attends.

– La reine a résolu de faire avec le roi un petit voyage à Saint-Germain.

– Ah ! ah ! dit d'Artagnan, c'est-à-dire que la reine veut quitter Paris.

– Vous comprenez, caprice de femme.

– Oui, je comprends très bien, dit d'Artagnan.

– C'était pour cela qu'elle vous avait fait venir ce matin, et qu'elle vous a dit de revenir à cinq heures.

– C'était bien la peine de vouloir me faire jurer que je ne parlerais de ce rendez-vous à personne ! murmura d'Artagnan ; oh ! les femmes ! fussent-elles reines, elles sont toujours femmes.

– Désapprouveriez-vous ce petit voyage, mon cher monsou d'Artagnan ? demanda Mazarin avec inquiétude.

– Moi, monseigneur ! dit d'Artagnan, et pourquoi cela ?

– C'est que vous haussez les épaules.

– C'est une façon de me parler à moi-même, monseigneur.

– Ainsi, vous approuvez ce voyage ?

– Je n'approuve pas plus que je ne désapprouve, monseigneur, j'attends vos ordres.

– Bien. C'est donc sur vous que j'ai jeté les yeux pour porter le roi et la reine à Saint-Germain.

« Double fourbe », dit en lui-même d'Artagnan.

– Vous voyez bien, reprit Mazarin voyant l'impassibilité de d'Artagnan, que, comme je vous le disais, le salut de l'État va reposer entre vos mains.

– Oui, monseigneur, et je sens toute la responsabilité d'une pareille charge.

– Vous acceptez, cependant ?

– J'accepte toujours.

– Vous croyez la chose possible.

– Tout l'est.

– Serez-vous attaqué en chemin ?

– C'est probable.

– Mais comment ferez-vous en ce cas ?

– Je passerai à travers ceux qui m'attaqueront.

– Et si vous ne passez pas à travers ?

– Alors, tant pis pour eux, je passerai dessus.

– Et vous rendrez le roi et la reine sains et saufs à Saint-Germain ?

– Oui.

– Sur votre vie ?

– Sur ma vie.

– Vous êtes un héros, mon cher ! dit Mazarin en regardant le mousque-taire avec admiration.

D'Artagnan sourit.

– Et moi ? dit Mazarin après un moment de silence et en regardant fixement d'Artagnan.

– Comment et vous, monseigneur ?

– Et moi, si je veux partir ?

– Ce sera plus difficile.

– Comment cela ?

– Votre Éminence peut être reconnue.

– Même sous ce déguisement ? dit Mazarin.

Et il leva un manteau qui couvrait un fauteuil sur lequel était un habit complet de cavalier gris perle et grenat tout passementé d'argent.

– Si Votre Éminence se déguise, cela devient plus facile.

– Ah ! fit Mazarin en respirant.

– Mais il faudra faire ce que Votre Éminence disait l'autre jour qu'elle eût fait à notre place.

– Que faudra-t-il faire ?

– Crier : « À bas Mazarin ! »

– Je crierai.

– En français, en bon français, monseigneur, prenez garde à l'accent ; on nous a tué six mille Angevins en Sicile parce qu'ils prononçaient mal l'italien. Prenez garde que les Français ne prennent sur vous leur revanche des Vêpres siciliennes.

– Je ferai de mon mieux.

– Il y a bien des gens armés dans les rues, continua d'Artagnan ; êtes-vous sûr que personne ne connaît le projet de la reine ?

Mazarin réfléchit.

– Ce serait une belle affaire pour un traître, monseigneur, que l'affaire que vous me proposez là ; les hasards d'une attaque excuseraient tout.

Mazarin frissonna ; mais il réfléchit qu'un homme qui aurait l'intention de trahir ne préviendrait pas.

– Aussi, dit-il vivement, je ne me fie pas à tout le monde, et la preuve, c'est que je vous ai choisi pour m'escorter.

– Ne partez-vous pas avec la reine ?

– Non, dit Mazarin.

– Alors, vous partez après la reine ?

– Non, fit encore Mazarin.

– Ah ! dit d'Artagnan qui commençait à comprendre.

– Oui, j'ai mes plans, continua le cardinal : avec la reine, je double ses mauvaises chances ; après la reine, son départ double les miennes ; puis, la cour une fois sauvée, on peut m'oublier : les grands sont ingrats.

– C'est vrai, dit d'Artagnan en jetant malgré lui les yeux sur le diamant de la reine que Mazarin avait à son doigt.

Mazarin suivit la direction de ce regard et tourna doucement le chaton de sa bague en dedans.

– Je veux donc, dit Mazarin avec son fin sourire, les empêcher d'être ingrats envers moi.

– C'est de charité chrétienne, dit d'Artagnan, que de ne pas induire son prochain en tentation.

– C'est justement pour cela, dit Mazarin, que je veux partir avant eux.

D'Artagnan sourit ; il était homme à très bien comprendre cette astuce italienne.

Mazarin le vit sourire et profita du moment.

– Vous commencerez donc par me faire sortir de Paris d'abord, n'est-ce pas, mon cher monsou d'Artagnan ?

– Rude commission, monseigneur ! dit d'Artagnan en reprenant son air grave.

– Mais, dit Mazarin en le regardant attentivement pour que pas une des expressions de sa physionomie ne lui échappât, mais vous n'avez pas fait toutes ces observations pour le roi et pour la reine ?

– Le roi et la reine sont ma reine et mon roi, monseigneur, répondit le mousquetaire ; ma vie est à eux, je la leur dois. Ils me la demandent, je n'ai rien à dire.

– C'est juste, murmura tout bas Mazarin ; mais comme ta vie n'est pas à moi, il faut que je te l'achète, n'est-ce pas ?

Et tout en poussant un profond soupir, il commença de retourner le chaton de sa bague en dehors.

D'Artagnan sourit.

Ces deux hommes se touchaient par un point, par l'astuce. S'ils se fussent touchés de même par le courage, l'un eût fait faire à l'autre de grandes choses.

– Mais aussi, dit Mazarin, vous comprenez, si je vous demande ce service, c'est avec l'intention d'en être reconnaissant.

– Monseigneur n'en est-il encore qu'à l'intention ? demanda d'Artagnan.

– Tenez, dit Mazarin en tirant la bague de son doigt, mon cher monsou d'Artagnan, voici un diamant qui vous a appartenu jadis, il est juste qu'il vous revienne ; prenez-le, je vous en supplie.

D'Artagnan ne donna point à Mazarin la peine d'insister, il le prit, regarda si la pierre était bien la même, et, après s'être assuré de la pureté de son eau, il le passa à son doigt avec un plaisir indicible.

– J'y tenais beaucoup, dit Mazarin en l'accompagnant d'un dernier regard ; mais n'importe, je vous le donne avec grand plaisir.

– Et moi, monseigneur, dit d'Artagnan, je le reçois comme il m'est donné. Voyons, parlons donc de vos petites affaires. Vous voulez partir avant tout le monde ?

– Oui, j'y tiens.

– À quelle heure ?

– À dix heures ?

– Et la reine, à quelle heure part-elle ?

– À minuit.

– Alors c'est possible : je vous fais sortir d'abord, je vous laisse hors de la barrière, et je reviens la chercher.

– À merveille, mais comment me conduire hors de Paris ?

– Oh ! pour cela, il faut me laisser faire.

– Je vous donne plein pouvoir, prenez une escorte aussi considérable que vous le voudrez.

D'Artagnan secoua la tête.

– Il me semble cependant que c'est le moyen le plus sûr, dit Mazarin.

– Oui, pour vous, monseigneur, mais pas pour la reine.

Mazarin se mordit les lèvres.

– Alors, dit-il, comment opérerons-nous ?

– Il faut me laisser faire, monseigneur.

– Hum ! fit Mazarin.

– Et il faut me donner la direction entière de cette entreprise.

– Cependant...

– Ou en chercher un autre, dit d'Artagnan en tournant le dos.

– Eh ! fit tout bas Mazarin, je crois qu'il s'en va avec le diamant.

Et il le rappela.

– Monsou d'Artagnan, mon cher monsou d'Artagnan, dit-il d'une voix caressante.

– Monseigneur ?

– Me répondez-vous de tout ?

– Je ne réponds de rien, je ferai de mon mieux.

– De votre mieux ?

– Oui.

– Eh bien ! allons, je me fie à vous.

« C'est bien heureux », se dit d'Artagnan à lui-même.

– Vous serez donc ici à neuf heures et demie.

– Et je trouverai Votre Éminence prête ?

– Certainement, toute prête.

– C'est chose convenue, alors. Maintenant, monseigneur veut-il me faire voir la reine ?

– À quoi bon ?

– Je désirerais prendre les ordres de Sa Majesté de sa propre bouche.

– Elle m'a chargé de vous les donner.

– Elle pourrait avoir oublié quelque chose.

– Vous tenez à la voir ?

– C'est indispensable, monseigneur.

Mazarin hésita un instant, d'Artagnan demeura impassible dans sa volonté.

– Allons donc, dit Mazarin, je vais vous conduire, mais pas un mot de notre conversation.

– Ce qui a été dit entre nous ne regarde que nous, monseigneur, dit d'Artagnan.

– Vous jurez d'être muet ?

– Je ne jure jamais, monseigneur. Je dis oui ou je dis non ; et comme je suis gentilhomme, je tiens ma parole.

– Allons, je vois qu'il faut me fier à vous sans restriction.

– C'est ce qu'il y a de mieux, croyez-moi, monseigneur.

– Venez, dit Mazarin.

Mazarin fit entrer d'Artagnan dans l'oratoire de la reine et lui dit d'attendre.

D'Artagnan n'attendit pas longtemps. Cinq minutes après qu'il était dans l'oratoire, la reine arriva en costume de grand gala. Parée ainsi, elle paraissait trente-cinq ans à peine et était toujours belle.

– C'est vous, monsieur d'Artagnan, dit-elle en souriant gracieusement, je vous remercie d'avoir insisté pour me voir.

– J'en demande pardon à Votre Majesté, dit d'Artagnan, mais j'ai voulu prendre ses ordres de sa bouche même.

– Vous savez de quoi il s'agit ?

– Oui, madame.

– Vous acceptez la mission que je vous confie ?

– Avec reconnaissance.

– C'est bien ; soyez ici à minuit.

– J'y serai.

– Monsieur d'Artagnan, dit la reine, je connais trop votre désintéressement pour vous parler de ma reconnaissance dans ce moment-ci, mais je vous jure que je n'oublierai pas ce second service comme j'ai oublié le premier.

– Votre Majesté est libre de se souvenir et d'oublier, et je ne sais pas ce qu'elle veut dire.

Et d'Artagnan s'inclina.

– Allez, monsieur, dit la reine avec son plus charmant sourire, allez et revenez à minuit.

Elle lui fit de la main un signe d'adieu, et d'Artagnan se retira ; mais en se retirant il jeta les yeux sur la portière par laquelle était entrée la reine, et au bas de la tapisserie il aperçut le bout d'un soulier de velours.

« Bon, dit-il, le Mazarin écoutait pour voir si je ne le trahissais pas. En vérité, ce pantin d'Italie ne mérite pas d'être servi par un honnête homme. »

D'Artagnan n'en fut pas moins exact au rendez-vous ; à neuf heures et demie, il entrait dans l'antichambre.

Bernouin attendait et l'introduisit.

Il trouva le cardinal habillé en cavalier. Il avait fort bonne mine sous ce costume, qu'il portait, nous l'avons dit, avec élégance ; seulement il était fort pâle et tremblait quelque peu.

– Tout seul ? dit Mazarin.

– Oui, monseigneur.

– Et ce bon M. du Vallon, ne jouirons-nous pas de sa compagnie ?

– Si fait, monseigneur, il attend dans son carrosse.

– Où cela ?

– À la porte du jardin du Palais-Royal.

– C'est donc dans son carrosse que nous partons ?

– Oui, monseigneur.

– Et sans autre escorte que vous deux ?

– N'est-ce donc pas assez ? Un des deux suffirait !

– En vérité, mon cher monsieur d'Artagnan, dit Mazarin, vous m'épouvantez avec votre sang-froid.

– J'aurais cru, au contraire, qu'il devait vous inspirer de la confiance.

– Et Bernouin, est-ce que je ne l'emmène pas ?

– Il n'y a point de place pour lui, il viendra rejoindre Votre Éminence.

– Allons, dit Mazarin, puisqu'il faut faire en tout comme vous le voulez.

– Monseigneur, il est encore temps de reculer, dit d'Artagnan, et Votre Éminence est parfaitement libre.

– Non pas, non pas, dit Mazarin, partons.

Et tous deux descendirent par l'escalier dérobé, Mazarin appuyant au bras de d'Artagnan son bras que le mousquetaire sentait trembler sur le sien.

Ils traversèrent les cours du Palais-Royal, où stationnaient encore quelques carrosses de convives attardés, gagnèrent le jardin et atteignirent la petite porte.

Mazarin essaya de l'ouvrir à l'aide d'une clef qu'il tira de sa poche, mais la main lui tremblait tellement qu'il ne put trouver le trou de la serrure.

– Donnez, dit d'Artagnan.

Mazarin lui donna la clef, d'Artagnan ouvrit et remit la clef dans sa poche ; il comptait rentrer par là.

Le marchepied était abaissé, la porte ouverte ; Mousqueton se tenait à la portière, Porthos était au fond de la voiture.

– Montez, monseigneur, dit d'Artagnan.

Mazarin ne se le fit pas dire à deux fois et il s'élança dans le carrosse.

D'Artagnan monta derrière lui, Mousqueton referma la portière et se hissa avec force gémissements derrière la voiture. Il avait fait quelques difficultés pour partir sous prétexte que sa blessure le faisait encore souffrir, mais d'Artagnan lui avait dit :

– Restez si vous voulez, mon cher monsieur Mousqueton, mais je vous préviens que Paris sera brûlé cette nuit.

Sur quoi Mousqueton n'en avait pas demandé davantage et avait déclaré qu'il était prêt à suivre son maître et M. d'Artagnan au bout du monde.

La voiture partit à un trot raisonnable et qui ne dénonçait pas le moins du monde qu'elle renfermât des gens pressés. Le cardinal s'essuya le front avec son mouchoir et regarda autour de lui.

Il avait à sa gauche Porthos et à sa droite d'Artagnan ; chacun gardait une portière, chacun lui servait de rempart.

En face, sur la banquette de devant, étaient deux paires de pistolets, une paire devant Porthos, une paire devant d'Artagnan ; les deux amis avaient en outre chacun son épée au côté.

À cent pas du Palais-Royal une patrouille arrêta le carrosse.

– Qui vive ? dit le chef.

– Mazarin ! répondit d'Artagnan en éclatant de rire.

Le cardinal sentit ses cheveux se dresser sur sa tête.

La plaisanterie parut excellente aux bourgeois, qui, voyant ce carrosse sans armes et sans escorte, n'eussent jamais cru à la réalité d'une pareille imprudence.

– Bon voyage ! crièrent-ils.

Et ils laissèrent passer.

– Hein ! dit d'Artagnan, que pense monseigneur de cette réponse ?

– Homme d'esprit ! s'écria Mazarin.

– Au fait, dit Porthos, je comprends...

Vers le milieu de la rue des Petits-Champs, une seconde patrouille arrêta le carrosse.

– Qui vive ? cria le chef de la patrouille.

– Rangez-vous, monseigneur, dit d'Artagnan.

Et Mazarin s'enfonça tellement entre les deux amis, qu'il disparut complètement caché par eux.

– Qui vive ? reprit la même voix avec impatience.

Et d'Artagnan sentit qu'on se jetait à la tête des chevaux.

Il sortit la moitié du corps du carrosse.

– Eh ! Planchet, dit-il.

Le chef s'approcha : c'était effectivement Planchet. D'Artagnan avait reconnu la voix de son ancien laquais.

– Comment ! monsieur, dit Planchet, c'est vous ?

– Eh ! mon Dieu, oui, mon cher ami. Ce cher Porthos vient de recevoir un coup d'épée, et je le reconduis à sa maison de campagne de Saint-Cloud.

– Oh ! vraiment ? dit Planchet.

– Porthos, reprit d'Artagnan, si vous pouvez encore parler, mon cher Porthos, dites donc un mot à ce bon Planchet.

– Planchet, mon ami, dit Porthos d'une voix dolente, je suis bien malade, et si tu rencontres un médecin, tu me feras plaisir de me l'envoyer.

– Ah ! grand Dieu ! dit Planchet, quel malheur ! Et comment cela est-il arrivé ?

– Je te conterai cela, dit Mousqueton.

Porthos poussa un profond gémissement.

– Fais-nous faire place, Planchet, dit tout bas d'Artagnan, ou il n'arrivera pas vivant : les poumons sont offensés, mon ami.

Planchet secoua la tête de l'air d'un homme qui dit : En ce cas, la chose va mal.

Puis, se retournant vers ses hommes :

– Laissez passer, dit-il, ce sont des amis.

La voiture reprit sa marche, et Mazarin, qui avait retenu son haleine, se hasarda à respirer.

– *Bricconi !* murmura-t-il.

Quelques pas avant la porte Saint-Honoré, on rencontra une troisième troupe ; celle-ci était composée de gens de mauvaise mine et qui ressemblaient plutôt à des bandits qu'à autre chose : c'étaient les hommes du mendiant de Saint-Eustache.

– Attention, Porthos ! dit d'Artagnan.

Porthos allongea la main vers ses pistolets.

– Qu'y a-t-il ? dit Mazarin.

– Monseigneur, je crois que nous sommes en mauvaise compagnie.

Un homme s'avança à la portière avec une espèce de faux à la main.

– Qui vive ? demanda cet homme.

– Eh ! drôle, dit d'Artagnan, ne connaissez-vous pas le carrosse de M. le Prince ?

– Prince ou non, dit cet homme, ouvrez ! nous avons la garde de la porte, et personne ne passera que nous ne sachions qui passe.

– Que faut-il faire ? demanda Porthos.

– Pardieu ! passer, dit d'Artagnan.

– Mais comment passer ? dit Mazarin.

– À travers ou dessus. Cocher, au galop.

Le cocher leva son fouet.

– Pas un pas de plus, dit l'homme qui paraissait le chef, ou je coupe le jarret à vos chevaux.

– Peste ! dit Porthos, ce serait dommage, des bêtes qui me coûtent cent pistoles pièce.

– Je vous les paierai deux cents, dit Mazarin.

– Oui ; mais quand ils auront les jarrets coupés, on nous coupera le cou, à nous.

– Il en vient un de mon côté, dit Porthos ; faut-il que je le tue ?

– Oui ; d'un coup de poing, si vous pouvez : ne faisons feu qu'à la dernière extrémité.

– Je le puis, dit Porthos.

– Venez ouvrir alors, dit d'Artagnan à l'homme à la faux, en prenant un de ses pistolets par le canon et en s'apprêtant à frapper de la crosse.

Celui-ci s'approcha.

À mesure qu'il s'approchait, d'Artagnan, pour être plus libre de ses mouvements, sortait à demi par la portière ; ses yeux s'arrêtèrent sur ceux du mendiant, qu'éclairait la lueur d'une lanterne.

Sans doute il reconnut le mousquetaire, car il devint fort pâle ; sans doute d'Artagnan le reconnut, car ses cheveux se dressèrent sur sa tête.

– Monsieur d'Artagnan ! s'écria-t-il en reculant d'un pas, monsieur d'Artagnan ! laissez passer !

Peut-être d'Artagnan allait-il répondre de son côté, lorsqu'un coup pareil à celui d'une masse qui tombe sur la tête d'un bœuf retentit : c'était Porthos qui venait d'assommer son homme.

D'Artagnan se retourna et vit le malheureux gisant à quatre pas de là.

— Ventre à terre, maintenant ! cria-t-il au cocher ; pique ! pique.

Le cocher enveloppa ses chevaux d'un large coup de fouet, les nobles animaux bondirent. On entendit des cris comme ceux d'hommes qui sont renversés. Puis on sentit une double secousse : deux des roues venaient de passer sur un corps flexible et rond.

Il se fit un moment de silence. La voiture franchit la porte.

— Au Cours-la-Reine ! cria d'Artagnan au cocher.

Puis se retournant vers Mazarin :

— Maintenant, monseigneur, lui dit-il, vous pouvez dire cinq *Pater* et cinq *Ave* pour remercier Dieu de votre délivrance ; vous êtes sauvé, vous êtes libre !

Mazarin ne répondit que par une espèce de gémissement, il ne pouvait croire à un pareil miracle.

Cinq minutes après, la voiture s'arrêta, elle était arrivée au Cours-la-Reine.

— Monseigneur est-il content de son escorte ? demanda le mousquetaire.

— Enchanté, monsou, dit Mazarin en hasardant sa tête à l'une des portières ; maintenant faites-en autant pour la reine.

— Ce sera moins difficile, dit d'Artagnan en sautant à terre. Monsieur du Vallon, je vous recommande Son Éminence.

— Soyez tranquille, dit Porthos en étendant la main.

D'Artagnan prit la main de Porthos et la secoua.

— Aïe ! fit Porthos.

D'Artagnan regarda son ami avec étonnement.

— Qu'avez-vous donc ? demanda-t-il.

— Je crois que j'ai le poignet foulé, dit Porthos.

— Que diable, aussi, vous frappez comme un sourd.

— Il le fallait bien, mon homme allait me lâcher un coup de pistolet ; mais vous, comment vous êtes-vous débarrassé du vôtre ?

— Oh ! le mien, dit d'Artagnan, ce n'était pas un homme.

— Qu'était-ce donc ?

— C'était un spectre.

– Et...

– Et je l'ai conjuré.

Sans autre explication, d'Artagnan prit les pistolets qui étaient sur la banquette de devant, les passa à sa ceinture, s'enveloppa dans son manteau, et, ne voulant pas rentrer par la même barrière qu'il était sorti, il s'achemina vers la porte Richelieu.

VII

Le carrosse de M. le coadjuteur

Au lieu de rentrer par la porte Saint-Honoré, d'Artagnan qui avait du temps devant lui, fit le tour et rentra par la porte Richelieu. On vint le reconnaître, et, quand on vit à son chapeau à plumes et à son manteau galonné qu'il était officier des mousquetaires, on l'entoura avec l'intention de lui faire crier : « À bas le Mazarin ! » Cette première démonstration ne laissa pas que de l'inquiéter d'abord ; mais quand il sut de quoi il était question, il cria d'une si belle voix que les plus difficiles furent satisfaits.

Il suivait la rue de Richelieu, rêvant à la façon dont il emmènerait à son tour la reine, car de l'emmener dans un carrosse aux armes de France il n'y fallait pas songer, lorsqu'à la porte de l'hôtel de Mme de Guéménée il aperçut un équipage.

Une idée subite l'illumina.

– Ah ! pardieu, dit-il, ce serait de bonne guerre.

Et il s'approcha du carrosse, regarda les armes qui étaient sur les panneaux et la livrée du cocher qui était sur le siège.

Cet examen lui était d'autant plus facile que le cocher dormait les poings fermés.

– C'est bien le carrosse de M. le coadjuteur, dit-il ; sur ma parole, je commence à croire que la Providence est pour nous.

Il monta doucement dans le carrosse, et tirant le fil de soie qui correspondait au petit doigt du cocher :

– Au Palais-Royal ! dit-il.

Le cocher, réveillé en sursaut, se dirigea vers le point désigné sans se douter que l'ordre vînt d'un autre que de son maître. Le suisse allait fermer les grilles ; mais en voyant ce magnifique équipage il ne douta pas que ce ne fût une visite d'importance, et laissa passer le carrosse, qui s'arrêta sous le péristyle.

Là seulement le cocher s'aperçut que les laquais n'étaient pas derrière la voiture.

Il crut que M. le coadjuteur en avait disposé, sauta à bas du siège sans lâcher les rênes et vint ouvrir.

D'Artagnan sauta à son tour à terre, et, au moment où le cocher, effrayé en ne reconnaissant pas son maître, faisait un pas en arrière, il le saisit au collet de la main gauche, et de la droite lui mit un pistolet sur la gorge :

– Essaye de prononcer un seul mot, dit d'Artagnan, et tu es mort !

Le cocher vit à l'expression du visage de celui qui lui parlait qu'il était tombé dans un guet-apens, et il resta la bouche béante et les yeux démesurément ouverts.

Deux mousquetaires se promenaient dans la cour, d'Artagnan les appela par leur nom.

– Monsieur de Bellière, dit-il à l'un, faites-moi le plaisir de prendre les rênes des mains de ce brave homme, de monter sur le siège de la voiture, de la conduire à la porte de l'escalier dérobé et de m'attendre là ; c'est pour affaire d'importance et qui tient au service du roi.

Le mousquetaire, qui savait son lieutenant incapable de faire une mauvaise plaisanterie à l'endroit du service, obéit sans dire un mot, quoique l'ordre lui parût singulier.

Alors, se retournant vers le second mousquetaire :

– Monsieur du Verger, dit-il, aidez-moi à conduire cet homme en lieu de sûreté.

Le mousquetaire crut que son lieutenant venait d'arrêter quelque prince déguisé, s'inclina et, tirant son épée, fit signe qu'il était prêt.

D'Artagnan monta l'escalier suivi de son prisonnier, qui était suivi lui-même du mousquetaire, traversa le vestibule et entra dans l'antichambre de Mazarin.

Bernouin attendait avec impatience des nouvelles de son maître.

– Eh bien ! monsieur ? dit-il.

– Tout va à merveille, mon cher monsieur Bernouin ; mais voici, s'il vous plaît, un homme qu'il vous faudrait mettre en lieu de sûreté...

– Où cela, monsieur ?

– Où vous voudrez, pourvu que l'endroit que vous choisirez ait des volets qui ferment au cadenas et une porte qui ferme à la clef.

– Nous avons cela, monsieur, dit Bernouin.

Et l'on conduisit le pauvre cocher dans un cabinet dont les fenêtres étaient grillées et qui ressemblait fort à une prison.

– Maintenant, mon cher ami, je vous invite, dit d'Artagnan, à vous défaire en ma faveur de votre chapeau et de votre manteau.

Le cocher, comme on le comprend bien, ne fit aucune résistance ; d'ailleurs il était si étonné de ce qui lui arrivait qu'il chancelait et balbutiait comme un homme ivre : d'Artagnan mit le tout sous le bras du valet de chambre.

– Maintenant, monsieur du Verger, dit d'Artagnan, enfermez-vous avec cet homme jusqu'à ce que M. Bernouin vienne ouvrir la porte ; la faction sera passablement longue et fort peu amusante, je le sais, mais vous comprenez, ajouta-t-il gravement, service du roi.

– À vos ordres, mon lieutenant, répondit le mousquetaire, qui vit qu'il s'agissait de choses sérieuses.

– À propos, dit d'Artagnan ; si cet homme essaie de fuir ou de crier, passez-lui votre épée au travers du corps.

Le mousquetaire fit un signe de tête qui voulait dire qu'il obéirait ponctuellement à la consigne.

D'Artagnan sortit emmenant Bernouin avec lui.

Minuit sonnait.

– Menez-moi dans l'oratoire de la reine, dit-il ; prévenez-la que j'y suis, et allez me mettre ce paquet-là, avec un mousqueton bien chargé, sur le siège de la voiture qui attend au bas de l'escalier dérobé.

Bernouin introduisit d'Artagnan dans l'oratoire où il s'assit tout pensif.

Tout avait été au Palais-Royal comme d'habitude. À dix heures, ainsi que nous l'avons dit, presque tous les convives étaient retirés ; ceux qui devaient fuir avec la cour eurent le mot d'ordre ; et chacun fut invité à se trouver de minuit à une heure au Cours-la-Reine.

À dix heures, Anne d'Autriche passa chez le roi. On venait de coucher Monsieur ; et le jeune Louis, resté le dernier, s'amusait à mettre en bataille des soldats de plomb, exercice qui le récréait fort. Deux enfants d'honneur jouaient avec lui.

– La Porte, dit la reine, il serait temps de coucher Sa Majesté.

Le roi demanda à rester encore debout, n'ayant aucune envie de dormir, disait-il ; mais la reine insista.

– Ne devez-vous pas aller demain matin à six heures vous baigner à Conflans, Louis ? C'est vous-même qui l'avez demandé, ce me semble.

– Vous avez raison, madame, dit le roi, et je suis prêt à me retirer dans mon appartement quand vous aurez bien voulu m'embrasser. La Porte, donnez le bougeoir à M. le chevalier de Coislin.

La reine posa ses lèvres sur le front blanc et poli que l'auguste enfant lui tendait avec une gravité qui sentait déjà l'étiquette.

– Endormez-vous bien vite, Louis, dit la reine, car vous serez réveillé de bonne heure.

– Je ferai de mon mieux pour vous obéir, madame, dit le jeune Louis, mais je n'ai aucune envie de dormir.

– La Porte, dit tout bas Anne d'Autriche, cherchez quelque livre bien ennuyeux à lire à Sa Majesté, mais ne vous déshabillez pas.

Le roi sortit accompagné du chevalier de Coislin, qui lui portait le bougeoir. L'autre enfant d'honneur fut reconduit chez lui.

Alors la reine rentra dans son appartement. Ses femmes, c'est-à-dire Mme de Brégy, Mlle de Beaumont, Mme de Motteville et Socratine sa sœur, que l'on appelait ainsi à cause de sa sagesse, venaient de lui apporter dans la garde-robe des restes du dîner, avec lesquels elle soupait, selon son habitude.

La reine alors donna ses ordres, parla d'un repas que lui offrait le surlendemain le marquis de Villequier, désigna les personnes qu'elle admettait à l'honneur d'en être, annonça pour le lendemain encore une visite au Val-de-Grâce, où elle avait l'intention de faire ses dévotions, et donna à Béringhen, son premier valet de chambre, ses ordres pour qu'il l'accompagnât.

Le souper des dames fini, la reine feignit une grande fatigue et passa dans sa chambre à coucher. Mme de Motteville, qui était de service particulier ce soir-là, l'y suivit, puis l'aida à se dévêtir. La reine alors se mit au lit, lui parla affectueusement pendant quelques minutes et la congédia.

C'était en ce moment que d'Artagnan entrait dans la cour du Palais-Royal avec la voiture du coadjuteur.

Un instant après, les carrosses des dames d'honneur en sortaient et la grille se refermait derrière eux.

Minuit sonnait.

Cinq minutes après, Bernouin frappait à la chambre à coucher de la reine, venant par le passage secret du cardinal.

Anne d'Autriche alla ouvrir elle-même.

Elle était déjà habillée, c'est-à-dire qu'elle avait remis ses bas et s'était enveloppée d'un long peignoir.

– C'est vous, Bernouin, dit-elle, M. d'Artagnan est-il là ?

– Oui, madame, dans votre oratoire, il attend que Votre Majesté soit prête.

– Je le suis. Allez dire à La Porte d'éveiller et d'habiller le roi, puis de là passez chez le maréchal de Villeroy et prévenez-le de ma part.

Bernouin s'inclina et sortit.

La reine entra dans son oratoire, qu'éclairait une simple lampe en verroterie de Venise. Elle vit d'Artagnan debout et qui l'attendait.

– C'est vous ? lui dit-elle.

– Oui, madame.

– Vous êtes prêt ?

– Je le suis.

– Et M. le cardinal ?

– Est sorti sans accident. Il attend Votre Majesté au Cours-la-Reine.

– Mais dans quelle voiture partons-nous ?

– J'ai tout prévu, un carrosse attend en bas Votre Majesté.

– Passons chez le roi.

D'Artagnan s'inclina et suivit la reine.

Le jeune Louis était déjà habillé, à l'exception des souliers et du pourpoint, il se laissait faire d'un air étonné, en accablant de questions La Porte, qui ne lui répondait que ces paroles :

– Sire, c'est par l'ordre de la reine.

Le lit était découvert, et l'on voyait les draps du roi tellement usés qu'en certains endroits il y avait des trous.

C'était encore un des effets de la lésinerie de Mazarin. La reine entra, et d'Artagnan se tint sur le seuil. L'enfant, en apercevant la reine, s'échappa des mains de La Porte et courut à elle.

La reine fit signe à d'Artagnan de s'approcher.

D'Artagnan obéit.

– Mon fils, dit Anne d'Autriche, en lui montrant le mousquetaire calme, debout et découvert, voici M. d'Artagnan, qui est brave comme un de ces anciens preux dont vous aimez tant que mes femmes vous racontent l'histoire. Rappelez-vous bien son nom, et regardez-le bien, pour ne pas oublier son visage, car ce soir il nous rendra un grand service.

Le jeune roi regarda l'officier de son grand œil fier et répéta :

– M. d'Artagnan ?

– C'est cela, mon fils.

Le jeune roi leva lentement sa petite main et la tendit au mousquetaire ; celui-ci mit un genou en terre et la baisa.

– M. d'Artagnan, répéta Louis, c'est bien, madame.

À ce moment on entendit comme une rumeur qui s'approchait.

– Qu'est-ce que cela ? dit la reine.

– Oh ! oh ! répondit d'Artagnan en tendant tout à la fois son oreille fine et son regard intelligent, c'est le bruit du peuple qui s'émeut.

– Il faut fuir, dit la reine.

– Votre Majesté m'a donné la direction de cette affaire, il faut rester et savoir ce qu'il veut.

– Monsieur d'Artagnan !

– Je réponds de tout.

Rien ne se communique plus rapidement que la confiance. La reine, pleine de force et de courage, sentait au plus haut degré ces deux vertus chez les autres.

– Faites, dit-elle, je m'en rapporte à vous.

– Votre Majesté veut-elle me permettre dans toute cette affaire de donner des ordres en son nom ?

– Ordonnez, monsieur.

– Que veut donc encore ce peuple ? dit le roi.

– Nous allons le savoir, sire, dit d'Artagnan.

Et il sortit rapidement de la chambre.

Le tumulte allait croissant, il semblait envelopper le Palais-Royal tout entier. On entendait de l'intérieur des cris dont on ne pouvait comprendre le sens. Il était évident qu'il y avait clameur et sédition. Le roi, à moitié habillé, la reine et La Porte restèrent chacun dans l'état et presque à la place où ils étaient, écoutant et attendant.

Comminges, qui était de garde cette nuit-là au Palais-Royal, accourut ; il avait deux cents hommes à peu près dans les cours et dans les écuries, il les mettait à la disposition de la reine.

– Eh bien ! demanda Anne d'Autriche en voyant reparaître d'Artagnan, qu'y a-t-il ?

– Il y a, madame, que le bruit s'est répandu que la reine avait quitté le Palais-Royal, enlevant le roi, et que le peuple demande à avoir la preuve du contraire, ou menace de démolir le Palais-Royal.

– Oh ! cette fois, c'est trop fort, dit la reine, et je leur prouverai que je ne suis point partie.

D'Artagnan vit, à l'expression du visage de la reine, qu'elle allait donner quelque ordre violent. Il s'approcha d'elle et lui dit tout bas :

– Votre Majesté a-t-elle toujours confiance en moi ?

Cette voix la fit tressaillir.

– Oui, monsieur, toute confiance, dit-elle. Dites.

– La reine daigne-t-elle se conduire d'après mes avis ?

– Dites.

– Que Votre Majesté veuille renvoyer M. de Comminges, en lui ordonnant de se renfermer, lui et ses hommes, dans le corps de garde et les écuries.

Comminges regarda d'Artagnan de ce regard envieux avec lequel tout courtisan voit poindre une fortune nouvelle.

– Vous avez entendu, Comminges ? dit la reine.

D'Artagnan alla à lui, il avait reconnu avec sa sagacité ordinaire ce coup d'œil inquiet.

– Monsieur de Comminges, lui dit-il, pardonnez-moi ; nous sommes tous deux serviteurs de la reine, n'est-ce pas ? C'est mon tour de lui être utile, ne m'enviez donc pas ce bonheur.

Comminges s'inclina et sortit.

– Allons, se dit d'Artagnan, me voilà avec un ennemi de plus !

– Et maintenant, dit la reine en s'adressant à d'Artagnan, que faut-il faire ? car, vous l'entendez, au lieu de se calmer le bruit redouble.

– Madame, répondit d'Artagnan, le peuple veut voir le roi, il faut qu'il le voie.

– Comment, qu'il le voie ! Où cela ! Sur le balcon ?

– Non pas, madame, mais ici, dans son lit, dormant.

– Oh ! Votre Majesté, M. d'Artagnan a toute raison ! s'écria La Porte.

La reine réfléchit et sourit en femme à qui la duplicité n'est pas étrangère.

– Au fait, murmura-t-elle.

– Monsieur La Porte, dit d'Artagnan, allez à travers les grilles du Palais-Royal annoncer au peuple qu'il va être satisfait et que, dans cinq minutes, non seulement il verra le roi, mais encore qu'il le verra dans son lit ; ajoutez que le roi dort et que la reine prie que l'on fasse silence pour ne point le réveiller.

– Mais pas tout le monde, une députation de deux ou quatre personnes ?

– Tout le monde, madame.

– Mais ils nous tiendront jusqu'au jour, songez-y.

– Nous en aurons pour un quart d'heure. Je réponds de tout, madame ; croyez-moi, je connais le peuple, c'est un grand enfant qu'il ne s'agit que de caresser. Devant le roi endormi, il sera muet, doux et timide comme un agneau.

– Allez, La Porte, dit la reine.

Le jeune roi se rapprocha de sa mère.

– Pourquoi faire ce que ces gens demandent ? dit-il.

– Il le faut, mon fils, dit Anne d'Autriche.

– Mais alors, si on me dit *il le faut*, je ne suis donc plus roi ?

La reine resta muette.

– Sire, dit d'Artagnan, Votre Majesté me permettra-t-elle de lui faire une question ?

Louis XIV se retourna, étonné qu'on osât lui adresser la parole ; la reine serra la main de l'enfant.

– Oui, monsieur, dit-il.

– Votre Majesté se rappelle-t-elle avoir, lorsqu'elle jouait dans le parc de Fontainebleau ou dans les cours du palais de Versailles, vu tout à coup le ciel se couvrir et entendu le bruit du tonnerre ?

– Oui, sans doute.

– Eh bien ! ce bruit du tonnerre, si bonne envie que Votre Majesté eût encore de jouer, lui disait : « Rentrez, sire, il le faut. »

– Sans doute, monsieur ; mais aussi l'on m'a dit que le bruit du tonnerre, c'était la voix de Dieu.

– Eh bien ! sire, dit d'Artagnan, écoutez le bruit du peuple, et vous verrez que cela ressemble beaucoup à celui du tonnerre.

En effet, en ce moment une rumeur terrible passait emportée par la brise de la nuit.

Tout à coup elle cessa.

– Tenez, sire, dit d'Artagnan, on vient de dire au peuple que vous dormiez ; vous voyez bien que vous êtes toujours roi.

La reine regardait avec étonnement cet homme étrange que son courage éclatant faisait l'égal des plus braves, que son esprit fin et rusé faisait l'égal de tous.

La Porte entra.

– Eh bien, La Porte ? demanda la reine.

– Madame, répondit-il, la prédiction de M. d'Artagnan s'est accomplie, ils se sont calmés comme par enchantement. On va leur ouvrir les portes, et dans cinq minutes ils seront ici.

– La Porte, dit la reine, si vous mettiez un de vos fils à la place du roi, nous partirions pendant ce temps.

– Si Sa Majesté l'ordonne, dit La Porte, mes fils, comme moi, sont au service de la reine.

– Non pas, dit d'Artagnan, car si l'un d'eux connaissait Votre Majesté et s'apercevait du subterfuge, tout serait perdu.

– Vous avez raison, monsieur, toujours raison, dit Anne d'Autriche. La Porte, couchez le roi.

La Porte posa le roi tout vêtu comme il était dans son lit, puis il le recouvrit jusqu'aux épaules avec le drap.

La reine se courba sur lui et l'embrassa au front.

– Faites semblant de dormir, Louis, dit-elle.

– Oui, dit le roi, mais je ne veux pas qu'un seul de ces hommes me touche.

– Sire, je suis là, dit d'Artagnan, et je vous réponds que si un seul avait cette audace, il la payerait de sa vie.

– Maintenant, que faut-il faire ? demanda la reine, car je les entends.

– Monsieur La Porte, allez au-devant d'eux, et leur recommandez de nouveau le silence. Madame, attendez-là à la porte. Moi je suis au chevet du roi, tout prêt à mourir pour lui.

La Porte sortit, la reine se tint debout près de la tapisserie, d'Artagnan se glissa derrière les rideaux.

Puis on entendit la marche sourde et contenue d'une grande multitude d'hommes ; la reine souleva elle-même la tapisserie en mettant un doigt sur sa bouche.

En voyant la reine, ces hommes s'arrêtèrent dans l'attitude du respect.

– Entrez, messieurs, entrez, dit la reine.

Il y eut alors parmi tout ce peuple un mouvement d'hésitation qui ressemblait à de la honte : il s'attendait à la résistance, il s'attendait à être contrarié, à forcer les grilles et à renverser les gardes ; les grilles s'étaient ouvertes toutes seules, et le roi, ostensiblement du moins, n'avait à son chevet d'autre garde que sa mère.

Ceux qui étaient en tête balbutièrent et essayèrent de reculer.

– Entrez donc, messieurs, dit La Porte, puisque la reine le permet.

Alors un plus hardi que les autres, se hasardant, dépassa le seuil de la porte et s'avança sur la pointe du pied. Tous les autres l'imitèrent, et la chambre s'emplit silencieusement, comme si tous ces hommes eussent été les courtisans les plus humbles et les plus dévoués. Bien au-delà de la porte on apercevait les têtes de ceux qui, n'ayant pu entrer, se haussaient sur la pointe des pieds. D'Artagnan voyait tout à travers une ouverture qu'il avait faite au rideau ; dans l'homme qui entra le premier il reconnut Planchet.

– Monsieur, lui dit la reine, qui comprit qu'il était le chef de toute cette bande, vous avez désiré voir le roi et j'ai voulu le montrer moi-même. Approchez, regardez-le et dites si nous avons l'air de gens qui veulent s'échapper.

– Non certes, répondit Planchet un peu étonné de l'honneur inattendu qu'il recevait.

– Vous direz donc à mes bons et fidèles Parisiens, reprit Anne d'Autriche avec un sourire à l'expression duquel d'Artagnan ne se trompa point, que vous avez vu le roi couché et dormant, ainsi que la reine prête à se mettre au lit à son tour.

– Je le dirai, madame, et ceux qui m'accompagnent le diront tous ainsi que moi, mais...

– Mais quoi ? demanda Anne d'Autriche.

– Que Votre Majesté me pardonne, dit Planchet, mais est-ce bien le roi qui est couché dans ce lit ?

Anne d'Autriche tressaillit.

– S'il y a quelqu'un parmi vous tous qui connaisse le roi, dit-elle, qu'il s'approche et qu'il dise si c'est bien Sa Majesté qui est là.

Un homme enveloppé d'un manteau, dont en se drapant il se cachait le visage, s'approcha, se pencha sur le lit et regarda.

Un instant d'Artagnan crut que cet homme avait un mauvais dessein, et il porta la main à son épée ; mais dans le mouvement que fit en se baissant l'homme au manteau, il découvrit une portion de son visage, et d'Artagnan reconnut le coadjuteur.

– C'est bien le roi, dit cet homme en se relevant. Dieu bénisse Sa Majesté !

– Oui, dit à demi-voix le chef, oui, Dieu bénisse Sa Majesté !

Et tous ces hommes, qui étaient entrés furieux, passant de la colère à la pitié, bénirent à leur tour l'enfant royal.

– Maintenant, dit Planchet, remercions la reine, mes amis, et retirons-nous.

Tous s'inclinèrent et sortirent peu à peu et sans bruit, comme ils étaient entrés. Planchet, entré le premier, sortait le dernier.

La reine l'arrêta.

– Comment vous nommez-vous, mon ami ? lui dit-elle.

Planchet se retourna fort étonné de la question.

– Oui, dit la reine, je me tiens tout aussi honorée de vous avoir reçu ce soir que si vous étiez un prince, et je désire savoir votre nom.

« Oui, pensa Planchet, pour me traiter comme un prince, merci ! »

D'Artagnan frémit que Planchet, séduit comme le corbeau de la fable, ne dît son nom, et que la reine, sachant son nom, ne sût que Planchet lui avait appartenu.

– Madame, répondit respectueusement Planchet, je m'appelle Dulaurier pour vous servir.

– Merci, monsieur Dulaurier, dit la reine, et que faites-vous ?

– Madame, je suis marchand drapier dans la rue des Bourdonnais.

– Voilà tout ce que je voulais savoir, dit la reine ; bien obligée, mon cher monsieur Dulaurier, vous entendrez parler de moi.

« Allons, allons, murmura d'Artagnan en sortant de derrière son rideau, décidément maître Planchet n'est point un sot, et l'on voit bien qu'il a été élevé à bonne école. »

Les différents acteurs de cette scène étrange restèrent un instant en face les uns des autres sans dire une seule parole, la reine debout près de la porte, d'Artagnan à moitié sorti de sa cachette, le roi soulevé sur son coude et prêt à retomber sur son lit au moindre bruit qui indiquerait le retour de toute cette multitude ; mais, au lieu de se rapprocher, le bruit s'éloigna de plus en plus et finit par s'éteindre tout à fait.

La reine respira ; d'Artagnan essuya son front humide ; le roi se laissa glisser en bas de son lit en disant :

– Partons.

En ce moment La Porte reparut.

– Eh bien ? demanda la reine.

– Eh bien, madame, répondit le valet de chambre, je les ai suivis jusqu'aux grilles ; ils ont annoncé à tous leurs camarades qu'ils ont vu le roi et que la reine leur a parlé, de sorte qu'ils s'éloignent tout fiers et tout glorieux.

– Oh ! les misérables ! murmura la reine, ils paieront cher leur hardiesse, c'est moi qui le leur promets !

Puis, se retournant vers d'Artagnan :

– Monsieur, dit-elle, vous m'avez donné ce soir les meilleurs conseils que j'aie reçus de ma vie. Continuez : que devons-nous faire maintenant ?

– Monsieur La Porte, dit d'Artagnan, achevez d'habiller Sa Majesté.

– Nous pouvons partir alors ? demanda la reine.

– Quand Votre Majesté voudra ; elle n'a qu'à descendre par l'escalier dérobé, elle me trouvera à la porte.

– Allez, monsieur, dit la reine, je vous suis.

D'Artagnan descendit, le carrosse était à son poste, le mousquetaire se tenait sur le siège.

D'Artagnan prit le paquet qu'il avait chargé Bernouin de mettre aux pieds du mousquetaire. C'était, on se le rappelle, le chapeau et le manteau du cocher de M. de Gondy.

Il mit le manteau sur ses épaules et le chapeau sur sa tête.

Le mousquetaire descendit du siège.

– Monsieur, dit d'Artagnan, vous allez rendre la liberté à votre compagnon qui garde le cocher. Vous monterez sur vos chevaux, vous irez prendre, rue Tiquetonne, hôtel de *La Chevrette*, mon cheval et celui de M. du Vallon, que vous sellerez et harnacherez en guerre, puis vous sortirez de Paris en les conduisant en main, et vous vous rendrez au Cours-la-Reine. Si au Cours-la-Reine vous ne trouviez plus personne, vous pousseriez jusqu'à Saint-Germain. Service du roi.

Le mousquetaire porta la main à son chapeau et s'éloigna pour accomplir les ordres qu'il venait de recevoir.

D'Artagnan monta sur le siège.

Il avait une paire de pistolets à sa ceinture, un mousqueton sous ses pieds, son épée nue derrière lui.

La reine parut ; derrière elle venaient le roi et M. le duc d'Anjou, son frère.

– Le carrosse de M. le coadjuteur ! s'écria-t-elle en reculant d'un pas.

– Oui, madame, dit d'Artagnan, mais montez hardiment ; c'est moi qui le conduis.

La reine poussa un cri de surprise et monta dans le carrosse. Le roi et Monsieur montèrent après elle et s'assirent à ses côtés.

– Venez, La Porte, dit la reine.

– Comment, madame ! dit le valet de chambre, dans le même carrosse que Vos Majestés ?

– Il ne s'agit pas ce soir de l'étiquette royale, mais du salut du roi. Montez, La Porte !

La Porte obéit.

– Fermez les mantelets, dit d'Artagnan.

– Mais cela n'inspirera-t-il pas de la défiance, monsieur ? demanda la reine.

– Que Votre Majesté soit tranquille, dit d'Artagnan, j'ai ma réponse prête.

On ferma les mantelets et on partit au galop par la rue de Richelieu. En arrivant à la porte, le chef du poste s'avança à la tête d'une douzaine d'hommes et tenant une lanterne à la main.

D'Artagnan lui fit signe d'approcher.

– Reconnaissez-vous la voiture ? dit-il au sergent.

– Non, répondit celui-ci.

– Regardez les armes.

Le sergent approcha sa lanterne du panneau.

– Ce sont celles de M. le coadjuteur ! dit-il.

– Chut ! il est en bonne fortune avec Mme de Guéménée.

Le sergent se mit à rire.

– Ouvrez la porte, dit-il, je sais ce que c'est.

Puis, s'approchant du mantelet baissé :

– Bien du plaisir, monseigneur ! dit-il.

– Indiscret ! cria d'Artagnan, vous me ferez chasser.

La barrière cria sur ses gonds ; et d'Artagnan, voyant le chemin ouvert, fouetta vigoureusement ses chevaux qui partirent au grand trot.

Cinq minutes après on avait rejoint le carrosse du cardinal.

– Mousqueton, cria d'Artagnan, relevez les mantelets du carrosse de Sa Majesté.

– C'est lui, dit Porthos.

– En cocher ! s'écria Mazarin.

– Et avec le carrosse du coadjuteur ! dit la reine.

– *Corpo di Dio !* monsou d'Artagnan, dit Mazarin, vous valez votre pesant d'or !

VIII

Comment d'Artagnan et Porthos gagnèrent,
l'un deux cent dix-neuf, et l'autre deux cent
quinze louis, à vendre de la paille

Mazarin voulait partir à l'instant même pour Saint-Germain, mais la reine déclara qu'elle attendrait les personnes auxquelles elle avait donné rendez-vous. Seulement, elle offrit au cardinal la place de La Porte. Le cardinal accepta et passa d'une voiture dans l'autre.

Ce n'était pas sans raison que le bruit s'était répandu que le roi devait quitter Paris dans la nuit : dix ou douze personnes étaient dans le secret de cette fuite depuis six heures du soir, et, si discrètes qu'elles eussent été, elles n'avaient pu donner leurs ordres de départ sans que la chose transpirât quelque peu. D'ailleurs, chacune de ces personnes en avait une ou deux autres auxquelles elle s'intéressait ; et comme on ne doutait point que la reine ne quittât Paris avec de terribles projets de vengeance, chacun avait averti ses amis ou ses parents ; de sorte que la rumeur de ce départ courut comme une traînée de poudre par les rues de la ville.

Le premier carrosse qui arriva après celui de la reine fut le carrosse de M. le Prince ; il contenait M. de Condé, Mme la Princesse et Mme la Princesse douairière. Toutes deux avaient été réveillées au milieu de la nuit et ne savaient pas de quoi il était question.

Le second contenait M. le duc d'Orléans, Mme la duchesse, la Grande Mademoiselle et l'abbé de La Rivière, favori inséparable et conseiller intime du prince.

Le troisième contenait M. de Longueville et M. le prince de Conti, frère et beau-frère de M. le Prince. Ils mirent pied à terre, s'approchèrent du carrosse du roi et de la reine, et présentèrent leurs hommages à Sa Majesté.

La reine plongea son regard jusqu'au fond du carrosse, dont la portière était restée ouverte, et vit qu'il était vide.

– Mais où est donc Mme de Longueville ? dit-elle.

– En effet, où est donc ma sœur ? demanda M. le Prince.

– Mme de Longueville est souffrante, madame, répondit le duc, et elle m'a chargé de l'excuser près de Votre Majesté.

Anne lança un coup d'œil rapide à Mazarin, qui répondit par un signe imperceptible de tête.

– Qu'en dites-vous ? demanda la reine.

– Je dis que c'est un otage pour les Parisiens, répondit le cardinal.

– Pourquoi n'est-elle pas venue ? demanda tout bas M. le Prince à son frère.

– Silence ! répondit celui-ci ; sans doute elle a ses raisons.

– Elle nous perd, murmura le prince.

– Elle nous sauve, dit Conti.

Les voitures arrivaient en foule. Le maréchal de La Meilleraie, le maréchal de Villeroy, Guitaut, Villequier, Comminges, vinrent à la file ; les deux mousquetaires arrivèrent à leur tour, tenant les chevaux de d'Artagnan et de Porthos en main. D'Artagnan et Porthos se mirent en selle. Le cocher de Porthos remplaça d'Artagnan sur le siège du carrosse royal, Mousqueton remplaça le cocher, conduisant debout, pour raison à lui connue, et pareil à l'Automédon antique.

La reine, bien qu'occupée de mille détails, cherchait des yeux d'Artagnan, mais le Gascon s'était déjà replongé dans la foule avec sa prudence accoutumée.

– Faisons l'avant-garde, dit-il à Porthos, et ménageons-nous de bons logements à Saint-Germain, car personne ne songera à nous. Je me sens fort fatigué.

– Moi, dit Porthos, je tombe véritablement de sommeil. Dire que nous n'avons pas eu la moindre bataille. Décidément les Parisiens sont bien sots.

– Ne serait-ce pas plutôt que nous sommes bien habiles ? dit d'Artagnan.

– Peut-être.

– Et votre poignet, comment va-t-il ?

– Mieux ; mais croyez-vous que nous les tenons cette fois-ci ?

– Quoi ?

– Vous, votre grade ; et moi, mon titre ?

– Ma foi ! oui, je parierais presque. D'ailleurs, s'ils ne se souviennent pas, je les ferai souvenir.

– On entend la voix de la reine, dit Porthos. Je crois qu'elle demande à monter à cheval.

– Oh ! elle le voudrait bien, elle ; mais...

– Mais quoi ?

– Mais le cardinal ne veut pas, lui. Messieurs, continua d'Artagnan s'adressant aux deux mousquetaires, accompagnez le carrosse de la reine, et ne quittez pas les portières. Nous allons faire préparer les logis.

Et d'Artagnan piqua vers Saint-Germain accompagné de Porthos.

– Partons, messieurs ! dit la reine.

Et le carrosse royal se mit en route, suivi de tous les autres carrosses et de plus de cinquante cavaliers.

On arriva à Saint-Germain sans accident ; en descendant du marche-pied, la reine trouva M. le Prince qui attendait debout et découvert pour lui offrir la main.

– Quel réveil pour les Parisiens ! dit Anne d'Autriche radieuse.

– C'est la guerre, dit le prince.

– Eh bien ! la guerre, soit. N'avons-nous pas avec nous le vainqueur de Rocroy, de Nordlingen et de Lens ?

Le prince s'inclina en signe de remerciement.

Il était trois heures du matin. La reine entra la première dans le châ-teau ; tout le monde la suivit : deux cents personnes à peu près l'avaient accompagnée dans sa fuite.

– Messieurs, dit la reine en riant, logez-vous dans le château, il est vaste et la place ne vous manquera point ; mais, comme on ne comptait pas y venir, on me prévient qu'il n'y a en tout que trois lits, un pour le roi, un pour moi...

– Et un pour Mazarin, dit tout bas M. le Prince.

– Et moi, je coucherai donc sur le plancher ? dit Gaston d'Orléans avec un sourire très inquiet...

– Non, monseigneur, dit Mazarin, car le troisième lit est destiné à Votre Altesse.

– Mais vous ? demanda le prince.

– Moi, je ne me coucherai pas, dit Mazarin, j'ai à travailler.

Gaston se fit indiquer la chambre où était le lit, sans s'inquiéter de quelle façon se logerait sa femme et sa fille.

– Eh bien, moi, je me coucherai, dit d'Artagnan. Venez avec moi, Por-thos.

Porthos suivit d'Artagnan avec cette profonde confiance qu'il avait dans l'intellect de son ami.

Ils marchaient l'un à côté de l'autre sur la place du château, Porthos re-gardant avec des yeux ébahis d'Artagnan, qui calculait sur ses doigts.

– Quatre cents à une pistole la pièce, quatre cents pistoles.

– Oui, disait Porthos, quatre cents pistoles ; mais qu'est-ce qui fait quatre cents pistoles ?

– Une pistole n'est pas assez, continua d'Artagnan ; cela vaut un louis.

– Qu'est-ce qui vaut un louis ?

– Quatre cents, à un louis, font quatre cents louis.

– Quatre cents ? dit Porthos.

– Oui, ils sont deux cents ; et il en faut au moins deux par personne. À deux par personne, cela fait quatre cents.

– Mais quatre cents quoi ?

– Écoutez, dit d'Artagnan.

Et comme il y avait là toutes sortes de gens qui regardaient dans l'ébahissement l'arrivée de la cour, il acheva sa phrase tout bas à l'oreille de Porthos.

– Je comprends, dit Porthos, je comprends à merveille, par ma foi ! Deux cents louis chacun, c'est joli ; mais que dira-t-on ?

– On dira ce qu'on voudra ; d'ailleurs saura-t-on que c'est nous ?

– Mais qui se chargera de la distribution ?

– Mousqueton n'est-il pas là ?

– Et ma livrée ! dit Porthos, on reconnaîtra ma livrée.

– Il retournera son habit.

– Vous avez toujours raison, mon cher, s'écria Porthos, mais où diable puisez-vous donc toutes les idées que vous avez ?

D'Artagnan sourit.

Les deux amis prirent la première rue qu'ils rencontrèrent ; Porthos frappa à la porte de la maison de droite, tandis que d'Artagnan frappait à la porte de la maison de gauche.

– De la paille ! dirent-ils.

– Monsieur, nous n'en avons pas, répondirent les gens qui vinrent ouvrir, mais adressez-vous au marchand de fourrages.

– Et où est-il, le marchand de fourrages ?

– La dernière grand-porte de la rue.

– À droite ou à gauche ?

– À gauche.

– Et y a-t-il encore à Saint-Germain d'autres gens chez lesquels on en pourrait trouver ?

– Il y a l'aubergiste du *Mouton Couronné*, et Gros-Louis le fermier.

– Où demeurent-ils ?

– Rue des Ursulines.

– Tous deux ?

– Oui.

– Très bien.

Les deux amis se firent indiquer la seconde et la troisième adresse aussi exactement qu'ils s'étaient fait indiquer la première ; puis d'Artagnan se rendit chez le marchand de fourrages et traita avec lui de cent cinquante bottes de paille qu'il possédait, moyennant la somme de trois pistoles. Il se rendit ensuite chez l'aubergiste, où il trouva Porthos qui venait de traiter de deux cents bottes pour une somme à peu près pareille. Enfin le fermier Louis en mit cent quatre-vingts à leur disposition. Cela faisait un total de quatre cent trente.

Saint-Germain n'en avait pas davantage.

Toute cette rafle ne leur prit pas plus d'une demi-heure. Mousqueton, dûment éduqué, fut mis à la tête de ce commerce improvisé. On lui recommanda de ne pas laisser sortir de ses mains un fétu de paille au-dessous d'un louis la botte ; on lui en confiait pour quatre cent trente louis.

Mousqueton secouait la tête et ne comprenait rien à la spéculation des deux amis.

D'Artagnan, portant trois bottes de paille, s'en retourna au château, où chacun, grelottant de froid et tombant de sommeil, regardait envieusement le roi, la reine et Monsieur sur leurs lits de camp.

L'entrée de d'Artagnan dans la grande salle produisit un éclat de rire universel ; mais d'Artagnan n'eut pas même l'air de s'apercevoir qu'il était l'objet de l'attention générale et se mit à disposer avec tant d'habileté, d'adresse et de gaieté sa couche de paille que l'eau en venait à la bouche à tous ces pauvres endormis qui ne pouvaient dormir.

– De la paille ! s'écrièrent-ils, de la paille ! où trouve-t-on de la paille ?

– Je vais vous conduire, dit Porthos.

Et il conduisit les amateurs à Mousqueton, qui distribuait généreusement les bottes à un louis la pièce. On trouva bien que c'était un peu cher ; mais quand on a bien envie de dormir, qui est-ce qui ne paierait pas deux ou trois louis quelques heures de bon sommeil ?

D'Artagnan cédait à chacun son lit, qu'il recommença dix fois de suite ; et comme il était censé avoir payé comme les autres sa botte de paille un louis, il empocha ainsi une trentaine de louis en moins d'une demi-heure. À cinq heures du matin, la paille valait quatre-vingts livres la botte, et encore n'en trouvait-on plus.

D'Artagnan avait eu le soin d'en mettre quatre bottes de côté pour lui. Il prit dans sa poche la clef du cabinet où il les avait cachées, et, accompagné de Porthos, s'en retourna compter avec Mousqueton, qui, naïvement et comme un digne intendant qu'il était, leur remit quatre cent trente louis et garda encore cent louis pour lui.

Mousqueton, qui ne savait rien de ce qui s'était passé au château, ne comprenait pas comment l'idée de vendre de la paille ne lui était pas venue plus tôt.

D'Artagnan mit l'or dans son chapeau, et tout en revenant fit son compte avec Porthos. Il leur revenait à chacun deux cent quinze louis.

Porthos alors seulement s'aperçut qu'il n'avait pas de paille pour son compte, il retourna auprès de Mousqueton ; mais Mousqueton avait vendu jusqu'à son dernier fétu, ne gardant rien pour lui-même.

Il revint alors trouver d'Artagnan, lequel, grâce à ses quatre bottes de paille, était en train de confectionner, et en le savourant d'avance avec délices, un lit si moelleux, si bien rembourré à la tête, si bien couvert au pied, que ce lit eût fait envie au roi lui-même, si le roi n'eût si bien dormi dans le sien.

D'Artagnan, à aucun prix, ne voulut déranger son lit pour Porthos ; mais moyennant quatre louis que celui-ci lui compta, il consentit à ce que Porthos couchât avec lui.

Il rangea son épée à son chevet, posa ses pistolets à son côté, étendit son manteau à ses pieds, plaça son feutre sur son manteau, et s'étendit voluptueusement sur la paille qui craquait. Déjà il caressait les doux rêves qu'engendre la possession de deux cent dix-neuf louis gagnés en un quart d'heure, quand une voix retentit à la porte de la salle et le fit bondir.

– Monsieur d'Artagnan ! criait-elle, monsieur d'Artagnan !

– Ici, dit Porthos, ici !

Porthos comprenait que si d'Artagnan s'en allait, le lit lui resterait à lui tout seul.

Un officier s'approcha.

D'Artagnan se souleva sur son coude.

– C'est vous qui êtes monsieur d'Artagnan ? dit-il.

– Oui, monsieur ; que me voulez-vous ?

– Je viens vous chercher.

– De quelle part ?

– De la part de Son Éminence.

– Dites à monseigneur que je vais dormir et que je lui conseille en ami d'en faire autant.

– Son Éminence ne s'est pas couchée et ne se couchera pas, et elle vous demande à l'instant même.

« La peste étouffe le Mazarin, qui ne sait pas dormir à propos ! murmura d'Artagnan. Que me veut-il ? Est-ce pour me faire capitaine ? En ce cas je lui pardonne. »

Et le mousquetaire se leva tout en grommelant, prit son épée, son chapeau, ses pistolets et son manteau, puis suivit l'officier, tandis que Porthos, resté seul unique possesseur du lit, essayait d'imiter les belles dispositions de son ami.

– Monsou d'Artagnan, dit le cardinal en apercevant celui qu'il venait d'envoyer chercher si mal à propos, je n'ai point oublié avec quel zèle vous m'avez servi, et je vais vous en donner une preuve.

« Bon ! pensa d'Artagnan, cela s'annonce bien. »

Mazarin regardait le mousquetaire et vit sa figure s'épanouir.

– Ah ! monseigneur...

– Monsieur d'Artagnan, dit-il, avez-vous bien envie d'être capitaine ?

– Oui, monseigneur.

– Et votre ami désire-t-il toujours être baron ?

– En ce moment-ci, monseigneur, il rêve qu'il l'est !

– Alors, dit Mazarin, tirant d'un portefeuille la lettre qu'il avait déjà montrée à d'Artagnan, prenez cette dépêche et portez-la en Angleterre.

D'Artagnan regarda l'enveloppe : il n'y avait point d'adresse.

– Ne puis-je savoir à qui je dois la remettre ?

– En arrivant à Londres, vous le saurez ; à Londres seulement vous déchirerez la double enveloppe.

– Et quelles sont mes instructions ?

– D'obéir en tout point à celui à qui cette lettre est adressée.

D'Artagnan allait faire de nouvelles questions, lorsque Mazarin ajouta :

– Vous partez pour Boulogne ; vous trouverez, aux *Armes d'Angleterre*, un jeune gentilhomme nommé M. Mordaunt.

– Oui, monseigneur, et que dois-je faire de ce gentilhomme ?

– Le suivre jusqu'où il vous mènera.

D'Artagnan regarda le cardinal d'un air stupéfait.

– Vous voilà renseigné, dit Mazarin ; allez !

– Allez ! c'est bien facile à dire, reprit d'Artagnan ; mais pour aller il faut de l'argent et je n'en ai pas.

– Ah ! dit Mazarin en se grattant l'oreille, vous dites que vous n'avez pas d'argent ?

– Non, monseigneur.

– Mais ce diamant que je vous donnai hier soir ?

– Je désire le conserver comme un souvenir de votre Éminence.

Mazarin soupira.

– Il fait cher vivre en Angleterre, monseigneur, et surtout comme envoyé extraordinaire.

– Hein ! fit Mazarin, c'est un pays fort sobre et qui vit de simplicité depuis la révolution ; mais n'importe.

Il ouvrit un tiroir et prit une bourse.

– Que dites-vous de ces mille écus ?

D'Artagnan avança la lèvre inférieure d'une façon démesurée.

– Je dis, monseigneur, que c'est peu, car je ne partirai certainement pas seul.

– J'y compte bien, répondit Mazarin, M. du Vallon vous accompagnera, le digne gentilhomme ; car, après vous, mon cher monsou d'Artagnan, c'est bien certainement l'homme de France que j'aime et estime le plus.

– Alors, monseigneur, dit d'Artagnan en montrant la bourse que Mazarin n'avait point lâchée ; alors, si vous l'aimez et l'estimez tant, vous comprenez...

– Soit ! à sa considération, j'ajouterai deux cents écus.

« Ladre ! » murmura d'Artagnan...

– Mais à notre retour, au moins, ajouta-t-il tout haut, nous pourrons compter, n'est-ce pas, M. Porthos sur sa baronnie et moi sur mon grade ?

– Foi de Mazarin !

« J'aimerais mieux un autre serment », se dit tout bas d'Artagnan ; puis tout haut :

– Ne puis-je, dit-il, présenter mes respects à Sa Majesté la reine ?

– Sa Majesté dort, répondit vivement Mazarin, et il faut que vous partiez sans délai ; allez donc, monsieur.

– Encore un mot, monseigneur : si on se bat où je vais, me battrai-je ?

– Vous ferez ce que vous ordonnera la personne à laquelle je vous adresse.

– C'est bien, monseigneur, dit d'Artagnan en allongeant la main pour recevoir le sac, et je vous présente tous mes respects.

D'Artagnan mit lentement le sac dans sa large poche et, se retournant vers l'officier :

– Monsieur, lui dit-il, voulez-vous bien aller réveiller à son tour M. du Vallon de la part de Son Éminence et lui dire que je l'attends aux écuries ?

L'officier partit aussitôt avec un empressement qui parut à d'Artagnan avoir quelque chose d'intéressé.

Porthos venait de s'étendre à son tour dans son lit, et il commençait à ronfler harmonieusement, selon son habitude, lorsqu'il sentit qu'on fui frappait sur l'épaule.

Il crut que c'était d'Artagnan et ne bougea point.

– De la part du cardinal, dit l'officier.

– Hein ! dit Porthos en ouvrant de grands yeux, que dites-vous ?

– Je dis que Son Éminence vous envoie en Angleterre, et que M. d'Artagnan vous attend aux écuries.

Porthos poussa un profond soupir, se leva, prit son feutre, ses pistolets, son épée et son manteau, et sortit en jetant un regard de regret sur le lit dans lequel il s'était promis de si bien dormir.

À peine avait-il tourné le dos que l'officier y était installé, et il n'avait point passé le seuil de la porte que son successeur, à son tour, ronflait à tout rompre. C'était bien naturel, il était seul dans toute cette assemblée, avec le roi, la reine et monseigneur Gaston d'Orléans, qui dormît gratis.

IX

On a des nouvelles d'Aramis

D'Artagnan s'était rendu droit aux écuries. Le jour venait de paraître ; il reconnut son cheval et celui de Porthos attachés au râtelier, mais au râtelier vide. Il eut pitié de ces pauvres animaux, et s'achemina vers un coin de l'écurie où il voyait reluire un peu de paille échappée sans doute à la razzia de la nuit ; mais en rassemblant cette paille avec le pied, le bout de sa botte rencontra un corps rond qui, touché sans doute à un endroit sensible, poussa un cri et se releva sur ses genoux en se frottant les yeux. C'était Mousqueton, qui, n'ayant plus de paille pour lui-même, s'était accommodé de celle des chevaux.

– Mousqueton, dit d'Artagnan, allons, en route ! en route !

Mousqueton, en reconnaissant la voix de l'ami de son maître, se leva précipitamment, et en se levant laissa choir quelques-uns des louis gagnés illégalement pendant la nuit.

– Oh ! oh ! dit d'Artagnan en ramassant un louis et en le flairant, voilà de l'or qui a une drôle d'odeur, il sent la paille.

Mousqueton rougit si honnêtement et parut si fort embarrassé, que le Gascon se mit à rire et lui dit :

– Porthos se mettrait en colère, mon cher monsieur Mousqueton, mais moi je vous pardonne ; seulement rappelons-nous que cet or doit nous servir de topique pour notre blessure, et soyons gai, allons !

Mousqueton prit à l'instant même une figure des plus hilares, sella avec activité le cheval de son maître et monta sur le sien sans trop faire de grimace. Sur ces entrefaites, Porthos arriva avec une figure fort maussade, et fut on ne peut plus étonné de trouver d'Artagnan résigné et Mousqueton presque joyeux.

– Ah, çà, dit-il, nous avons donc, vous votre grade, et moi ma baronnie ?

– Nous allons en chercher les brevets, dit d'Artagnan, et à notre retour maître Mazarini les signera.

– Et où allons-nous ? demanda Porthos.

– À Paris d'abord, répondit d'Artagnan ; j'y veux régler quelques affaires.

– Allons à Paris, dit Porthos.

Et tous deux partirent pour Paris.

En arrivant aux portes ils furent étonnés de voir l'attitude menaçante de la capitale. Autour d'un carrosse brisé en morceaux le peuple vociférait des imprécations, tandis que les personnes qui avaient voulu fuir étaient prisonnières, c'est-à-dire un vieillard et deux femmes.

Lorsque au contraire d'Artagnan et Porthos demandèrent l'entrée, il n'est sortes de caresses qu'on ne leur fît. On les prenait pour des déserteurs du parti royaliste, et on voulait se les attacher.

– Que fait le roi ? demanda-t-on.

– Il dort.

– Et l'Espagnole ?

– Elle rêve.

– Et l'Italien maudit ?

– Il veille. Ainsi tenez-vous fermes ; car s'ils sont partis, c'est bien certainement pour quelque chose. Mais comme, au bout du compte, vous êtes les plus forts, continua d'Artagnan, ne vous acharnez pas après des femmes et des vieillards, et prenez-vous-en aux causes véritables.

Le peuple entendit ces paroles avec plaisir et laissa aller les dames, qui remercièrent d'Artagnan par un éloquent regard.

– Maintenant, en avant ! dit d'Artagnan.

Et ils continuèrent leur chemin, traversant les barricades, enjambant les chaînes, poussés, interrogés, interrogeant.

À la place du Palais-Royal, d'Artagnan vit un sergent qui faisait faire l'exercice à cinq ou six cents bourgeois : c'était Planchet qui utilisait au profit de la milice urbaine ses souvenirs du régiment de Piémont.

En passant devant d'Artagnan, il reconnut son ancien maître.

– Bonjour, monsieur d'Artagnan, dit Planchet d'un air fier.

– Bonjour, monsieur Dulaurier, répondit d'Artagnan.

Planchet s'arrêta court, fixant sur d'Artagnan de grands yeux ébahis ; le premier rang, voyant son chef s'arrêter, s'arrêta à son tour, ainsi de suite jusqu'au dernier.

– Ces bourgeois sont affreusement ridicules, dit d'Artagnan à Porthos.

Et il continua son chemin.

Cinq minutes après, il mettait pied à terre à l'hôtel de *La Chevrette*.

La belle Madeleine se précipita au-devant de d'Artagnan.

– Ma chère Mme Turquaine, dit d'Artagnan, si vous avez de l'argent, enfouissez-le vite, si vous avez des bijoux, cachez-les promptement, si vous avez des débiteurs, faites-vous payer ; si vous avez des créanciers, ne les payez pas.

– Pourquoi cela ? demanda Madeleine.

– Parce que Paris va être réduit en cendres ni plus ni moins que Babylone, dont vous avez sans doute entendu parler.

– Et vous me quittez dans un pareil moment ?

– À l'instant même, dit d'Artagnan.

– Et où allez-vous ?

– Ah ! si vous pouvez me le dire, vous me rendrez un véritable service.

– Ah ! mon Dieu ! mon Dieu !

– Avez-vous des lettres pour moi ? demanda d'Artagnan en faisant signe de la main à son hôtesse qu'elle devait s'épargner les lamentations, attendu que les lamentations seraient superflues.

– Il y en a une qui vient justement d'arriver.

Et elle donna la lettre à d'Artagnan.

– D'Athos ! s'écria d'Artagnan en reconnaissant l'écriture ferme et allongée de leur ami.

– Ah ! fit Porthos, voyons un peu quelles choses il dit.

D'Artagnan ouvrit la lettre et lut :

Cher d'Artagnan, cher du Vallon, mes bons amis, peut-être recevez-vous de mes nouvelles pour la dernière fois. Aramis et moi nous sommes bien malheureux ; mais Dieu, notre courage et le souvenir de notre amitié nous soutiennent. Pensez bien à Raoul. Je vous recommande les papiers qui sont à Blois, et dans deux mois et demi, si vous n'avez pas reçu de nos nouvelles, prenez-en connaissance. Embrassez le vicomte de tout votre cœur pour votre ami dévoué,

ATHOS.

– Je le crois pardieu bien, que je l'embrasserai, dit d'Artagnan, avec cela qu'il est sur notre route, et s'il a le malheur de perdre notre pauvre Athos, de ce jour, il devient mon fils.

– Et moi, dit Porthos, je le fais mon légataire universel.

– Voyons, que dit encore Athos ?

Si vous rencontrez par les routes un M. Mordaunt, défiez-vous-en. Je ne puis vous en dire davantage dans ma lettre.

– M. Mordaunt ! dit avec surprise d'Artagnan.

– M. Mordaunt, c'est bon, dit Porthos, on s'en souviendra. Mais voyez donc, il y a un post-scriptum d'Aramis.

– En effet, dit d'Artagnan.

Et il lut :

Nous vous cachons le lieu de notre séjour, chers amis, connaissant votre dévouement fraternel, et sachant bien que vous viendriez mourir avec nous.

– Sacrebleu ! interrompit Porthos avec une explosion de colère qui fit bondir Mousqueton à l'autre bout de la chambre, sont-ils donc en danger de mort ?

D'Artagnan continua :

Athos vous lègue Raoul, et moi je vous lègue une vengeance. Si vous mettez par bonheur la main sur un certain Mordaunt, dites à Porthos de l'emmener dans un coin et de lui tordre le cou. Je n'ose vous en dire davantage dans une lettre.

ARAMIS.

– Si ce n'est que cela, dit Porthos, c'est facile à faire.

– Au contraire, dit d'Artagnan d'un air sombre, c'est impossible.

– Et pourquoi cela ?

– C'est justement ce M. Mordaunt que nous allons rejoindre à Boulogne et avec lequel nous passons en Angleterre.

– Eh bien ! si au lieu d'aller rejoindre ce M. Mordaunt, nous allions rejoindre nos amis ? dit Porthos avec un geste capable d'épouvanter une armée.

– J'y ai bien pensé, dit d'Artagnan ; mais la lettre n'a ni date ni timbre.

– C'est juste, dit Porthos.

Et il se mit à errer dans la chambre comme un homme égaré, gesticulant et tirant à tout moment son épée au tiers du fourreau.

Quant à d'Artagnan, il restait debout comme un homme consterné, et la plus profonde affliction se peignait sur son visage.

– Ah ! c'est mal, disait-il ; Athos nous insulte ; il veut mourir seul, c'est mal.

Mousqueton, voyant ces deux grands désespoirs, fondait en larmes dans son coin.

– Allons, dit d'Artagnan, tout cela ne mène à rien. Partons, allons embrasser Raoul comme nous avons dit, et peut-être aura-t-il reçu des nouvelles d'Athos.

– Tiens, c'est une idée, dit Porthos ; en vérité, mon cher d'Artagnan, je ne sais pas comment vous faites, mais vous êtes plein d'idées. Allons embrasser Raoul.

– Gare à celui qui regarderait mon maître de travers en ce moment, dit Mousqueton, je ne donnerais pas un denier de sa peau.

On monta à cheval et l'on partit. En arrivant à la rue Saint-Denis, les amis trouvèrent un grand concours de peuple. C'était M. de Beaufort qui venait d'arriver du Vendômois et que le coadjuteur montrait aux Parisiens émerveillés et joyeux.

Avec M. de Beaufort, ils se regardaient désormais comme invincibles.

Les deux amis prirent par une petite rue pour ne pas rencontrer le prince et gagnèrent la barrière Saint-Denis.

– Est-il vrai, dirent les gardes aux deux cavaliers, que M. de Beaufort est arrivé dans Paris ?

– Rien de plus vrai, dit d'Artagnan et la preuve, c'est qu'il nous envoie au-devant de M. de Vendôme, son père, qui va arriver à son tour.

– Vive M. de Beaufort ! crièrent les gardes.

Et ils s'écartèrent respectueusement pour laisser passer les envoyés du grand prince.

Une fois hors barrière, la route fut dévorée par ces gens qui ne connaissaient ni fatigue ni découragement ; leurs chevaux volaient, et eux ne cessaient de parler d'Athos et d'Aramis.

Mousqueton souffrait tous les tourments imaginables, mais l'excellent serviteur se consolait en pensant que ses deux maîtres éprouvaient bien d'autres souffrances. Car il était arrivé à regarder d'Artagnan comme son second maître et lui obéissait même plus promptement et plus correctement qu'à Porthos.

Le camp était entre Saint-Omer et Lambes ; les deux amis firent un crochet jusqu'au camp et apprirent en détail à l'armée la nouvelle de la fuite du roi et de la reine, qui était arrivée sourdement jusque-là. Ils trouvèrent

Raoul près de sa tente, couché sur une botte de foin dont son cheval tirait quelques bribes à la dérobée. Le jeune homme avait les yeux rouges et semblait abattu. Le maréchal de Grammont et le comte de Guiche étaient revenus à Paris, et le pauvre enfant se trouvait isolé.

Au bout d'un instant Raoul leva les yeux et vit les deux cavaliers qui le regardaient ; il les reconnut et courut à eux les bras ouverts.

– Oh ! c'est vous, chers amis ! s'écria-t-il, me venez-vous chercher ? m'emmenez-vous avec vous ? m'apportez-vous des nouvelles de mon tuteur ?

– N'en avez-vous donc point reçu ? demanda d'Artagnan au jeune homme.

– Hélas ! non, monsieur, et je ne sais en vérité ce qu'il est devenu. De sorte, oh ! de sorte que je suis inquiet à en pleurer.

Et effectivement deux grosses larmes roulaient sur les joues brunies du jeune homme.

Porthos détourna la tête pour ne pas laisser voir sur sa bonne grosse figure ce qui se passait dans son cœur.

– Que diable ! dit d'Artagnan plus remué qu'il ne l'avait été depuis bien longtemps, ne vous désespérez point, mon ami ; si vous n'avez point reçu de lettres du comte, nous avons reçu, nous... une...

– Oh ! vraiment ? s'écria Raoul.

– Et bien rassurante même, dit d'Artagnan en voyant la joie que cette nouvelle causait au jeune homme.

– L'avez-vous ? demanda Raoul.

– Oui ; c'est-à-dire je l'avais, dit d'Artagnan en faisant semblant de chercher ; attendez, elle doit être là, dans ma poche ; il me parle de son retour, n'est-ce pas, Porthos ?

Tout Gascon qu'il était, d'Artagnan ne voulait pas prendre à lui seul le fardeau de ce mensonge.

– Oui, dit Porthos en toussant.

– Oh ! donnez-la-moi, dit le jeune homme.

– Eh ! je la lisais encore tantôt. Est-ce que je l'aurai perdue ! Ah ! pécaïre, ma poche est percée.

– Oh ! oui, monsieur Raoul, dit Mousqueton, et la lettre était même très consolante ; ces messieurs me l'ont lue et j'en ai pleuré de joie.

– Mais au moins, monsieur d'Artagnan, vous savez où il est ? demanda Raoul à moitié rasséréné.

– Ah ! voilà, dit d'Artagnan, certainement que je le sais, pardieu ! mais c'est un mystère.

– Pas pour moi, je l'espère.

– Non, pas pour vous, aussi je vais vous dire où il est.

Porthos regardait d'Artagnan avec ses gros yeux étonnés.

« Où diable vais-je dire qu'il est pour qu'il n'essaie pas d'aller le rejoindre ? » murmurait d'Artagnan.

– Eh bien ! où est-il, monsieur ? demanda Raoul de sa voix douce et caressante.

– Il est à Constantinople !

– Chez les Turcs ! s'écria Raoul effrayé. Bon dieu ! que me dites-vous là ?

– Eh bien ! cela vous fait peur ? dit d'Artagnan. Bah ! qu'est-ce que les Turcs pour des hommes comme le comte de La Fère et l'abbé d'Herblay ?

– Ah ! son ami est avec lui ? dit Raoul, cela me rassure un peu.

« A-t-il de l'esprit, ce démon de d'Artagnan ! » disait Porthos tout émerveillé de la ruse de son ami.

– Maintenant, dit d'Artagnan pressé de changer le sujet de la conversation, voilà cinquante pistoles que M. le comte vous envoyait par le même courrier. Je présume que vous n'avez plus d'argent et qu'elles sont les bienvenues.

– J'ai encore vingt pistoles, monsieur.

– Eh bien ! prenez toujours, cela vous en fera soixante-dix.

– Et si vous en voulez davantage... dit Porthos mettant la main à son gousset.

– Merci, dit Raoul en rougissant, merci mille fois, monsieur.

En ce moment, Olivain parut à l'horizon.

– À propos, dit d'Artagnan de manière que le laquais l'entendît, êtes-vous content d'Olivain ?

– Oui, assez comme cela.

Olivain fit semblant de n'avoir rien entendu et entra dans la tente.

– Que lui reprochez-vous, à ce drôle-là ?

– Il est gourmand, dit Raoul.

– Oh ! monsieur ! dit Olivain reparaissant à cette accusation.

– Il est un peu voleur.

– Oh ! monsieur, oh !

– Et surtout il est fort poltron.

– Oh ! oh ! oh ! monsieur, vous me déshonorez, dit Olivain.

– Peste ! dit d'Artagnan, apprenez, maître Olivain, que des gens tels que nous ne se font pas servir par des poltrons. Volez votre maître, mangez ses confitures et buvez son vin, mais, cap de Diou ! ne soyez pas poltron, ou je vous coupe les oreilles. Regardez monsieur Mousqueton, dites-lui de vous montrer les blessures honorables qu'il a reçues, et voyez ce que sa bravoure habituelle a mis de dignité sur son visage.

Mousqueton était au troisième ciel et eût embrassé d'Artagnan s'il l'eût osé ; en attendant, il se promettait de se faire tuer pour lui si l'occasion s'en présentait jamais.

– Renvoyez ce drôle, Raoul, dit d'Artagnan, car s'il est poltron, il se déshonorera quelque jour.

– Monsieur dit que je suis poltron, s'écria Olivain, parce qu'il a voulu se battre l'autre jour avec un cornette du régiment de Grammont, et que j'ai refusé de l'accompagner.

– Monsieur Olivain, un laquais ne doit jamais désobéir, dit sévèrement d'Artagnan.

Et le tirant à l'écart :

– Tu as bien fait, dit-il, si ton maître avait tort, et voici un écu pour toi ; mais s'il est jamais insulté et que tu ne te fasses pas couper en quartiers près de lui, je te coupe la langue et je t'en balaye la figure. Retiens bien ceci.

Olivain s'inclina et mit l'écu dans sa poche.

– Et maintenant, ami Raoul, dit d'Artagnan, nous partons, M. du Vallon et moi, comme ambassadeurs. Je ne puis vous dire dans quel but, je n'en sais rien moi-même ; mais si vous avez besoin de quelque chose, écrivez à Mme Madelon Turquaine, à *La Chevrette*, rue Tiquetonne, et tirez sur cette caisse comme sur celle d'un banquier : avec ménagement toutefois, car je vous préviens qu'elle n'est pas tout à fait si bien garnie que celle de M. d'Emery.

Et ayant embrassé son pupille par intérim, il le passa aux robustes bras de Porthos, qui l'enlevèrent de terre et le tinrent un moment suspendu sur le noble cœur du redoutable géant.

– Allons, dit d'Artagnan, en route.

Et ils repartirent pour Boulogne, où vers le soir ils arrêtèrent leurs chevaux trempés de sueur et blancs d'écume.

À dix pas de l'endroit où ils faisaient halte avant d'entrer en ville était un jeune homme vêtu de noir qui paraissait attendre quelqu'un, et qui, du moment où il les avait vus paraître, n'avait point cessé d'avoir les yeux fixés sur eux.

D'Artagnan s'approcha de lui, et voyant que son regard ne le quittait pas :

– Hé ! dit-il, l'ami, je n'aime pas qu'on me toise.

– Monsieur, dit le jeune homme sans répondre à l'interpellation de d'Artagnan, ne venez-vous pas de Paris, s'il vous plaît ?

D'Artagnan pensa que c'était un curieux qui désirait avoir des nouvelles de la capitale.

– Oui, monsieur, dit-il d'un ton plus radouci.

– Ne devez-vous pas loger aux *Armes d'Angleterre ?*

– Oui, monsieur.

– N'êtes-vous pas chargé d'une mission de la part de Son Éminence M. le cardinal de Mazarin ?

– Oui, monsieur.

– En ce cas, dit le jeune homme, c'est à moi que vous avez affaire, je suis M. Mordaunt.

« Ah ! dit tout bas d'Artagnan, celui dont Athos me dit de me méfier. »

« Ah ! murmura Porthos, celui qu'Aramis veut que j'étrangle. »

Tous deux regardèrent attentivement le jeune homme.

Celui-ci se trompa à l'expression de leur regard.

– Douteriez-vous de ma parole ? dit-il ; en ce cas je suis prêt à vous donner toute preuve.

– Non, monsieur, dit d'Artagnan, et nous nous mettons à votre disposition.

– Eh bien ! messieurs, dit Mordaunt, nous partirons sans retard ; car c'est aujourd'hui le dernier jour de délai que m'avait demandé le cardinal. Mon bâtiment est prêt ; et, si vous n'étiez venus, j'allais partir sans vous, car le général Olivier Cromwell doit attendre mon retour avec impatience.

– Ah ! ah ! dit d'Artagnan, c'est donc au général Olivier Cromwell que nous sommes dépêchés ?

– N'avez-vous donc pas une lettre pour lui ? demanda le jeune homme.

– J'ai une lettre dont je ne devais rompre la double enveloppe qu'à Londres ; mais puisque vous me dites à qui elle est adressée, il est inutile que j'attende jusque-là.

D'Artagnan déchira l'enveloppe de la lettre.

Elle était en effet adressée : « À Monsieur Olivier Cromwell, général des troupes de la nation anglaise. »

– Ah ! fit d'Artagnan, singulière commission !

– Qu'est-ce que ce M. Olivier Cromwell ? demanda tout bas Porthos.

– Un ancien brasseur, répondit d'Artagnan.

– Est-ce que le Mazarin voudrait faire une spéculation sur la bière comme nous en avons fait sur la paille ? demanda Porthos.

– Allons, allons, messieurs, dit Mordaunt impatient, partons.

– Oh ! oh ! dit Porthos, sans souper ? Est-ce que M. Cromwell ne peut pas bien attendre un peu ?

– Oui, mais moi ? dit Mordaunt.

– Eh bien ! vous, dit Porthos, après ?

– Moi, je suis pressé.

– Oh ! si c'est pour vous, dit Porthos, la chose ne me regarde pas, et je souperai avec votre permission ou sans votre permission.

Le regard vague du jeune homme s'enflamma et parut prêt à jeter un éclair, mais il se contint.

– Monsieur, continua d'Artagnan, il faut excuser des voyageurs affamés. D'ailleurs notre souper ne vous retardera pas beaucoup, nous allons piquer jusqu'à l'auberge. Allez à pied jusqu'au port, nous mangeons un morceau et nous y sommes en même temps que vous.

– Tout ce qu'il vous plaira, messieurs, pourvu que nous partions, dit Mordaunt.

– C'est bien heureux, murmura Porthos.

– Le nom du bâtiment ? demanda d'Artagnan.

– Le *Standard*.

– C'est bien. Dans une demi-heure nous serons à bord.

Et tous deux, donnant de l'éperon à leurs chevaux, piquèrent vers l'hôtel des *Armes d'Angleterre*.

– Que dites-vous de ce jeune homme ? demanda d'Artagnan tout en courant.

– Je dis qu'il ne me revient pas du tout, dit Porthos, et que je me suis senti une rude démangeaison de suivre le conseil d'Aramis.

– Gardez-vous-en, mon cher Porthos, cet homme est un envoyé du général Cromwell, et ce serait une façon de nous faire pauvrement recevoir, je crois, que de lui annoncer que nous avons tordu le cou à son confident.

– C'est égal, dit Porthos, j'ai toujours remarqué qu'Aramis était homme de bon conseil.

– Écoutez, dit d'Artagnan, quand notre ambassade sera finie...

– Après ?

– S'il nous reconduit en France...

– Eh bien ?

– Eh bien ! nous verrons.

Les deux amis arrivèrent sur ce à l'hôtel des *Armes d'Angleterre,* où ils soupèrent de grand appétit ; puis, incontinent, ils se rendirent sur le port. Un brick était prêt à mettre à la voile ; et, sur le pont de ce brick, ils reconnurent Mordaunt, qui se promenait avec impatience.

– C'est incroyable, disait d'Artagnan, tandis que la barque le conduisait à bord du *Standard*, c'est étonnant comme ce jeune homme ressemble à quelqu'un que j'ai connu, mais je ne puis dire à qui.

Ils arrivèrent à l'escalier, et, un instant après, ils furent embarqués.

Mais l'embarquement des chevaux fut plus long que celui des hommes, et le brick ne put lever l'ancre qu'à huit heures du soir.

Le jeune homme trépignait d'impatience et commandait que l'on couvrit les mâts de voiles.

Porthos, éreinté de trois nuits sans sommeil et d'une route de soixante-dix lieues faite à cheval, s'était retiré dans sa cabine et dormait.

D'Artagnan, surmontant sa répugnance pour Mordaunt, se promenait avec lui sur le pont et faisait cent contes pour le forcer à parler.

Mousqueton avait le mal de mer.

X

L'Écossais, parjure à sa foi,
Pour un denier vendit son roi.

Et, maintenant, il faut que nos lecteurs laissent voguer tranquillement le *Standard*, non pas vers Londres, où d'Artagnan et Porthos croient aller, mais vers Durham, où des lettres reçues d'Angleterre pendant son séjour à Boulogne avaient ordonné à Mordaunt de se rendre, et nous suivent au camp royaliste, situé en deçà de la Tyne, auprès de la ville de Newcastle.

C'est là, placées entre deux rivières, sur la frontière d'Écosse, mais sur le sol d'Angleterre, que s'étalent les tentes d'une petite armée. Il est minuit. Des hommes qu'on peut reconnaître à leurs jambes nues, à leurs jupes courtes, à leurs plaids bariolés et à la plume qui décore leur bonnet pour des highlanders, veillent nonchalamment. La lune, qui glisse entre deux gros nuages, éclaire à chaque intervalle qu'elle trouve sur sa route les mousquets des sentinelles et découpe en vigueur les murailles, les toits et les clochers de la ville que Charles Ier vient de rendre aux troupes du Parlement ainsi qu'Oxford et Newark, qui tenaient encore pour lui, dans l'espoir d'un accommodement.

À l'une des extrémités du camp, près d'une tente immense, pleine d'officiers écossais tenant une espèce de conseil présidé par le vieux comte de Lœwen, leur chef, un homme, vêtu en cavalier, dort couché sur le gazon et la main droite étendue sur son épée.

À cinquante pas de là, un autre homme, vêtu aussi en cavalier, cause avec une sentinelle écossaise ; et grâce à l'habitude qu'il paraît avoir, quoique étranger, de la langue anglaise, il parvient à comprendre les réponses que son interlocuteur lui fait dans le patois du comté de Perth.

Comme une heure du matin sonnait à la ville de Newcastle, le dormeur s'éveilla ; et après avoir fait tous les gestes d'un homme qui ouvre les yeux après un profond sommeil, il regarda attentivement autour de lui : voyant qu'il était seul il se leva, et, faisant un détour, alla passer près du cavalier qui causait avec la sentinelle. Celui-ci avait sans doute fini ses interrogations, car après un instant il prit congé de cet homme et suivit sans affectation la même route que le premier cavalier que nous avons vu passer.

À l'ombre d'une tente placée sur le chemin, l'autre l'attendait.

– Eh bien, mon cher ami ? lui dit-il dans le plus pur français qui ait jamais été parlé de Rouen à Tours.

– Eh bien, mon ami, il n'y a pas de temps à perdre, et il faut prévenir le roi.

– Que se passe-t-il donc ?

– Ce serait trop long à vous dire ; d'ailleurs, vous l'entendrez tout à l'heure. Puis le moindre mot prononcé ici peut tout perdre. Allons trouver milord de Winter.

Et tous deux s'acheminèrent vers l'extrémité opposée du camp ; mais comme le camp ne couvrait pas une surface de plus de cinq cents pas carrés, ils furent bientôt arrivés à la tente de celui qu'ils cherchaient.

– Votre maître dort-il, Tony ? dit en anglais l'un des deux cavaliers à un domestique couché dans un premier compartiment qui servait d'antichambre.

– Non, monsieur le comte, répondit le laquais, je ne crois pas, ou ce serait depuis bien peu de temps, car il a marché pendant plus de deux heures après avoir quitté le roi, et le bruit de ses pas a cessé à peine depuis dix minutes ; d'ailleurs, ajouta le laquais en levant la portière de la tente, vous pouvez le voir.

En effet, de Winter était assis devant une ouverture, pratiquée comme une fenêtre, qui laissait pénétrer l'air de la nuit, et à travers laquelle il suivait mélancoliquement des yeux la lune, perdue, comme nous l'avons dit tout à l'heure, au milieu de gros nuages noirs.

Les deux amis s'approchèrent de de Winter, qui, la tête appuyée sur sa main, regardait le ciel ; il ne les entendit pas venir et resta dans la même attitude, jusqu'au moment où il sentit qu'on lui posait la main sur l'épaule. Alors il se retourna, reconnut Athos et Aramis, et leur tendit la main.

– Avez-vous remarqué, leur dit-il, comme la lune est ce soir couleur de sang ?

– Non, dit Athos, elle m'a semblé comme à l'ordinaire.

– Regardez, chevalier, dit de Winter.

– Je vous avoue, dit Aramis, que je suis comme le comte de La Fère, et que je n'y vois rien de particulier.

– Comte, dit Athos, dans une position aussi précaire que la nôtre, c'est la terre qu'il faut examiner, et non le ciel. Avez-vous étudié nos Écossais et en êtes-vous sûr ?

– Les Écossais ? demanda de Winter ; quels Écossais ?

– Eh ! les nôtres, pardieu ! dit Athos ; ceux auxquels le roi s'est confié, les Écossais du comte de Lœwen.

– Non, dit de Winter. Puis il ajouta : Ainsi, dites-moi, vous ne voyez pas comme moi cette teinte rougeâtre qui couvre le ciel ?

– Pas le moins du monde, dirent ensemble Athos et Aramis.

– Dites-moi, continua de Winter toujours préoccupé de la même idée, n'est-ce pas une tradition en France, que, la veille du jour où il fut assassiné, Henri IV, qui jouait aux échecs avec M. de Bassompierre, vit des taches de sang sur l'échiquier ?

– Oui, dit Athos et le maréchal me l'a raconté maintes fois à moi-même.

– C'est cela, murmura de Winter, et le lendemain Henri IV fut tué.

– Mais quel rapport cette vision de Henri IV a-t-elle avec vous, comte ? demanda Aramis.

– Aucune, messieurs, et en vérité je suis fou de vous entretenir de pareilles choses, quand votre entrée à cette heure dans ma tente m'annonce que vous êtes porteurs de quelque nouvelle importante.

– Oui, milord, dit Athos, je voudrais parler au roi.

– Au roi ? mais le roi dort.

– J'ai à lui révéler des choses de conséquence.

– Ces choses ne peuvent-elles être remises à demain ?

– Il faut qu'il les sache à l'instant même, et peut-être est-il déjà trop tard.

– Entrons, messieurs, dit de Winter.

La tente de de Winter était posée à côté de la tente royale, une espèce de corridor communiquait de l'une à l'autre. Ce corridor était gardé non par une sentinelle, mais par un valet de confiance de Charles Ier, afin qu'en cas urgent le roi pût à l'instant même communiquer avec son fidèle serviteur.

– Ces messieurs sont avec moi, dit de Winter.

Le laquais s'inclina et laissa passer.

En effet, sur un lit de camp, vêtu de son pourpoint noir, chaussé de ses bottes longues, la ceinture lâche et son feutre près de lui, le roi Charles, cédant à un besoin irrésistible de sommeil, s'était endormi. Les hommes s'avancèrent, et Athos, qui marchait le premier, considéra un instant en silence cette noble figure si pâle, encadrée de ses longs cheveux noirs que collait à ses tempes la sueur d'un mauvais sommeil et que marbraient de grosses veines bleues, qui semblaient gonflées de larmes sous ses yeux fatigués.

Athos poussa un profond soupir ; ce soupir réveilla le roi, tant il dormait d'un faible sommeil.

Il ouvrit les yeux.

– Ah ? dit-il en se soulevant sur son coude, c'est vous, comte de La Fère ?

– Oui, sire, répondit Athos.

– Vous veillez tandis que je dors, et vous venez m'apporter quelque nouvelle ?

– Hélas ! sire, répondit Athos, Votre Majesté a deviné juste.

– Alors, la nouvelle est mauvaise ? dit le roi en souriant avec mélancolie.

– Oui, sire.

– N'importe, le messager est le bienvenu, et vous ne pouvez entrer chez moi sans me faire toujours plaisir. Vous dont le dévouement ne connaît ni patrie, ni malheur, vous m'êtes envoyé par Henriette ; quelle que soit la nouvelle que vous m'apportez, parlez donc avec assurance.

– Sire, M. Cromwell est arrivé cette nuit à Newcastle.

– Ah ! fit le roi, pour me combattre ?

– Non, sire, pour vous acheter.

– Que dites-vous ?

– Je dis, sire, qu'il est dû à l'armée écossaise quatre cent mille livres sterling.

– Pour solde arriérée, oui, je le sais. Depuis près d'un an mes braves et fidèles Écossais se battent pour l'honneur.

Athos sourit.

– Eh bien ! sire, quoique l'honneur soit une belle chose, il se sont lassés de se battre pour lui, et, cette nuit, ils vous ont vendu pour deux cent mille livres, c'est-à-dire pour la moitié de ce qui leur était dû.

– Impossible ! s'écria le roi, les Écossais vendre leur roi pour deux cent mille livres !

– Les Juifs ont bien vendu leur Dieu pour trente deniers.

– Et quel est le Judas qui a fait ce marché infâme ?

– Le comte de Lœwen.

– En êtes-vous sûr, monsieur ?

– Je l'ai entendu de mes propres oreilles.

Le roi poussa un soupir profond, comme si son cœur se brisait, et laissa tomber sa tête entre ses mains.

– Oh ! les Écossais ! dit-il, les Écossais ! que j'appelais mes fidèles ; les Écossais ! à qui je m'étais confié, quand je pouvais fuir à Oxford ; les Écossais ! mes compatriotes ; les Écossais ! mes frères ! Mais en êtes-vous bien sûr, monsieur ?

– Couché derrière la tente du comte de Lœwen, dont j'avais soulevé la toile, j'ai tout vu, tout entendu.

– Et quand doit se consommer cet odieux marché ?

– Aujourd'hui, dans la matinée. Comme le voit Votre Majesté, il n'y a pas de temps à perdre.

– Pour quoi faire, puisque vous dites que je suis vendu ?

– Pour traverser la Tyne, pour gagner l'Écosse, pour rejoindre lord Montrose, qui ne vous vendra pas, lui.

– Et que ferais-je en Écosse ? Une guerre de partisans ? Une pareille guerre est indigne d'un roi.

– L'exemple de Robert Bruce est là pour vous absoudre, sire.

– Non, non ! il y a trop longtemps que je lutte ; s'ils m'ont vendu, qu'ils me livrent, et que la honte éternelle de leur trahison retombe sur eux.

– Sire, dit Athos, peut-être est-ce ainsi que doit agir un roi, mais ce n'est point ainsi que doit agir un époux et un père. Je suis venu au nom de votre femme et de votre fille, et, au nom de votre femme et de votre fille et des deux autres enfants que vous avez encore à Londres, je vous dis : Vivez, sire, Dieu le veut !

Le roi se leva, resserra sa ceinture, ceignit son épée, et essuyant d'un mouchoir son front mouillé de sueur :

– Eh bien ! dit-il, que faut-il faire ?

– Sire, avez-vous dans toute l'armée un régiment sur lequel vous puissiez compter ?

– De Winter, dit le roi, croyez-vous à la fidélité du vôtre ?

– Sire, ce ne sont que des hommes, et les hommes sont devenus bien faibles ou bien méchants. Je crois à leur fidélité, mais je n'en réponds pas ; je leur confierais ma vie, mais j'hésite à leur confier celle de Votre Majesté.

– Eh bien ! dit Athos, à défaut de régiment, nous sommes trois hommes dévoués, nous suffirons. Que Votre Majesté monte à cheval, qu'elle se place au milieu de nous, nous traversons la Tyne, nous gagnons l'Écosse, et nous sommes sauvés.

– Est-ce votre avis, de Winter ? demanda le roi.

– Oui, sire.

– Est-ce le vôtre, monsieur d'Herblay ?

– Oui, sire.

– Qu'il soit donc fait ainsi que vous le voulez. De Winter, donnez les ordres.

De Winter sortit ; pendant ce temps, le roi acheva sa toilette. Les premiers rayons du jour commençaient à filtrer à travers les ouvertures de la tente lorsque de Winter entra.

– Tout est prêt, sire, dit-il.

– Et nous ? demanda Athos.

– Grimaud et Blaisois vous tiennent vos chevaux tout sellés.

– En ce cas, dit Athos, ne perdons pas un instant et partons.

– Partons, dit le roi.

– Sire, dit Aramis, Votre Majesté ne prévient-elle pas ses amis ?

– Mes amis, dit Charles Iᵉʳ en secouant tristement la tête, je n'en ai plus d'autres que vous trois. Un ami de vingt ans qui ne m'a jamais oublié ; deux amis de huit jours que je n'oublierai jamais. Venez, messieurs, venez.

Le roi sortit de sa tente et trouva effectivement son cheval prêt. C'était un cheval isabelle qu'il montait depuis trois ans et qu'il affectionnait beaucoup.

Le cheval en le voyant hennit de plaisir.

– Ah ! dit le roi, j'étais injuste, et voilà encore, sinon un ami, du moins un être qui m'aime. Toi, tu me seras fidèle, n'est-ce pas, Arthus ?

Et comme s'il eût entendu ces paroles, le cheval approcha ses naseaux fumants du visage du roi, en relevant ses lèvres et en montrant joyeusement ses dents blanches.

– Oui, oui, dit le roi en le flattant de la main ; oui, c'est bien, Arthus, et je suis content de toi.

Et avec cette légèreté qui faisait du roi un des meilleurs cavaliers de l'Europe, Charles se mit en selle, et, se retournant vers Athos, Aramis et de Winter :

– Eh bien ! messieurs, dit-il, je vous attends.

Mais Athos était debout, immobile, les yeux fixés et la main tendue vers une ligne noire, qui suivait le rivage de la Tyne et qui s'étendait sur une longueur double de celle du camp.

– Qu'est-ce que cette ligne ? dit Athos, auquel les dernières ténèbres de la nuit, luttant avec les premiers rayons du jour, ne permettaient pas bien de distinguer encore. Qu'est-ce que cette ligne ? Je ne l'ai pas vue hier.

– C'est sans doute le brouillard qui s'élève de la rivière, dit le roi.

– Sire, c'est quelque chose de plus compact qu'une vapeur.

– En effet, je vois comme une barrière rougeâtre, dit de Winter.

– C'est l'ennemi qui sort de Newcastle et qui nous enveloppe, s'écria Athos.

– L'ennemi ! dit le roi.

– Oui, l'ennemi. Il est trop tard. Tenez ! tenez ! sous ce rayon de soleil, là, du côté de la ville, voyez-vous reluire les côtes de fer ?

On appelait ainsi les cuirassiers dont Cromwell avait fait ses gardes.

– Ah ! dit le roi, nous allons savoir s'il est vrai que mes Écossais me trahissent.

– Qu'allez-vous faire ? s'écria Athos.

– Leur donner l'ordre de charger et passer avec eux sur le ventre de ces misérables rebelles.

Et le roi, piquant son cheval, s'élança vers la tente du comte de Lœwen.

– Suivons-le, dit Athos.

– Allons, dit Aramis.

– Est-ce que le roi serait blessé ? dit de Winter. Je vois à terre des taches de sang.

Et il s'élança sur la trace des deux amis. Athos l'arrêta.

– Allez rassembler votre régiment, dit-il, je prévois que nous en aurons besoin tout à l'heure.

De Winter tourna bride, et les deux amis continuèrent leur route. En deux secondes le roi était arrivé à la tente du général en chef de l'armée écossaise. Il sauta à terre et entra.

Le général était au milieu des principaux chefs.

– Le roi ! s'écrièrent-ils en se levant et en se regardant avec stupéfaction.

En effet, Charles était debout devant eux, le chapeau sur la tête, les sourcils froncés et fouettant sa botte avec la cravache.

– Oui, messieurs, dit-il, le roi en personne ; le roi qui vient vous demander compte de ce qui se passe.

– Qu'y a-t-il donc, sire ? demanda le comte de Lœwen.

– Il y a, monsieur, dit le roi, se laissant emporter par la colère, que le général Cromwell est arrivé cette nuit à Newcastle ; que vous le savez et que je n'en suis pas averti ; il y a que l'ennemi sort de la ville et nous ferme le passage de la Tyne, que vos sentinelles ont dû voir ce mouvement, et que je n'en suis pas averti ; il y a que vous m'avez, par un infâme traité, vendu deux cent mille livres sterling au Parlement, mais que de ce traité au moins j'en suis averti. Voici ce qu'il y a, messieurs ; répondez ou disculpez-vous, car je vous accuse.

– Sire, balbutia le comte de Lœwen, sire, Votre Majesté aura été trompée par quelque faux rapport.

– J'ai vu de mes yeux l'armée ennemie s'étendre entre moi et l'Écosse, dit Charles, et je puis presque dire : J'ai entendu de mes propres oreilles débattre les clauses du marché.

Les chefs écossais se regardèrent en fronçant le sourcil à leur tour.

– Sire, murmura le comte de Lœwen courbé sous le poids de la honte, sire, nous sommes prêts à vous donner toutes preuves.

– Je n'en demande qu'une seule, dit le roi. Mettez l'armée en bataille et marchons à l'ennemi.

– Cela ne se peut pas, sire, dit le comte.

– Comment ! cela ne se peut pas ! et qui empêche que cela se puisse ? s'écria Charles Ier.

– Votre Majesté sait bien qu'il y a trêve entre nous et l'armée anglaise, répondit le comte.

– S'il y a trêve, l'armée anglaise l'a rompue en sortant de la ville, contre les conventions qui l'y tenaient enfermée ; or, je vous le dis, il faut passer avec moi à travers cette armée et rentrer en Écosse, et si vous ne le faites pas, eh bien ! choisissez entre les deux noms qui font les hommes en mépris et en exécration aux autres hommes : ou vous êtes des lâches, ou vous êtes des traîtres !

Les yeux des Écossais flamboyèrent, et, comme cela arrive souvent en pareille occasion, ils passèrent de l'extrême honte à l'extrême impudence, et deux chefs de clan s'avançant de chaque côté du roi :

– Eh bien, oui, dirent-ils, nous avons promis de délivrer l'Écosse et l'Angleterre de celui qui depuis vingt-cinq ans boit le sang et l'or de l'Angleterre et de l'Écosse. Nous avons promis, et nous tenons nos promesses. Roi Charles Stuart, vous êtes notre prisonnier.

Et tous deux étendirent en même temps la main pour saisir le roi ; mais avant que le bout de leurs doigts touchât sa personne, tous deux étaient tombés, l'un évanoui et l'autre mort.

Athos avait assommé l'un avec le pommeau de son pistolet, et Aramis avait passé son épée au travers du corps de l'autre.

Puis, comme le comte de Lœwen et les autres chefs reculaient devant ce secours inattendu qui semblait tomber du ciel à celui qu'ils croyaient déjà leur prisonnier, Athos et Aramis entraînèrent le roi hors de la tente parjure, où il s'était si imprudemment aventuré, et sautant sur les chevaux que les laquais tenaient préparés, tous trois reprirent au galop le chemin de la tente royale.

En passant ils aperçurent de Winter qui accourait à la tête de son régiment. Le roi lui fit signe de les accompagner.

XI

Le vengeur

Tous quatre entrèrent dans la tente ; il n'y avait point de plan de fait, il fallait en arrêter un.

Le roi se laissa tomber sur un fauteuil.

– Je suis perdu, dit-il.

– Non, sire, répondit Athos, vous êtes seulement trahi.

Le roi poussa un profond soupir.

– Trahi, trahi par les Écossais, au milieu desquels je suis né, que j'ai toujours préférés aux Anglais ! Oh ! les misérables !

– Sire, dit Athos, ce n'est point l'heure des récriminations, mais le moment de montrer que vous êtes roi et gentilhomme. Debout, sire, debout ! car vous avez du moins ici trois hommes qui ne vous trahiront pas, vous pouvez être tranquille. Ah ! si seulement nous étions cinq ! murmura Athos en pensant à d'Artagnan et à Porthos.

– Que dites-vous ? demanda Charles en se levant.

– Je dis, sire, qu'il n'y a plus qu'un moyen. Milord de Winter répond de son régiment ou à peu près, ne chicanons pas sur les mots : il se met à la tête de ses hommes ; nous nous mettons, nous, aux côtés de Sa Majesté, nous faisons une trouée dans l'armée de Cromwell et nous gagnons l'Écosse.

– Il y a encore un moyen, dit Aramis, c'est que l'un de nous prenne le costume et le cheval du roi : tandis qu'on s'acharnerait après celui-là, le roi passerait peut-être.

– L'avis est bon, dit Athos, et si Sa Majesté veut faire à l'un de nous cet honneur, nous lui en serons bien reconnaissants.

– Que pensez-vous de ce conseil, de Winter ? dit le roi, regardant avec admiration ces deux hommes, dont l'unique préoccupation était d'amasser sur leur tête les dangers qui le menaçaient.

– Je pense, sire, que s'il y a un moyen de sauver votre Majesté, monsieur d'Herblay vient de le proposer. Je supplie donc bien humblement Votre Majesté de faire promptement son choix, car nous n'avons pas de temps à perdre.

– Mais si j'accepte, c'est la mort, c'est tout au moins la prison pour celui qui prendra ma place.

– C'est l'honneur d'avoir sauvé son roi ! s'écria de Winter.

Le roi regarda son vieil ami les larmes aux yeux, détacha le cordon du Saint-Esprit, qu'il portait pour faire honneur aux deux Français qui l'accompagnaient, et le passa au cou de de Winter, qui reçut à genoux cette terrible marque de l'amitié et de la confiance de son souverain.

– C'est juste, dit Athos : il y a plus longtemps qu'il sert que nous.

Le roi entendit ces mots et se retourna les larmes aux yeux.

– Messieurs, dit-il, attendez un instant, j'ai aussi un cordon à donner à chacun de vous.

Puis il alla à une armoire où étaient renfermés ses propres ordres, et prit deux cordons de la Jarretière.

– Ces ordres ne peuvent être pour nous, dit Athos.

– Et pourquoi cela, monsieur ? demanda Charles.

– Ces ordres sont presque royaux, et nous ne sommes que de simples gentilshommes.

– Passez-moi en revue tous les trônes de la terre, dit le roi, et trouvez-moi de plus grands cœurs que les vôtres. Non, non, vous ne vous rendez pas justice, messieurs, mais je suis là pour vous la rendre, moi. À genoux, comte.

Athos s'agenouilla, le roi lui passa le cordon de gauche à droite comme d'habitude, et levant son épée, au lieu de la formule habituelle : Je vous fais chevalier, soyez brave, fidèle et loyal, il dit :

– Vous êtes brave, fidèle et loyal, je vous fais chevalier, monsieur le comte.

Puis se retournant vers Aramis :

– À votre tour, monsieur le chevalier, dit-il.

Et la même cérémonie recommença avec les mêmes paroles, tandis que de Winter, aidé des écuyers, détachait sa cuirasse de cuivre pour être mieux pris pour le roi.

Puis, lorsque Charles en eut fini avec Aramis comme il avait fini avec Athos, il les embrassa tous deux.

– Sire, dit de Winter, qui, en face d'un grand dévouement, avait repris toute sa force et tout son courage, nous sommes prêts.

Le roi regarda les trois gentilshommes.

– Ainsi donc il faut fuir ? dit-il.

– Fuir à travers une armée, sire, dit Athos, dans tous les pays du monde s'appelle charger.

– Je mourrai donc l'épée à la main, dit Charles. Monsieur le comte, monsieur le chevalier, si jamais je suis roi...

– Sire, vous nous avez déjà honorés plus qu'il n'appartenait à de simples gentilshommes ; ainsi la reconnaissance vient de nous. Mais ne perdons pas de temps, car nous n'en avons déjà que trop perdu.

Le roi leur tendit une dernière fois la main à tous les trois, échangea son chapeau avec celui de de Winter et sortit.

Le régiment de de Winter était rangé sur une plate-forme qui dominait le camp ; le roi, suivi des trois amis, se dirigea vers la plate-forme.

Le camp écossais semblait être éveillé enfin ; les hommes étaient sortis de leurs tentes et avaient pris leur rang comme pour la bataille.

– Voyez-vous, dit le roi, peut-être se repentent-ils et sont-ils prêts à marcher.

– S'ils se repentent, sire, répondit Athos, ils nous suivront.

– Bien ! dit le roi, que faisons-nous ?

– Examinons l'armée ennemie, dit Athos.

Les yeux du petit groupe se fixèrent à l'instant même sur cette ligne qu'à l'aube du jour on avait prise pour du brouillard, et que les premiers rayons du soleil dénonçaient maintenant pour une armée rangée en bataille. L'air était pur et limpide comme il est d'ordinaire à cette heure de la matinée. On distinguait parfaitement les régiments, les étendards et jusqu'à la couleur des uniformes et des chevaux.

Alors on vit sur une petite colline, un peu en avant du front ennemi, apparaître un homme petit, trapu et lourd ; cet homme était entouré de quelques officiers. Il dirigea une lunette sur le groupe dont le roi faisait partie.

– Cet homme connaît-il personnellement Votre Majesté ? demanda Aramis.

Charles sourit.

– Cet homme, c'est Cromwell, dit-il.

– Alors, abaissez votre chapeau, sire, qu'il ne s'aperçoive pas de la substitution.

– Ah ! dit Athos, nous avons perdu bien du temps.

– Alors, dit le roi, en avant ! et partons.

– Le donnez-vous, sire ? demanda Athos.

– Non, je vous nomme mon lieutenant général, dit le roi.

– Écoutez alors, milord de Winter, dit Athos ; éloignez-vous, sire, je vous prie ; ce que nous allons dire ne regarde pas Votre Majesté.

Le roi fit en souriant trois pas en arrière.

– Voici ce que je propose, continua Athos. Nous divisons notre régiment en deux escadrons ; vous vous mettez à la tête du premier ; Sa Majesté et nous à la tête du second ; si rien ne vient nous barrer le passage, nous chargeons tous ensemble pour forcer la ligne ennemie et nous jeter dans la Tyne, que nous traversons, soit à gué, soit à la nage ; si au contraire on nous pousse quelque obstacle sur le chemin, vous et vos hommes vous vous faites tuer jusqu'au dernier, nous et le roi nous continuons notre route : une fois arrivés au bord de la rivière, fussent-ils sur trois rangs d'épaisseur, si votre escadron fait son devoir, cela nous regarde.

– À cheval ! dit de Winter.

– À cheval ! dit Athos, tout est prévu et décidé.

– Alors, messieurs, dit le roi, en avant ! rallions-nous à l'ancien cri de France : Montjoie et Saint-Denis ! Le cri de l'Angleterre est répété maintenant par trop de traîtres.

On monta à cheval, le roi sur le cheval de de Winter, de Winter sur le cheval du roi ; puis de Winter se mit au premier rang du premier escadron, et le roi, ayant Athos à sa droite et Aramis à sa gauche, au premier rang du second.

Toute l'armée écossaise regardait ces préparatifs avec l'immobilité et le silence de la honte.

On vit quelques chefs sortir des rangs et briser leurs épées.

– Allons, dit le roi, cela me console, ils ne sont pas tous des traîtres.

En ce moment la voix de de Winter retentit :

– En avant ! criait-il.

Le premier escadron s'ébranla, le second le suivit et descendit de la plate-forme. Un régiment de cuirassiers à peu près égal en nombre se développait derrière la colline et venait ventre à terre au-devant de lui.

Le roi montra à Athos et à Aramis ce qui se passait.

– Sire, dit Athos, le cas est prévu, et si les hommes de de Winter font leur devoir, cet événement nous sauve au lieu de nous perdre.

En ce moment on entendit, par-dessus tout le bruit que faisaient les chevaux en galopant et hennissant, de Winter qui criait :

– Sabre en main !

Tous les sabres à ce commandement sortirent du fourreau et parurent comme des éclairs.

– Allons, messieurs, cria le roi à son tour, enivré par le bruit et par la vue, allons, messieurs, sabre en main !

Mais à ce commandement, dont le roi donna l'exemple, Athos et Aramis seuls obéirent.

– Nous sommes trahis, dit tout bas le roi.

– Attendons encore, dit Athos, peut-être n'ont-ils pas reconnu la voix de Votre Majesté, et attendent-ils l'ordre de leur chef d'escadron.

– N'ont-ils pas entendu celui de leur colonel ! Mais voyez ! s'écria le roi, arrêtant son cheval d'une secousse qui le fit plier sur ses jarrets, et saisissant la bride du cheval d'Athos.

– Ah ! lâches ! ah ! misérables ! ah ! traîtres ! criait de Winter, dont on entendait la voix, tandis que ses hommes, quittant leurs rangs, s'éparpillaient dans la plaine.

Une quinzaine d'hommes à peine étaient groupés autour de lui et attendaient la charge des cuirassiers de Cromwell.

– Allons mourir avec eux ! dit le roi.

– Allons mourir ! dirent Athos et Aramis.

– À moi tous les cœurs fidèles ! cria de Winter.

Cette voix arriva jusqu'aux deux amis, qui partirent au galop.

– Pas de quartier ! cria en français, et répondant à la voix de de Winter, une voix qui les fit tressaillir.

Quant à de Winter, au son de cette voix il demeura pâle et comme pétrifié.

Cette voix, c'était celle d'un cavalier monté sur un magnifique cheval noir, et qui chargeait en tête du régiment anglais que, dans son ardeur, il devançait de dix pas.

– C'est lui ! murmura de Winter les yeux fixes et laissant pendre son épée à ses côtés.

– Le roi ! le roi ! crièrent plusieurs voix se trompant au cordon bleu et au cheval isabelle de de Winter ; prenez-le vivant !

– Non, ce n'est pas le roi ! s'écria le cavalier ; ne vous y trompez pas. N'est-ce pas, milord de Winter, que vous n'êtes pas le roi ? N'est-ce pas que vous êtes mon oncle ?

Et en même temps, Mordaunt, car c'était lui, dirigea le canon d'un pistolet contre de Winter. Le coup partit ; la balle traversa la poitrine du vieux gentilhomme, qui fit un bond sur sa selle et retomba entre les bras d'Athos en murmurant :

– Le vengeur !

– Souviens-toi de ma mère, hurla Mordaunt en passant outre, emporté qu'il était par le galop furieux de son cheval.

– Misérable ! cria Aramis en lui lâchant un coup de pistolet presque à bout portant et comme il passait à côté de lui ; mais l'amorce seule prit feu et le coup ne partit point.

En ce moment le régiment tout entier tomba sur les quelques hommes qui avaient tenu, et les deux Français furent entourés, pressés, enveloppés. Athos, après s'être assuré que de Winter était mort, lâcha le cadavre, et tirant son épée :

– Allons, Aramis, pour l'honneur de la France.

Et les deux Anglais qui se trouvaient les plus proches des deux gentilshommes tombèrent tous deux frappés mortellement.

Au même instant un hourra terrible retentit et trente lames étincelèrent au-dessus de leurs têtes.

Tout à coup un homme s'élance du milieu des rangs anglais, qu'il bouleverse, bondit sur Athos, l'enlace de ses bras nerveux, lui arrache son épée en lui disant à l'oreille :

– Silence ! rendez-vous. Vous rendre à moi, ce n'est pas vous rendre.

Un géant a aussi saisi les deux poignets d'Aramis, qui essaie en vain de se soustraire à sa formidable étreinte.

– Rendez-vous, lui dit-il en le regardant fixement.

Aramis lève la tête, Athos se retourne.

– D'Art..., s'écria Athos dont le Gascon ferma la bouche avec la main.

– Je me rends, dit Aramis en tendant son épée à Porthos.

– Feu ! feu ! criait Mordaunt en revenant sur le groupe où étaient les deux amis.

– Et pourquoi feu ? dit le colonel, tout le monde s'est rendu.

– C'est le fils de Milady, dit Athos à d'Artagnan.

– Je l'ai reconnu.

– C'est le moine, dit Porthos à Aramis.

– Je le sais.

En même temps les rangs commencèrent à s'ouvrir. D'Artagnan tenait la bride du cheval d'Athos, Porthos celle du cheval d'Aramis. Chacun deux essayait d'entraîner son prisonnier loin du champ de bataille.

Ce mouvement découvrit l'endroit où était tombé le corps de de Winter. Avec l'instinct de la haine, Mordaunt l'avait retrouvé, et le regardait, penché sur son cheval, avec un sourire hideux.

Athos, tout calme qu'il était, mit la main à ses fontes encore garnies de pistolets.

– Que faites-vous ? dit d'Artagnan.

– Laissez-moi le tuer.

– Pas un geste qui puisse faire croire que vous le connaissez, ou nous sommes perdus tous quatre.

Puis se retournant vers le jeune homme :

– Bonne prise ! s'écria-t-il, bonne prise ! ami Mordaunt. Nous avons chacun le nôtre, M. du Vallon et moi : des chevaliers de la Jarretière, rien que cela.

– Mais, s'écria Mordaunt, regardant Athos et Aramis avec des yeux sanglants, mais ce sont des Français, ce me semble ?

– Je n'en sais ma foi rien. Êtes-vous Français, monsieur ? demanda-t-il à Athos.

– Je le suis, répondit gravement celui-ci.

– Eh bien ! mon cher monsieur, vous voilà prisonnier d'un compatriote.

– Mais le roi ? dit Athos avec angoisse, le roi ?

D'Artagnan serra vigoureusement la main de son prisonnier et lui dit :

– Eh ! nous le tenons, le roi !

– Oui, dit Aramis, par une trahison infâme.

Porthos broya le poignet de son ami et lui dit avec un sourire :

– Eh ! monsieur ! la guerre se fait autant par l'adresse que par la force : regardez !

En effet on vit en ce moment l'escadron qui devait protéger la retraite de Charles s'avancer à la rencontre du régiment anglais, enveloppant le roi, qui marchait seul à pied dans un grand espace vide. Le prince était calme en apparence, mais on voyait ce qu'il devait souffrir pour paraître calme ; ainsi la sueur coulait de son front, et il s'essuyait les tempes et les lèvres avec un mouchoir qui chaque fois s'éloignait de sa bouche teint de sang.

– Voilà Nabuchodonosor, s'écria un des cuirassiers de Cromwell, vieux puritain, dont les yeux s'enflammèrent à l'aspect de celui qu'on appelait le tyran.

– Que dites-vous donc, Nabuchodonosor ? dit Mordaunt avec un sourire effrayant. Non, c'est le roi Charles Ier, le bon roi Charles qui dépouille ses sujets pour en hériter.

Charles leva les yeux vers l'insolent qui parlait ainsi, mais il ne le reconnut point. Cependant la majesté calme et religieuse de son visage fit baisser le regard de Mordaunt.

– Bonjour, messieurs, dit le roi aux deux gentilshommes qu'il vit, l'un aux mains de d'Artagnan, l'autre aux mains de Porthos. La journée a été malheureuse, mais ce n'est point votre faute, Dieu merci ! Où est mon vieux de Winter !

Les deux gentilshommes tournèrent la tête et gardèrent le silence.

– Cherche où est Strafford, dit la voix stridente de Mordaunt.

Charles tressaillit : le démon avait frappé juste. Strafford, c'était son remords éternel, l'ombre de ses jours, le fantôme de ses nuits.

Le roi regarda autour de lui et vit un cadavre à ses pieds. C'était celui de de Winter.

Charles ne jeta pas un cri, ne versa pas une larme, seulement une pâleur plus livide s'étendit sur son visage ; il mit un genou en terre, souleva la tête de de Winter, l'embrassa au front, et reprenant le cordon du Saint-Esprit qu'il lui avait passé au cou, il le mit religieusement sur sa poitrine.

– De Winter est donc tué ? demanda d'Artagnan en fixant ses yeux sur le cadavre.

– Oui, dit Athos, et par son neveu.

– Allons ! c'est le premier de nous qui s'en va, murmura d'Artagnan ; qu'il dorme en paix, c'était un brave.

– Charles Stuart, dit alors le colonel du régiment anglais en s'avançant vers le roi qui venait de reprendre les insignes de la royauté, vous rendez-vous notre prisonnier ?

– Colonel Thomlison, dit Charles, le roi ne se rend point ; l'homme cède à la force, voilà tout.

– Votre épée.

Le roi tira son épée et la brisa sur son genou.

En ce moment un cheval sans cavalier, ruisselant d'écume, l'œil en flamme, les naseaux ouverts, accourut, et reconnaissant son maître, s'arrêta près de lui en hennissant de joie : c'était Arthus.

Le roi sourit, le flatta de la main et se mit légèrement en selle.

– Allons, messieurs, dit-il, conduisez-moi où vous voudrez.

Puis se retournant vivement :

– Attendez, dit-il ; il m'a semblé voir remuer de Winter ; s'il vit encore, par ce que vous avez de plus sacré, n'abandonnez pas ce noble gentil-homme.

– Oh ! soyez tranquille, roi Charles, dit Mordaunt, la balle a traversé le cœur.

– Ne soufflez pas un mot, ne faites pas un geste, ne risquez pas un regard pour moi ni pour Porthos, dit d'Artagnan à Athos et à Aramis, car Milady n'est pas morte, et son âme vit dans le corps de ce démon !

Et le détachement s'achemina vers la ville, emmenant sa royale capture ; mais à moitié chemin, un aide de camp du général Cromwell apporta l'ordre au colonel Thomlison de conduire le roi à Holdenby Castle.

En même temps les courriers partaient dans toutes les directions pour annoncer à l'Angleterre et à toute l'Europe que le roi Charles Stuart était prisonnier du général Olivier Cromwell.

XII

Olivier Cromwell

– Venez-vous chez le général ? dit Mordaunt à d'Artagnan et à Porthos, vous savez qu'il vous a mandés après l'action.

– Nous allons d'abord mettre nos prisonniers en lieu de sûreté, dit d'Artagnan à Mordaunt. Savez-vous, monsieur, que ces gentilshommes valent chacun quinze cents pistoles ?

– Oh ! soyez tranquilles, dit Mordaunt en les regardant d'un œil dont il essayait en vain de réprimer la férocité, mes cavaliers les garderont, et les garderont bien ; je vous réponds d'eux.

– Je les garderai encore mieux moi-même, reprit d'Artagnan ; d'ailleurs, que faut-il ? une bonne chambre avec des sentinelles, ou leur simple parole qu'ils ne chercheront pas à fuir. Je vais mettre ordre à cela, puis nous aurons l'honneur de nous présenter chez le général et de lui demander ses ordres pour Son Éminence.

– Vous comptez donc partir bientôt ? demanda Mordaunt.

– Notre mission est finie et rien ne nous arrête plus en Angleterre que le bon plaisir du grand homme près duquel nous avons été envoyés.

Le jeune homme se mordit les lèvres, et se penchant à l'oreille du sergent :

– Vous suivrez ces hommes, lui dit-il, vous ne les perdrez pas de vue ; et quand vous saurez où ils sont logés, vous reviendrez m'attendre à la porte de la ville.

Le sergent fit signe qu'il serait obéi.

Alors, au lieu de suivre le gros des prisonniers qu'on ramenait dans la ville, Mordaunt se dirigea vers la colline d'où Cromwell avait regardé la bataille et où il venait de faire dresser sa tente.

Cromwell avait défendu qu'on laissât pénétrer personne près de lui : mais la sentinelle, qui connaissait Mordaunt pour un des confidents les plus intimes du général, pensa que la défense ne regardait point le jeune homme.

Mordaunt écarta donc la toile de la tente et vit Cromwell assis devant une table, la tête cachée entre ses deux mains ; en outre, il lui tournait le dos.

Soit qu'il entendît ou non le bruit que fit Mordaunt en entrant, Cromwell ne se retourna point.

Mordaunt resta debout près de la porte.

Enfin, au bout d'un instant, Cromwell releva son front appesanti, et, comme s'il eût senti instinctivement que quelqu'un était là, il tourna lentement la tête.

– J'avais dit que je voulais être seul ! s'écria-t-il en voyant le jeune homme.

– On n'a pas cru que cette défense me regardât, monsieur, dit Mordaunt ; cependant, si vous l'ordonnez, je suis prêt à sortir.

– Ah ! c'est vous, Mordaunt ! dit Cromwell, éclaircissant, comme par la force de sa volonté, le voile qui couvrait ses yeux ; puisque vous voilà, c'est bien, restez.

– Je vous apporte mes félicitations.

– Vos félicitations ! et de quoi ?

– De la prise de Charles Stuart. Vous êtes le maître de l'Angleterre maintenant.

– Je l'étais bien mieux il y a deux heures, dit Cromwell.

– Comment cela, général ?

– L'Angleterre avait besoin de moi pour prendre le tyran, maintenant le tyran est pris. L'avez-vous vu ?

– Oui, monsieur, dit Mordaunt.

– Quelle attitude a-t-il ?

Mordaunt hésita, mais la vérité sembla sortir de force de ses lèvres.

– Calme et digne, dit-il.

– Qu'a-t-il dit ?

– Quelques paroles d'adieu à ses amis.

« À ses amis ! murmura Cromwell ; il a donc des amis, lui ? »

Puis tout haut :

– S'est-il défendu ?

– Non, monsieur, il a été abandonné de tous, excepté de trois ou quatre hommes ; il n'y avait donc pas moyen de se défendre.

– À qui a-t-il rendu son épée ?

– Il ne l'a pas rendue, il l'a brisée.

– Il a bien fait ; mais au lieu de la briser il eût mieux fait encore de s'en servir avec plus d'avantage.

Il y eut un instant de silence.

– Le colonel du régiment qui servait d'escorte au roi, à Charles, a été tué, ce me semble ? dit Cromwell en regardant fixement Mordaunt.

– Oui, monsieur.

– Par qui ? demanda Cromwell.

– Par moi.

– Comment se nommait-il ?

– Lord de Winter.

– Votre oncle ? s'écria Cromwell.

– Mon oncle ! reprit Mordaunt ; les traîtres à l'Angleterre ne sont pas de ma famille.

Cromwell resta un instant pensif, regardant ce jeune homme ; puis, avec cette profonde mélancolie que peint si bien Shakespeare :

– Mordaunt, lui dit-il, vous êtes un terrible serviteur.

– Quand le Seigneur ordonne, dit Mordaunt, il n'y a pas à marchander avec ses ordres. Abraham a levé le couteau sur Isaac, et Isaac était son fils.

– Oui, dit Cromwell, mais le Seigneur n'a pas laissé s'accomplir le sacrifice.

– J'ai regardé autour de moi, dit Mordaunt, et je n'ai vu ni bouc ni chevreau arrêté dans les buissons de la plaine.

Cromwell s'inclina.

– Vous êtes fort parmi les forts, Mordaunt, dit-il. Et les Français, comment se sont-ils conduits ?

– En gens de cœur, monsieur, dit Mordaunt.

– Oui, oui, murmura Cromwell, les Français se battent bien ; et, en effet, si ma lunette est bonne, il me semble que je les ai vus au premier rang.

– Ils y étaient, dit Mordaunt.

– Après vous, cependant, dit Cromwell.

– C'est la faute de leurs chevaux et non la leur.

Il se fit encore un moment de silence.

– Et les Écossais ? demanda Cromwell.

– Ils ont tenu leur parole, dit Mordaunt, et n'ont pas bougé.

– Les misérables ! murmura Cromwell.

– Leurs officiers demandent à vous voir, monsieur.

– Je n'ai pas le temps. Les a-t-on payés ?

– Cette nuit.

– Qu'ils partent alors, qu'ils retournent dans leurs montagnes, qu'ils y cachent leur honte, si leurs montagnes sont assez hautes pour cela ; je n'ai plus affaire à eux, ni eux à moi. Et maintenant, allez, Mordaunt.

– Avant de m'en aller, dit Mordaunt, j'ai quelques questions à vous adresser, monsieur, et une demande à vous faire, mon maître.

– À moi ?

Mordaunt s'inclina :

– Je viens à vous, mon héros, mon protecteur, mon père, et je vous dis : Maître, êtes-vous content de moi ?

Cromwell le regarda avec étonnement.

Le jeune homme demeura impassible.

– Oui, dit Cromwell ; vous avez fait, depuis que je vous connais, non seulement votre devoir, mais encore plus que votre devoir, vous avez été fidèle ami, adroit négociateur, bon soldat.

– Avez-vous souvenir, monsieur, que c'est moi qui ai eu la première idée de traiter avec les Écossais de l'abandon de leur roi ?

– Oui, la pensée vient de vous, c'est vrai ; je ne poussais pas encore le mépris des hommes jusque-là.

– Ai-je été bon ambassadeur en France ?

– Oui, et vous avez obtenu de Mazarin ce que je demandais.

– Ai-je combattu toujours ardemment pour votre gloire et vos intérêts ?

– Trop ardemment peut-être, c'est ce que je vous reprochais tout à l'heure. Mais où voulez-vous en venir avec toutes vos questions ?

– À vous dire, milord, que le moment est venu où vous pouvez d'un mot récompenser tous mes services.

– Ah ! fit Olivier avec un léger mouvement de dédain ; c'est vrai, j'oubliais que tout service mérite sa récompense, que vous m'avez servi et que vous n'êtes pas encore récompensé.

– Monsieur, je puis l'être à l'instant même et au-delà de mes souhaits.

– Comment cela ?

– J'ai le prix sous la main et je le tiens presque.

– Et quel est ce prix ? demanda Cromwell. Vous a-t-on offert de l'or ? Demandez-vous un grade ? Désirez-vous un gouvernement ?

– Monsieur, m'accorderez-vous ma demande ?

– Voyons ce qu'elle est d'abord.

– Monsieur, lorsque vous m'avez dit : Vous allez accomplir un ordre, vous ai-je jamais répondu : Voyons cet ordre ?

– Si cependant votre désir était impossible à réaliser.

– Lorsque vous avez eu un désir et que vous m'avez chargé de son accomplissement, vous ai-je jamais répondu : C'est impossible ?

– Mais une demande formulée avec tant de préparation...

– Ah ! soyez tranquille, monsieur, dit Mordaunt avec une simple expression, elle ne vous minera pas.

– Eh bien donc, dit Cromwell, je vous promets de faire droit à votre demande autant que la chose sera en mon pouvoir ; demandez.

– Monsieur, répondit Mordaunt, on a fait ce matin deux prisonniers, je vous les demande.

– Ils ont donc offert une rançon considérable ? dit Cromwell.

– Je les crois pauvres, au contraire, monsieur.

– Mais ce sont donc des amis à vous ?

– Oui, monsieur, s'écria Mordaunt, ce sont des amis à moi, de chers amis, et je donnerais ma vie pour la leur.

– Bien, Mordaunt, dit Cromwell, reprenant, avec un certain mouvement de joie, une meilleure opinion du jeune homme ; bien, je te les donne, je ne veux même pas savoir qui ils sont ; fais-en ce que tu voudras.

– Merci, monsieur, s'écria Mordaunt, merci ! ma vie est désormais à vous, et en la perdant je vous serai encore redevable ; merci, vous venez de me payer magnifiquement de mes services.

Et il se jeta aux genoux de Cromwell, et, malgré les efforts du général puritain, qui ne voulait pas ou qui faisait semblant de ne pas vouloir se laisser rendre cet hommage presque royal, il prit sa main qu'il baisa.

– Quoi ! dit Cromwell, l'arrêtant à son tour au moment où il se relevait, pas d'autres récompenses ? Pas d'or ? Pas de grade ?

– Vous m'avez donné tout ce que vous pouviez me donner, milord, et de ce jour je vous tiens quitte du reste.

Et Mordaunt s'élança hors de la tente du général avec une joie qui débordait de son cœur et de ses yeux.

Cromwell le suivit du regard.

– Il a tué son oncle ! murmura-t-il ; hélas ! quels sont donc mes serviteurs ? Peut-être celui-ci, qui ne me réclame rien ou qui semble ne rien réclamer, a-t-il plus demandé devant Dieu que ceux qui viendront réclamer l'or des provinces et le pain des malheureux ; personne ne me sert pour rien, Charles, qui est mon prisonnier, a peut-être encore des amis, et moi je n'en ai pas.

Et il reprit en soupirant sa rêverie interrompue par Mordaunt.

XIII

Les gentilshommes

Pendant que Mordaunt s'acheminait vers la tente de Cromwell, d'Artagnan et Porthos ramenaient leurs prisonniers dans la maison qui leur avait été assignée pour logement à Newcastle.

La recommandation faite par Mordaunt au sergent n'avait point échappé au Gascon ; aussi avait-il recommandé de l'œil à Athos et à Aramis la plus sévère prudence. Aramis et Athos avaient en conséquence marché silencieux près de leurs vainqueurs ; ce qui ne leur avait pas été difficile, chacun ayant assez à faire de répondre à ses propres pensées.

Si jamais homme fut étonné, ce fut Mousqueton, lorsque du seuil de la porte il vit s'avancer les quatre amis suivis du sergent et d'une dizaine d'hommes. Il se frotta les yeux, ne pouvant se décider à reconnaître Athos et Aramis, mais enfin force lui fut de se rendre à l'évidence. Aussi allait-il se confondre en exclamations, lorsque Porthos lui imposa silence d'un de ces coups d'œil qui n'admettent pas de discussion.

Mousqueton resta collé le long de la porte, attendant l'explication d'une chose si étrange ; ce qui le bouleversait surtout, c'est que les quatre amis avaient l'air de ne plus se reconnaître.

La maison dans laquelle d'Artagnan et Porthos conduisirent Athos et Aramis était celle qu'ils habitaient depuis la veille et qui leur avait été donnée par le général Cromwell : elle faisait l'angle d'une rue, avait une espèce de jardin et des écuries en retour sur la rue voisine.

Les fenêtres du rez-de-chaussée, comme cela arrive souvent dans les petites villes de province, étaient grillées, de sorte qu'elles ressemblaient fort à celles d'une prison.

Les deux amis firent entrer les prisonniers devant eux et se tinrent sur le seuil après avoir ordonné à Mousqueton de conduire les quatre chevaux à l'écurie.

– Pourquoi n'entrons-nous pas avec eux ? dit Porthos.

– Parce que, auparavant, répondit d'Artagnan, il faut voir ce que nous veulent ce sergent et les huit ou dix hommes qui l'accompagnent.

Le sergent et les huit ou dix hommes s'établirent dans le petit jardin.

D'Artagnan leur demanda ce qu'ils désiraient et pourquoi ils se tenaient là.

– Nous avons reçu l'ordre, dit le sergent, de vous aider à garder vos prisonniers.

Il n'y avait rien à dire à cela, c'était au contraire une attention délicate dont il fallait avoir l'air de savoir gré à celui qui l'avait eue. D'Artagnan remercia le sergent et lui donna une couronne pour boire à la santé du général Cromwell.

Le sergent répondit que les puritains ne buvaient point et mit la couronne dans sa poche.

– Ah ! dit Porthos, quelle affreuse journée, mon cher d'Artagnan !

– Que dites-vous là, Porthos, vous appelez une affreuse journée celle dans laquelle nous avons retrouvé nos amis !

– Oui, mais dans quelle circonstance !

Il est vrai que la conjoncture est embarrassante, dit d'Artagnan ; mais n'importe, entrons chez eux, et tâchons de voir clair un peu dans notre position.

– Elle est fort embrouillée, dit Porthos, et je comprends maintenant pourquoi Aramis me recommandait si fort d'étrangler cet affreux Mordaunt.

– Silence donc ! dit d'Artagnan, ne prononcez pas ce nom.

– Mais, dit Porthos, puisque je parle français et qu'ils sont anglais !

D'Artagnan regarda Porthos avec cet air d'admiration qu'un homme raisonnable ne peut refuser aux énormités de tout genre.

Puis, comme Porthos de son côté le regardait sans rien comprendre à son étonnement, d'Artagnan le poussa en lui disant :

– Entrons.

Porthos entra le premier, d'Artagnan le second ; d'Artagnan referma soigneusement la porte et serra successivement les deux amis dans ses bras.

Athos était d'une tristesse mortelle. Aramis regardait successivement Porthos et d'Artagnan sans rien dire, mais son regard était si expressif, que d'Artagnan le comprit.

– Vous voulez savoir comment il se fait que nous sommes ici ? Eh ! mon Dieu ! c'est bien facile à deviner, Mazarin nous a chargés d'apporter une lettre au général Cromwell.

– Mais comment vous trouvez-vous à côté de Mordaunt ? dit Athos, de Mordaunt, dont je vous avais dit de vous défier, d'Artagnan.

– Et que je vous avais recommandé d'étrangler, Porthos, dit Aramis.

– Toujours Mazarin. Cromwell l'avait envoyé à Mazarin ; Mazarin nous a envoyés à Cromwell. Il y a de la fatalité dans tout cela.

– Oui, vous avez raison, d'Artagnan, une fatalité qui nous divise et qui nous perd. Ainsi, mon cher Aramis, n'en parlons plus et préparons-nous à subir notre sort.

– Sang-Diou ! parlons-en, au contraire, car il a été convenu une fois pour toutes, que nous sommes toujours ensemble, quoique dans des causes opposées.

– Oh ! oui, bien opposées, dit en souriant Athos ; car ici, je vous le demande, quelle cause servez-vous ? Ah ! d'Artagnan, voyez à quoi le misérable Mazarin vous emploie. Savez-vous de quel crime vous vous êtes rendu coupable aujourd'hui ? De la prise du roi, de son ignominie, de sa mort.

– Oh ! oh ! dit Porthos, croyez-vous ?

– Vous exagérez, Athos, dit d'Artagnan, nous n'en sommes pas là.

– Eh, mon Dieu ! nous y touchons, au contraire. Pourquoi arrête-t-on un roi ? Quand on veut le respecter comme un maître, on ne l'achète pas comme un esclave. Croyez-vous que ce soit pour le remettre sur le trône que Cromwell l'a payé deux cent mille livres sterling ? Amis, ils le tueront, soyez-en sûrs, et c'est encore le moindre crime qu'ils puissent commettre. Mieux vaut décapiter que souffleter un roi.

– Je ne vous dis pas non, et c'est possible après tout, dit d'Artagnan ; mais que nous fait tout cela ? Je suis ici, moi, parce que je suis soldat, parce que je sers mes maîtres, c'est-à-dire ceux qui me payent ma solde. J'ai fait serment d'obéir et j'obéis ; mais vous qui n'avez pas fait de serment, pourquoi êtes-vous ici, et quelle cause y servez-vous ?

– La cause la plus sacrée qu'il y ait au monde, dit Athos ; celle du malheur, de la royauté et de la religion. Un ami, une épouse, une fille, nous ont fait l'honneur de nous appeler à leur aide. Nous les avons servis selon nos faibles moyens, et Dieu nous tiendra compte de la volonté à défaut du pouvoir. Vous pouvez penser d'une autre façon, d'Artagnan, envisager les choses d'une autre manière, mon ami ; je ne vous en détourne pas, mais je vous blâme.

– Oh ! oh ! dit d'Artagnan, et que me fait au bout du compte que M. Cromwell, qui est Anglais, se révolte contre son roi, qui est Écossais ? Je suis Français, moi, toutes ces choses ne me regardent pas. Pourquoi donc voudriez-vous m'en rendre responsable ?

– Au fait, dit Porthos.

– Parce que tous les gentilshommes sont frères, parce que vous êtes gentilhomme, parce que les rois de tous les pays sont les premiers entre les gentilshommes, parce que la plèbe aveugle, ingrate et bête prend toujours plaisir à abaisser ce qui lui est supérieur ; et c'est vous, vous, d'Artagnan, l'homme de la vieille seigneurie, l'homme au beau nom, l'homme à la bonne épée, qui avez contribué à livrer un roi à des marchands de bière, à des tailleurs, à des charretiers ! Ah ! d'Artagnan, comme soldat, peut-être avez-vous fait votre devoir, mais comme gentilhomme, vous êtes coupable, je vous le dis.

D'Artagnan mâchonnait une tige de fleur, ne répondait pas et se sentait mal à l'aise ; car lorsqu'il détournait son regard de celui d'Athos, il rencontrait celui d'Aramis.

– Et vous, Porthos, continua le comte comme s'il eût eu pitié de l'embarras de d'Artagnan ; vous, le meilleur cœur, le meilleur ami, le meilleur soldat que je connaisse ; vous que votre âme faisait digne de naître sur les degrés d'un trône, et qui tôt ou tard serez récompensé par un roi intelligent ; vous, mon cher Porthos, vous, gentilhomme par les mœurs, par les goûts et par le courage, vous êtes aussi coupable que d'Artagnan.

Porthos rougit, mais de plaisir plutôt que de confusion, et cependant, baissant la tête comme s'il était humilié :

– Oui, oui, dit-il, je crois que vous avez raison, mon cher comte.

Athos se leva.

– Allons, dit-il en marchant à d'Artagnan et en lui tendant la main ; allons, ne bougez pas, mon cher fils, car tout ce que je vous ai dit, je vous l'ai dit sinon avec la voix, du moins avec le cœur d'un père. Il m'eût été plus facile, croyez-moi, de vous remercier de m'avoir sauvé la vie et de ne pas vous toucher un seul mot de mes sentiments.

– Sans doute, sans doute, Athos, répondit d'Artagnan en lui serrant la main à son tour ; mais c'est qu'aussi vous avez de diables de sentiments que tout le monde ne peut avoir. Qui va s'imaginer qu'un homme raisonnable va quitter sa maison, la France, son pupille, un jeune homme charmant, car nous l'avons vu au camp, pour courir où ? Au secours d'une royauté pourrie et vermoulue qui va crouler un de ces matins comme une vieille baraque. Le sentiment que vous dites est beau, sans doute, si beau qu'il est surhumain.

– Quel qu'il soit, d'Artagnan, répondit Athos sans donner dans le piège qu'avec son adresse gasconne son ami tendait à son affection paternelle pour Raoul, quel qu'il soit, vous savez bien au fond du cœur qu'il est juste ; mais j'ai tort de discuter avec mon maître. D'Artagnan, je suis votre prisonnier, traitez-moi donc comme tel.

– Ah ! pardieu ! dit d'Artagnan, vous savez bien que vous ne le serez pas longtemps, mon prisonnier.

– Non, dit Aramis, on nous traitera sans doute comme ceux qui furent faits à Philiphaugh.

– Et comment les a-t-on traités ? demanda d'Artagnan.

– Mais, dit Aramis, on en a pendu une moitié et l'on a fusillé l'autre.

– Eh bien ! moi, dit d'Artagnan, je vous réponds que tant qu'il me restera une goutte de sang dans les veines, vous ne serez ni pendus ni fusillés. Sang-Diou ! qu'ils y viennent ! D'ailleurs, voyez-vous cette porte, Athos ?

– Eh bien ?

– Eh bien ! vous passerez par cette porte quand vous voudrez ; car, à partir de ce moment, vous et Aramis, vous êtes libres comme l'air.

– Je vous reconnais bien là, mon brave d'Artagnan, répondit Athos, mais vous n'êtes plus maîtres de nous : cette porte est gardée, d'Artagnan, vous le savez bien.

– Eh bien, vous la forcerez, dit Porthos. Qu'y a-t-il là ? dix hommes tout au plus.

– Ce ne serait rien pour nous quatre, c'est trop pour nous deux. Non, tenez, divisés comme nous sommes maintenant, il faut que nous périssions. Voyez l'exemple fatal : sur la route du Vendômois, d'Artagnan, vous si brave, Porthos, vous si vaillant et si fort, vous avez été battus ; aujourd'hui Aramis et moi nous le sommes, c'est notre tour. Or, jamais cela ne nous était arrivé lorsque nous étions tous quatre réunis ; mourons donc comme est mort de Winter ; quant à moi, je le déclare, je ne consens à fuir que tous quatre ensemble.

– Impossible, dit d'Artagnan, nous sommes sous les ordres de Mazarin.

– Je le sais, et ne vous presse point davantage ; mes raisonnements n'ont rien produit ; sans doute ils étaient mauvais, puisqu'ils n'ont point eu d'empire sur des esprits aussi justes que les vôtres.

– D'ailleurs eussent-ils fait effet, dit Aramis, le meilleur est de ne pas compromettre deux excellents amis comme sont d'Artagnan et Porthos. Soyez tranquilles, messieurs, nous vous ferons honneur en mourant ; quant à moi, je me sens tout fier d'aller au-devant des balles et même de la corde avec vous, Athos, car vous ne m'avez jamais paru si grand qu'aujourd'hui.

D'Artagnan ne disait rien, mais, après avoir rongé la tige de sa fleur, il se rongeait les doigts.

– Vous figurez-vous, reprit-il enfin, que l'on va vous tuer ? Et pourquoi faire ? Qui a intérêt à votre mort ? D'ailleurs, vous êtes nos prisonniers.

– Fou, triple fou ! dit Aramis, ne connais-tu donc pas Mordaunt ? Eh bien ! moi, je n'ai échangé qu'un regard avec lui, et j'ai vu dans ce regard que nous étions condamnés.

– Le fait est que je suis fâché de ne pas l'avoir étranglé comme vous me l'aviez dit, Aramis, reprit Porthos.

– Eh ! je me moque pas mal de Mordaunt ! s'écria d'Artagnan ; cap de Diou ! s'il me chatouille de trop près, je l'écraserai, cet insecte ! Ne vous sauvez donc pas, c'est inutile, car, je vous le jure, vous êtes ici aussi en sûreté que vous l'étiez il y a vingt ans, vous, Athos, dans la rue Férou, et vous, Aramis, rue de Vaugirard.

– Tenez, dit Athos en étendant la main vers une des deux fenêtres grillées qui éclairaient la chambre, vous saurez tout à l'heure à quoi vous en tenir, car le voilà qui accourt.

– Qui ?

– Mordaunt.

En effet, en suivant la direction qu'indiquait la main d'Athos, d'Artagnan vit un cavalier qui accourait au galop.

C'était en effet Mordaunt.

D'Artagnan s'élança hors de la chambre.

Porthos voulut le suivre.

– Restez, dit d'Artagnan, et ne venez que lorsque vous m'entendrez battre le tambour avec les doigts contre la porte.

XIV

Jésus Seigneur

Lorsque Mordaunt arriva en face de la maison, il vit d'Artagnan sur le seuil et les soldats couchés çà et là avec leurs armes, sur le gazon du jardin.

– Holà ! cria-t-il d'une voix étranglée par la précipitation de sa course, les prisonniers sont-ils toujours là ?

– Oui, monsieur, dit le sergent en se levant vivement ainsi que ses hommes, qui portèrent vivement comme lui la main à leur chapeau.

– Bien. Quatre hommes pour les prendre et les mener à l'instant même à mon logement.

Quatre hommes s'apprêtèrent.

– Plaît-il ? dit d'Artagnan avec cet air goguenard que nos lecteurs ont dû lui voir bien des fois depuis qu'ils le connaissent. Qu'y a-t-il, s'il vous plaît ?

– Il y a, monsieur, dit Mordaunt, que j'ordonnais à quatre hommes de prendre les prisonniers que nous avons faits ce matin et de les conduire à mon logement.

– Et pourquoi cela ? demanda d'Artagnan. Pardon de la curiosité ; mais vous comprenez que je désire être édifié à ce sujet.

– Parce que les prisonniers sont à moi maintenant, répondit Mordaunt avec hauteur, et que j'en dispose à ma fantaisie.

– Permettez, permettez, mon jeune monsieur, dit d'Artagnan, vous faites erreur, ce me semble ; les prisonniers sont d'habitude à ceux qui les ont pris et non à ceux qui les ont regardé prendre. Vous pouviez prendre milord de Winter, qui était votre oncle, à ce que l'on dit ; vous avez préféré le tuer, c'est bien ; nous pouvions, M. du Vallon et moi, tuer ces deux gentilshommes, nous avons préféré les prendre, chacun son goût.

Les lèvres de Mordaunt devinrent blanches.

D'Artagnan comprit que les choses ne tarderaient pas à se gâter, et se mit à tambouriner la marche des gardes sur la porte.

À la première mesure, Porthos sortit et vint se placer de l'autre côté de la porte, dont ses pieds touchaient le seuil et son front le faîte.

La manœuvre n'échappa point à Mordaunt.

– Monsieur, dit-il avec une colère qui commençait à poindre, vous feriez une résistance inutile, ces prisonniers viennent de m'être donnés à l'instant même par le général en chef mon illustre patron, par M. Olivier Cromwell.

D'Artagnan fut frappé de ces paroles comme d'un coup de foudre. Le sang lui monta aux tempes, un nuage passa devant ses yeux, il comprit l'espérance féroce du jeune homme ; et sa main descendit par un mouvement instinctif à la garde de son épée.

Quant à Porthos, il regardait d'Artagnan pour savoir ce qu'il devait faire et régler ses mouvements sur les siens.

Ce regard de Porthos inquiéta plus qu'il ne rassura d'Artagnan, et il commença à se reprocher d'avoir appelé la force brutale de Porthos dans une affaire qui lui semblait surtout devoir être menée par la ruse.

« La violence, se disait-il tout bas, nous perdrait tous ; d'Artagnan, mon ami, prouve à ce jeune serpenteau que tu es non seulement plus fort, mais encore plus fin que lui. »

– Ah ! dit-il en faisant un profond salut, que ne commenciez-vous par dire cela, monsieur Mordaunt ! Comment ! vous venez de la part de M. Olivier Cromwell, le plus illustre capitaine de ces temps-ci ?

– Je le quitte, monsieur, dit Mordaunt en mettant pied à terre et en donnant son cheval à tenir à l'un de ses soldats, je le quitte à l'instant même.

– Que ne disiez-vous donc cela tout de suite, mon cher monsieur ! continua d'Artagnan ; toute l'Angleterre est à M. Cromwell, et puisque vous venez me demander mes prisonniers en son nom, je m'incline, monsieur, ils sont à vous, prenez-les.

Mordaunt s'avança radieux, et Porthos, anéanti et regardant d'Artagnan avec une stupeur profonde, ouvrait la bouche pour parler.

D'Artagnan marcha sur la botte de Porthos, qui comprit alors que c'était un jeu que son ami jouait.

Mordaunt posa le pied sur le premier degré de la porte, et le chapeau à la main, s'apprêta à passer entre les deux amis, en faisant signe à ses quatre hommes de le suivre.

– Mais, pardon, dit d'Artagnan avec le plus charmant sourire et en posant la main sur l'épaule du jeune homme, si l'illustre général Olivier Cromwell a disposé de nos prisonniers en votre faveur, il vous a sans doute fait par écrit cet acte de donation.

Mordaunt s'arrêta court.

– Il vous a donné quelque petite lettre pour moi, le moindre chiffon de papier, enfin, qui atteste que vous venez en son nom. Veuillez me confier ce chiffon pour que j'excuse au moins par un prétexte l'abandon de mes compatriotes. Autrement, vous comprenez, quoique je sois sûr que le général Olivier Cromwell ne peut leur vouloir de mal, ce serait d'un mauvais effet.

Mordaunt recula, et sentant le coup, lança un terrible regard à d'Artagnan ; mais celui-ci répondit par la mine la plus aimable et la plus amicale qui ait jamais épanoui un visage.

– Lorsque je vous dis une chose, monsieur, dit Mordaunt, me faites-vous l'injure d'en douter ?

– Moi ! s'écria d'Artagnan, moi ! douter de ce que vous dites ! Dieu m'en préserve, mon cher monsieur Mordaunt ! Je vous tiens au contraire pour un digne et accompli gentilhomme, suivant les apparences ; et puis, monsieur, voulez-vous que je vous parle franc ? continua d'Artagnan avec sa mine ouverte.

– Parlez, monsieur, dit Mordaunt.

– Monsieur du Vallon que voilà est riche, il a quarante mille livres de rente, et par conséquent ne tient point à l'argent ; je ne parle donc pas pour lui, mais pour moi.

– Après, monsieur ?

– Eh bien, moi, je ne suis pas riche ; en Gascogne ce n'est pas un dés-honneur, monsieur ; personne ne l'est, et Henri IV, de glorieuse mémoire, qui était le roi des Gascons, comme Sa Majesté Philippe IV est le roi de toutes les Espagnes, n'avait jamais le sou dans sa poche.

– Achevez, monsieur, dit Mordaunt ; je vois où vous voulez en venir, et si c'est ce que je pense qui vous retient, on pourra lever cette difficulté-là.

– Ah ! je savais bien, dit d'Artagnan, que vous étiez un garçon d'esprit. Eh bien ! voilà le fait, voilà où le bât me blesse, comme nous disons, nous autres Français ; je suis un officier de fortune, pas autre chose ; je n'ai que ce que me rapporte mon épée, c'est-à-dire plus de coups que de bank-notes. Or, en prenant ce matin deux Français qui me paraissent de grande naissance, deux chevaliers de la Jarretière, enfin, je me disais : Ma fortune est faite. Je dis deux, parce que, en pareille circonstance, M. du Vallon, qui est riche, me cède toujours ses prisonniers.

Mordaunt, complètement abusé par la verbeuse bonhomie de d'Artagnan, sourit en homme qui comprend à merveille les raisons qu'on lui donne, et répondit avec douceur :

– J'aurai l'ordre signé tout à l'heure, monsieur, et avec cet ordre deux mille pistoles ; mais en attendant, monsieur, laissez-moi emmener ces hommes.

– Non, dit d'Artagnan ; que vous importe un retard d'une demi-heure ? Je suis homme d'ordre, monsieur, faisons les choses dans les règles.

– Cependant, reprit Mordaunt, je pourrais vous forcer, monsieur, je commande ici.

– Ah ! monsieur, dit d'Artagnan en souriant agréablement, on voit bien que, quoique nous ayons eu l'honneur de voyager, M. du Vallon et moi, en votre compagnie, vous ne nous connaissez pas. Nous sommes gentilshommes, nous sommes capables, à nous deux, de vous tuer, vous et vos huit hommes. Pour Dieu ! monsieur Mordaunt, ne faites pas l'obstiné, car lorsque l'on s'obstine je m'obstine aussi, et alors je deviens d'un entêtement féroce ; et voilà monsieur, continua d'Artagnan, qui, dans ce cas-là, est bien plus entêté encore et bien plus féroce que moi : sans compter que nous sommes envoyés par M. le cardinal Mazarin, lequel représente le roi de France. Il en résulte que, dans ce moment-ci, nous représentons le roi et le cardinal, ce qui fait qu'en notre qualité d'ambassadeurs nous sommes inviolables, chose que M. Olivier Cromwell, aussi grand politique certainement qu'il est grand général, est tout à fait homme à comprendre. Demandez-lui donc l'ordre écrit. Qu'est-ce que cela vous coûte, mon cher monsieur Mordaunt ?

– Oui, l'ordre écrit, dit Porthos, qui commençait à comprendre l'intention de d'Artagnan ; on ne vous demande que cela.

Si bonne envie que Mordaunt eût d'avoir recours à la violence, il était homme à très bien reconnaître pour bonnes les raisons que lui donnait d'Artagnan. D'ailleurs sa réputation lui imposait, et, ce qu'il lui avait vu faire le matin venant en aide à sa réputation, il réfléchit. Puis, ignorant complètement les relations de profonde amitié qui existaient entre les quatre Français, toutes ses inquiétudes avaient disparu devant le motif, fort plausible d'ailleurs, de la rançon.

Il résolut donc d'aller non seulement chercher l'ordre, mais encore les deux mille pistoles auxquelles il avait estimé lui-même les deux prisonniers.

Mordaunt remonta donc à cheval, et, après avoir recommandé au sergent de faire bonne garde, il tourna bride et disparut.

– Bon ! dit d'Artagnan, un quart d'heure pour aller à la tente, un quart d'heure pour revenir, c'est plus qu'il ne nous en faut.

Puis, revenant à Porthos, sans que son visage exprimât le moindre changement, de sorte que ceux qui l'épiaient eussent pu croire qu'il continuait la même conversation :

– Ami Porthos, lui dit-il en le regardant en face, écoutez bien ceci... D'abord, pas un seul mot à nos amis de ce que vous venez d'entendre ; il est inutile qu'ils sachent le service que nous leur rendons.

– Bien, dit Porthos, je comprends.

– Allez-vous-en à l'écurie, vous y trouverez Mousqueton, vous sellerez les chevaux, vous leur mettrez les pistolets dans les fontes, vous les ferez sortir, et vous les conduirez dans la rue d'en bas, afin qu'il n'y ait plus qu'à monter dessus ; le reste me regarde.

Porthos ne fit pas la moindre observation, et obéit avec cette sublime confiance qu'il avait en son ami.

– J'y vais, dit-il ; seulement, entrerai-je dans la chambre où sont ces messieurs ?

– Non, c'est inutile.

– Eh bien ! faites-moi le plaisir d'y prendre ma bourse que j'ai laissée sur la cheminée.

– Soyez tranquille.

Porthos s'achemina de son pas calme et tranquille vers l'écurie, et passa au milieu des soldats qui ne purent, tout Français qu'il était, s'empêcher d'admirer sa haute taille et ses membres vigoureux. À l'angle de la rue, il rencontra Mousqueton, qu'il emmena avec lui.

Alors d'Artagnan rentra tout en sifflotant un petit air qu'il avait commencé au départ de Porthos.

– Mon cher Athos, je viens de réfléchir à vos raisonnements, et ils m'ont convaincu ; décidément je regrette de m'être trouvé à toute cette affaire. Vous l'avez dit, Mazarin est un cuistre. Je suis donc résolu de fuir avec vous. Pas de réflexions, tenez-vous prêts ; vos deux épées sont dans le coin, ne les oubliez pas, c'est un outil qui, dans les circonstances où nous nous trouvons, peut être fort utile ; cela me rappelle la bourse de Porthos. Bon ! la voilà.

Et d'Artagnan mit la bourse dans sa poche. Les deux amis le regardaient faire avec stupéfaction.

– Eh bien ! qu'y a-t-il donc d'étonnant ? dit d'Artagnan, je vous le demande. J'étais aveugle : Athos m'a fait voir clair, voilà tout. Venez ici.

Les deux amis s'approchèrent.

– Voyez-vous cette rue ? dit d'Artagnan, c'est là que seront les chevaux ; vous sortirez par la porte, vous tournerez à gauche, vous sauterez en selle, et tout sera dit ; ne vous inquiétez de rien que de bien écouter le signal. Ce signal sera quand je crierai : « Jésus Seigneur ! »

– Mais, vous, votre parole que vous viendrez, d'Artagnan ! dit Athos.

– Sur Dieu, je vous le jure !

– C'est dit, s'écria Aramis. Au cri de : « Jésus Seigneur ! » nous sortons, nous renversons tout ce qui s'oppose à notre passage, nous courons à nos chevaux, nous sautons en selle, et nous piquons ; est-ce cela ?

– À merveille !

– Voyez, Aramis, dit Athos, je vous le dis toujours, d'Artagnan est le meilleur de nous tous.

– Bon ! dit d'Artagnan, des compliments, je me sauve. Adieu.

– Et vous fuyez avec nous, n'est-ce pas ?

Je le crois bien. N'oubliez pas le signal : « Jésus Seigneur ! »

Et il sortit du même pas qu'il était entré, en reprenant l'air qu'il sifflotait en entrant à l'endroit où il l'avait interrompu.

Les soldats jouaient ou dormaient ; deux chantaient faux dans un coin le psaume : *Super flumina Babylonis.*

D'Artagnan appela le sergent.

– Mon cher monsieur, lui dit-il, le général Cromwell m'a fait demander par M. Mordaunt ; veillez bien, je vous prie, sur les prisonniers.

Le sergent fit signe qu'il ne comprenait pas le français.

Alors d'Artagnan essaya de lui faire comprendre par gestes ce qu'il n'avait pu comprendre par paroles.

Le sergent fit signe que c'était bien.

D'Artagnan descendit vers l'écurie : il trouva les cinq chevaux sellés, le sien comme les autres.

– Prenez chacun un cheval en main, dit-il à Porthos et à Mousqueton, tournez à gauche de façon qu'Athos et Aramis vous voient bien de leur fenêtre.

– Ils vont venir alors ? dit Porthos.

– Dans un instant.

– Vous n'avez pas oublié ma bourse ?

– Non, soyez tranquille.

– Bon.

Et Porthos et Mousqueton, tenant chacun un cheval en main, se rendirent à leur poste.

Alors d'Artagnan, resté seul, battit le briquet, alluma un morceau d'amadou deux fois grand comme une lentille, monta à cheval, et vint s'arrêter tout au milieu des soldats, en face de la porte.

Là, tout en flattant l'animal de la main, il lui introduisit le petit morceau d'amadou dans l'oreille.

Il fallait être aussi bon cavalier que l'était d'Artagnan pour risquer un pareil moyen, car à peine l'animal eut-il senti la brûlure ardente qu'il jeta un cri de douleur, se cabra et bondit comme s'il devenait fou.

Les soldats, qu'il menaçait d'écraser, s'éloignèrent précipitamment.

– À moi ! à moi ! criait d'Artagnan. Arrêtez ! arrêtez ! mon cheval a le vertige.

En effet, en un instant, le sang parut lui sortir des yeux et il devint blanc d'écume.

– À moi ! criait toujours d'Artagnan sans que les soldats osassent venir à son aide. À moi ! me laisserez-vous tuer ? Jésus Seigneur !

À peine d'Artagnan avait-il poussé ce cri, que la porte s'ouvrit, et qu'Athos et Aramis l'épée à la main s'élancèrent. Mais grâce à la ruse de d'Artagnan, le chemin était libre.

– Les prisonniers qui se sauvent ! les prisonniers qui se sauvent ! cria le sergent.

– Arrête ! arrête ! cria d'Artagnan en lâchant la bride à son cheval furieux, qui s'élança renversant deux ou trois hommes.

– Stop ! stop ! crièrent les soldats en courant à leurs armes.

Mais les prisonniers étaient déjà en selle, et une fois en selle ils ne perdirent pas de temps, s'élançant vers la porte la plus prochaine. Au milieu de la rue ils aperçurent Grimaud et Blaisois, qui revenaient cherchant leurs maîtres.

D'un signe Athos fit tout comprendre à Grimaud, lequel se mit à la suite de la petite troupe qui semblait un tourbillon et que d'Artagnan, qui venait par derrière, aiguillonnait encore de la voix. Ils passèrent sous la porte comme des ombres, sans que les gardiens songeassent seulement à les arrêter, et se trouvèrent en rase campagne.

Pendant ce temps, les soldats criaient toujours : Stop ! stop ! et le sergent, qui commençait à s'apercevoir qu'il avait été dupe d'une ruse, s'arrachait les cheveux.

Sur ces entrefaites, on vit arriver un cavalier au galop et tenant un papier à la main.

C'était Mordaunt, qui revenait avec l'ordre.

– Les prisonniers ? cria-t-il en sautant à bas de son cheval.

Le sergent n'eut pas la force de lui répondre, il lui montra la porte béante et la chambre vide. Mordaunt s'élança vers les degrés, comprit tout, poussa un cri comme si on lui eût déchiré les entrailles, et tomba évanoui sur la pierre.

XV

*Où il est prouvé que dans les positions les plus
difficiles les grands cœurs ne perdent jamais le
courage, ni les bons estomacs l'appétit*

La petite troupe, sans échanger une parole, sans regarder en arrière, courut ainsi au grand galop, traversant une petite rivière, dont personne ne savait le nom, et laissant à sa gauche une ville qu'Athos prétendit être Durham.

Enfin on aperçut un petit bois, et l'on donna un dernier coup d'éperon aux chevaux en les dirigeant de ce côté.

Dès qu'ils eurent disparu derrière un rideau de verdure assez épais pour les dérober aux regards de ceux qui pouvaient les poursuivre, ils s'arrêtèrent pour tenir conseil ; on donna les chevaux à deux laquais, afin qu'ils soufflassent sans être dessellés ni débridés, et l'on plaça Grimaud en sentinelle.

— Venez d'abord, que je vous embrasse, mon ami, dit Athos à d'Artagnan, vous notre sauveur, vous qui êtes le vrai héros parmi nous !

— Athos a raison et je vous admire, dit à son tour Aramis en le serrant dans ses bras ; à quoi ne devriez-vous pas prétendre avec un maître intelligent, œil infaillible, bras d'acier, esprit vainqueur !

— Maintenant, dit le Gascon, ça va bien, j'accepte tout pour moi et pour Porthos, embrassades et remerciements : nous avons du temps à perdre, allez, allez.

Les deux amis, rappelés par d'Artagnan à ce qu'ils devaient aussi à Porthos, lui serrèrent à son tour la main.

— Maintenant, dit Athos, il s'agirait de ne point courir au hasard et comme des insensés, mais d'arrêter un plan. Qu'allons-nous faire ?

— Ce que nous allons faire, mordious ! Ce n'est point difficile à dire.

— Dites donc alors, d'Artagnan.

— Nous allons gagner le port de mer le plus proche, réunir toutes nos petites ressources, fréter un bâtiment et passer en France. Quant à moi, j'y mettrai jusqu'à mon dernier sou. Le premier trésor, c'est la vie, et la nôtre, il faut le dire, ne tient qu'à un fil.

— Qu'en dites-vous, du Vallon ? demanda Athos.

– Moi, dit Porthos, je suis absolument de l'avis de d'Artagnan ; c'est un vilain pays que cette Angleterre.

– Vous êtes bien décidé à la quitter, alors ? demanda Athos à d'Artagnan.

– Sang-Diou, dit d'Artagnan, je ne vois pas ce qui m'y retiendrait.

Athos échangea un regard avec Aramis.

– Allez donc, mes amis, dit-il en soupirant.

– Comment ! allez ? dit d'Artagnan. Allons, ce me semble !

– Non, mon ami, dit Athos ; il faut nous quitter.

– Vous quitter ! dit d'Artagnan tout étourdi de cette nouvelle inattendue.

– Bah ! fit Porthos ; pourquoi donc nous quitter, puisque nous sommes ensemble ?

– Parce que votre mission est remplie, à vous, et que vous pouvez, et que vous devez même retourner en France, mais la nôtre ne l'est pas, à nous.

– Votre mission n'est pas accomplie ? dit d'Artagnan en regardant Athos avec surprise.

– Non, mon ami, répondit Athos de sa voix si douce et si ferme à la fois. Nous sommes venus ici pour défendre le roi Charles, nous l'avons mal défendu, il nous reste à le sauver.

– Sauver le roi ! fit d'Artagnan en regardant Aramis comme il avait regardé Athos.

Aramis se contenta de faire un signe de tête.

Le visage de d'Artagnan prit un air de profonde compassion ; il commença à croire qu'il avait affaire à deux insensés.

– Il ne se peut pas que vous parliez sérieusement, Athos, dit d'Artagnan ; le roi est au milieu d'une armée qui le conduit à Londres. Cette armée est commandée par un boucher, ou un fils de boucher, peu importe, le colonel Harrison. Le procès de Sa Majesté va être fait à son arrivée à Londres, je vous en réponds ; j'en ai entendu sortir assez sur ce sujet de la bouche de M. Olivier Cromwell pour savoir à quoi m'en tenir.

Athos et Aramis échangèrent un second regard.

– Et son procès fait, le jugement ne tardera pas à être mis à exécution, continua d'Artagnan. Oh ! ce sont des gens qui vont vite en besogne que messieurs les puritains.

– Et à quelle peine pensez-vous que le roi soit condamné ? demanda Athos.

– Je crains bien que ce ne soit à la peine de mort ; ils en ont trop fait contre lui pour qu'il leur pardonne, ils n'ont plus qu'un moyen : c'est de le tuer. Ne connaissez-vous donc pas le mot de M. Olivier Cromwell quand il est venu à Paris et qu'on lui a montré le donjon de Vincennes, où était enfermé M. de Vendôme ?

– Quel est ce mot ? demanda Porthos.

– Il ne faut toucher les princes qu'à la tête.

– Je le connaissais, dit Athos.

– Et vous croyez qu'il ne mettra point sa maxime à exécution, maintenant qu'il tient le roi ?

– Si fait, j'en suis sûr même, mais raison de plus pour ne point abandonner l'auguste tête menacée.

– Athos, vous devenez fou.

– Non, mon ami, répondit doucement le gentilhomme, mais de Winter est venu nous chercher en France, il nous a conduits à madame Henriette ; Sa Majesté nous a fait l'honneur, à M. d'Herblay et à moi, de nous demander notre aide pour son époux ; nous lui avons engagé notre parole, notre parole renfermait tout. C'était notre force, c'était notre intelligence, c'était notre vie, enfin, que nous lui engagions ; il nous reste à tenir notre parole. Est-ce votre avis, d'Herblay ?

– Oui, dit Aramis, nous avons promis.

– Puis, continua Athos, nous avons une autre raison, et la voici ; écoutez bien. Tout est pauvre et mesquin en France en ce moment. Nous avons un roi de dix ans qui ne sait pas encore ce qu'il veut ; nous avons une reine qu'une passion tardive rend aveugle ; nous avons un ministre qui régit la France comme il ferait d'une vaste ferme, c'est-à-dire ne se préoccupant que de ce qu'il peut y pousser d'or en la labourant avec l'intrigue et l'astuce italiennes ; nous avons des princes qui font de l'opposition personnelle et égoïste, qui n'arriveront à rien qu'à tirer des mains de Mazarin quelques lingots d'or, quelques bribes de puissance. Je les ai servis, non par enthousiasme, Dieu sait que je les estime à ce qu'ils valent, et qu'ils ne sont pas bien haut dans mon estime, mais par principe. Aujourd'hui c'est autre chose ; aujourd'hui je rencontre sur ma route une haute infortune, une infortune royale, une infortune européenne, je m'y attache. Si nous parvenons à sauver le roi, ce sera beau : si nous mourons pour lui, ce sera grand !

– Ainsi, d'avance, vous savez que vous y périrez, dit d'Artagnan.

– Nous le craignons, et notre seule douleur est de mourir loin de vous.

– Qu'allez-vous faire dans un pays étranger, ennemi ?

– Jeune, j'ai voyagé en Angleterre, je parle anglais comme un Anglais, et de son côté Aramis a quelque connaissance de la langue. Ah ! si nous vous avions, mes amis ! Avec vous, d'Artagnan, avec vous, Porthos, tous quatre, et réunis pour la première fois depuis vingt ans, nous tiendrions tête non seulement à l'Angleterre, mais aux trois royaumes !

– Et avez-vous promis à cette reine, reprit d'Artagnan avec humeur, de forcer la Tour de Londres, de tuer cent mille soldats, de lutter victorieusement contre le vœu d'une nation et l'ambition d'un homme, quand cet homme s'appelle Cromwell ? Vous ne l'avez pas vu, cet homme, vous, Athos, vous, Aramis. Eh bien ! c'est un homme de génie, qui m'a fort rappelé notre cardinal, l'autre, le grand ! vous savez bien. Ne vous exagérez donc pas vos devoirs. Au nom du ciel, mon cher Athos, ne faites pas du dévouement inutile ! Quand je vous regarde, en vérité, il me semble que je vois un homme raisonnable ; quand vous me répondez, il me semble que j'ai affaire à un fou. Voyons, Porthos, joignez-vous donc à moi. Que pensez-vous de cette affaire, dites franchement ?

– Rien de bon, répondit Porthos.

– Voyons, continua d'Artagnan, impatienté de ce qu'au lieu de l'écouter Athos semblait écouter une voix qui parlait en lui-même, jamais vous ne vous êtes mal trouvé de mes conseils ; eh bien ! croyez-moi, Athos, votre mission est terminée, terminée noblement ; revenez en France avec nous.

– Ami, dit Athos, notre résolution est inébranlable.

– Mais vous avez quelque autre motif que nous ne connaissons pas ?

Athos sourit.

D'Artagnan frappa sur sa cuisse avec colère et murmura les raisons les plus convaincantes qu'il put trouver ; mais à toutes ces raisons, Athos se contenta de répondre par un sourire calme et doux, et Aramis par des signes de tête.

– Eh bien ! s'écria enfin d'Artagnan furieux, eh bien ! puisque vous le voulez, laissons donc nos os dans ce gredin de pays, où il fait froid toujours, où le beau temps est du brouillard, le brouillard de la pluie, la pluie du déluge ; où le soleil ressemble à la lune, et la lune à un fromage à la crème. Au fait, mourir là ou mourir ailleurs, puisqu'il faut mourir, peu nous importe.

– Seulement, songez-y, dit Athos, cher ami, c'est mourir plus tôt.

– Bah ! un peu plus tôt, un peu plus tard, cela ne vaut pas la peine de chicaner.

– Si je m'étonne de quelque chose, dit sentencieusement Porthos, c'est que ce ne soit pas déjà fait.

– Oh ! cela se fera, soyez tranquille, Porthos, dit d'Artagnan. Ainsi, c'est convenu, continua le Gascon, et si Porthos ne s'y oppose pas...

– Moi, dit Porthos, je ferai ce que vous voudrez. D'ailleurs je trouve très beau ce qu'a dit tout à l'heure le comte de La Fère.

– Mais votre avenir, d'Artagnan ? vos ambitions, Porthos ?

– Notre avenir, nos ambitions ! dit d'Artagnan avec une volubilité fiévreuse ; avons-nous besoin de nous occuper de cela, puisque nous sauvons le roi ? Le roi sauvé, nous rassemblons ses amis, nous battons les puritains, nous reconquérons l'Angleterre, nous rentrons dans Londres avec lui, nous le reposons bien carrément sur son trône...

– Et il nous fait ducs et pairs, dit Porthos, dont les yeux étincelaient de joie, même en voyant cet avenir à travers une fable.

– Ou il nous oublie, dit d'Artagnan.

– Oh ! fit Porthos.

– Dame ! cela s'est vu, ami Porthos ; et il me semble que nous avons autrefois rendu à la reine Anne d'Autriche un service qui ne le cédait pas de beaucoup à celui que nous voulons rendre aujourd'hui à Charles Ier, ce qui n'a point empêché la reine Anne d'Autriche de nous oublier pendant près de vingt ans.

– Eh bien, malgré cela, d'Artagnan, dit Athos, êtes-vous fâché de lui avoir rendu service ?

– Non, ma foi, dit d'Artagnan, et j'avoue même que dans mes moments de plus mauvaise humeur, eh bien ! j'ai trouvé une consolation dans ce souvenir.

– Vous voyez bien, d'Artagnan, que les princes sont ingrats souvent, mais que Dieu ne l'est jamais.

– Tenez, Athos, dit d'Artagnan, je crois que si vous rencontriez le diable sur la terre, vous feriez si bien, que vous le ramèneriez avec vous au ciel.

– Ainsi donc ? dit Athos en tendant la main à d'Artagnan.

– Ainsi donc, c'est convenu, dit d'Artagnan, je trouve l'Angleterre un pays charmant, et j'y reste, mais à une condition.

– Laquelle ?

– C'est qu'on ne me forcera pas d'apprendre l'anglais.

– Eh bien ? maintenant, dit Athos triomphant, je vous le jure, mon ami, par ce Dieu qui nous entend, par mon nom que je crois sans tache, je crois qu'il y a une puissance qui veille sur nous, et j'ai l'espoir que nous reverrons tous quatre la France.

– Soit, dit d'Artagnan ; mais moi j'avoue que j'ai la conviction toute contraire.

– Ce cher d'Artagnan ! dit Aramis, il représente au milieu de nous l'opposition des parlements, qui disent toujours *non* et qui font toujours *oui*.

– Oui, mais qui, en attendant, sauvent la patrie, dit Athos.

– Eh bien ! maintenant que tout est arrêté, dit Porthos en se frottant les mains, si nous pensions à dîner ! il me semble que, dans les situations les plus critiques de notre vie, nous avons dîné toujours.

– Ah ! oui, parlez donc de dîner dans un pays où l'on mange pour tout festin du mouton cuit à l'eau, et où, pour tout régal, on boit de la bière ! Comment diable êtes-vous venu dans un pays pareil, Athos ? Ah ! pardon, ajouta-t-il en souriant, j'oubliais que vous n'êtes plus Athos. Mais, n'importe, voyons votre plan pour dîner, Porthos.

– Mon plan !

– Oui, avez-vous un plan ?

– Non, j'ai faim, voilà tout.

– Pardieu ! si ce n'est que cela, moi aussi j'ai faim ; mais ce n'est pas le tout que d'avoir faim, il faut trouver à manger, et à moins que de brouter l'herbe comme nos chevaux...

– Ah ! fit Aramis, qui n'était pas tout à fait si détaché des choses de la terre qu'Athos, quand nous étions au *Parpaillot*, vous rappelez-vous les belles huîtres que nous mangions ?

– Et ces gigots de mouton des marais salants ! fit Porthos en passant sa langue sur ses lèvres.

– Mais, dit d'Artagnan, n'avons-nous pas notre ami Mousqueton, qui vous faisait si bien vivre à Chantilly, Porthos ?

– En effet, dit Porthos, nous avons Mousqueton, mais depuis qu'il est intendant, il s'est fort alourdi ; n'importe, appelons-le.

Et pour être sûr qu'il répondît agréablement :

– Eh ! Mouston ! fit Porthos.

Mouston parut ; il avait la figure fort piteuse.

– Qu'avez-vous donc, mon cher monsieur Mouston ? dit d'Artagnan ; seriez-vous malade ?

– Monsieur, j'ai très faim, répondit Mousqueton.

– Eh bien ! c'est justement pour cela que nous vous faisons venir, mon cher monsieur Mouston. Ne pourriez-vous donc pas vous procurer au collet quelques-uns de ces gentils lapins et quelques-unes de ces charmantes perdrix dont vous faisiez des gibelottes et des salmis à l'hôtel de... ma foi, je ne me rappelle plus le nom de l'hôtel ?

– À l'hôtel de..., dit Porthos. Ma foi, je ne me rappelle pas non plus.

– Peu importe ; et au lasso quelques-unes de ces bouteilles de vieux vin de Bourgogne qui ont si vivement guéri votre maître de sa foulure.

– Hélas ! monsieur, dit Mousqueton, je crains bien que tout ce que vous me demandez là ne soit fort rare dans cet affreux pays, et je crois que nous ferons mieux d'aller demander l'hospitalité au maître d'une petite maison que l'on aperçoit de la lisière du bois.

– Comment ! il y a une maison aux environs ? demanda d'Artagnan.

– Oui, monsieur, répondit Mousqueton.

– Eh bien ! comme vous le dites, mon ami, allons demander à dîner au maître de cette maison. Messieurs, qu'en pensez-vous, et le conseil de M. Mouston ne vous paraît-il pas plein de sens ?

– Eh ! eh ! dit Aramis, si le maître est puritain ?...

– Tant mieux, mordioux ! dit d'Artagnan : s'il est puritain, nous lui apprendrons la prise du roi, et en l'honneur de cette nouvelle, il nous donnera ses poules blanches.

– Mais s'il est cavalier ? dit Porthos.

– Dans ce cas, nous prendrons un air de deuil, et nous plumerons ses poules noires.

– Vous êtes bien heureux, dit Athos en souriant malgré lui de la saillie de l'indomptable Gascon, car vous voyez toute chose en riant.

– Que voulez-vous ? dit d'Artagnan, je suis d'un pays où il n'y a pas un nuage au ciel.

– Ce n'est pas comme dans celui-ci, dit Porthos en étendant la main pour s'assurer si un sentiment de fraîcheur qu'il venait de ressentir sur la joue était bien réellement causé par une goutte de pluie.

– Allons, allons, dit d'Artagnan, raison de plus pour nous mettre en route... Holà, Grimaud !

Grimaud apparut.

– Eh bien, Grimaud, mon ami, avez-vous vu quelque chose ? demanda d'Artagnan.

– Rien, répondit Grimaud.

– Ces imbéciles, dit Porthos, ils ne nous ont même pas poursuivis. Oh ! si nous eussions été à leur place !

– Eh ! ils ont eu tort, dit d'Artagnan ; je dirais volontiers deux mots au Mordaunt dans cette petite Thébaïde. Voyez la jolie place pour coucher proprement un homme à terre.

– Décidément, dit Aramis, je crois, messieurs, que le fils n'est pas de la force de la mère.

– Eh ! cher ami, répondit Athos, attendez donc, nous le quittons depuis deux heures à peine, il ne sait pas encore de quel côté nous nous dirigeons, il ignore où nous sommes. Nous dirons qu'il est moins fort que sa mère en mettant le pied sur la terre de France, si d'ici là nous ne sommes ni tués, ni empoisonnés.

– Dînons toujours en attendant, dit Porthos.

– Ma foi, oui, dit Athos, car j'ai grand-faim.

– Gare aux poules noires ! dit Aramis.

Et les quatre amis, conduits par Mousqueton, s'acheminèrent vers la maison, déjà presque rendus à leur insouciance première, car ils étaient maintenant tous les quatre unis et d'accord, comme l'avait dit Athos.

XVI

Salut à la Majesté tombée

À mesure qu'ils approchaient de la maison, nos fugitifs voyaient la terre écorchée comme si une troupe considérable de cavaliers les eût précédés ; devant la porte les traces étaient encore plus visibles ; cette troupe, quelle qu'elle fût, avait fait là une halte.

– Pardieu ! dit d'Artagnan, la chose est claire, le roi et son escorte ont passé par ici.

– Diable ! dit Porthos, en ce cas ils auront tout dévoré.

– Bah ! dit d'Artagnan, ils auront bien laissé une poule.

Et il sauta à bas de son cheval et frappa à la porte ; mais personne ne répondit.

Il poussa la porte qui n'était pas fermée, et vit que la première chambre était vide et déserte.

– Eh bien ? demanda Porthos.

– Je ne vois personne, dit d'Artagnan. Ah ! Ah !

– Quoi ?

– Du sang !

À ce mot, les trois amis sautèrent à bas de leurs chevaux et entrèrent dans la première chambre ; mais d'Artagnan avait déjà poussé la porte de la seconde, et à l'expression de son visage, il était clair qu'il y voyait quelque objet extraordinaire.

Les trois amis s'approchèrent et aperçurent un homme encore jeune étendu à terre et baigné dans une mare de sang.

On voyait qu'il avait voulu gagner son lit, mais il n'en avait pas eu la force, il était tombé auparavant.

Athos fut le premier qui se rapprocha de ce malheureux : il avait cru lui voir faire un mouvement.

– Eh bien ? demanda d'Artagnan.

– Eh bien ! dit Athos, s'il est mort, il n'y a pas longtemps car il est chaud encore. Mais non, son cœur bat. Eh ! mon ami !

Le blessé poussa un soupir ; d'Artagnan prit de l'eau dans le creux de sa main et la lui jeta au visage.

L'homme rouvrit les yeux, fit un mouvement pour relever sa tête et retomba.

Athos alors essaya de la lui porter sur son genou, mais il s'aperçut que la blessure était un peu au-dessus du cervelet et lui fendait le crâne ; le sang s'en échappait avec abondance.

Aramis trempa une serviette dans l'eau et l'appliqua sur la plaie ; la fraîcheur rappela le blessé à lui, il rouvrit une seconde fois les yeux.

Il regarda avec étonnement ces hommes qui paraissaient le plaindre, et qui, autant qu'il était en leur pouvoir, essayaient de lui porter secours.

– Vous êtes avec des amis, dit Athos en anglais, rassurez-vous donc, et, si vous en avez la force, racontez-nous ce qui est arrivé.

– Le roi, murmura le blessé, le roi est prisonnier.

– Vous l'avez vu ? demanda Aramis dans la même langue.

L'homme ne répondit pas.

– Soyez tranquille, reprit Athos, nous sommes de fidèles serviteurs de Sa Majesté.

– Est-ce vrai ce que vous me dites là ? demanda le blessé.

– Sur notre honneur de gentilshommes.

– Alors je puis donc vous dire ?

– Dites.

– Je suis le frère de Parry, le valet de chambre de Sa Majesté.

Athos et Aramis se rappelèrent que c'était de ce nom que de Winter avait appelé le laquais qu'ils avaient trouvé dans le corridor de la tente royale.

– Nous le connaissons, dit Athos ; il ne quittait jamais le roi !

– Oui, c'est cela, dit le blessé. Eh bien ! voyant le roi pris, il songea à moi ; on passait devant la maison, il demanda au nom du roi qu'on s'y arrêtât. La demande fut accordée. Le roi, disait-on, avait faim ; on le fit entrer dans la chambre où je suis, afin qu'il y prît son repas, et l'on plaça des sentinelles aux portes et aux fenêtres. Parry connaissait cette chambre, car plusieurs fois, tandis que Sa Majesté était à Newcastle, il était venu me voir. Il savait que dans cette chambre il y avait une trappe, que cette trappe conduisait à la cave, et que de cette cave on pouvait gagner le verger. Il me fit un signe. Je le compris. Mais sans doute ce signe fut intercepté par les gardiens du roi et les mit en défiance. Ignorant qu'on se doutait de quelque chose, je n'eus plus qu'un désir, celui de sauver Sa Majesté. Je fis donc semblant de sortir pour aller chercher du bois, en pensant qu'il n'y avait pas de temps à perdre. J'entrai dans le passage souterrain qui conduisait à la cave à laquelle cette trappe correspondait. Je levai la planche avec ma tête ; et tandis que Parry poussait doucement le verrou de la porte, je fis signe au roi de me suivre. Hélas ! il ne le voulait pas ; on eût dit que cette fuite lui répugnait. Mais Parry joignit les mains en le suppliant ; je l'implorai aussi de mon côté pour qu'il ne perdît pas une pareille occasion. Enfin il se décida à me suivre. Je marchai devant par bonheur ; le roi venait à quelques pas derrière moi, lorsque tout à coup, dans le passage souterrain, je vis se dresser comme une grande ombre. Je voulus crier pour avertir le roi, mais je n'en eus pas le temps. Je sentis un coup comme si la maison s'écroulait sur ma tête, et je tombai évanoui.

– Bon et loyal Anglais ! fidèle serviteur ! dit Athos.

– Quand je revins à moi, j'étais étendu à la même place. Je me traînai jusque dans la cour ; le roi et son escorte étaient partis. Je mis une heure peut-être à venir de la cour ici ; mais les forces me manquèrent, et je m'évanouis pour la seconde fois.

– Et à cette heure, comment vous sentez-vous ?

– Bien mal, dit le blessé.

– Pouvons-nous quelque chose pour vous ? demanda Athos.

– Aidez-moi à me mettre sur le lit ; cela me soulagera, il me semble.

– Aurez-vous quelqu'un qui vous porte secours ?

– Ma femme est à Durham, et va revenir d'un moment à l'autre. Mais vous-mêmes, n'avez-vous besoin de rien, ne désirez-vous rien ?

– Nous étions venus dans l'intention de vous demander à manger.

– Hélas ! ils ont tout pris, il ne reste pas un morceau de pain dans la maison.

– Vous entendez, d'Artagnan ? dit Athos, il nous faut aller chercher notre dîner ailleurs.

– Cela m'est bien égal, maintenant, dit d'Artagnan ; je n'ai plus faim.

– Ma foi, ni moi non plus, dit Porthos.

Et ils transportèrent l'homme sur son lit. On fit venir Grimaud, qui pansa sa blessure. Grimaud avait, au service des quatre amis, eu tant de fois l'occasion de faire de la charpie et des compresses, qu'il avait pris une certaine teinte de chirurgie.

Pendant ce temps, les fugitifs étaient revenus dans la première chambre et tenaient conseil.

– Maintenant, dit Aramis, nous savons à quoi nous en tenir : c'est bien le roi et son escorte qui sont passés par ici ; il faut prendre du côté opposé. Est-ce votre avis, Athos ?

Athos ne répondit pas, il réfléchissait.

– Oui, dit Porthos, prenons du côté opposé. Si nous suivons l'escorte, nous trouverons tout dévoré et nous finirons par mourir de faim ; quel maudit pays que cette Angleterre ! c'est la première fois que j'aurai manqué à dîner. Le dîner est mon meilleur repas, à moi.

– Que pensez-vous, d'Artagnan ? dit Athos, êtes-vous de l'avis d'Aramis ?

– Non point, dit d'Artagnan, je suis au contraire de l'avis tout opposé.

– Comment ! vous voulez suivre l'escorte ? dit Porthos effrayé.

– Non, mais faire route avec elle.

Les yeux d'Athos brillèrent de joie.

– Faire route avec l'escorte ! s'écria Aramis.

– Laissez dire d'Artagnan, vous savez que c'est l'homme aux bons conseils, dit Athos.

– Sans doute, dit d'Artagnan, il faut aller où l'on ne nous cherchera pas. Or, on se gardera bien de nous chercher parmi les puritains ; allons donc parmi les puritains.

– Bien, ami, bien ! excellent conseil, dit Athos, j'allais le donner quand vous m'avez devancé.

– C'est donc aussi votre avis ? demanda Aramis.

– Oui. On croira que nous voulons quitter l'Angleterre, on nous cherchera dans les ports ; pendant ce temps nous arriverons à Londres avec le roi ; une fois à Londres, nous sommes introuvables ; au milieu d'un million d'hommes, il n'est pas difficile de se cacher ; sans compter, continua Athos en jetant un regard à Aramis, les chances que nous offre ce voyage.

– Oui, dit Aramis, je comprends.

– Moi, je ne comprends pas, dit Porthos, mais n'importe ; puisque cet avis est à la fois celui de d'Artagnan et d'Athos, ce doit être le meilleur.

– Mais, dit Aramis, ne paraîtrons-nous point suspects au colonel Harrison ?

– Eh ! mordioux ! dit d'Artagnan, c'est justement sur lui que je compte ; le colonel Harrison est de nos amis ; nous l'avons vu deux fois chez le général Cromwell ; il sait que nous lui avons été envoyés de France par mons Mazarini : il nous regardera comme des frères. D'ailleurs, n'est-ce pas le fils d'un boucher ? Oui, n'est-ce pas ? Eh bien ! Porthos lui montrera comment on assomme un bœuf d'un coup de poing, et moi comment on renverse un taureau en le prenant par les cornes ; cela captera sa confiance.

Athos sourit.

— Vous êtes le meilleur compagnon que je connaisse, d'Artagnan, dit-il en tendant la main au Gascon, et je suis bien heureux de vous avoir retrouvé, mon cher fils.

C'était, comme on le sait, le nom qu'Athos donnait à d'Artagnan dans ses grandes effusions de cœur.

En ce moment Grimaud sortit de la chambre. Le blessé était pansé et se trouvait mieux.

Les quatre amis prirent congé de lui et lui demandèrent s'il n'avait pas quelque commission à leur donner pour son frère.

— Dites-lui, répondit le brave homme, qu'il fasse savoir au roi qu'ils ne m'ont pas tué tout à fait ; si peu que je sois, je suis sûr que Sa Majesté me regrette et se reproche ma mort.

— Soyez tranquille, dit d'Artagnan, il le saura avant ce soir.

La petite troupe se remit en marche ; il n'y avait point à se tromper de chemin ; celui qu'il voulait suivre était visiblement tracé à travers la plaine.

Au bout de deux heures de marche silencieuse, d'Artagnan, qui tenait la tête, s'arrêta au tournant d'un chemin.

— Ah ! ah ! dit-il, voici nos gens.

En effet, une troupe considérable de cavaliers apparaissait à une demi-lieue de là environ.

— Mes chers amis, dit d'Artagnan, donnez vos épées à M. Mouston, qui vous les remettra en temps et lieu, et n'oubliez point que vous êtes nos prisonniers.

Puis on mit au trot les chevaux qui commençaient à se fatiguer, et l'on eut bientôt rejoint l'escorte.

Le roi, placé en tête, entouré d'une partie du régiment du colonel Harrison, cheminait impassible, toujours digne et avec une sorte de bonne volonté.

En apercevant Athos et Aramis, auxquels on ne lui avait pas même laissé le temps de dire adieu, et en lisant dans les regards de ces deux gentilshommes qu'il avait encore des amis à quelques pas de lui, quoiqu'il crût ces amis prisonniers, une rougeur de plaisir monta aux joues pâlies du roi.

D'Artagnan gagna la tête de la colonne, et, laissant ses amis sous la garde de Porthos, il alla droit à Harrison, qui le reconnut effectivement pour l'avoir vu chez Cromwell, et qui l'accueillit aussi poliment qu'un homme de cette condition et de ce caractère pouvait accueillir quelqu'un. Ce qu'avait prévu d'Artagnan arriva : le colonel n'avait et ne pouvait avoir aucun soupçon.

On s'arrêta : c'était à cette halte que devait dîner le roi. Seulement cette fois les précautions furent prises pour qu'il ne tentât pas de s'échapper. Dans la grande chambre de l'hôtellerie, une petite table fut placée pour lui, et une grande table pour les officiers.

– Dînez-vous avec moi ? demanda Harrison à d'Artagnan.

– Diable ! dit d'Artagnan, cela me ferait grand plaisir, mais j'ai mon compagnon, M. du Vallon, et mes deux prisonniers que je ne puis quitter et qui encombreraient votre table. Mais faisons mieux : faites dresser une table dans un coin, et envoyez-nous ce que bon vous semblera de la vôtre, car, sans cela, nous courrons grand risque de mourir de faim. Ce sera toujours dîner ensemble, puisque nous dînerons dans la même chambre.

– Soit, dit Harrison.

La chose fut arrangée comme le désirait d'Artagnan, et lorsqu'il revint près du colonel il trouva le roi déjà assis à sa petite table et servi par Parry, Harrison et ses officiers attablés en communauté, et dans un coin les places réservées pour lui et ses compagnons.

La table à laquelle étaient assis les officiers puritains était ronde, et, soit par hasard, soit grossier calcul, Harrison tournait le dos au roi.

Le roi vit entrer les quatre gentilshommes, mais il ne parut faire aucune attention à eux.

Ils allèrent s'asseoir à la table qui leur était réservée et se placèrent pour ne tourner le dos à personne. Ils avaient en face d'eux la table des officiers et celle du roi.

Harrison, pour faire honneur à ses hôtes, leur envoyait les meilleurs plats de sa table ; malheureusement pour les quatre amis, le vin manquait. La chose paraissait complètement indifférente à Athos, mais d'Artagnan, Porthos et Aramis faisaient la grimace chaque fois qu'il leur fallait avaler la bière, cette boisson puritaine.

– Ma foi, colonel, dit d'Artagnan, nous vous sommes bien reconnaissants de votre gracieuse invitation, car, sans vous, nous courions le risque de nous passer de dîner, comme nous nous sommes passés de déjeuner ; et voilà mon ami, M. du Vallon, qui partage ma reconnaissance, car il avait grand-faim.

– J'ai faim encore, dit Porthos en saluant le colonel Harrison.

– Et comment ce grave événement vous est-il donc arrivé, de vous passer de déjeuner ? demanda le colonel en riant.

– Par une raison bien simple, colonel, dit d'Artagnan. J'avais hâte de vous rejoindre, et, pour arriver à ce résultat, j'avais pris la même route que vous, ce que n'aurait pas dû faire un vieux fourrier comme moi, qui doit savoir que là où a passé un bon et brave régiment comme le vôtre, il ne reste rien à glaner. Aussi, vous comprenez notre déception lorsqu'en arrivant à une jolie petite maison située à la lisière d'un bois, et qui, de loin, avec son toit rouge et ses contrevents verts, avait un petit air de fête qui faisait plaisir à voir, au lieu d'y trouver les poules que nous nous apprêtions à faire rôtir, et les jambons que nous comptions faire griller, nous ne vîmes qu'un pauvre diable baigné... Ah ! mordioux ! colonel, faites mon compliment à celui de vos officiers qui a donné ce coup-là, il était bien donné, si bien donné, qu'il a fait l'admiration de M. du Vallon, mon ami, qui les donne gentiment aussi, les coups.

– Oui, dit Harrison en riant et en s'adressant des yeux à un officier assis à sa table, quand Groslow se charge de cette besogne, il n'y a pas besoin de revenir après lui.

– Ah ! c'est monsieur, dit d'Artagnan en saluant l'officier ; je regrette que monsieur ne parle pas français, pour lui faire mon compliment.

– Je suis prêt à le recevoir et à vous le rendre, monsieur, dit l'officier en assez bon français, car j'ai habité trois ans Paris.

– Eh bien ! monsieur, je m'empresse de vous dire, continua d'Artagnan, que le coup était si bien appliqué, que vous avez presque tué votre homme.

– Je croyais l'avoir tué tout à fait, dit Groslow.

– Non. Il ne s'en est pas fallu grand-chose, c'est vrai, mais il n'est pas mort.

Et en disant ces mots, d'Artagnan jeta un regard sur Parry, qui se tenait debout devant le roi, la pâleur de la mort au front, pour lui indiquer que cette nouvelle était à son adresse.

Quant au roi, il avait écouté toute cette conversation le cœur serré d'une indicible angoisse, car il ne savait pas où l'officier français en voulait venir et ces détails cruels, cachés sous une apparence insoucieuse, le révoltaient.

Aux derniers mots qu'il prononça seulement, il respira avec liberté.

– Ah diable ! dit Groslow, je croyais avoir mieux réussi. S'il n'y avait pas si loin d'ici à la maison de ce misérable, je retournerais pour l'achever.

– Et vous feriez bien, si vous avez peur qu'il en revienne, dit d'Artagnan, car vous le savez, quand les blessures à la tête ne tuent pas sur le coup, au bout de huit jours elles sont guéries.

Et d'Artagnan lança un second regard à Parry, sur la figure duquel se répandit une telle expression de joie, que Charles lui tendit la main en souriant.

Parry s'inclina sur la main de son maître et la baisa avec respect.

– En vérité, d'Artagnan, dit Athos, vous êtes à la fois homme de parole et d'esprit. Mais que dites-vous du roi ?

– Sa physionomie me revient tout à fait, dit d'Artagnan ; il a l'air à la fois noble et bon.

– Oui, mais il se laisse prendre, dit Porthos, c'est un tort.

– J'ai bien envie de boire à la santé du roi, dit Athos.

– Alors, laissez-moi porter la santé, dit d'Artagnan.

– Faites, dit Aramis.

Porthos regardait d'Artagnan, tout étourdi des ressources que son esprit gascon fournissait incessamment à son camarade.

D'Artagnan prit son gobelet d'étain, l'emplit et se leva.

– Messieurs, dit-il à ses compagnons, buvons, s'il vous plaît, à celui qui préside le repas. À notre colonel, et qu'il sache que nous sommes bien à son service jusqu'à Londres et au-delà.

Et comme, en disant ces paroles, d'Artagnan regardait Harrison, Harrison crut que le toast était pour lui, se leva et salua les quatre amis, qui, les yeux attachés sur le roi Charles, burent ensemble, tandis que Harrison, de son côté, vidait son verre sans aucune défiance.

Charles, à son tour, tendit son verre à Parry, qui y versa quelques gouttes de bière, car le roi était au régime de tout le monde ; et le portant à ses lèvres, en regardant à son tour les quatre gentilshommes, il but avec un sourire plein de noblesse et de reconnaissance.

– Allons, messieurs, s'écria Harrison en reposant son verre et sans aucun égard pour l'illustre prisonnier qu'il conduisait, en route !

– Où couchons-nous, colonel ?

– À Thirsk, répondit Harrison.

– Parry, dit le roi en se levant à son tour et en se retournant vers son valet, mon cheval. Je veux aller à Thirsk.

– Ma foi, dit d'Artagnan à Athos, votre roi m'a véritablement séduit et je suis tout à fait à son service.

– Si ce que vous me dites là est sincère, répondit Athos, il n'arrivera pas jusqu'à Londres.

– Comment cela ?

– Oui, car avant ce moment nous l'aurons enlevé.

– Ah ! pour cette fois, Athos, dit d'Artagnan, ma parole d'honneur, vous êtes fou.

– Avez-vous donc quelque projet arrêté ? demanda Aramis.

– Eh ! dit Porthos, la chose ne serait pas impossible si on avait un bon projet.

– Je n'en ai pas, dit Athos ; mais d'Artagnan en trouvera un.

D'Artagnan haussa les épaules, et on se mit en route.

XVII

D'Artagnan trouve un projet

Athos connaissait d'Artagnan mieux peut-être que d'Artagnan ne se connaissait lui-même. Il savait que, dans un esprit aventureux comme l'était celui du Gascon, il s'agit de laisser tomber une pensée, comme dans une terre riche et vigoureuse il s'agit seulement de laisser tomber une graine.

Il avait donc laissé tranquillement son ami hausser les épaules, et il avait continué son chemin en lui parlant de Raoul, conversation qu'il avait, dans une autre circonstance, complètement laissée tomber, on se le rappelle.

À la nuit fermée on arriva à Thirsk. Les quatre amis parurent complètement étrangers et indifférents aux mesures de précaution que l'on prenait pour s'assurer de la personne du roi. Ils se retirèrent dans une maison particulière, et, comme ils avaient d'un moment à l'autre à craindre pour eux-mêmes, ils s'établirent dans une seule chambre en se ménageant une issue en cas d'attaque. Les valets furent distribués à des postes différents ; Grimaud coucha sur une botte de paille en travers de la porte.

D'Artagnan était pensif, et semblait avoir momentanément perdu sa loquacité ordinaire. Il ne disait pas mot, sifflotant sans cesse, allant de son lit à la croisée. Porthos, qui ne voyait jamais rien que les choses extérieures, lui, parlait comme d'habitude. D'Artagnan répondait par monosyllabes. Athos et Aramis se regardaient en souriant.

La journée avait été fatigante, et cependant, à l'exception de Porthos, dont le sommeil était aussi inflexible que l'appétit, les amis dormirent mal.

Le lendemain matin, d'Artagnan fut le premier debout. Il était descendu aux écuries, il avait déjà visité les chevaux, il avait déjà donné tous les ordres nécessaires à la journée qu'Athos et Aramis n'étaient point levés, et que Porthos ronflait encore.

À huit heures du matin, on se mit en marche dans le même ordre que la veille. Seulement d'Artagnan laissa ses amis cheminer de leur côté, et alla renouer avec M. Groslow la connaissance entamée la veille.

Celui-ci, que ses éloges avaient doucement caressé au cœur, le reçut avec un gracieux sourire.

– En vérité, monsieur, lui dit d'Artagnan, je suis heureux de trouver quelqu'un avec qui parler ma pauvre langue.

M. du Vallon, mon ami, est d'un caractère fort mélancolique, de sorte qu'on ne saurait lui tirer quatre paroles par jour ; quant à nos deux prisonniers, vous comprenez qu'ils sont peu en train de faire la conversation.

– Ce sont des royalistes enragés, dit Groslow.

– Raison de plus pour qu'ils nous boudent d'avoir pris le Stuart, à qui, je l'espère bien, vous allez faire un bel et bon procès.

– Dame ! dit Groslow, nous le conduisons à Londres pour cela.

– Et vous ne le perdez pas de vue, je présume ?

– Peste ! je le crois bien ! Vous le voyez, ajouta l'officier en riant, il a une escorte vraiment royale.

– Oui, le jour, il n'y a pas de danger qu'il vous échappe ; mais la nuit...

– La nuit, les précautions redoublent.

– Et quel mode de surveillance employez-vous ?

– Huit hommes demeurent constamment dans sa chambre.

– Diable ! fit d'Artagnan, il est bien gardé. Mais, outre ces huit hommes, vous placez sans doute une garde dehors ? On ne peut prendre trop de précaution contre un pareil prisonnier.

– Oh ! non. Pensez donc : que voulez-vous que fassent deux hommes sans armes contre huit hommes armés ?

– Comment, deux hommes ?

– Oui, le roi et son valet de chambre.

– On a donc permis à son valet de chambre de ne pas le quitter ?

– Oui, Stuart a demandé qu'on lui accordât cette grâce, et le colonel Harrison y a consenti. Sous prétexte qu'il est roi, il paraît qu'il ne peut pas s'habiller ni se déshabiller tout seul.

– En vérité, capitaine, dit d'Artagnan décidé à continuer à l'endroit de l'officier anglais le système laudatif qui lui avait si bien réussi, plus je vous écoute, plus je m'étonne de la manière facile et élégante avec laquelle vous parlez le français. Vous avez habité Paris trois ans, c'est bien ; mais j'habiterais Londres toute ma vie que je n'arriverais pas, j'en suis sûr, au degré où vous en êtes. Que faisiez-vous donc à Paris ?

– Mon père, qui est commerçant, m'avait placé chez son correspondant, qui, de son côté, avait envoyé son fils chez mon père ; c'est l'habitude entre négociants de faire de pareils échanges.

– Et Paris vous a-t-il plu, monsieur ?

– Oui, mais vous auriez grand besoin d'une révolution dans le genre de la nôtre ; non pas contre votre roi, qui n'est qu'un enfant, mais contre ce ladre d'italien qui est l'amant de votre reine.

– Ah ! je suis bien de votre avis, monsieur, et que ce serait bientôt fait, si nous avions seulement douze officiers comme vous, sans préjugés, vigilants, intraitables ! Ah ! nous viendrions bien vite à bout du Mazarin, et nous lui ferions un bon petit procès comme celui que vous allez faire à votre roi.

– Mais, dit l'officier, je croyais que vous étiez à son service, et que c'était lui qui vous avait envoyé au général Cromwell ?

– C'est-à-dire que je suis au service du roi, et que, sachant qu'il devait envoyer quelqu'un en Angleterre, j'ai sollicité cette mission, tant était grand mon désir de connaître l'homme de génie qui commande à cette heure aux trois royaumes. Aussi, quand il nous a proposé, à M. du Vallon et à moi, de tirer l'épée en l'honneur de la vieille Angleterre, vous avez vu comme nous avons mordu à la proposition.

– Oui, je sais que vous avez chargé aux côtés de M. Mordaunt.

– À sa droite et à sa gauche, monsieur. Peste, encore un brave et excellent jeune homme que celui-là. Comme il vous a décousu monsieur son oncle ! Avez-vous vu ?

– Le connaissez-vous ? demanda l'officier.

– Beaucoup ; je puis même dire que nous sommes fort liés : M. du Vallon et moi sommes venus avec lui de France.

– Il paraît même que vous l'avez fait attendre fort longtemps à Boulogne.

– Que voulez-vous, dit d'Artagnan, j'étais comme vous, j'avais un roi en garde.

– Ah ! ah ! dit Groslow, et quel roi ?

– Le nôtre, pardieu ! le petit *king*, Louis le quatorzième.

Et d'Artagnan ôta son chapeau. L'Anglais en fit autant par politesse.

– Et combien de temps l'avez-vous gardé ?

– Trois nuits, et, par ma foi, je me rappellerai toujours ces trois nuits avec plaisir.

– Le jeune roi est donc bien aimable ?

– Le roi ! il dormait les poings fermés.

– Mais alors, que voulez-vous dire ?

– Je veux dire que mes amis les officiers aux gardes et aux mousquetaires me venaient tenir compagnie, et que nous passions nos nuits à boire et à jouer.

– Ah ! oui, dit l'Anglais avec un soupir, c'est vrai, vous êtes joyeux compagnons, vous autres Français.

– Ne jouez-vous donc pas aussi, quand vous êtes de garde ?

– Jamais, dit l'Anglais.

– En ce cas vous devez fort vous ennuyer et je vous plains, dit d'Artagnan.

– Le fait est, reprit l'officier, que je vois arriver mon tour avec une certaine terreur. C'est fort long, une nuit tout entière à veiller.

– Oui, quand on veille seul ou avec des soldats stupides ; mais quand on veille avec un joyeux partner, quand on fait rouler l'or et les dés sur une table, la nuit passe comme un rêve. N'aimez-vous donc pas le jeu ?

– Au contraire.

– Le lansquenet, par exemple ?

– J'en suis fou, je le jouais presque tous les soirs en France.

– Et depuis que vous êtes en Angleterre ?

– Je n'ai pas tenu un cornet ni une carte.

– Je vous plains, dit d'Artagnan d'un air de compassion profonde.

– Écoutez, dit l'Anglais, faites une chose.

– Laquelle ?

– Demain je suis de garde.

– Près de Stuart ?

– Oui. Venez passer la nuit avec moi.

– Impossible.

– Impossible ?

– De toute impossibilité.

– Comment cela ?

– Chaque nuit je fais la partie de M. du Vallon. Quelquefois nous ne nous couchons pas... Ce matin, par exemple, au jour nous jouions encore.

– Eh bien ?

– Eh bien ! il s'ennuierait si je ne faisais pas sa partie.

– Il est beau joueur ?

– Je lui ai vu perdre jusqu'à deux mille pistoles en riant aux larmes.

– Amenez-le alors.

– Comment voulez-vous ? Et nos prisonniers ?

– Ah diable ! c'est vrai, dit l'officier. Mais faites-les garder par vos laquais.

– Oui, pour qu'ils se sauvent ! dit d'Artagnan, je n'ai garde.

– Ce sont donc des hommes de condition, que vous y tenez tant ?

– Peste ! l'un est un riche seigneur de la Touraine ; l'autre est un chevalier de Malte de grande maison. Nous avons traité de leur rançon à chacun : deux mille livres sterling en arrivant en France. Nous ne voulons donc pas quitter un seul instant des hommes que nos laquais savent des millionnaires. Nous les avons bien un peu fouillés en les prenant et je vous avouerai même que c'est leur bourse que nous nous tiraillons chaque nuit, M. du Vallon et moi ; mais ils peuvent nous avoir caché quelque pierre précieuse, quelque diamant de prix, de sorte que nous sommes comme les avares, qui ne quittent pas leur trésor ; nous nous sommes constitués gardiens permanents de nos hommes, et quand je dors, M. du Vallon veille.

– Ah ! ah ! fit Groslow.

– Vous comprenez donc maintenant ce qui me force de refuser votre politesse, à laquelle au reste je suis d'autant plus sensible, que rien n'est plus ennuyeux que de jouer toujours avec la même personne ; les chances se compensent éternellement, et au bout d'un mois on trouve qu'on ne s'est fait ni bien ni mal.

– Ah ! dit Groslow avec un soupir, il y a quelque chose de plus ennuyeux encore, c'est de ne pas jouer du tout.

– Je comprends cela, dit d'Artagnan.

– Mais voyons, reprit l'Anglais, sont-ce des hommes dangereux que vos hommes ?

– Sous quel rapport ?

– Sont-ils capables de tenter un coup de main ?

D'Artagnan éclata de rire.

– Jésus Dieu ! s'écria-t-il ; l'un des deux tremble la fièvre, ne pouvant pas se faire au charmant pays que vous habitez ; l'autre est un chevalier de Malte, timide comme une jeune fille ; et, pour plus grande sécurité, nous leur avons ôté jusqu'à leurs couteaux fermants et leurs ciseaux de poche.

– Eh bien, dit Groslow, amenez-les.

– Comment, vous voulez ! dit d'Artagnan.

– Oui, j'ai huit hommes.

– Eh bien ?

– Quatre les garderont, quatre garderont le roi.

– Au fait, dit d'Artagnan, la chose peut s'arranger ainsi, quoique ce soit un grand embarras que je vous donne.

– Bah ! venez toujours ; vous verrez comment j'arrangerai la chose.

– Oh ! je ne m'en inquiète pas, dit d'Artagnan ; à un homme comme vous, je me livre les yeux fermés.

Cette dernière flatterie tira de l'officier un de ces petits rires de satisfaction qui font les gens amis de celui qui les provoque, car ils sont une évaporation de la vanité caressée.

– Mais, dit d'Artagnan, j'y pense, qui nous empêche de commencer ce soir ?

– Quoi ?

– Notre partie.

– Rien au monde, dit Groslow.

– En effet, venez ce soir chez nous, et demain nous irons vous rendre votre visite. Si quelque chose vous inquiète dans nos hommes, qui, comme vous le savez, sont des royalistes enragés, eh bien ! il n'y aura rien de dit, et ce sera toujours une bonne nuit de passée.

– À merveille ! Ce soir chez vous, demain chez Stuart, après-demain chez moi.

– Et les autres jours à Londres. Eh mordioux ! dit d'Artagnan, vous voyez bien qu'on peut mener joyeuse vie partout.

– Oui, quand on rencontre des Français, et des Français comme vous, dit Groslow.

– Et comme M. du Vallon ; vous verrez bien quel gaillard ! un frondeur enragé, un homme qui a failli tuer Mazarin entre deux portes ; on l'emploie parce qu'on en a peur.

– Oui, dit Groslow, il a une bonne figure, et sans que je le connaisse, il me revient tout à fait.

– Ce sera bien autre chose quand vous le connaîtrez. Eh ! tenez, le voilà qui m'appelle. Pardon, nous sommes tellement liés qu'il ne peut se passer de moi. Vous m'excusez ?

– Comment donc !

– À ce soir.

– Chez vous ?

– Chez moi.

Les deux hommes échangèrent un salut, et d'Artagnan revint vers ses compagnons.

– Que diable pouviez-vous dire à ce bouledogue ? dit Porthos.

– Mon cher ami, ne parlez point ainsi de M. Groslow, c'est un de mes amis intimes.

– Un de vos amis, dit Porthos, ce massacreur de paysans.

– Chut ! mon cher Porthos. Eh bien ! oui, M. Groslow est un peu vif, c'est vrai, mais au fond, je lui ai découvert deux bonnes qualités : il est bête et orgueilleux.

Porthos ouvrit de grands yeux stupéfaits, Athos et Aramis se regardèrent avec un sourire ; ils connaissaient d'Artagnan et savaient qu'il ne faisait rien sans but.

– Mais, continua d'Artagnan, vous l'apprécierez vous-même.

– Comment cela ?

– Je vous le présente ce soir, il vient jouer avec nous.

– Oh ! oh ! dit Porthos, dont les yeux s'allumèrent à ce mot, et il est riche ?

– C'est le fils d'un des plus forts négociants de Londres.

– Et il connaît le lansquenet ?

– Il l'adore.

– La bassette ?

– C'est sa folie.

– Le biribi ?

– Il y raffine.

– Bon, dit Porthos, nous passerons une agréable nuit.

– D'autant plus agréable qu'elle nous promettra une nuit meilleure.

– Comment cela ?

– Oui, nous lui donnons à jouer ce soir ; lui, donne à jouer demain.

– Où cela ?

– Je vous le dirai. Maintenant ne nous occupons que d'une chose : c'est de recevoir dignement l'honneur que nous fait M. Groslow. Nous nous arrêtons ce soir à Derby ; que Mousqueton prenne les devants, et s'il y a une bouteille de vin dans toute la ville, qu'il l'achète. Il n'y aura pas de mal non plus qu'il préparât un petit souper, auquel vous ne prendrez point part, vous, Athos, parce que vous avez la fièvre, et vous, Aramis, parce que vous êtes chevalier de Malte, et que les propos de soudards comme nous vous déplaisent et vous font rougir. Entendez-vous bien cela ?

– Oui, dit Porthos ; mais le diable m'emporte si je comprends.

– Porthos, mon ami, vous savez que je descends des prophètes par mon père, et des sibylles par ma mère, que je ne parle que par paraboles et par énigmes ; que ceux qui ont des oreilles écoutent, et que ceux qui ont des yeux regardent, je n'en puis pas dire davantage pour le moment.

– Faites, mon ami, dit Athos, je suis sûr que ce que vous faites est bien fait.

– Et vous, Aramis, êtes-vous dans la même opinion ?

– Tout à fait, mon cher d'Artagnan.

– À la bonne heure, dit d'Artagnan, voilà de vrais croyants, et il y a plaisir d'essayer des miracles pour eux ; ce n'est pas comme cet incrédule de Porthos, qui veut toujours voir et toucher pour croire.

– Le fait est, dit Porthos d'un air fin, que je suis très incrédule.

D'Artagnan lui donna une claque sur l'épaule, et, comme on arrivait à la station du déjeuner, la conversation en resta là.

Vers les cinq heures du soir, comme la chose était convenue, on fit partir Mousqueton en avant. Mousqueton ne parlait pas anglais, mais, depuis qu'il était en Angleterre, il avait remarqué une chose, c'est que Grimaud, par l'habitude du geste, avait parfaitement remplacé la parole. Il s'était donc mis à étudier le geste avec Grimaud, et en quelques leçons, grâce à la supériorité du maître, il était arrivé à une certaine force. Blaisois l'accompagna.

Les quatre amis, en traversant la principale rue de Derby, aperçurent Blaisois debout sur le seuil d'une maison de belle apparence ; c'est là que leur logement était préparé.

De toute la journée, ils ne s'étaient pas approchés du roi, de peur de donner des soupçons, et au lieu de dîner à la table du colonel Harrison, comme ils l'avaient fait la veille, ils avaient dîné entre eux.

À l'heure convenue, Groslow vint. D'Artagnan le reçut comme il eût reçu un ami de vingt ans. Porthos le toisa des pieds à la tête et sourit en reconnaissant que malgré le coup remarquable qu'il avait donné au frère de Parry, il n'était pas de sa force. Athos et Aramis firent ce qu'ils purent pour cacher le dégoût que leur inspirait cette nature brutale et grossière.

En somme, Groslow parut content de la réception.

Athos et Aramis se tinrent dans leur rôle. À minuit ils se retirèrent dans leur chambre, dont on laissa, sous prétexte de surveillance, la porte ouverte. En outre, d'Artagnan les y accompagna, laissant Porthos aux prises avec Groslow.

Porthos gagna cinquante pistoles à Groslow, et trouva, lorsqu'il se fut retiré, qu'il était d'une compagnie plus agréable qu'il ne l'avait cru d'abord.

Quant à Groslow, il se promit de réparer le lendemain sur d'Artagnan l'échec qu'il avait éprouvé avec Porthos, et quitta le Gascon en lui rappelant le rendez-vous du soir.

Nous disons du soir, car les joueurs se quittèrent à quatre heures du matin.

La journée se passa comme d'habitude ; d'Artagnan allait du capitaine Groslow au colonel Harrison et du colonel Harrison à ses amis. Pour quelqu'un qui ne connaissait pas d'Artagnan, il paraissait être dans son assiette ordinaire ; pour ses amis, c'est-à-dire pour Athos et Aramis, sa gaieté était de la fièvre.

– Que peut-il machiner ? disait Aramis.

– Attendons, disait Athos.

Porthos ne disait rien, seulement il comptait l'une après l'autre, dans son gousset, avec un air de satisfaction qui se trahissait à l'extérieur, les cinquante pistoles qu'il avait gagnées à Groslow.

En arrivant le soir à Syston, d'Artagnan rassembla ses amis. Sa figure avait perdu ce caractère de gaieté insoucieuse qu'il avait porté comme un masque toute la journée ; Athos serra la main à Aramis.

– Le moment approche, dit-il.

– Oui, dit d'Artagnan qui avait entendu, oui, le moment approche : cette nuit, messieurs, nous sauvons le roi.

Athos tressaillit, ses yeux s'enflammèrent.

– D'Artagnan, dit-il, doutant après avoir espéré, ce n'est point une plaisanterie, n'est-ce pas ? Elle me ferait trop grand mal !

– Vous êtes étrange, Athos, dit d'Artagnan, de douter ainsi de moi. Où et quand m'avez-vous vu plaisanter avec le cœur d'un ami et la vie d'un roi ? Je vous ai dit et je vous répète que cette nuit nous sauvons Charles Iᵉʳ. Vous vous en êtes rapporté à moi de trouver un moyen, le moyen est trouvé.

Porthos regardait d'Artagnan avec un sentiment d'admiration profonde. Aramis souriait en homme qui espère.

Athos était pâle comme la mort et tremblait de tous ses membres.

– Parlez, dit Athos.

Porthos ouvrit ses gros yeux, Aramis se pendit pour ainsi dire aux lèvres de d'Artagnan.

– Nous sommes invités à passer la nuit chez M. Groslow, vous savez cela ?

– Oui, répondit Porthos, il nous a fait promettre de lui donner sa revanche.

– Bien. Mais savez-vous où nous lui donnons sa revanche ?

– Non.

– Chez le roi.

– Chez le roi ! s'écria Athos.

– Oui, messieurs, chez le roi. M. Groslow est de garde ce soir près de Sa Majesté, et, pour se distraire dans sa faction, il nous invite à aller lui tenir compagnie.

– Tous quatre ? demanda Athos.

– Pardieu ! certainement, tous quatre ; est-ce que nous quittons nos prisonniers !

– Ah ! ah ! fit Aramis.

– Voyons, dit Athos palpitant.

– Nous allons donc chez Groslow, nous avec nos épées, vous avec des poignards ; à nous quatre nous nous rendons maîtres de ces huit imbéciles et de leur stupide commandant. Monsieur Porthos, qu'en dites-vous ?

– Je dis que c'est facile, dit Porthos.

– Nous habillons le roi en Groslow ; Mousqueton, Grimaud et Blaisois nous tiennent des chevaux tout sellés au détour de la première rue, nous sautons dessus, et avant le jour nous sommes à vingt lieues d'ici. Hein ! est-ce tramé cela, Athos ?

Athos posa ses deux mains sur les épaules de d'Artagnan et le regarda avec son calme et doux sourire.

– Je déclare, ami, dit-il, qu'il n'y a pas de créature sous le ciel qui vous égale en noblesse et en courage ; pendant que nous vous croyions indifférent à nos douleurs que vous pouviez sans crime ne point partager, vous seul d'entre nous trouvez ce que nous cherchions vainement. Je te le répète donc, d'Artagnan, tu es le meilleur de nous, et je te bénis et je t'aime, mon cher fils.

– Dire que je n'ai point trouvé cela, dit Porthos en se frappant sur le front, c'est si simple !

– Mais, dit Aramis, si j'ai bien compris, nous tuerons tout, n'est-ce pas ?

Athos frissonna et devint fort pâle.

– Mordioux ! dit d'Artagnan, il le faudra bien. J'ai cherché longtemps s'il n'y avait pas moyen d'éluder la chose, mais j'avoue que je n'en ai pas pu trouver.

– Voyons, dit Aramis, il ne s'agit pas ici de marchander avec la situation ; comment procédons-nous ?

– J'ai fait un double plan, répondit d'Artagnan.

– Voyons le premier, dit Aramis.

– Si nous sommes tous les quatre réunis, à mon signal, et ce signal sera le mot *enfin*, vous plongez chacun un poignard dans le cœur du soldat qui est le plus proche de vous, nous en faisons autant de notre côté ; voilà d'abord quatre hommes morts ; la partie devient donc égale, puisque nous nous trouvons quatre contre cinq ; ces cinq-là se rendent, et on les bâillonne, ou ils se défendent et on les tue ; si par hasard notre amphitryon change d'avis et ne reçoit à sa partie que Porthos et moi, dame ! il faudra prendre les grands moyens en frappant double ; ce sera un peu plus long et un peu bruyant, mais vous vous tiendrez dehors avec des épées et vous accourrez au bruit.

– Mais si l'on vous frappait vous-mêmes ? dit Athos.

– Impossible ! dit d'Artagnan, ces buveurs de bière sont trop lourds et trop maladroits ; d'ailleurs vous frapperez à la gorge, Porthos, cela tue aussi vite et empêche de crier ceux que l'on tue.

– Très bien ! dit Porthos, ce sera un joli petit égorgement.

– Affreux ! affreux ! dit Athos.

– Bah ! monsieur l'homme sensible, dit d'Artagnan, vous en feriez bien d'autres dans une bataille. D'ailleurs, ami, continua-t-il, si vous trouvez que la vie du roi ne vaille pas ce qu'elle doit coûter, rien n'est dit, et je vais prévenir M. Groslow que je suis malade.

– Non, dit Athos, j'ai tort, mon ami, et c'est vous qui avez raison, pardonnez-moi.

En ce moment la porte s'ouvrit et un soldat parut.

– M. le capitaine Groslow, dit-il en mauvais français, fait prévenir monsieur d'Artagnan et monsieur du Vallon qu'il les attend.

– Où cela ? demanda d'Artagnan.

– Dans la chambre du Nabuchodonosor anglais, répondit le soldat, puritain renforcé.

– C'est bien, répondit en excellent anglais Athos, à qui le rouge était monté au visage à cette insulte faite à la majesté royale, c'est bien ; dites au capitaine Groslow que nous y allons.

Puis le puritain sortit ; l'ordre avait été donné aux laquais de seller huit chevaux, et d'aller attendre, sans se séparer les uns des autres ni sans mettre pied à terre, au coin d'une rue située à vingt pas à peu près de la maison où était logé le roi.

XVIII

La partie de lansquenet

En effet, il était neuf heures du soir ; les postes avaient été relevés à huit, et depuis une heure la garde du capitaine Groslow avait commencé.

D'Artagnan et Porthos armés de leurs épées, et Athos et Aramis ayant chacun un poignard caché dans la poitrine, s'avancèrent vers la maison qui ce soir-là servait de prison à Charles Stuart. Ces deux derniers suivaient leurs vainqueurs, humbles et désarmés en apparence, comme des captifs.

– Ma foi, dit Groslow en les apercevant, je ne comptais presque plus sur vous.

D'Artagnan s'approcha de celui-ci et lui dit tout bas :

– En effet, nous avons hésité un instant, M. du Vallon et moi.

– Et pourquoi ? demanda Groslow.

D'Artagnan lui montra de l'œil Athos et Aramis.

– Ah ! ah ! dit Groslow, à cause des opinions ? Peu importe. Au contraire, ajouta-t-il en riant ; s'ils veulent voir leur Stuart, ils le verront.

– Passons-nous la nuit dans la chambre du roi ? demanda d'Artagnan.

– Non, mais dans la chambre voisine ; et comme la porte restera ouverte, c'est exactement comme si nous demeurions dans sa chambre même. Vous êtes-vous munis d'argent ? Je vous déclare que je compte jouer ce soir un jeu d'enfer.

– Entendez-vous ? dit d'Artagnan en faisant sonner l'or dans ses poches.

– *Very good !* dit Groslow, et il ouvrit la porte de la chambre. C'est pour vous montrer le chemin, messieurs, dit-il.

Et il entra le premier.

D'Artagnan se retourna vers ses amis. Porthos était insoucieux comme s'il s'agissait d'une partie ordinaire ; Athos était pâle, mais résolu ; Aramis essuyait avec un mouchoir son front mouillé d'une légère sueur.

Les huit gardes étaient à leur poste : quatre étaient dans la chambre du roi, deux à la porte de communication, deux à la porte par laquelle entraient les quatre amis. À la vue des épées nues, Athos sourit ; ce n'était donc plus une boucherie, mais un combat.

À partir de ce moment toute sa bonne humeur parut revenue.

Charles, que l'on apercevait à travers une porte ouverte, était sur son lit tout habillé : seulement une couverture de laine était rejetée sur lui.

À son chevet, Parry était assis lisant à voix basse, et cependant assez haute pour que Charles, qui l'écoutait les yeux fermés, l'entendît, un chapitre dans une Bible catholique.

Une chandelle de suif grossier, placée sur une table noire, éclairait le visage résigné du roi et le visage infiniment moins calme de son fidèle serviteur.

De temps en temps Parry s'interrompait, croyant que le roi dormait visiblement ; mais alors le roi rouvrait les yeux et lui disait en souriant :

– Continue, mon bon Parry, j'écoute.

Groslow s'avança jusqu'au seuil de la chambre du roi, remit avec affectation sur sa tête le chapeau qu'il avait tenu à la main pour recevoir ses hôtes, regarda un instant avec mépris ce tableau simple et touchant d'un vieux serviteur lisant la Bible à son roi prisonnier, s'assura que chaque homme était bien au poste qu'il lui avait assigné, et, se retournant vers d'Artagnan, il regarda triomphalement le Français comme pour mendier un éloge sur sa tactique.

– À merveille, dit le Gascon ; cap de Diou ! vous ferez un général un peu distingué.

– Et croyez-vous, demanda Groslow, que ce sera tant que je serai de garde près de lui que le Stuart se sauvera ?

– Non, certes, répondit d'Artagnan. À moins qu'il ne lui pleuve des amis du ciel.

Le visage de Groslow s'épanouit.

Comme Charles Stuart avait gardé pendant cette scène ses yeux constamment fermés, on ne peut dire s'il s'était aperçu ou non de l'insolence du capitaine puritain. Mais malgré lui, dès qu'il entendit le timbre accentué de la voix de d'Artagnan, ses paupières se rouvrirent.

Parry, de son côté, tressaillit et interrompit la lecture.

– À quoi songes-tu donc de t'interrompre ? dit le roi, continue, mon bon Parry ; à moins que tu ne sois fatigué, toutefois.

– Non, sire, dit le valet de chambre.

Et il reprit sa lecture.

Une table était préparée dans la première chambre, et sur cette table, couverte d'un tapis, étaient deux chandelles allumées, des cartes, deux cornets et des dés.

– Messieurs, dit Groslow, asseyez-vous, je vous prie, moi, en face du Stuart, que j'aime tant à voir, surtout où il est ; vous, monsieur d'Artagnan, en face de moi.

Athos rougit de colère, d'Artagnan le regarda en fronçant le sourcil.

– C'est cela, dit d'Artagnan ; vous, monsieur le comte de La Fère, à la droite de monsieur Groslow ; vous, monsieur le chevalier d'Herblay, à sa gauche ; vous, du Vallon, près de moi. Vous pariez pour moi, et ces messieurs pour monsieur Groslow.

D'Artagnan les avait ainsi : Porthos à sa gauche, et il lui parlait du genou ; Athos et Aramis en face de lui, et il les tenait sous son regard.

Aux noms du comte de La Fère et du chevalier d'Herblay, Charles rouvrit les yeux, et malgré lui, relevant sa noble tête, embrassa d'un regard tous les acteurs de cette scène.

En ce moment Parry tourna quelques feuillets de sa Bible et lut tout haut ce verset de Jérémie :

« Dieu dit : Écoutez les paroles des prophètes, mes serviteurs, que je vous ai envoyés avec grand soin, et que j'ai conduits vers vous. »

Les quatre amis échangèrent un regard. Les paroles que venait de dire Parry leur indiquaient que leur présence était attribuée par le roi à son véritable motif.

Les yeux de d'Artagnan pétillèrent de joie.

– Vous m'avez demandé tout à l'heure si j'étais en fonds ? dit d'Artagnan en mettant une vingtaine de pistoles sur la table.

– Oui, dit Groslow.

– Eh bien, reprit d'Artagnan, à mon tour je vous dis. Tenez bien votre trésor, mon cher monsieur Groslow, car je vous réponds que nous ne sortirons d'ici qu'en vous l'enlevant.

– Ce ne sera pas sans que je le défende, dit Groslow.

– Tant mieux, dit d'Artagnan. Bataille, mon cher capitaine, bataille ! Vous savez ou vous ne savez pas que c'est ce que nous demandons.

– Ah ! oui, je sais bien, dit Groslow en éclatant de son gros rire, vous ne cherchez que plaies et bosses, vous autres Français.

En effet, Charles avait tout entendu, tout compris. Une légère rougeur monta à son visage. Les soldats qui le gardaient le virent donc peu à peu étendre ses membres fatigués, et, sous prétexte d'une excessive chaleur, provoquée par un poêle chauffé à blanc, rejeter peu à peu la couverture écossaise sous laquelle, nous l'avons dit, il était couché tout vêtu.

Athos et Aramis tressaillirent de joie en voyant que le roi était couché habillé.

La partie commença. Ce soir-là la veine avait tourné et était pour Groslow, il tenait tout et gagnait toujours. Une centaine de pistoles passa ainsi d'un côté de la table à l'autre. Groslow était d'une gaieté folle.

Porthos, qui avait reperdu les cinquante pistoles qu'il avait gagnées la veille, et en outre une trentaine de pistoles à lui, était fort maussade et interrogeait d'Artagnan du genou, comme pour lui demander s'il n'était pas bientôt temps de passer à un autre jeu ; de leur côté, Athos et Aramis le regardaient d'un œil scrutateur, mais d'Artagnan restait impassible.

Dix heures sonnèrent. On entendit la ronde qui passait.

– Combien faites-vous de rondes comme celle-là ? dit d'Artagnan en tirant de nouvelles pistoles de sa poche.

– Cinq, dit Groslow, une toutes les deux heures.

– Bien, dit d'Artagnan, c'est prudent.

Et à son tour, il lança un coup d'œil à Athos et à Aramis.

On entendit les pas de la patrouille qui s'éloignait.

D'Artagnan répondit pour la première fois au coup de genou de Porthos par un coup de genou pareil.

Cependant, attirés par cet attrait du jeu et par la vue de l'or, si puissante chez tous les hommes, les soldats, dont la consigne était de rester dans la chambre du roi, s'étaient peu à peu rapprochés de la porte, et là, en se haussant sur la pointe du pied, ils regardaient par-dessus l'épaule de d'Artagnan et de Porthos ; ceux de la porte s'étaient rapprochés aussi, secondant de cette façon les désirs des quatre amis, qui aimaient mieux les avoir sous la main que d'être obligés de courir à eux aux quatre coins de la chambre. Les deux sentinelles de la porte avaient toujours l'épée nue, seulement elles s'appuyaient sur la pointe, et regardaient les joueurs.

Athos semblait se calmer à mesure que le moment approchait ; ses deux mains blanches et aristocratiques jouaient avec des louis, qu'il tordait et redressait avec autant de facilité que si l'or eût été de l'étain ; moins maître de lui, Aramis fouillait continuellement sa poitrine ; impatient de perdre toujours, Porthos jouait du genou à tout rompre.

D'Artagnan se retourna, regardant machinalement en arrière, et vit entre deux soldats Parry debout, et Charles appuyé sur son coude, joignant les mains et paraissant adresser à Dieu une fervente prière. D'Artagnan comprit que le moment était venu, que chacun était à son poste et qu'on n'attendait plus que le mot : « Enfin ! » qui, on se le rappelle, devait servir de signal.

Il lança un coup d'œil préparatoire à Athos et à Aramis, et tous deux reculèrent légèrement leur chaise pour avoir la liberté du mouvement.

Il donna un second coup de genou à Porthos, et celui-ci se leva comme pour se dégourdir les jambes ; seulement en se levant il s'assura que son épée pouvait sortir facilement du fourreau.

– Sacrebleu ! dit d'Artagnan, encore vingt pistoles de perdues ! En vérité, capitaine Groslow, vous avez trop de bonheur, cela ne peut durer.

Et il tira vingt autres pistoles de sa poche.

– Un dernier coup, capitaine. Ces vingt pistoles sur un coup, sur un seul, sur le dernier.

– Va pour vingt pistoles, dit Groslow.

Et il retourna deux cartes comme c'est l'habitude, un roi pour d'Artagnan, un as pour lui.

– Un roi, dit d'Artagnan, c'est de bon augure. Maître Groslow, ajouta-t-il, prenez garde au roi.

Et, malgré sa puissance sur lui-même, il y avait dans la voix de d'Artagnan une vibration étrange qui fit tressaillir son partner.

Groslow commença à retourner les cartes les unes après les autres. S'il retournait un as d'abord, il avait gagné ; s'il retournait un roi, il avait perdu.

Il retourna un roi.

– Enfin ! dit d'Artagnan.

À ce mot, Athos et Aramis se levèrent, Porthos recula d'un pas.

Poignards et épées allaient briller, mais soudain la porte s'ouvrit, et Harrison parut sur le seuil, accompagné d'un homme enveloppé dans un manteau.

Derrière cet homme, on voyait briller les mousquets de cinq ou six soldats.

Groslow se leva vivement, honteux d'être surpris au milieu du vin, des cartes et des dés. Mais Harrison ne fit point attention à lui, et, entrant dans la chambre du roi suivi de son compagnon :

– Charles Stuart, dit-il, l'ordre arrive de vous conduire à Londres sans s'arrêter ni jour ni nuit. Apprêtez-vous donc à partir à l'instant même.

– Et de quelle part cet ordre est-il donné ? demanda le roi, de la part du général Olivier Cromwell ?

– Oui, dit Harrison, et voici monsieur Mordaunt qui l'apporte à l'instant même et qui a charge de le faire exécuter.

– Mordaunt ! murmurèrent les quatre amis en échangeant un regard.

D'Artagnan rafla sur la table tout l'argent que lui et Porthos avaient perdu et l'engouffra dans sa vaste poche ; Athos et Aramis se rangèrent derrière lui. À ce mouvement Mordaunt se retourna, les reconnut et poussa une exclamation de joie sauvage.

– Je crois que nous sommes pris, dit tout bas d'Artagnan à ses amis.

– Pas encore, dit Porthos.

– Colonel ! colonel ! dit Mordaunt, faites entourer cette chambre, vous êtes trahis. Ces quatre Français se sont sauvés de Newcastle et veulent sans doute enlever le roi. Qu'on les arrête.

– Oh ! jeune homme, dit d'Artagnan en tirant son épée, voici un ordre plus facile à dire qu'à exécuter.

Puis, décrivant autour de lui un moulinet terrible :

– En retraite, amis, cria-t-il, en retraite !

En même temps il s'élança vers la porte, renversa deux des soldats qui la gardaient avant qu'ils eussent eu le temps d'armer leurs mousquets ; Athos et Aramis le suivirent ; Porthos fit l'arrière-garde, et avant que soldats, officiers, colonel, eussent eu le temps de se reconnaître, ils étaient tous quatre dans la rue.

– Feu ! cria Mordaunt, feu sur eux !

Deux ou trois coups de mousquet partirent effectivement, mais n'eurent d'autre effet que de montrer les quatre fugitifs tournant sains et saufs l'angle de la rue.

Les chevaux étaient à l'endroit désigné ; les valets n'eurent qu'à jeter la bride à leurs maîtres, qui se trouvèrent en selle avec la légèreté de cavaliers consommés.

– En avant ! dit d'Artagnan, de l'éperon, ferme !

Ils coururent ainsi suivant d'Artagnan et reprenant la route qu'ils avaient déjà faite dans la journée, c'est-à-dire se dirigeant vers l'Écosse. Le bourg n'avait ni portes ni murailles, ils en sortirent donc sans difficulté.

À cinquante pas de la dernière maison, d'Artagnan s'arrêta.

– Halte ! dit-il.

– Comment, halte ? s'écria Porthos. Ventre à terre, vous voulez dire ?

– Pas du tout, répondit d'Artagnan. Cette fois-ci on va nous poursuivre, laissons-les sortir du bourg et courir après nous sur la route d'Écosse ; et quand nous les aurons vus passer au galop, suivons la route opposée.

À quelques pas de là passait un ruisseau, un pont était jeté sur le ruisseau ; d'Artagnan conduisit son cheval sous l'arche de ce pont ; ses amis le suivirent.

Ils n'y étaient pas depuis dix minutes qu'ils entendirent approcher le galop rapide d'une troupe de cavaliers. Cinq minutes après, cette troupe passait sur leur tête, bien loin de se douter que ceux qu'ils cherchaient n'étaient séparés d'eux que par l'épaisseur de la voûte du pont.

XIX

Londres

Lorsque le bruit des chevaux se fut perdu dans le lointain, d'Artagnan regagna le bord de la rivière, et se mit à arpenter la plaine en s'orientant autant que possible sur Londres. Ses trois amis le suivirent en silence, jusqu'à ce qu'à l'aide d'un large demi-cercle ils eussent laissé la ville loin derrière eux.

– Pour cette fois, dit d'Artagnan lorsqu'il se crut enfin assez loin du point de départ pour passer du galop au trot, je crois bien que décidément tout est perdu, et que ce que nous avons de mieux à faire est de gagner la France. Que dites-vous de la proposition, Athos ? Ne la trouvez-vous point raisonnable ?

– Oui, cher ami, répondit Athos ; mais vous avez prononcé l'autre jour une parole plus que raisonnable, une parole noble et généreuse, vous avez dit : « Nous mourrons ici ! » Je vous rappellerai votre parole.

– Oh ! dit Porthos, la mort n'est rien, et ce n'est pas la mort qui doit nous inquiéter, puisque nous ne savons pas ce que c'est ; mais c'est l'idée d'une défaite qui me tourmente. À la façon dont les choses tournent, je vois qu'il nous faudra livrer bataille à Londres, aux provinces, à toute l'Angleterre, et en vérité nous ne pouvons à la fin manquer d'être battus.

– Nous devons assister à cette grande tragédie jusqu'à la fin, dit Athos ; quel qu'il soit, ne quittons l'Angleterre qu'après le dénouement. Pensez-vous comme moi, Aramis ?

– En tout point, mon cher comte ; puis je vous avoue que je ne serais pas fâché de retrouver le Mordaunt ; il me semble que nous avons un compte à régler avec lui, et que ce n'est pas notre habitude de quitter les pays sans payer ces sortes de dettes.

– Ah ! ceci est autre chose, dit d'Artagnan, et voilà une raison qui me paraît plausible. J'avoue, quant à moi, que, pour retrouver le Mordaunt en question, je resterai s'il le faut un an à Londres. Seulement logeons-nous chez un homme sûr et de façon à n'éveiller aucun soupçon, car à cette heure, M. Cromwell doit nous faire chercher, et autant que j'en ai pu juger, il ne plaisante pas, M. Cromwell. Athos, connaissez-vous dans toute la ville une auberge où l'on trouve des draps blancs, du rosbif raisonnablement cuit et du vin qui ne soit pas fait avec du houblon ou du genièvre ?

– Je crois que j'ai votre affaire, dit Athos. De Winter nous a conduits chez un homme qu'il disait être un ancien Espagnol naturalisé Anglais de par les guinées de ses nouveaux compatriotes. Qu'en dites-vous Aramis ?

– Mais le projet de nous arrêter chez el señor Pérez me paraît des plus raisonnables, je l'adopte donc pour mon compte. Nous invoquerons le souvenir de ce pauvre de Winter, pour lequel il paraissait avoir une grande vénération ; nous lui dirons que nous venons en amateurs pour voir ce qui se passe ; nous dépenserons chez lui chacun une guinée par jour, et je crois que, moyennant toutes ces précautions, nous pourrons demeurer assez tranquilles.

– Vous en oubliez une, Aramis, et une précaution assez importante même.

– Laquelle ?

– Celle de changer d'habits.

– Bah ! dit Porthos, pourquoi faire, changer d'habits ? Nous sommes si bien à notre aise dans ceux-ci !

– Pour ne pas être reconnus, dit d'Artagnan. Nos habits ont une coupe et presque une couleur uniforme qui dénonce leur *Frenchman* à la première vue. Or, je ne tiens pas assez à la coupe de mon pourpoint ou à la couleur de mes chausses pour risquer, par amour pour elles, d'être pendu à Tyburn ou d'aller faire un tour aux Indes. Je vais m'acheter un habit marron. J'ai remarqué que tous ces imbéciles de puritains raffolaient de cette couleur.

– Mais retrouverez-vous votre homme ? dit Aramis.

– Oh ! certainement, il demeurait Green Hall Street, *Bedford's Tavern* ; d'ailleurs j'irais dans la cité les yeux fermés.

– Je voudrais déjà y être, dit d'Artagnan, et mon avis serait d'arriver à Londres avant le jour, dussions-nous crever nos chevaux.

– Allons donc, dit Athos, car si je ne me trompe pas dans mes calculs, nous ne devons guère en être éloignés que de huit ou dix lieues.

Les amis pressèrent leurs chevaux, et effectivement ils arrivèrent vers les cinq heures du matin. À la porte par laquelle ils se présentèrent, un poste les arrêta ; mais Athos répondit en excellent anglais qu'ils étaient envoyés par le colonel Harrison pour prévenir son collègue, M. Pride, de l'arrivée prochaine du roi. Cette réponse amena quelques questions sur la prise du roi, et Athos donna des détails si précis et si positifs, que si les gardiens des portes avaient quelques soupçons, ces soupçons s'évanouirent complètement. Le passage fut donc livré aux quatre amis avec toutes sortes de congratulations puritaines.

Athos avait dit vrai ; il alla droit à *Bedford's Tavern* et se fit reconnaître de l'hôte, qui fut si fort enchanté de le voir revenir en si nombreuse et si belle compagnie, qu'il fit préparer à l'instant même ses plus belles chambres.

Quoiqu'il ne fit pas jour encore, nos quatre voyageurs, en arrivant à Londres, avaient trouvé toute la ville en rumeur. Le bruit que le roi, ramené par le colonel Harrison, s'acheminait vers la capitale, s'était répandu dès la veille, et beaucoup ne s'étaient point couchés de peur que le Stuart, comme ils l'appelaient, n'arrivât dans la nuit et qu'ils ne manquassent son entrée.

Le projet de changement d'habits avait été adopté à l'unanimité, on se le rappelle, moins la légère opposition de Porthos. On s'occupa donc de le mettre à exécution. L'hôte se fit apporter des vêtements de toute sorte comme s'il voulait remonter sa garde-robe. Athos prit un habit noir qui lui donnait l'air d'un honnête bourgeois ; Aramis, qui ne voulait pas quitter l'épée, choisit un habit foncé de coupe militaire ; Porthos fut séduit par un pourpoint rouge et par des chausses vertes ; d'Artagnan, dont la couleur était arrêtée d'avance, n'eut qu'à s'occuper de la nuance, et, sous l'habit marron qu'il convoitait, représenta assez exactement un marchand de sucre retiré.

Quant à Grimaud et à Mousqueton, qui ne portaient pas de livrée, ils se trouvèrent tout déguisés ; Grimaud, d'ailleurs, offrait le type calme, sec et raide de l'Anglais circonspect ; Mousqueton, celui de l'Anglais ventru, bouffi et flâneur.

– Maintenant, dit d'Artagnan, passons au principal ; coupons-nous les cheveux afin de n'être point insultés par la populace. N'étant plus gentilshommes par l'épée, soyons puritains par la coiffure. C'est, vous le savez, le point important qui sépare le covenantaire du cavalier.

Sur ce point important, d'Artagnan trouva Aramis fort insoumis ; il voulait à toute force garder sa chevelure, qu'il avait fort belle et dont il prenait le plus grand soin, et il fallut qu'Athos, à qui toutes ces questions étaient indifférentes, lui donnât l'exemple. Porthos livra sans difficulté son chef à Mousqueton, qui tailla à pleins ciseaux dans l'épaisse et rude chevelure. D'Artagnan se découpa lui-même une tête de fantaisie qui ne ressemblait pas mal à une médaille du temps de François Ier ou de Charles IX.

– Nous sommes affreux, dit Athos.

– Et il me semble que nous puons le puritain à faire frémir, dit Aramis.

– J'ai froid à la tête, dit Porthos.

– Et moi, je me sens envie de prêcher, dit d'Artagnan.

– Maintenant, dit Athos, que nous ne nous reconnaissons pas nous-mêmes et que nous n'avons point par conséquent la crainte que les autres nous reconnaissent, allons voir entrer le roi ; s'il a marché toute la nuit, il ne doit pas être loin de Londres.

En effet, les quatre amis n'étaient pas mêlés depuis deux heures à la foule que de grands cris et un grand mouvement annoncèrent que Charles arrivait. On avait envoyé un carrosse au-devant de lui, et de loin le gigantesque Porthos, qui dépassait de la tête toutes les têtes, annonça qu'il voyait venir le carrosse royal. D'Artagnan se dressa sur la pointe des pieds, tandis qu'Athos et Aramis écoutaient pour tâcher de se rendre compte eux-mêmes de l'opinion générale. Le carrosse passa, et d'Artagnan reconnut Harrison à une portière et Mordaunt à l'autre. Quant au peuple, dont Athos et Aramis étudiaient les impressions, il lançait force imprécations contre Charles.

Athos rentra désespéré.

– Mon cher, lui dit d'Artagnan, vous vous entêtez inutilement, et je vous proteste, moi, que la position est mauvaise. Pour mon compte je ne m'y attache qu'à cause de vous et par un certain intérêt d'artiste en politique à la mousquetaire ; je trouve qu'il serait très plaisant d'arracher leur proie à tous ces hurleurs et de se moquer d'eux. J'y songerai.

Dès le lendemain, en se mettant à sa fenêtre qui donnait sur les quartiers les plus populeux de la Cité, Athos entendit crier le bill du Parlement qui traduisait à la barre l'ex-roi Charles Ier, coupable présumé de trahison et d'abus de pouvoir.

D'Artagnan était près de lui. Aramis consultait une carte, Porthos était absorbé dans les dernières délices d'un succulent déjeuner.

– Le Parlement ! s'écria Athos, il n'est pas possible que le Parlement ait rendu un pareil bill.

– Écoutez, dit d'Artagnan, je comprends peu l'anglais ; mais, comme l'anglais n'est que du français mal prononcé, voici ce que j'entends : *Parliament's bill* ; ce qui veut dire bill du Parlement, ou Dieu me damne, comme ils disent ici.

En ce moment l'hôte entrait ; Athos lui fit signe de venir.

– Le Parlement a rendu ce bill ? lui demanda Athos en anglais.

– Oui, milord, le Parlement pur.

– Comment, le Parlement pur ! il y a donc deux parlements ?

– Mon ami, interrompit d'Artagnan, comme je n'entends pas l'anglais, mais que nous entendons tous l'espagnol, faites-nous le plaisir de nous entretenir dans cette langue, qui est la vôtre, et que, par conséquent, vous devez parler avec plaisir quand vous en retrouvez l'occasion.

– Ah ! parfait, dit Aramis.

Quant à Porthos, nous l'avons dit, toute son attention était concentrée sur un os de côtelette qu'il était occupé à dépouiller de son enveloppe charnue.

– Vous demandiez donc ? dit l'hôte en espagnol.

– Je demandais, reprit Athos dans la même langue, s'il y avait deux parlements, un pur et un impur.

– Oh ! que c'est bizarre ! dit Porthos en levant lentement la tête et en regardant ses amis d'un air étonné, je comprends donc maintenant l'anglais ? J'entends ce que vous dites.

– C'est que nous parlons espagnol, cher ami, dit Athos avec son sang-froid ordinaire.

– Ah ! diable ! dit Porthos, j'en suis fâché, cela m'aurait fait une langue de plus.

– Quand je dis le Parlement pur, señor, reprit l'hôte, je parle de celui que M. le colonel Pride a épuré.

– Ah ! vraiment, dit d'Artagnan, ces gens-ci sont bien ingénieux ; il faudra qu'en revenant en France je donne ce moyen à M. de Mazarin et à M. le coadjuteur. L'un épurera au nom de la cour, l'autre au nom du peuple, de sorte qu'il n'y aura plus de parlement du tout.

– Qu'est-ce que le colonel Pride ? demanda Aramis, et de quelle façon s'y est-il pris pour épurer le Parlement ?

– Le colonel Pride, dit l'Espagnol, est un ancien charretier, homme de beaucoup d'esprit, qui avait remarqué une chose en conduisant sa charrette : c'est que lorsqu'une pierre se trouvait sur sa route, il était plus court d'enlever la pierre que d'essayer de faire passer la roue par-dessus. Or, sur deux cent cinquante et un membres dont se composait le Parlement, cent quatre-vingt-onze le gênaient et auraient pu faire verser sa charrette politique. Il les a pris comme autrefois il prenait les pierres, et les a jetés hors de la Chambre.

– Joli ! dit d'Artagnan, qui, homme d'esprit surtout, estimait fort l'esprit partout où il le rencontrait.

– Et tous ces expulsés étaient stuartistes ? demanda Athos.

– Sans aucun doute, señor, et vous comprenez qu'ils eussent sauvé le roi.

– Pardieu ! dit majestueusement Porthos, ils faisaient majorité.

– Et vous pensez, dit Aramis, qu'il consentira à paraître devant un tel tribunal ?

– Il le faudra bien, répondit l'Espagnol ; s'il essayait d'un refus, le peuple l'y contraindrait.

– Merci, maître Pérez, dit Athos ; maintenant je suis suffisamment renseigné.

– Commencez-vous à croire enfin que c'est une cause perdue, Athos, dit d'Artagnan, et qu'avec les Harrison, les Joyce, les Pride et les Cromwell, nous ne serons jamais à la hauteur ?

– Le roi sera délivré au tribunal, dit Athos ; le silence même de ses partisans indique un complot.

D'Artagnan haussa les épaules.

– Mais, dit Aramis, s'ils osent condamner leur roi, ils le condamneront à l'exil ou à la prison, voilà tout.

D'Artagnan siffla d'un petit air d'incrédulité.

– Nous le verrons bien, dit Athos ; car nous irons aux séances, je le présume.

– Vous n'aurez pas longtemps à attendre, dit l'hôte, car elles commencent demain.

– Ah çà ! répondit Athos, la procédure était donc instruite avant que le roi eût été pris ?

– Sans doute, dit d'Artagnan, on l'a commencée du jour où il a été acheté.

– Vous savez, dit Aramis, que c'est notre ami Mordaunt qui a fait, sinon le marché, du moins les premières ouvertures de cette petite affaire.

– Vous savez, dit d'Artagnan, que partout où il me tombe sous la main, je le tue, M. Mordaunt.

– Fi donc ! dit Athos, un pareil misérable !

– Mais c'est justement parce que c'est un misérable que je le tue, reprit d'Artagnan. Ah ! cher ami, je fais assez vos volontés pour que vous soyez indulgent aux miennes ; d'ailleurs, cette fois, que cela vous plaise ou non, je vous déclare que ce Mordaunt ne sera tué que par moi.

– Et par moi, dit Porthos.

– Et par moi, dit Aramis.

Touchante unanimité, s'écria d'Artagnan, et qui convient bien à de bons bourgeois que nous sommes. Allons faire un tour par la ville ; ce Mordaunt lui-même ne nous reconnaîtrait point à quatre pas avec le brouillard qu'il fait. Allons boire un peu de brouillard.

– Oui, dit Porthos, cela nous changera de la bière.

Et les quatre amis sortirent en effet pour prendre, comme on le dit vulgairement, l'air du pays.

XX

Le procès

Le lendemain une garde nombreuse conduisait Charles Ier devant la haute cour qui devait le juger.

La foule envahissait les rues et les maisons voisines du palais ; aussi, dès les premiers pas que firent les quatre amis, ils furent arrêtés par l'obstacle presque infranchissable de ce mur vivant ; quelques hommes du peuple, robustes et hargneux, repoussèrent même Aramis si rudement, que Porthos leva son poing formidable et le laissa retomber sur la face farineuse d'un boulanger, laquelle changea immédiatement de couleur et se couvrit de sang, écachée qu'elle était comme une grappe de raisins mûrs. La chose fit grande rumeur ; trois hommes voulurent s'élancer sur Porthos ; mais Athos en écarta un, d'Artagnan l'autre, et Porthos jeta le troisième par-dessus sa tête. Quelques Anglais amateurs de pugilat apprécièrent la façon rapide et facile avec laquelle avait été exécutée cette manœuvre, et battirent des mains. Peu s'en fallut alors qu'au lieu d'être assommés, comme ils commençaient à le craindre, Porthos et ses amis ne fussent portés en triomphe ; mais nos quatre voyageurs, qui craignaient tout ce qui pouvait les mettre en lumière, parvinrent à se soustraire à l'ovation. Cependant ils gagnèrent une chose à cette démonstration herculéenne, c'est que la foule s'ouvrit devant eux et qu'ils parvinrent au résultat qui un instant auparavant leur avait paru impossible, c'est-à-dire à aborder le palais.

Tout Londres se pressait aux portes des tribunes ; aussi, lorsque les quatre amis réussirent à pénétrer dans une d'elles, trouvèrent-ils les trois premiers bancs occupés. Ce n'était que demi-mal pour des gens qui désiraient ne pas être reconnus ; ils prirent donc leurs places, fort satisfaits d'en être arrivés là, à l'exception de Porthos, qui désirait montrer son pourpoint rouge et ses chausses vertes, et qui regrettait de ne pas être au premier rang.

Les bancs étaient disposés en amphithéâtre, et de leur place les quatre amis dominaient toute l'assemblée. Le hasard avait fait justement qu'ils étaient entrés dans la tribune du milieu et qu'ils se trouvaient juste en face du fauteuil préparé pour Charles Ier.

Vers onze heures du matin le roi parut sur le seuil de la salle. Il entra environné de gardes, mais couvert et l'air calme, et promena de tous côtés un regard plein d'assurance, comme s'il venait présider une assemblée de sujets soumis, et non répondre aux accusations d'une cour rebelle.

Les juges, fiers d'avoir un roi à humilier, se préparaient visiblement à user de ce droit qu'ils s'étaient arrogé. En conséquence, un huissier vint dire à Charles Ier que l'usage était que l'accusé se découvrît devant lui.

Charles, sans répondre un seul mot, enfonça son feutre sur sa tête, qu'il tourna d'un autre côté ; puis, lorsque l'huissier se fut éloigné, il s'assit sur le fauteuil préparé en face du président, fouettant sa botte avec un petit jonc qu'il portait à la main.

Parry, qui l'accompagnait, se tint debout derrière lui.

D'Artagnan, au lieu de regarder tout ce cérémonial, regardait Athos, dont le visage reflétait toutes les émotions que le roi, à force de puissance sur lui-même, parvenait à chasser du sien. Cette agitation d'Athos, l'homme froid et calme, l'effraya.

– J'espère bien, lui dit-il en se penchant à son oreille, que vous allez prendre exemple de Sa Majesté et ne pas vous faire sottement tuer dans cette cage ?

– Soyez tranquille, dit Athos.

– Ah ! ah ! continua d'Artagnan, il paraît que l'on craint quelque chose, car voici les postes qui se doublent ; nous n'avions que des pertuisanes, voici des mousquets. Il y en a maintenant pour tout le monde : les pertuisanes regardent les auditeurs du parquet, les mousquets sont à notre intention.

– Trente, quarante, cinquante, soixante-dix hommes, dit Porthos en comptant les nouveaux venus.

– Eh ! dit Aramis, vous oubliez l'officier, Porthos, il vaut cependant, ce me semble, bien la peine d'être compté.

– Oui-da ! dit d'Artagnan.

Et il devint pâle de colère, car il avait reconnu Mordaunt qui, l'épée nue, conduisait les mousquetaires derrière le roi, c'est-à-dire en face des tribunes.

– Nous aurait-il reconnus ? continua d'Artagnan ; c'est que, dans ce cas, je battrais très promptement en retraite. Je ne me soucie aucunement qu'on m'impose un genre de mort, et désire fort mourir à mon choix. Or, je ne choisis pas d'être fusillé dans une boîte.

– Non, dit Aramis, il ne nous a pas vus. Il ne voit que le roi. Mordieu ! avec quels yeux il le regarde, l'insolent ! Est-ce qu'il haïrait Sa Majesté autant qu'il nous hait nous-mêmes ?

– Pardieu ! dit Athos, nous ne lui avons enlevé que sa mère, nous, et le roi l'a dépouillé de son nom et de sa fortune.

– C'est juste, dit Aramis ; mais, silence ! voici le président qui parle au roi.

En effet, le président Bradshaw interpellait l'auguste accusé.

– Stuart, lui dit-il, écoutez l'appel nominal de vos juges, et adressez au tribunal les observations que vous aurez à faire.

Le roi, comme si ces paroles ne s'adressaient point à lui, tourna la tête d'un autre côté.

Le président attendit, et comme aucune réponse ne vint, il se fit un instant de silence.

Sur cent soixante-trois membres désignés, soixante-treize seulement pouvaient répondre car les autres, effrayés de la complicité d'un pareil acte, s'étaient abstenus.

– Je procède à l'appel, dit Bradshaw sans paraître remarquer l'absence des trois cinquièmes de l'assemblée.

Et il commença à nommer les uns après les autres les membres présents et absents. Les présents répondaient d'une voix forte ou faible, selon qu'ils avaient ou non le courage de leur opinion. Un court silence suivait le nom des absents, répétés deux fois.

Le nom du colonel Fairfax vint à son tour, et fut suivi d'un de ces silences courts mais solennels qui dénonçaient l'absence des membres qui n'avaient pas voulu personnellement prendre part à ce jugement.

– Le colonel Fairfax ? répéta Bradshaw.

– Fairfax ? répondit une voix moqueuse, qu'à son timbre argentin on reconnut pour une voix de femme, il a trop d'esprit pour être ici.

Un immense éclat de rire accueillit ces paroles prononcées avec cette audace que les femmes puisent dans leur propre faiblesse, faiblesse qui les soustrait à toute vengeance.

– C'est une voix de femme, s'écria Aramis. Ah ! par ma foi, je donnerais beaucoup pour qu'elle fût jeune et jolie.

Et il monta sur le gradin pour tâcher de voir dans la tribune d'où la voix était partie.

– Sur mon âme, dit Aramis, elle est charmante ! regardez donc, d'Artagnan, tout le monde la regarde, et malgré le regard de Bradshaw, elle n'a point pâli.

– C'est lady Fairfax elle-même, dit d'Artagnan ; vous la rappelez-vous, Porthos ? Nous l'avons vue avec son mari chez le général Cromwell.

Au bout d'un instant le calme troublé par cet étrange épisode se rétablit, et l'appel continua.

– Ces drôles vont lever la séance, quand ils s'apercevront qu'ils ne sont pas en nombre suffisant, dit le comte de La Fère.

– Vous ne les connaissez pas, Athos ; remarquez donc le sourire de Mordaunt, voyez comme il regarde le roi. Ce regard est-il celui d'un homme qui craint que sa victime lui échappe ? Non, non, c'est le sourire de la haine satisfaite, de la vengeance sûre de s'assouvir. Ah ! basilic maudit, ce sera un heureux jour pour moi que celui où je croiserai avec toi autre chose que le regard !

– Le roi est véritablement beau, dit Porthos ; et puis voyez, tout prisonnier qu'il est, comme il est vêtu avec soin. La plume de son chapeau vaut au moins cinquante pistoles, regardez-la donc, Aramis.

L'appel achevé, le président donna ordre de passer à la lecture de l'acte d'accusation.

Athos pâlit : il était trompé encore une fois dans son attente. Quoique les juges fussent en nombre insuffisant, le procès allait s'instruire, le roi était donc condamné d'avance.

– Je vous l'avais dit, Athos, fit d'Artagnan en haussant les épaules. Mais vous doutez toujours. Maintenant prenez votre courage à deux mains et écoutez, sans vous faire trop de mauvais sang, je vous prie, les petites horreurs que ce monsieur en noir va dire de son roi avec licence et privilège.

En effet, jamais plus brutale accusation, jamais injures plus basses, jamais plus sanglant réquisitoire n'avaient encore flétri la majesté royale. Jusque-là on s'était contenté d'assassiner les rois, mais ce n'était du moins qu'à leurs cadavres qu'on avait prodigué l'insulte.

Charles Ier écoutait le discours de l'accusateur avec une attention toute particulière, laissant passer les injures, retenant les griefs, et, quand la haine débordait par trop, quand l'accusateur se faisait bourreau par avance, il répondait par un sourire de mépris. C'était, après tout, une œuvre capitale et terrible que celle où ce malheureux roi retrouvait toutes ses imprudences changées en guet-apens, ses erreurs transformées en crimes.

D'Artagnan, qui laissait couler ce torrent d'injures avec tout le dédain qu'elles méritaient, arrêta cependant son esprit judicieux sur quelques-unes des inculpations de l'accusateur.

– Le fait est, dit-il, que si l'on punit pour imprudence et légèreté, ce pauvre roi mérite punition ; mais il me semble que celle qu'il subit en ce moment est assez cruelle.

– En tout cas, répondit Aramis, la punition ne saurait atteindre le roi, mais ses ministres, puisque la première loi de la constitution est : *Le roi ne peut faillir.*

« Pour moi, pensait Porthos en regardant Mordaunt et ne s'occupant que de lui, si ce n'était troubler la majesté de la situation, je sauterais de la tribune en bas, je tomberais en trois bonds sur M. Mordaunt, que j'étranglerais ; je le prendrais par les pieds et j'en assommerais tous ces mauvais mousquetaires qui parodient les mousquetaires de France. Pendant ce temps-là, d'Artagnan, qui est plein d'esprit et d'à-propos, trouverait peut-être un moyen de sauver le roi. Il faudra que je lui en parle. »

Quant à Athos, le feu au visage, les poings crispés, les lèvres ensanglantées par ses propres morsures, il écumait sur son banc, furieux de cette éternelle insulte parlementaire et de cette longue patience royale, et ce bras inflexible, ce cœur inébranlable s'étaient changés en une main tremblante et un corps frissonnant.

À ce moment l'accusateur terminait son office par ces mots :

« La présente accusation est portée par nous au nom du peuple anglais. »

Il y eut à ces paroles un murmure dans les tribunes, et une autre voix, non pas une voix de femme, mais une voix d'homme, mâle et furieuse, tonna derrière d'Artagnan.

– Tu mens ! s'écria cette voix, et les neuf dixièmes du peuple anglais ont horreur de ce que tu dis !

Cette voix était celle d'Athos, qui, hors de lui, debout, le bras étendu, interpellait ainsi l'accusateur public.

À cette apostrophe, roi, juges, spectateurs, tout le monde tourna les yeux vers la tribune où étaient les quatre amis. Mordaunt fit comme les autres et reconnut le gentilhomme autour duquel s'étaient levés les trois autres Français, pâles et menaçants. Ses yeux flamboyèrent de joie, il venait de retrouver ceux à la recherche et à la mort desquels il avait voué sa vie. Un mouvement furieux appela près de lui vingt de ses mousquetaires, et montrant du doigt la tribune où étaient ses ennemis :

– Feu sur cette tribune ! dit-il.

Mais alors, rapides comme la pensée, d'Artagnan saisissant Athos par le milieu du corps, Porthos emportant Aramis, sautèrent à bas des gradins, s'élancèrent dans les corridors, descendirent rapidement les escaliers et se perdirent dans la foule ; tandis qu'à l'intérieur de la salle les mousquets abaissés menaçaient trois mille spectateurs, dont les cris de miséricorde et les bruyantes terreurs arrêtèrent l'élan déjà donné au carnage.

Charles avait aussi reconnu les quatre Français ; il mit une main sur son cœur pour en comprimer les battements, l'autre sur ses yeux pour ne pas voir égorger ses fidèles amis.

Mordaunt, pâle et tremblant de rage, se précipita hors de la salle, l'épée nue à la main, avec dix hallebardiers, fouillant la foule, interrogeant, haletant, puis il revint sans avoir rien trouvé.

Le trouble était inexprimable. Plus d'une demi-heure se passa sans que personne pût se faire entendre. Les juges croyaient chaque tribune prête à tonner. Les tribunes voyaient les mousquets dirigés sur elles, et, partagées entre la crainte et la curiosité, demeuraient tumultueuses et agitées.

Enfin le calme se rétablit.

– Qu'avez-vous à dire pour votre défense ? demanda Bradshaw au roi.

Alors, du ton d'un juge et non de celui d'un accusé, la tête toujours couverte, se levant, non point par humilité, mais par domination :

– Avant de m'interroger, dit Charles, répondez-moi. J'étais libre à Newcastle, j'y avais conclu un traité avec les deux chambres. Au lieu d'accomplir de votre part ce traité que j'accomplissais de la mienne, vous m'avez acheté aux Écossais, pas cher, je le sais, et cela fait honneur à l'économie de votre gouvernement. Mais pour m'avoir payé le prix d'un esclave, espérez-vous que j'aie cessé d'être votre roi ? Non pas. Vous répondre serait l'oublier. Je ne vous répondrai donc que lorsque vous m'aurez justifié de vos droits à m'interroger. Vous répondre serait vous reconnaître pour mes juges, et je ne vous reconnais que pour mes bourreaux.

Et au milieu d'un silence de mort, Charles, calme, hautain et toujours couvert, se rassit sur son fauteuil.

– Que ne sont-ils là, les Français ! murmura Charles avec orgueil et en tournant les yeux vers la tribune où ils étaient apparus un instant, ils verraient que leur ami, vivant, est digne d'être défendu ; mort, d'être pleuré.

Mais il eut beau sonder les profondeurs de la foule, et demander en quelque sorte à Dieu ces douces et consolantes présences, il ne vit rien que des physionomies hébétées et craintives ; il se sentit aux prises avec la haine et la férocité.

– Eh bien, dit le président voyant Charles décidé à se taire invinciblement, soit, nous vous jugerons malgré votre silence ; vous êtes accusé de trahison, d'abus de pouvoir et d'assassinat. Les témoins feront foi. Allez, et une prochaine séance accomplira ce que vous vous refusez à faire dans celle-ci.

Charles se leva, et se retournant vers Parry, qu'il voyait pâle et les tempes mouillées de sueur :

– Eh bien ! mon cher Parry, lui dit-il, qu'as-tu donc et qui peut t'agiter ainsi ?

– Oh ! sire, dit Parry les larmes aux yeux et d'une voix suppliante, sire, en sortant de la salle, ne regardez pas à votre gauche.

– Pourquoi cela, Parry ?

– Ne regardez pas, je vous en supplie, mon roi !

– Mais qu'y a-t-il ? parle donc, dit Charles en essayant de voir à travers la haie de gardes qui se tenaient derrière lui.

– Il y a... mais vous ne regarderez point, sire, n'est-ce pas ? Il y a que, sur une table, ils ont fait apporter la hache avec laquelle on exécute les criminels. Cette vue est hideuse ; ne regardez pas, sire, je vous en supplie.

– Les sots ! dit Charles, me croient-ils donc un lâche comme eux ? Tu fais bien de m'avoir prévenu ; merci, Parry.

Et comme le moment était venu de se retirer, le roi sortit suivant ses gardes.

À gauche de la porte, en effet, brillait d'un reflet sinistre, celui du tapis rouge sur lequel elle était déposée, la hache blanche, au long manche poli par la main de l'exécuteur.

Arrivé en face d'elle, Charles s'arrêta ; et se tournant avec un sourire :

– Ah ! ah ! dit-il en riant, la hache ! Épouvantail ingénieux et bien digne de ceux qui ne savent pas ce que c'est qu'un gentilhomme ; tu ne me fais pas peur, hache du bourreau, ajouta-t-il en la fouettant du jonc mince et flexible qu'il tenait à la main, et je te frappe, en attendant patiemment et chrétiennement que tu me le rendes.

Et, haussant les épaules avec un royal dédain, il continua sa route, laissant stupéfaits ceux qui s'étaient pressés en foule autour de cette table pour voir quelle figure ferait le roi en voyant cette hache qui devait séparer sa tête de son corps.

– En vérité, Parry, continua le roi en s'éloignant, tous ces gens-là me prennent, Dieu me pardonne ! pour un marchand de coton des Indes, et non pour un gentilhomme accoutumé à voir briller le fer ; pensent-ils donc que je ne vaux pas bien un boucher !

Comme il disait ces mots, il arriva à la porte. Une longue file de peuple était accourue, qui, n'ayant pu trouver place dans les tribunes, voulait au moins jouir de la fin du spectacle dont la plus intéressante partie lui était échappée. Cette multitude innombrable, dont les rangs étaient semés de physionomies menaçantes, arracha un léger soupir au roi.

« Que de gens, pensa-t-il, et pas un ami dévoué ! »

Et comme il disait ces paroles de doute et de découragement en lui-même, une voix répondant à ces paroles dit près de lui :

– Salut à la majesté tombée !

Le roi se retourna vivement, les larmes aux yeux et au cœur.

C'était un vieux soldat de ses gardes qui n'avait pas voulu voir passer devant lui son roi captif sans lui rendre ce dernier hommage.

Mais au même instant le malheureux fut presque assommé à coups de pommeau d'épée.

Parmi les assommeurs, le roi reconnut le capitaine Groslow.

– Hélas ! dit Charles, voici un bien grand châtiment pour une bien petite faute.

Puis, le cœur serré, il continua son chemin, mais il n'avait pas fait cent pas, qu'un furieux, se penchant entre deux soldats de la haie, cracha au visage du roi, comme jadis un Juif infâme et maudit avait craché au visage de Jésus le Nazaréen.

De grands éclats de rire et de sombres murmures retentirent tout ensemble : la foule s'écarta, se rapprocha, ondula comme une mer tempétueuse, et il sembla au roi qu'il voyait reluire au milieu de la vague vivante les yeux étincelants d'Athos.

Charles s'essuya le visage et dit avec un triste sourire :

– Le malheureux ! pour une demi-couronne il en ferait autant à son père.

Le roi ne s'était pas trompé ; il avait vu en effet Athos et ses amis, qui, mêlés de nouveau dans les groupes, escortaient d'un dernier regard le roi martyr.

Quand le soldat salua Charles, le cœur d'Athos se fondit de joie ; et lorsque ce malheureux revint à lui, il put trouver dans sa poche dix guinées qu'y avait glissées le gentilhomme français. Mais quand le lâche insulteur cracha au visage du roi prisonnier, Athos porta la main à son poignard.

Mais d'Artagnan arrêta cette main, et d'une voix rauque :

– Attends ! dit-il.

Jamais d'Artagnan n'avait tutoyé ni Athos ni le comte de La Fère.

Athos s'arrêta.

D'Artagnan s'appuya sur Athos, fit signe à Porthos et à Aramis de ne pas s'éloigner, et vint se placer derrière l'homme aux bras nus, qui riait encore de son infâme plaisanterie et que félicitaient quelques autres furieux.

Cet homme s'achemina vers la Cité. D'Artagnan, toujours appuyé sur Athos, le suivit en faisant signe à Porthos et à Aramis de les suivre eux-mêmes.

L'homme aux bras nus, qui semblait un garçon boucher, descendit avec deux compagnons par une petite rue rapide et isolée qui donnait sur la rivière.

D'Artagnan avait quitté le bras d'Athos et marchait derrière l'insulteur.

Arrivés près de l'eau, ces trois hommes s'aperçurent qu'ils étaient suivis, s'arrêtèrent, et, regardant insolemment les Français, échangèrent quelques lazzi entre eux.

– Je ne sais pas l'anglais, Athos, dit d'Artagnan, mais vous le savez, vous, et vous m'allez servir d'interprète.

Et à ces mots, doublant le pas, ils dépassèrent les trois hommes. Mais se retournant tout à coup, d'Artagnan marcha droit au garçon boucher, qui s'arrêta, et le touchant à la poitrine du bout de son index :

– Répétez-lui ceci, Athos, dit-il à son ami : « Tu as été lâche, tu as insulté un homme sans défense, tu as souillé la face de ton roi, tu vas mourir !... »

Athos, pâle comme un spectre et que d'Artagnan tenait par le poignet, traduisit ces étranges paroles à l'homme, qui, voyant ces préparatifs sinistres et l'œil terrible de d'Artagnan, voulut se mettre en défense. Aramis, à ce mouvement, porta la main à son épée.

– Non, pas de fer, pas de fer ! dit d'Artagnan, le fer est pour les gentilshommes.

Et, saisissant le boucher à la gorge :

– Porthos, dit d'Artagnan, assommez-moi ce misérable d'un seul coup de poing.

Porthos leva son bras terrible, le fit siffler en l'air comme la branche d'une fronde, et la masse pesante s'abattit avec un bruit sourd sur le crâne du lâche, qu'elle brisa.

L'homme tomba comme tombe un bœuf sous le marteau.

Ses compagnons voulurent crier, voulurent fuir, mais la voix manqua à leur bouche, et leurs jambes tremblantes se dérobèrent sous eux.

– Dites-leur encore ceci, Athos, continua d'Artagnan : « Ainsi mourront tous ceux qui oublient qu'un homme enchaîné est une tête sacrée, qu'un roi captif est deux fois le représentant du Seigneur. »

Athos répéta les paroles de d'Artagnan.

Les deux hommes, muets et les cheveux hérissés, regardèrent le corps de leur compagnon qui nageait dans des flots de sang noir ; puis, retrouvant à la fois la voix et les forces, ils s'enfuirent avec un cri et en joignant les mains.

– Justice est faite ! dit Porthos en s'essuyant le front.

– Et maintenant, dit d'Artagnan à Athos, ne doutez point de moi et te-nez-vous tranquille, je me charge de tout ce qui regarde le roi.

XXI

White-Hall

Le Parlement condamna Charles Stuart à mort, comme il était facile de le prévoir. Les jugements politiques sont toujours de vaines formalités, car les mêmes passions qui font accuser font condamner aussi. Telle est la terrible logique des révolutions.

Quoique nos amis s'attendissent à cette condamnation, elle les remplit de douleur. D'Artagnan, dont l'esprit n'avait jamais plus de ressources que dans les moments extrêmes, jura de nouveau qu'il tenterait tout au monde pour empêcher le dénouement de la sanglante tragédie. Mais par quels moyens ? C'est ce qu'il n'entrevoyait que vaguement encore. Tout dépendrait de la nature des circonstances. En attendant qu'un plan complet pût être arrêté, il fallait à tout prix, pour gagner du temps, mettre obstacle à ce que l'exécution eût lieu le lendemain ainsi que les juges en avaient décidé. Le seul moyen, c'était de faire disparaître le bourreau de Londres.

Le bourreau disparu, la sentence ne pouvait être exécutée. Sans doute on enverrait chercher celui de la ville la plus voisine de Londres, mais cela faisait gagner au moins un jour, et un jour en pareil cas, c'est le salut peut-être ! D'Artagnan se chargea de cette tâche plus que difficile.

Une chose non moins essentielle, c'était de prévenir Charles Stuart qu'on allait tenter de le sauver, afin qu'il secondât autant que possible ses défenseurs, ou que du moins il ne fit rien qui pût contrarier leurs efforts. Aramis se chargea de ce soin périlleux. Charles Stuart avait demandé qu'il fût permis à l'évêque Juxon de le visiter dans sa prison de White-Hall. Mordaunt était venu chez l'évêque ce soir-là même pour lui faire connaître le désir religieux exprimé par le roi, ainsi que l'autorisation de Cromwell. Aramis résolut d'obtenir de l'évêque, soit par la terreur, soit par la persuasion, qu'il le laissât pénétrer à sa place et revêtu de ses insignes sacerdotaux, dans le palais de White-Hall.

Enfin, Athos se chargea de préparer, à tout événement, les moyens de quitter l'Angleterre en cas d'insuccès comme en cas de réussite.

La nuit étant venue, on se donna rendez-vous à l'hôtel à onze heures, et chacun se mit en route pour exécuter sa dangereuse mission.

Le palais de White-Hall était gardé par trois régiments de cavalerie et surtout par les inquiétudes incessantes de Cromwell, qui allait, venait, envoyait ses généraux ou ses agents.

Seul et dans sa chambre habituelle, éclairée par la lueur de deux bougies, le monarque condamné à mort regardait tristement le luxe de sa grandeur passée, comme on voit à la dernière heure l'image de la vie plus brillante et plus suave que jamais.

Parry n'avait point quitté son maître, et depuis sa condamnation n'avait point cessé de pleurer.

Charles Stuart, accoudé sur une table, regardait un médaillon sur lequel étaient, près l'un de l'autre, les portraits de sa femme et de sa fille. Il attendait d'abord Juxon ; puis après Juxon, le martyre.

Quelquefois sa pensée s'arrêtait sur ces braves gentilshommes français qui déjà lui paraissaient éloignés de cent lieues, fabuleux, chimériques, et pareils à ces figures que l'on voit en rêve et qui disparaissent au réveil.

C'est qu'en effet parfois Charles se demandait si tout ce qui venait de lui arriver n'était pas un rêve ou tout au moins le délire de la fièvre.

À cette pensée, il se levait, faisait quelques pas comme pour sortir de sa torpeur, allait jusqu'à la fenêtre ; mais aussitôt au-dessous de la fenêtre il voyait reluire les mousquets des gardes. Alors il était forcé de s'avouer qu'il était bien réveillé et que son rêve sanglant était bien réel.

Charles revenait silencieux à son fauteuil, s'accoudait de nouveau à la table, laissait retomber sa tête sur sa main, et songeait.

« Hélas ! disait-il en lui-même, si j'avais au moins pour confesseur une de ces lumières de l'Église dont l'âme a sondé tous les mystères de la vie, toutes les petitesses de la grandeur, peut-être sa voix étoufferait-elle la voix qui se lamente dans mon âme ! Mais j'aurai un prêtre à l'esprit vulgaire, dont j'ai brisé, par mon malheur, la carrière et la fortune. Il me parlera de Dieu et de la mort comme il en a parlé à d'autres mourants, sans comprendre que ce mourant royal laisse un trône à l'usurpateur quand ses enfants n'ont plus de pain. »

Puis, approchant le portrait de ses lèvres, il murmurait tour à tour et l'un après l'autre le nom de chacun de ses enfants.

Il faisait, comme nous l'avons dit, une nuit brumeuse et sombre. L'heure sonnait lentement à l'horloge de l'église voisine. Les pâles clartés des deux bougies semaient dans cette grande et haute chambre des fantômes éclairés d'étranges reflets. Ces fantômes c'étaient les aïeux du roi Charles qui se détachaient de leurs cadres d'or ; ces reflets c'étaient les dernières lueurs bleuâtres et miroitantes d'un feu de charbon qui s'éteignait.

Une immense tristesse s'empara de Charles. Il ensevelit son front entre ses deux mains, songea au monde si beau lorsqu'on le quitte ou plutôt lorsqu'il nous quitte, aux caresses des enfants si suaves et si douces, surtout quand on est séparé de ses enfants pour ne plus les revoir ; puis à sa femme, noble et courageuse créature qui l'avait soutenu jusqu'au dernier moment. Il tira de sa poitrine la croix de diamants et la plaque de la Jarretière qu'elle lui avait envoyées par ces généreux Français, et les baisa ; puis, songeant qu'elle ne reverrait ces objets que lorsqu'il serait couché froid et mutilé dans une tombe, il sentit passer en lui un de ces frissons glacés que la mort nous jette comme son premier manteau.

Alors dans cette chambre qui lui rappelait tant de souvenirs royaux, où avaient passé tant de courtisans et tant de flatteries, seul avec un serviteur désolé dont l'âme faible ne pouvait soutenir son âme, le roi laissa tomber son courage au niveau de cette faiblesse, de ces ténèbres, de ce froid d'hiver ; et, le dira-t-on, ce roi qui mourut si grand, si sublime, avec le sourire de la résignation sur les lèvres, essuya dans l'ombre une larme qui était tombée sur la table et qui tremblait sur le tapis brodé d'or.

Soudain on entendit des pas dans les corridors, la porte s'ouvrit, des torches emplirent la chambre d'une lumière fumeuse, et un ecclésiastique, revêtu des habits épiscopaux, entra suivi de deux gardes auxquels Charles fit de la main un geste impérieux.

Ces deux gardes se retirèrent ; la chambre rentra dans son obscurité.

– Juxon ! s'écria Charles, Juxon ! Merci, mon dernier ami, vous arrivez à propos.

L'évêque jeta un regard oblique et inquiet sur cet homme qui sanglotait dans l'angle du foyer.

– Allons, Parry, dit le roi, ne pleure plus, voici Dieu qui vient à nous.

– Si c'est Parry, dit l'évêque, je n'ai plus rien à craindre ; mais, sire, permettez-moi de saluer Votre Majesté et de lui dire qui je suis et pour quelle chose je viens.

À cette vue, à cette voix, Charles allait s'écrier sans doute, mais Aramis mit un doigt sur ses lèvres, et salua profondément le roi d'Angleterre.

– Le chevalier, murmura Charles.

– Oui, sire, interrompit Aramis en élevant la voix, oui, l'évêque Juxon, fidèle chevalier du Christ, et qui se rend aux vœux de Votre Majesté.

Charles joignit les mains ; il avait reconnu d'Herblay, il restait stupéfait, anéanti, devant ces hommes qui, étrangers, sans aucun mobile qu'un devoir imposé par leur propre conscience, luttaient ainsi contre la volonté d'un peuple et contre la destinée d'un roi.

– Vous, dit-il, vous ! comment êtes-vous parvenu jusqu'ici ? Mon Dieu, s'ils vous reconnaissaient, vous seriez perdu.

Parry était debout, toute sa personne exprimait le sentiment d'une naïve et profonde admiration.

– Ne songez pas à moi, sire, dit Aramis en recommandant toujours du geste le silence au roi, ne songez qu'à vous ; vos amis veillent, vous le voyez ; ce que nous ferons, je ne sais pas encore ; mais quatre hommes déterminés peuvent faire beaucoup. En attendant, ne fermez pas l'œil de la nuit, ne vous étonnez de rien et attendez-vous à tout.

Charles secoua la tête.

– Ami, dit-il, savez-vous que vous n'avez pas de temps à perdre et que si vous voulez agir, il faut vous presser ? Savez-vous que c'est demain à dix heures que je dois mourir ?

– Sire, quelque chose se passera d'ici là qui rendra l'exécution impossible.

Le roi regarda Aramis avec étonnement.

En ce moment même il se fit, au-dessous de la fenêtre du roi, un bruit étrange et comme ferait celui d'une charrette de bois qu'on décharge.

– Entendez-vous ? dit le roi.

Ce bruit fut suivi d'un cri de douleur.

– J'écoute, dit Aramis, mais je ne comprends pas quel est ce bruit, et surtout ce cri.

– Ce cri, j'ignore qui a pu le pousser, dit le roi, mais ce bruit, je vais vous en rendre compte. Savez-vous que je dois être exécuté en dehors de cette fenêtre ? ajouta Charles en étendant la main vers la place sombre et déserte, peuplée seulement de soldats et de sentinelles.

– Oui, sire, dit Aramis, je le sais.

– Eh bien ! ces bois qu'on apporte sont les poutres et les charpentes avec lesquelles on va construire mon échafaud. Quelque ouvrier se sera blessé en les déchargeant.

Aramis frissonna malgré lui.

– Vous voyez bien, dit Charles, qu'il est inutile que vous vous obstiniez davantage ; je suis condamné, laissez-moi subir mon sort.

– Sire, dit Aramis en reprenant sa tranquillité un instant troublée, ils peuvent bien dresser un échafaud, mais ils ne pourront pas trouver un exécuteur.

– Que voulez-vous dire ? demanda le roi.

– Je veux dire qu'à cette heure, sire, le bourreau est enlevé ou séduit ; demain, l'échafaud sera prêt, mais le bourreau manquera, on remettra alors l'exécution à après-demain.

– Eh bien ? dit le roi.

– Eh bien ? dit Aramis, demain dans la nuit nous vous enlevons.

– Comment cela ? s'écria le roi, dont le visage s'illumina malgré lui d'un éclair de joie.

– Oh ! monsieur, murmura Parry les mains jointes, soyez bénis, vous et les vôtres.

– Comment cela ? répéta le roi ; il faut que je le sache, afin que je vous seconde s'il en est besoin.

– Je n'en sais rien, sire, dit Aramis ; mais le plus adroit, le plus brave, le plus dévoué de nous quatre m'a dit en me quittant : « Chevalier, dites au roi que demain à dix heures du soir nous l'enlevons. » Puisqu'il l'a dit, il le fera.

– Dites-moi le nom de ce généreux ami, dit le roi, pour que je lui en garde une reconnaissance éternelle, qu'il réussisse ou non.

– D'Artagnan, sire, le même qui a failli vous sauver quand le colonel Harrison est entré si mal à propos.

– Vous êtes en vérité des hommes merveilleux ! dit le roi, et l'on m'eût raconté de pareilles choses que je ne les eusse pas crues.

– Maintenant, sire, reprit Aramis, écoutez-moi. N'oubliez pas un seul instant que nous veillons pour votre salut ; le moindre geste, le moindre chant, le moindre signe de ceux qui s'approcheront de vous, épiez tout, écoutez tout, commentez tout.

– Oh ! chevalier ! s'écria le roi, que puis-je vous dire ? Aucune parole, vînt-elle du plus profond de mon cœur, n'exprimerait ma reconnaissance. Si vous réussissez, je ne vous dirai pas que vous sauvez un roi ; non, vue de l'échafaud comme je la vois, la royauté, je vous le jure, est bien peu de chose ; mais vous conserverez un mari à sa femme, un père à ses enfants. Chevalier, touchez ma main, c'est celle d'un ami qui vous aimera jusqu'au dernier soupir.

Aramis voulut baiser la main du roi, mais le roi saisit la sienne et l'appuya contre son cœur.

En ce moment un homme entra sans même frapper à la porte ; Aramis voulut retirer sa main, le roi la retint.

Celui qui entrait était un de ces puritains demi-prêtres, demi-soldats, comme il en pullulait près de Cromwell.

– Que voulez-vous, monsieur ? lui dit le roi.

– Je désire savoir si la confession de Charles Stuart est terminée, dit le nouveau venu.

– Que vous importe ? dit le roi, nous ne sommes pas de la même religion.

– Tous les hommes sont frères, dit le puritain. Un de mes frères va mourir, et je viens l'exhorter à la mort.

– Assez, dit Parry, le roi n'a que faire de vos exhortations.

– Sire, dit tout bas Aramis, ménagez-le, c'est sans doute quelque espion.

– Après le révérend docteur évêque, dit le roi, je vous entendrai avec plaisir, monsieur.

L'homme au regard louche se retira, non sans avoir observé Juxon avec une attention qui n'échappa point au roi.

– Chevalier, dit-il quand la porte fut refermée, je crois que vous aviez raison et que cet homme est venu ici avec des intentions mauvaises ; prenez garde en vous retirant qu'il ne vous arrive malheur.

– Sire, dit Aramis, je remercie Votre Majesté ; mais qu'elle se tranquillise, sous cette robe j'ai une cotte de mailles et un poignard.

– Allez donc, monsieur, et que Dieu vous ait dans sa sainte garde, comme je disais du temps que j'étais roi.

Aramis sortit ; Charles le reconduisit jusqu'au seuil. Aramis lança sa bénédiction, qui fit incliner les gardes, passa majestueusement à travers les antichambres pleines de soldats, remonta dans son carrosse, où le suivirent ses deux gardiens, et se fit ramener à l'évêché, où ils le quittèrent.

Juxon attendait avec anxiété.

– Eh bien ? dit-il en apercevant Aramis.

– Eh bien ! dit celui-ci, tout a réussi selon mes souhaits ; espions, gardes, satellites m'ont pris pour vous, et le roi vous bénit en attendant que vous le bénissiez.

– Dieu vous protège, mon fils, car votre exemple m'a donné à la fois espoir et courage.

Aramis reprit ses habits et son manteau, et sortit en prévenant Juxon qu'il aurait encore une fois recours à lui.

À peine eut-il fait dix pas dans la rue qu'il s'aperçut qu'il était suivi par un homme enveloppé dans un grand manteau ; il mit la main sur son poignard et s'arrêta. L'homme vint droit à lui. C'était Porthos.

– Ce cher ami ! dit Aramis en lui tendant la main.

– Vous le voyez, mon cher, dit Porthos, chacun de nous avait sa mission ; la mienne était de vous garder, et je vous gardais. Avez-vous vu le roi ?

– Oui, et tout va bien. Maintenant, nos amis, où sont-ils ?

– Nous avons rendez-vous à onze heures à l'hôtel.

– Il n'y a pas de temps à perdre alors, dit Aramis.

En effet, dix heures et demie sonnaient à l'église Saint-Paul.

Cependant, comme les deux amis firent diligence, ils arrivèrent, les premiers.

Après eux, Athos entra.

– Tout va bien, dit-il avant que ses amis eussent eu le temps de l'interroger.

– Qu'avez-vous fait ? dit Aramis.

J'ai loué une petite felouque, étroite comme une pirogue, légère comme une hirondelle ; elle nous attend à Greenwich, en face de l'île des Chiens ; elle est montée d'un patron et de quatre hommes, qui, moyennant cinquante livres sterling, se tiendront tout à notre disposition trois nuits de suite. Une fois à bord avec le roi, nous profitons de la marée, nous descendons la Tamise, et en deux heures nous sommes en pleine mer. Alors, en vrais pirates, nous suivons les côtes, nous nichons sur les falaises, ou si la mer est libre, nous mettons le cap sur Boulogne. Si j'étais tué, le patron se nomme le capitaine Roger, et la felouque *L'Éclair*. Avec ces renseignements, vous les retrouverez l'un et l'autre. Un mouchoir noué aux quatre coins est le signe de reconnaissance.

Un instant après, d'Artagnan rentra à son tour.

– Videz vos poches, dit-il, jusqu'à concurrence de cent livres sterling, car, quant aux miennes...

Et d'Artagnan retourna ses poches absolument vides.

La somme fut faite à la seconde ; d'Artagnan sortit et rentra un instant après.

– Là ! dit-il, c'est fini. Ouf ! ce n'est pas sans peine.

– Le bourreau a quitté Londres ? demanda Athos.

– Ah bien, oui ! ce n'était pas assez sûr, cela. Il pouvait sortir par une porte et rentrer par l'autre.

– Et où est-il ? demanda Athos.

– Dans la cave.

– Dans quelle cave ?

– Dans la cave de notre hôte ! Mousqueton est assis sur le seuil, et voici la clef.

– Bravo ! dit Aramis. Mais comment avez-vous décidé cet homme à disparaître ?

– Comme on décide tout en ce monde, avec de l'argent ; cela m'a coûté cher, mais il y a consenti.

– Et combien cela vous a-t-il coûté, ami ? dit Athos ; car, vous le comprenez, maintenant que nous ne sommes plus tout à fait de pauvres mousquetaires sans feu ni lieu, toutes dépenses doivent être communes.

– Cela m'a coûté douze mille livres, dit d'Artagnan.

– Et où les avez-vous trouvées ? demanda Athos ; possédiez-vous donc cette somme ?

– Et le fameux diamant de la reine ! dit d'Artagnan avec un soupir.

– Ah ! c'est vrai, dit Aramis, je l'avais reconnu à votre doigt.

– Vous l'avez donc racheté à M. des Essarts ? demanda Porthos.

– Eh ! mon Dieu, oui, dit d'Artagnan ; mais il est écrit là-haut que je ne pourrai pas le garder. Que voulez-vous ! les diamants, à ce qu'il faut croire, ont leurs sympathies et leurs antipathies comme les hommes ; il paraît que celui-là me déteste.

– Mais, dit Athos, voilà qui va bien pour le bourreau ; malheureusement tout bourreau a son aide, son valet, que sais-je, moi.

– Aussi celui-là avait-il le sien ; mais nous jouons de bonheur.

– Comment cela ?

– Au moment où je croyais que j'allais avoir une seconde affaire à traiter, on a rapporté mon gaillard avec une cuisse cassée. Par excès de zèle, il a accompagné jusque sous les fenêtres du roi la charrette qui portait les poutres et les charpentes ; une de ces poutres lui est tombée sur la jambe et la lui a brisée.

– Ah ! dit Aramis, c'est donc lui qui a poussé le cri que j'ai entendu de la chambre du roi ?

– C'est probable, dit d'Artagnan ; mais comme c'est un homme bien pensant, il a promis en se retirant d'envoyer en son lieu et place quatre ouvriers experts et habiles pour aider ceux qui sont déjà à la besogne, et en rentrant chez son patron, tout blessé qu'il était, il a écrit à l'instant même à maître Tom Low, garçon charpentier de ses amis, de se rendre à White-Hall pour accomplir sa promesse. Voici la lettre qu'il envoyait par un exprès qui devait la porter pour dix pence et qui me l'a vendue un louis.

– Et que diable voulez-vous faire de cette lettre ? demanda Athos.

– Vous ne devinez pas ? dit d'Artagnan avec ses yeux brillants d'intelligence.

– Non, sur mon âme !

– Eh bien ! mon cher Athos, vous qui parlez anglais comme John Bull lui-même, vous êtes maître Tom Low, et nous sommes, nous, vos trois compagnons ; comprenez-vous maintenant ?

Athos poussa un cri de joie et d'admiration, courut à un cabinet, en tira des habits d'ouvrier, que revêtirent aussitôt les quatre amis ; après quoi ils sortirent de l'hôtel, Athos portant une scie, Porthos une pince, Aramis une hache, et d'Artagnan un marteau et des clous.

La lettre du valet de l'exécuteur faisait foi près du maître charpentier que c'était bien eux que l'on attendait.

XXII

Les ouvriers

Vers le milieu de la nuit, Charles entendit un grand fracas au-dessous de sa fenêtre : c'étaient des coups de marteau et de hache, des morsures de pince et des cris de scie.

Comme il s'était jeté tout habillé sur son lit et qu'il commençait à s'endormir, ce bruit l'éveilla en sursaut ; et comme, outre son retentissement matériel, ce bruit avait un écho moral et terrible dans son âme, les pensées affreuses de la veille vinrent l'assaillir de nouveau. Seul en face des ténèbres et de l'isolement, il n'eut pas la force de soutenir cette nouvelle torture, qui n'était pas dans le programme de son supplice, et il envoya Parry dire à la sentinelle de prier les ouvriers de frapper moins fort et d'avoir pitié du dernier sommeil de celui qui avait été leur roi.

La sentinelle ne voulut point quitter son poste, mais laissa passer Parry.

Arrivé près de la fenêtre, après avoir fait le tour du palais, Parry aperçut de plain-pied avec le balcon, dont on avait descellé la grille, un large échafaud inachevé, mais sur lequel on commençait à clouer une tenture de serge noire.

Cet échafaud, élevé à la hauteur de la fenêtre, c'est-à-dire à près de vingt pieds, avait deux étages inférieurs. Parry, si odieuse que lui fût cette vue, chercha parmi huit ou dix ouvriers qui bâtissaient la sombre machine ceux dont le bruit devait être le plus fatigant pour le roi, et sur le second plancher il aperçut deux hommes qui descellaient à l'aide d'une pince les dernières fiches du balcon de fer ; l'un d'eux, véritable colosse, faisait l'office du bélier antique chargé de renverser les murailles. À chaque coup de son instrument la pierre volait en éclats. L'autre, qui se tenait à genoux tirait à lui les pierres ébranlées.

Il était évident que c'étaient ceux-là qui faisaient le bruit dont se plaignait le roi.

Parry monta à l'échelle et vint à eux.

– Mes amis, dit-il, voulez-vous travailler un peu plus doucement, je vous prie ? Le roi dort, et il a besoin de sommeil.

L'homme qui frappait avec sa pince arrêta son mouvement et se tourna à demi ; mais comme il était debout, Parry ne put voir son visage perdu dans les ténèbres qui s'épaississaient près du plancher.

L'homme qui était à genoux se retourna aussi ; et comme, plus bas que son compagnon, il avait le visage éclairé par la lanterne, Parry put le voir.

Cet homme le regarda fixement et porta un doigt à sa bouche.

Parry recula stupéfait.

– C'est bien, c'est bien, dit l'ouvrier en excellent anglais, retourne dire au roi que s'il dort mal cette nuit-ci, il dormira mieux la nuit prochaine.

Ces rudes paroles, qui, en les prenant au pied de la lettre, avaient un sens si terrible, furent accueillies des ouvriers qui travaillaient sur les côtés et à l'étage inférieur avec une explosion d'affreuse joie.

Parry se retira, croyant qu'il faisait un rêve.

Charles l'attendait avec impatience.

Au moment où il rentra, la sentinelle qui veillait à la porte passa curieusement sa tête par l'ouverture pour voir ce que faisait le roi.

Le roi était accoudé sur son lit.

Parry ferma la porte, et, allant au roi le visage rayonnant de joie :

– Sire, dit-il à voix basse, savez-vous quels sont ces ouvriers qui font tant de bruit ?

– Non, dit Charles en secouant mélancoliquement la tête ; comment veux-tu que je sache cela ? Est-ce que je connais ces hommes ?

– Sire, dit Parry plus bas encore et en se penchant vers le lit de son maître, sire, c'est le comte de La Fère et son compagnon.

– Qui dressent mon échafaud ? dit le roi étonné.

– Oui, et qui en le dressant font un trou à la muraille.

– Chut ! dit le roi en regardant avec terreur autour de lui. Tu les as vus ?

– Je leur ai parlé.

Le roi joignit les mains et leva les yeux au ciel ; puis, après une courte et fervente prière, il se jeta à bas de son lit et alla à la fenêtre, dont il écarta les rideaux ; les sentinelles du balcon y étaient toujours ; puis au-delà du balcon s'étendait une sombre plate-forme sur laquelle elles passaient comme des ombres.

Charles ne put rien distinguer, mais il sentit sous ses pieds la commotion des coups que frappaient ses amis. Et chacun de ces coups maintenant lui répondait au cœur.

Parry ne s'était pas trompé, et il avait bien reconnu Athos. C'était lui, en effet, qui, aidé de Porthos, creusait un trou sur lequel devait poser une des charpentes transversales.

Ce trou communiquait dans une espèce de tambour pratiqué sous le plancher même de la chambre royale. Une fois dans ce tambour, qui ressemblait à un entre-sol fort bas, on pouvait, avec une pince et de bonnes épaules, et cela regardait Porthos, faire sauter une lame du parquet ; le roi alors se glissait par cette ouverture, regagnait avec ses sauveurs un des compartiments de l'échafaud entièrement recouvert de drap noir, s'affublait à son tour d'un habit d'ouvrier qu'on lui avait préparé, et, sans affectation, sans crainte, il descendait avec les quatre compagnons.

Les sentinelles, sans soupçon, voyant des ouvriers qui venaient de travailler à l'échafaud, laissaient passer.

Comme nous l'avons dit, la felouque était toute prête.

Ce plan était large, simple et facile, comme toutes les choses qui naissent d'une résolution hardie.

Donc Athos déchirait ses belles mains si blanches et si fines à lever les pierres arrachées de leur base par Porthos. Déjà il pouvait passer la tête sous les ornements qui décoraient la crédence du balcon. Deux heures encore, il y passerait tout le corps. Avant le jour, le trou serait achevé et disparaîtrait sous les plis d'une tenture intérieure que poserait d'Artagnan. D'Artagnan s'était fait passer pour un ouvrier français et posait les clous avec la régularité du plus habile tapissier. Aramis coupait l'excédent de la serge, qui pendait jusqu'à terre et derrière laquelle se levait la charpente de l'échafaud.

Le jour parut au sommet des maisons. Un grand feu de tourbe et de charbon avait aidé les ouvriers à passer cette nuit si froide du 29 au 30 janvier ; à tout moment les plus acharnés à leur ouvrage s'interrompaient pour aller se réchauffer. Athos et Porthos seuls n'avaient point quitté leur œuvre. Aussi, aux premières lueurs du matin, le trou était-il achevé. Athos y entra, emportant avec lui les habits destinés au roi, enveloppés dans un coupon de serge noire. Porthos lui passa une pince ; et d'Artagnan cloua, luxe bien grand mais fort utile, une tenture de serge intérieure, derrière laquelle le trou et celui qu'il cachait disparurent.

Athos n'avait plus que deux heures de travail pour pouvoir communiquer avec le roi ; et, selon la prévision des quatre amis, ils avaient toute la journée devant eux, puisque, le bourreau manquant, on serait forcé d'aller chercher celui de Bristol.

D'Artagnan alla reprendre son habit marron, et Porthos son pourpoint rouge ; quant à Aramis, il se rendit chez Juxon, afin de pénétrer, s'il était possible, avec lui jusqu'auprès du roi.

Tous trois avaient rendez-vous à midi sur la place de White-Hall pour voir ce qui s'y passerait.

Avant de quitter l'échafaud, Aramis s'était approché de l'ouverture où était caché Athos, afin de lui annoncer qu'il allait tâcher de revoir Charles.

– Adieu donc et bon courage, dit Athos ; rapportez au roi où en sont les choses ; dites-lui que lorsqu'il sera seul il frappe au parquet, afin que je puisse continuer sûrement ma besogne. Si Parry pouvait m'aider en détachant d'avance la plaque inférieure de la cheminée, qui sans doute est une dalle de marbre, ce serait autant de fait. Vous, Aramis, tâchez de ne pas quitter le roi. Parlez haut, très haut, car on vous écoutera de la porte. S'il y a une sentinelle dans l'intérieur de l'appartement, tuez-la sans marchander ; s'il y en a deux, que Parry en tue une et vous l'autre ; s'il y en a trois, faites-vous tuer, mais sauvez le roi.

– Soyez tranquille, dit Aramis, je prendrai deux poignards, afin d'en donner un à Parry. Est-ce tout ?

– Oui, allez ; mais recommandez bien au roi de ne pas faire de fausse générosité. Pendant que vous vous battrez, s'il y a combat, qu'il fuie ; la plaque une fois replacée sur sa tête, vous, mort ou vivant sur cette plaque, on sera dix minutes au moins à retrouver le trou par lequel il aura fui. Pendant ces dix minutes nous aurons fait du chemin et le roi sera sauvé.

– Il sera fait comme vous le dites, Athos. Votre main, car peut-être ne nous reverrons-nous plus.

Athos passa ses bras autour du cou d'Aramis et l'embrassa :

– Pour vous, dit-il. Maintenant, si je meurs, dites à d'Artagnan que je l'aime comme un enfant, et embrassez-le pour moi. Embrassez aussi notre bon et brave Porthos. Adieu.

– Adieu, dit Aramis. Je suis aussi sûr maintenant que le roi se sauvera que je suis sûr de tenir et de serrer la plus loyale main qui soit au monde.

Aramis quitta Athos, descendit de l'échafaud à son tour et regagna l'hôtel en sifflotant l'air d'une chanson à la louange de Cromwell. Il trouva ses deux autres amis attablés près d'un bon feu, buvant une bouteille de vin de Porto et dévorant un poulet froid. Porthos mangeait, tout en maugréant force injures sur ces infâmes parlementaires ; d'Artagnan mangeait en silence, mais en bâtissant dans sa pensée les plans les plus audacieux.

Aramis lui conta tout ce qui était convenu ; d'Artagnan approuva de la tête et Porthos de la voix.

– Bravo ! dit-il ; d'ailleurs nous serons là au moment de sa fuite : on est très bien caché sous cet échafaud, et nous pouvons nous y tenir. Entre d'Artagnan, moi, Grimaud et Mousqueton, nous en tuerons bien huit : je ne parle pas de Blaisois, il n'est bon qu'à garder les chevaux. À deux minutes par homme, c'est quatre minutes ; Mousqueton en perdra une, c'est cinq, pendant ces cinq minutes-là vous pouvez avoir fait un quart de lieue.

Aramis mangea rapidement un morceau, but un verre de vin et changea d'habits.

– Maintenant, dit-il, je me rends chez Sa Grandeur. Chargez-vous de préparer les armes, Porthos ; surveillez bien votre bourreau, d'Artagnan.

– Soyez tranquille, Grimaud a relevé Mousqueton, et il a le pied dessus.

– N'importe, redoublez de surveillance et ne demeurez pas un instant inactif.

– Inactif ! Mon cher, demandez à Porthos : je ne vis pas, je suis sans cesse sur mes jambes, j'ai l'air d'un danseur. Mordioux ! que j'aime la France en ce moment, et qu'il est bon d'avoir une patrie à soi, quand on est si mal dans celle des autres.

Aramis les quitta comme il avait quitté Athos, c'est-à-dire en les embrassant ; puis il se rendit chez l'évêque Juxon, auquel il transmit sa requête. Juxon consentit d'autant plus facilement à emmener Aramis, qu'il avait déjà prévenu qu'il aurait besoin d'un prêtre, au cas certain où le roi voudrait communier, et surtout au cas probable où le roi désirerait entendre une messe.

Vêtu comme Aramis l'était la veille, l'évêque monta dans sa voiture. Aramis, plus déguisé encore par sa pâleur et sa tristesse que par son costume de diacre, monta près de lui. La voiture s'arrêta à la porte de White-Hall ; il était neuf heures du matin à peu près. Rien ne semblait changé ; les antichambres et les corridors, comme la veille, étaient pleins de gardes. Deux sentinelles veillaient à la porte du roi, deux autres se promenaient devant le balcon sur la plate-forme de l'échafaud, où le billot était déjà posé.

Le roi était plein d'espérance ; en revoyant Aramis, cette espérance se changea en joie. Il embrassa Juxon, il serra la main d'Aramis. L'évêque affecta de parler haut et devant tout le monde de leur entrevue de la veille. Le roi lui répondit que les paroles qu'il lui avait dites dans cette entrevue avaient porté leur fruit, et qu'il désirait encore un entretien pareil. Juxon se retourna vers les assistants et les pria de le laisser seul avec le roi. Tout le monde se retira.

Dès que la porte se fut refermée :

– Sire, dit Aramis avec rapidité, vous êtes sauvé ! Le bourreau de Londres a disparu ; son aide s'est cassé la cuisse hier sous les fenêtres de Votre Majesté. Ce cri que nous avons entendu, c'était le sien. Sans doute on s'est déjà aperçu de la disparition de l'exécuteur ; mais il n'y a de bourreau qu'à Bristol, et il faut le temps de l'aller chercher. Nous avons donc au moins jusqu'à demain.

– Mais le comte de La Fère ? demanda le roi.

– À deux pieds de vous, sire. Prenez le poker du brasier et frappez trois coups, vous allez l'entendre vous répondre.

Le roi, d'une main tremblante, prit l'instrument et frappa trois coups à intervalles égaux. Aussitôt des coups sourds et ménagés, répondant au signal donné, retentirent sous le parquet.

– Ainsi, dit le roi, celui qui me répond là...

– Est le comte de La Fère, sire, dit Aramis. Il prépare la voie par laquelle Votre Majesté pourra fuir. Parry, de son côté, soulèvera cette dalle de marbre, et un passage sera tout ouvert.

– Mais, dit Parry, je n'ai aucun instrument.

– Prenez ce poignard, dit Aramis ; seulement prenez garde de le trop émousser, car vous pourrez bien en avoir besoin pour creuser autre chose que la pierre.

– Oh ! Juxon, dit Charles, se retournant vers l'évêque et lui prenant les deux mains, Juxon, retenez la prière de celui qui fut votre roi...

– Qui l'est encore et qui le sera toujours, dit Juxon en baisant la main du prince.

– Priez toute votre vie pour ce gentilhomme que vous voyez, pour cet autre que vous entendez sous nos pieds, pour deux autres encore qui, quelque part qu'ils soient, veillent, j'en suis sûr, à mon salut.

– Sire répondit Juxon, vous serez obéi. Chaque jour il y aura, tant que je vivrai, une prière offerte à Dieu pour ces fidèles amis de Votre Majesté.

Le mineur continua quelque temps encore son travail, qu'on sentait incessamment se rapprocher. Mais tout à coup un bruit inattendu retentit dans la galerie. Aramis saisit le poker et donna le signal de l'interruption.

Ce bruit se rapprochait : c'était celui d'un certain nombre de pas égaux et réguliers. Les quatre hommes restèrent immobiles ; tous les yeux se fixèrent sur la porte, qui s'ouvrit lentement et avec une sorte de solennité.

Des gardes étaient formés en haie dans la chambre qui précédait celle du roi. Un commissaire du Parlement, vêtu de noir et plein d'une gravité de mauvais augure, entra, salua le roi, et déployant un parchemin, lui lut son arrêt comme on a l'habitude de le faire aux condamnés qui vont marcher à l'échafaud.

– Que signifie cela ? demanda Aramis à Juxon.

Juxon fit un signe qui voulait dire qu'il était en tout point aussi ignorant que lui.

– C'est donc pour aujourd'hui ? demanda le roi avec une émotion perceptible seulement pour Juxon et Aramis.

– N'étiez-vous point prévenu, sire, que c'était pour ce matin ? répondit l'homme vêtu de noir.

– Et, dit le roi, je dois périr comme un criminel ordinaire, de la main du bourreau de Londres ?

– Le bourreau de Londres a disparu, sire, dit le commissaire du Parlement ; mais à sa place un homme s'est offert. L'exécution ne sera donc retardée que du temps seulement que vous demanderez pour mettre ordre à vos affaires temporelles et spirituelles.

Une légère sueur qui perla à la racine des cheveux de Charles fut la seule trace d'émotion qu'il donna en apprenant cette nouvelle.

Mais Aramis devint livide. Son cœur ne battait plus : il ferma les yeux et appuya sa main sur une table. En voyant cette profonde douleur, Charles parut oublier la sienne.

Il alla à lui, lui prit la main et l'embrassa.

– Allons, ami, dit-il avec un doux et triste sourire, du courage.

Puis se retournant vers le commissaire :

– Monsieur, dit-il, je suis prêt. Vous le voyez, je ne désire que deux choses qui ne vous retarderont pas beaucoup, je crois : la première, de communier ; la seconde, d'embrasser mes enfants et de leur dire adieu pour la dernière fois ; cela me sera-t-il permis ?

– Oui, sire, répondit le commissaire du Parlement.

Et il sortit.

Aramis, rappelé à lui, s'enfonçait les ongles dans la chair, un immense gémissement sortit de sa poitrine.

– Oh ! monseigneur, s'écria-t-il en saisissant les mains de Juxon, où est Dieu ? où est Dieu ?

– Mon fils, dit avec fermeté l'évêque, vous ne le voyez point, parce que les passions de la terre le cachent.

– Mon enfant, dit le roi à Aramis, ne te désole pas ainsi. Tu demandes ce que fait Dieu ? Dieu regarde ton dévouement et mon martyre, et, crois-moi, l'un et l'autre auront leur récompense ; prends-t'en donc de ce qui arrive aux hommes, et non à Dieu. Ce sont les hommes qui me font mourir, ce sont les hommes qui te font pleurer.

– Oui, sire, dit Aramis, oui, vous avez raison ; c'est aux hommes qu'il faut que je m'en prenne, et c'est à eux que je m'en prendrai.

– Asseyez-vous, Juxon, dit le roi en tombant à genoux, car il vous reste à m'entendre, et il me reste à me confesser. Restez, monsieur, dit-il à Aramis qui faisait un mouvement pour se retirer ; restez, Parry, je n'ai rien à dire, même dans le secret de la pénitence, qui ne puisse se dire en face de tous ; restez, et je n'ai qu'un regret, c'est que le monde entier ne puisse pas m'entendre comme vous et avec vous.

Juxon s'assit, et le roi, agenouillé devant lui comme le plus humble des fidèles, commença sa confession.

XXIII

Remember

La confession royale achevée, Charles communia, puis il demanda à voir ses enfants. Dix heures sonnaient ; comme l'avait dit le roi, ce n'était donc pas un grand retard.

Cependant le peuple était déjà prêt ; il savait que dix heures étaient le moment fixé pour l'exécution, il s'entassait dans les rues adjacentes au palais, et le roi commençait à distinguer ce bruit lointain que font la foule et la mer, quand l'une est agitée par ses passions, l'autre par ses tempêtes.

Les enfants du roi arrivèrent : c'était d'abord la princesse Charlotte, puis le duc de Glocester, c'est-à-dire une petite fille blonde, belle et les yeux mouillés de larmes, puis un jeune garçon de huit à neuf ans, dont l'œil sec et la lèvre dédaigneusement relevée accusaient la fierté naissante. L'enfant avait pleuré toute la nuit, mais devant tout ce monde il ne pleurait pas.

Charles sentit son cœur se fondre à l'aspect de ces deux enfants qu'il n'avait pas vus depuis deux ans, et qu'il ne revoyait qu'au moment de mourir. Une larme vint à ses yeux et il se retourna pour l'essuyer, car il voulait être fort devant ceux à qui il léguait un si lourd héritage de souffrance et de malheur.

Il parla à la jeune fille d'abord ; l'attirant à lui, il lui recommanda la piété, la résignation et l'amour filial ; puis, passant de l'un à l'autre, il prit le jeune duc de Glocester, et l'asseyant sur son genou pour qu'à la fois il pût le presser sur son cœur et baiser son visage :

– Mon fils, lui dit-il, vous avez vu par les rues et dans les antichambres beaucoup de gens en venant ici ; ces gens vont couper la tête à votre père, ne l'oubliez jamais. Peut-être un jour, vous voyant près d'eux et vous ayant en leur pouvoir, voudront-ils vous faire roi à l'exclusion du prince de Galles ou du duc d'York, vos frères aînés qui sont, l'un en France, l'autre je ne sais où ; mais vous n'êtes pas le roi, mon fils, et vous ne pouvez le devenir que par leur mort. Jurez-moi donc de ne pas vous laisser mettre la couronne sur la tête, que vous n'ayez légitimement droit à cette couronne ; car un jour, écoutez bien, mon fils, si vous faisiez cela, tête et couronne, ils abattraient tout, et ce jour-là vous ne pourriez mourir calme et sans remords, comme je meurs. Jurez, mon fils.

L'enfant étendit sa petite main dans celle de son père, et dit :

– Sire, je jure à Votre Majesté...

Charles l'interrompit.

– Henri, dit-il, appelle-moi ton père.

– Mon père, reprit l'enfant, je vous jure qu'ils me tueront avant de me faire roi.

– Bien, mon fils, dit Charles. Maintenant embrassez-moi, et vous aussi, Charlotte, et ne m'oubliez point.

– Oh ! non, jamais ! jamais ! s'écrièrent les deux enfants en lançant leurs bras au cou du roi.

– Adieu, dit Charles ; adieu, mes enfants. Emmenez-les, Juxon ; leurs larmes m'ôteraient le courage de mourir.

Juxon arracha les pauvres enfants des bras de leur père et les remit à ceux qui les avaient amenés.

Derrière eux les portes s'ouvrirent, et tout le monde put entrer.

Le roi, se voyant seul au milieu de la foule des gardes et des curieux qui commençaient à envahir la chambre, se rappela que le comte de La Fère était là bien près, sous le parquet de l'appartement, ne le pouvant voir et espérant peut-être toujours.

Il tremblait que le moindre bruit ne semblât un signal pour Athos, et que celui-ci, en se remettant au travail, ne se trahit lui-même. Il affecta donc l'immobilité et contint par son exemple tous les assistants dans le repos.

Le roi ne se trompait point, Athos était réellement sous ses pieds : il écoutait, il se désespérait de ne pas entendre le signal ; il commençait parfois, dans son impatience, à déchiqueter de nouveau la pierre ; mais, craignant d'être entendu, il s'arrêtait aussitôt.

Cette horrible inaction dura deux heures. Un silence de mort régnait dans la chambre royale.

Alors Athos se décida à chercher la cause de cette sombre et muette tranquillité que troublait seule l'immense rumeur de la foule. Il entrouvrit la tenture qui cachait le trou de la crevasse, et descendit sur le premier étage de l'échafaud. Au-dessus de sa tête, à quatre pouces à peine, était le plancher qui s'étendait au niveau de la plate-forme et qui faisait l'échafaud.

Ce bruit qu'il n'avait entendu que sourdement jusque-là et qui dès lors parvint à lui, sombre et menaçant, le fit bondir de terreur. Il alla jusqu'au bord de l'échafaud, entrouvrit le drap noir à la hauteur de son œil et vit les cavaliers acculés à la terrible machine ; au-delà des cavaliers, une rangée de pertuisaniers ; au-delà des pertuisaniers, des mousquetaires ; et au-delà des mousquetaires les premières files du peuple, qui, pareil à un sombre océan, bouillonnait et mugissait.

« Qu'est-il donc arrivé ? se demanda Athos plus tremblant que le drap dont il froissait les plis. Le peuple se presse, les soldats sont sous les armes, et parmi les spectateurs, qui tous ont les yeux fixés sur la fenêtre, j'aperçois d'Artagnan ! Qu'attend-il ? Que regarde-t-il ? Grand Dieu ! auraient-ils laissé échapper le bourreau ! »

Tout à coup le tambour roula sourd et funèbre sur la place ; un bruit de pas pesants et prolongés retentit au-dessus de sa tête. Il lui sembla que quelque chose de pareil à une procession immense foulait les parquets de White-Hall ; bientôt il entendit craquer les planches mêmes de l'échafaud. Il jeta un dernier regard sur la place, et l'attitude des spectateurs lui apprit ce qu'une dernière espérance restée au fond de son cœur l'empêchait encore de deviner.

Le murmure de la place avait cessé entièrement. Tous les yeux étaient fixés sur la fenêtre de White-Hall, les bouches entrouvertes et les haleines suspendues indiquaient l'attente de quelque terrible spectacle.

Ce bruit de pas que, de la place qu'il occupait alors sous le parquet de l'appartement du roi, Athos avait entendu au-dessus de sa tête se reproduisit sur l'échafaud, qui plia sous le poids, de façon à ce que les planches touchèrent presque la tête du malheureux gentilhomme. C'était évidemment deux files de soldats qui prenaient leur place.

Au même instant une voix bien connue du gentilhomme, une noble voix prononça ces paroles au-dessus de sa tête :

– Monsieur le colonel, je désire parler au peuple.

Athos frissonna des pieds à la tête : c'était bien le roi qui parlait sur l'échafaud.

En effet, après avoir bu quelques gouttes de vin et rompu un pain, Charles, las d'attendre la mort, s'était tout à coup décidé à aller au-devant d'elle et avait donné le signal de la marche.

Alors on avait ouvert à deux battants la fenêtre donnant sur la place, et du fond de la vaste chambre, le peuple avait pu voir s'avancer silencieusement d'abord un homme masqué, qu'à la hache qu'il tenait à la main il avait reconnu pour le bourreau. Cet homme s'était approché du billot et y avait déposé sa hache.

C'était le premier bruit qu'Athos avait entendu.

Puis, derrière cet homme, pâle sans doute, mais calme et marchant d'un pas ferme, Charles Stuart, lequel s'avançait entre deux prêtres suivis de quelques officiers supérieurs, chargés de présider à l'exécution, et escorté de deux files de pertuisaniers, qui se rangèrent aux deux côtés de l'échafaud.

La vue de l'homme masqué avait provoqué une longue rumeur. Chacun était plein de curiosité pour savoir quel était ce bourreau inconnu qui s'était présenté si à point pour que le terrible spectacle promis au peuple pût avoir lieu, quand le peuple avait cru que ce spectacle était remis au lendemain. Chacun l'avait donc dévoré des yeux ; mais tout ce qu'on avait pu voir, c'est que c'était un homme de moyenne taille, vêtu tout en noir, et qui paraissait déjà d'un certain âge, car l'extrémité d'une barbe grisonnante dépassait le bas du masque qui lui couvrait le visage.

Mais à la vue du roi si calme, si noble, si digne, le silence s'était à l'instant même rétabli, de sorte que chacun put entendre le désir qu'il avait manifesté de parler au peuple.

À cette demande, celui à qui elle était adressée avait sans doute répondu par un signe affirmatif, car d'une voix ferme et sonore, et qui vibra jusqu'au fond du cœur d'Athos, le roi commença de parler.

Il expliquait sa conduite au peuple et lui donnait des conseils pour le bien de l'Angleterre.

« Oh ! se disait Athos en lui-même, est-il bien possible que j'entende ce que j'entends et que je voie ce que je vois ? Est-il bien possible que Dieu ait abandonné son représentant sur la terre à ce point qu'il le laisse mourir si misérablement !... Et moi qui ne l'ai pas vu ! Moi qui ne lui ai pas dit adieu ! »

Un bruit pareil à celui qu'aurait fait l'instrument de mort remué sur le billot se fit entendre.

Le roi s'interrompit.

– Ne touchez pas à la hache, dit-il.

Et il reprit son discours où il l'avait laissé.

Le discours fini, un silence de glace s'établit sur la tête du comte. Il avait la main à son front, et entre sa main et son front ruisselaient des gouttes de sueur, quoique l'air fût glacé.

Ce silence indiquait les derniers préparatifs.

Le discours terminé, le roi avait promené sur la foule un regard plein de miséricorde ; et détachant l'ordre qu'il portait, et qui était cette même plaque en diamants que la reine lui avait envoyée, il la remit au prêtre qui accompagnait Juxon. Puis il tira de sa poitrine une petite croix en diamants aussi. Celle-là, comme la plaque, venait de madame Henriette.

– Monsieur, dit-il en s'adressant au prêtre qui accompagnait Juxon, je garderai cette croix dans ma main jusqu'au dernier moment ; vous me la reprendrez quand je serai mort.

– Oui, sire, dit une voix qu'Athos reconnut pour celle d'Aramis.

Alors Charles, qui jusque-là s'était tenu la tête couverte, prit son chapeau et le jeta près de lui ; puis un à un il défit tous les boutons de son pourpoint, se dévêtit et le jeta près de son chapeau. Alors, comme il faisait froid, il demanda sa robe de chambre, qu'on lui donna.

Tous ces préparatifs avaient été faits avec un calme effrayant.

On eût dit que le roi allait se coucher dans son lit et non dans son cercueil.

Enfin, relevant ses cheveux avec la main :

– Vous gêneront-ils, monsieur ? dit-il au bourreau. En ce cas on pourrait les retenir avec un cordon.

Charles accompagna ces paroles d'un regard qui semblait vouloir pénétrer sous le masque de l'inconnu. Ce regard si noble, si calme et si assuré força cet homme à détourner la tête. Mais derrière le regard profond du roi il trouva le regard ardent d'Aramis.

Le roi, voyant qu'il ne répondait pas, répéta sa question.

– Il suffira, répondit l'homme d'une voix sourde, que vous les écartiez sur le cou.

Le roi sépara ses cheveux avec les deux mains, et regardant le billot :

– Ce billot est bien bas, dit-il, n'y en aurait-il point de plus élevé ?

– C'est le billot ordinaire, répondit l'homme masqué.

– Croyez-vous me couper la tête d'un seul coup ? demanda le roi.

– Je l'espère, répondit l'exécuteur.

Il y avait dans ces deux mots : *Je l'espère*, une si étrange intonation, que tout le monde frissonna, excepté le roi.

– C'est bien, dit le roi ; et maintenant, bourreau, écoute.

L'homme masqué fit un pas vers le roi et s'appuya sur sa hache.

– Je ne veux pas que tu me surprennes, lui dit Charles. Je m'agenouillerai pour prier, alors ne frappe pas encore.

– Et quand frapperai-je ? demanda l'homme masqué.

– Quand je poserai le cou sur le billot et que je tendrai les bras en disant : *Remember*, alors frappe hardiment.

L'homme masqué s'inclina légèrement.

– Voici le moment de quitter le monde, dit le roi à ceux qui l'entouraient. Messieurs, je vous laisse au milieu de la tempête et vous précède dans cette patrie qui ne connaît pas d'orage. Adieu.

Il regarda Aramis et lui fit un signe de tête particulier.

– Maintenant, continua-t-il, éloignez-vous et laissez-moi faire tout bas ma prière, je vous prie. Éloigne-toi aussi, dit-il à l'homme masqué ; ce n'est que pour un instant, et je sais que je t'appartiens ; mais souviens-toi de ne frapper qu'à mon signal.

Alors Charles s'agenouilla, fit le signe de la croix, approcha sa bouche des planches comme s'il eût voulu baiser la plate-forme ; puis s'appuyant d'une main sur le plancher et de l'autre sur le billot :

– Comte de La Fère, dit-il en français, êtes-vous là et puis-je parler ?

Cette voix frappa droit au cœur d'Athos et le perça comme un fer glacé.

– Oui, Majesté, dit-il en tremblant.

– Ami fidèle, cœur généreux, dit le roi, je n'ai pu être sauvé, je ne devais pas l'être. Maintenant, dussé-je commettre un sacrilège, je te dirai : Oui, j'ai parlé aux hommes, j'ai parlé à Dieu, je te parle à toi le dernier. Pour soutenir une cause que j'ai crue sacrée, j'ai perdu le trône de mes pères et diverti l'héritage de mes enfants. Un million en or me reste, je l'ai enterré dans les caves du château de Newcastle au moment où j'ai quitté cette ville. Cet argent, toi seul sais qu'il existe, fais-en usage quand tu croiras qu'il en sera temps pour le plus grand bien de mon fils aîné ; et maintenant, comte de La Fère, dites-moi adieu.

– Adieu, Majesté sainte et martyre, balbutia Athos glacé de terreur.

Il se fit alors un instant de silence, pendant lequel il sembla à Athos que le roi se relevait et changeait de position.

Puis d'une voix pleine et sonore, de manière qu'on l'entendît non seulement sur l'échafaud, mais encore sur la place :

– *Remember*, dit le roi.

Il achevait à peine ce mot qu'un coup terrible ébranla le plancher de l'échafaud ; la poussière s'échappa du drap et aveugla le malheureux gentilhomme. Puis soudain, comme par un mouvement machinal il levait les yeux et la tête, une goutte chaude tomba sur son front. Athos recula avec un frisson d'épouvante, et au même instant, les gouttes se changèrent en une noire cascade, qui rejaillit sur le plancher.

Athos, tombé lui-même à genoux, demeura pendant quelques instants comme frappé de folie et d'impuissance. Bientôt, à son murmure décroissant, il s'aperçut que la foule s'éloignait ; il demeura encore un instant immobile, muet et consterné. Alors se retournant, il alla tremper le bout de son mouchoir dans le sang du roi martyr ; puis, comme la foule s'éloignait de plus en plus, il descendit, fendit le drap, et se glissa entre deux chevaux, se mêla au peuple dont il portait le vêtement, et arriva le premier à la taverne.

Monté à sa chambre, il se regarda dans une glace, vit son front marqué d'une large tache rouge, porta la main à son front, la retira pleine du sang du roi et s'évanouit.

XXIV

L'homme masqué

Quoiqu'il ne fût que quatre heures du soir, il faisait nuit close ; la neige tombait épaisse et glacée. Aramis rentra à son tour et trouva Athos, sinon sans connaissance, du moins anéanti.

Aux premiers mots de son ami, le comte sortit de l'espèce de léthargie où il était tombé.

– Eh bien ! dit Aramis, vaincus par la fatalité.

– Vaincus ! dit Athos. Noble et malheureux roi !

– Êtes-vous donc blessé ? demanda Aramis.

– Non, ce sang est le sien.

Le comte s'essuya le front.

– Où étiez-vous donc ?

– Où vous m'aviez laissé, sous l'échafaud.

– Et vous avez tout vu ?

– Non, mais tout entendu ; Dieu me garde d'une autre heure pareille à celle que je viens de passer ! N'ai-je point les cheveux blancs ?

– Alors vous savez que je ne l'ai point quitté ?

– J'ai entendu votre voix jusqu'au dernier moment.

– Voici la plaque qu'il m'a donnée, dit Aramis, voici la croix que j'ai retirée de sa main ; il désirait qu'elles fussent remises à la reine.

– Et voilà un mouchoir pour les envelopper, dit Athos.

Et il tira de sa poche le mouchoir qu'il avait trempé dans le sang du roi.

– Maintenant, demanda Athos, qu'a-t-on fait de ce pauvre cadavre ?

– Par ordre de Cromwell, les honneurs royaux lui seront rendus. Nous avons placé le corps dans un cercueil de plomb ; les médecins s'occupent d'embaumer ces malheureux restes, et, leur œuvre finie, le roi sera déposé dans une chapelle ardente.

– Dérision ! murmura sombrement Athos ; les honneurs royaux à celui qu'ils ont assassiné !

– Cela prouve, dit Aramis, que le roi meurt, mais que la royauté ne meurt pas.

– Hélas ! dit Athos, c'est peut-être le dernier roi chevalier qu'aura eu le monde.

– Allons, ne vous désolez pas, comte, dit une grosse voix dans l'escalier, où retentissaient les larges pas de Porthos, nous sommes tous mortels, mes pauvres amis.

– Vous arrivez tard, mon cher Porthos, dit le comte de La Fère.

– Oui, dit Porthos, il y avait des gens sur ma route qui m'ont retardé. Ils dansaient, les misérables ! J'en ai pris un par le cou et je crois l'avoir un peu étranglé. Juste en ce moment une patrouille est venue. Heureusement, celui à qui j'avais eu particulièrement affaire a été quelques minutes sans pouvoir parler. J'ai profité de cela pour me jeter dans une petite rue. Cette petite rue m'a conduit dans une autre plus petite encore. Alors je me suis perdu. Je ne connais pas Londres, je ne sais pas l'anglais, j'ai cru que je ne me retrouverais jamais ; enfin me voilà.

– Mais d'Artagnan, dit Aramis, ne l'avez-vous point vu et ne lui serait-il rien arrivé ?

– Nous avons été séparés par la foule, dit Porthos, et, quelques efforts que j'aie faits, je n'ai pas pu le rejoindre.

– Oh ! dit Athos avec amertume, je l'ai vu, moi ; il était au premier rang de la foule, admirablement placé pour ne rien perdre ; et comme, à tout prendre, le spectacle était curieux, il aura voulu voir jusqu'au bout.

– Oh ! comte de La Fère, dit une voix calme, quoique étouffée par la précipitation de la course, est-ce bien vous qui calomniez les absents ?

Ce reproche atteignit Athos au cœur. Cependant, comme l'impression que lui avait produite d'Artagnan aux premiers rangs de ce peuple stupide et féroce était profonde, il se contenta de répondre :

– Je ne vous calomnie pas, mon ami. On était inquiet de vous ici, et j'ai dit où vous étiez. Vous ne connaissiez pas le roi Charles, ce n'était qu'un étranger pour vous, et vous n'étiez pas forcé de l'aimer.

Et en disant ces mots il tendit la main à son ami. Mais d'Artagnan fit semblant de ne point voir le geste d'Athos et garda sa main sous son manteau.

Athos laissa retomber lentement la sienne près de lui.

– Ouf ! je suis las, dit d'Artagnan, et il s'assit.

– Buvez un verre de porto, dit Aramis en prenant une bouteille sur une table et en remplissant un verre ; buvez, cela vous remettra.

– Oui, buvons, dit Athos, qui, sensible au mécontentement du Gascon, voulait choquer son verre contre le sien, buvons et quittons cet abominable pays. La felouque nous attend, vous le savez ; partons ce soir, nous n'avons plus rien à faire ici.

– Vous êtes bien pressé, monsieur le comte, dit d'Artagnan.

– Ce sol sanglant me brûle les pieds, dit Athos.

– La neige ne me fait pas cet effet, à moi, dit tranquillement le Gascon.

– Mais que voulez-vous donc que nous fassions, dit Athos, maintenant que le roi est mort ?

– Ainsi, monsieur le comte, dit d'Artagnan avec négligence, vous ne voyez point qu'il vous reste quelque chose à faire en Angleterre ?

– Rien, rien, dit Athos, qu'à douter de la bonté divine et à mépriser mes propres forces.

– Eh bien ! moi, dit d'Artagnan, moi chétif, moi badaud sanguinaire, qui suis allé me placer à trente pas de l'échafaud pour mieux voir tomber la tête de ce roi que je ne connaissais pas, et qui, à ce qu'il paraît, m'était indifférent, je pense autrement que monsieur le comte... je reste !

Athos pâlit extrêmement ; chaque reproche de son ami vibrait jusqu'au plus profond de son cœur.

– Ah ! vous restez à Londres ? dit Porthos à d'Artagnan.

– Oui, dit celui-ci. Et vous ?

– Dame ! dit Porthos un peu embarrassé vis-à-vis d'Athos et d'Aramis, dame ! si vous restez, comme je suis venu avec vous, je ne m'en irai qu'avec vous ; je ne vous laisserai pas seul dans cet abominable pays.

– Merci, mon excellent ami. Alors j'ai une petite entreprise à vous proposer, et que nous mettrons à exécution ensemble quand monsieur le comte sera parti, et dont l'idée m'est venue pendant que je regardais le spectacle que vous savez.

– Laquelle ? dit Porthos.

– C'est de savoir quel est cet homme masqué qui s'est offert si obligeamment pour couper le cou du roi.

– Un homme masqué ! s'écria Athos, vous n'avez donc pas laissé fuir le bourreau ?

– Le bourreau ? dit d'Artagnan, il est toujours dans la cave, où je présume qu'il dit deux mots aux bouteilles de notre hôte. Mais vous m'y faites penser...

Il alla à la porte.

– Mousqueton ! dit-il.

– Monsieur ? répondit une voix qui semblait sortir des profondeurs de la terre.

– Lâchez votre prisonnier, dit d'Artagnan, tout est fini.

– Mais, dit Athos, quel est donc le misérable qui a porté la main sur son roi ?

– Un bourreau amateur, qui, du reste, manie la hache avec facilité, car, ainsi qu'*il l'espérait*, dit Aramis, il ne lui a fallu qu'un coup.

– N'avez-vous point vu son visage ? demanda Athos.

– Il avait un masque, dit d'Artagnan.

– Mais vous qui étiez près de lui, Aramis ?

– Je n'ai vu qu'une barbe grisonnante qui passait sous le masque.

– C'est donc un homme d'un certain âge ? demanda Athos.

– Oh ! dit d'Artagnan, cela ne signifie rien. Quand on met un masque, on peut bien mettre une barbe.

– Je suis fâché de ne pas l'avoir suivi, dit Porthos.

– Eh bien ! mon cher Porthos, dit d'Artagnan, voilà justement l'idée qui m'est venue, à moi.

Athos comprit tout ; il se leva.

– Pardonne-moi, d'Artagnan, dit-il ; j'ai douté de Dieu, je pouvais bien douter de toi. Pardonne-moi, ami.

– Nous verrons cela tout à l'heure, dit d'Artagnan avec un demi-sourire.

– Eh bien ? dit Aramis.

– Eh bien, reprit d'Artagnan, tandis que je regardais, non pas le roi, comme le pense monsieur le comte, car je sais ce que c'est qu'un homme qui va mourir, et, quoique je dusse être habitué à ces sortes de choses, elles me font toujours mal, mais bien le bourreau masqué, cette idée me vint, ainsi que je vous l'ai dit, de savoir qui il était. Or, comme nous avons l'habitude de nous compléter les uns par les autres, et de nous appeler à l'aide, comme on appelle sa seconde main au secours de la première, je regardai machinalement autour de moi pour voir si Porthos ne serait pas là ; car je vous avais reconnu près du roi, Aramis, et vous, comte, je savais que vous deviez être sous l'échafaud. Ce qui fait que je vous pardonne, ajouta-t-il en tendant la main à Athos, car vous avez bien dû souffrir. Je regardais donc autour de moi quand je vis à ma droite une tête qui avait été fendue, et qui, tant bien que mal, s'était raccommodée avec du taffetas noir. « Parbleu ! me dis-je, il me semble que voilà une couture de ma façon, et que j'ai recousu ce crâne-là quelque part. » En effet, c'était ce malheureux Écossais, le frère de Parry, vous savez, celui sur lequel Groslow s'est amusé à essayer ses forces, et qui n'avait plus qu'une moitié de tête quand nous le rencontrâmes.

– Parfaitement, dit Porthos, l'homme aux poules noires.

– Vous l'avez dit, lui-même ; il faisait des signes à un autre homme qui se trouvait à ma gauche ; je me retournai, et je reconnus l'honnête Grimaud, tout occupé comme moi à dévorer des yeux mon bourreau masqué.

« – Oh ! lui fis-je. Or, comme cette syllabe est l'abréviation dont se sert M. le comte les jours où il lui parle, Grimaud comprit que c'était lui qu'on appelait, et se retourna comme mû par un ressort ; il me reconnut à son tour, alors, allongeant le doigt vers l'homme masqué :

« – Hein ? dit-il. Ce qui voulait dire : avez-vous vu ?

« – Parbleu ! répondis-je.

« Nous nous étions parfaitement compris.

« Je me retournai vers notre Écossais ; celui-là aussi avait des regards parlants.

« Bref, tout finit, vous savez comment, d'une façon fort lugubre. Le peuple s'éloigna ; peu à peu le soir venait ; je m'étais retiré dans un coin de la place avec Grimaud et l'Écossais, auquel j'avais fait signe de demeurer avec nous, et je regardais de là le bourreau, qui, rentré dans la chambre royale, changeait d'habit ; le sien était ensanglanté sans doute. Après quoi il mit un chapeau noir sur sa tête, s'enveloppa d'un manteau et disparut. Je devinai qu'il allait sortir et je courus en face de la porte. En effet, cinq minutes après nous le vîmes descendre l'escalier.

– Vous l'avez suivi ? s'écria Athos.

– Parbleu ! dit d'Artagnan ; mais ce n'est pas sans peine, allez ! À chaque instant il se retournait ; alors nous étions obligés de nous cacher ou de prendre des airs indifférents. J'aurais été à lui et je l'aurais bien tué ; mais je ne suis pas égoïste, moi, et c'était un régal que je vous ménageais, à Aramis et à vous, Athos, pour vous consoler un peu. Enfin, après une demi-heure de marche à travers les rues les plus tortueuses de la Cité, il arriva à une petite maison isolée, où pas un bruit, pas une lumière n'annonçaient la présence de l'homme.

« Grimaud tira de ses larges chausses un pistolet.

« – Hein ? dit-il en le montrant.

« – Non pas, lui dis-je. Et je lui arrêtai le bras.

« Je vous l'ai dit, j'avais mon idée.

« L'homme masqué s'arrêta devant une porte basse et tira une clef ; mais avant de la mettre dans la serrure, il se retourna pour voir s'il n'avait pas été suivi. J'étais blotti derrière un arbre ; Grimaud derrière une borne ; l'Écossais, qui n'avait rien pour se cacher, se jeta à plat ventre sur le chemin.

« Sans doute celui que nous poursuivons se crut bien seul, car j'entendis le grincement de la clef ; la porte s'ouvrit et il disparut.

– Le misérable ! dit Aramis, pendant que vous êtes revenu, il aura fui, et nous ne le retrouverons pas.

– Allons donc, Aramis, dit d'Artagnan, vous me prenez pour un autre.

– Cependant, dit Athos, en votre absence...

– Eh bien, en mon absence, n'avais-je pas pour me remplacer Grimaud et l'Écossais ? Avant qu'il eût le temps de faire dix pas dans l'intérieur j'avais fait le tour de la maison, moi. À l'une des portes, celle par laquelle il était entré, j'ai mis notre Écossais en lui faisant signe que si l'homme au masque noir sortait, il fallait le suivre où il allait, tandis que Grimaud le suivrait lui-même et reviendrait nous attendre où nous étions. Enfin, j'ai mis Grimaud à la seconde issue, en lui faisant la même recommandation, et me voilà. La bête est cernée ; maintenant, qui veut voir l'hallali ?

Athos se précipita dans les bras de d'Artagnan, qui s'essuyait le front.

– Ami, dit-il, en vérité vous avez été trop bon de me pardonner ; j'ai tort, cent fois tort, je devrais vous connaître pourtant ; mais il y a au fond de nous quelque chose de méchant qui doute sans cesse.

– Hum ! dit Porthos, est-ce que le bourreau ne serait point par hasard M. Cromwell, qui pour être sûr que sa besogne fût bien faite, aurait voulu la faire lui-même !

– Ah bien ! oui ! M. Cromwell est gros et court, et celui-là mince, élancé et plutôt grand que petit.

– Quelque soldat condamné auquel on aura offert sa grâce à ce prix, dit Athos, comme on a fait pour le malheureux Chalais.

– Non, non, continua d'Artagnan, ce n'est point la marche mesurée d'un fantassin ; ce n'est point non plus le pas écarté d'un homme de cheval. Il y a dans tout cela une jambe fine, une allure distinguée. Ou je me trompe fort, ou nous avons affaire à un gentilhomme.

– Un gentilhomme ! s'écria Athos, impossible ! Ce serait un déshonneur pour toute la seigneurie.

– Belle chasse ! dit Porthos avec un rire qui fit trembler les vitres ; belle chasse, mordieu !

– Partez-vous toujours, Athos ? demanda d'Artagnan.

– Non, je reste, répondit le gentilhomme avec un geste de menace qui ne promettait rien de bon à celui à qui ce geste était adressé.

– Alors, les épées ! dit Aramis, les épées ! et ne perdons pas un instant.

Les quatre amis reprirent promptement leurs habits de gentilshommes, ceignirent leurs épées, firent monter Mousqueton, Blaisois, et leur ordonnèrent de régler la dépense avec l'hôte et de tenir tout prêt pour leur départ, les probabilités étant que l'on quitterait Londres la nuit même.

La nuit s'était assombrie encore, la neige continuait de tomber et semblait un vaste linceul étendu sur la ville régicide ; il était sept heures du soir à peu près, à peine voyait-on quelques passants dans les rues, chacun s'entretenait en famille et tout bas des événements terribles de la journée.

Les quatre amis, enveloppés de leurs manteaux, traversèrent toutes les places et les rues de la Cité, si fréquentées le jour, et si désertes cette nuit-là. D'Artagnan les conduisait, essayant de reconnaître de temps en temps des croix qu'il avait faites avec son poignard sur les murailles ; mais la nuit était si sombre que les vestiges indicateurs avaient grand-peine à être reconnus. Cependant d'Artagnan avait si bien incrusté dans sa tête chaque borne, chaque fontaine, chaque enseigne, qu'au bout d'une demi-heure de marche il parvint, avec ses trois compagnons, en vue de la maison isolée.

D'Artagnan crut un instant que le frère de Parry avait disparu ; il se trompait : le robuste Écossais, accoutumé aux glaces de ses montagnes, s'était étendu contre une borne, et comme une statue abattue de sa base, insensible aux intempéries de la saison, s'était laissé recouvrir de neige ; mais à l'approche des quatre hommes il se leva.

– Allons, dit Athos, voici encore un bon serviteur. Vrai Dieu ! les braves gens sont moins rares qu'on ne le croit ; cela encourage.

– Ne nous pressons pas de tresser des couronnes pour notre Écossais, dit d'Artagnan ; je crois que le drôle est ici pour son propre compte. J'ai entendu dire que ces messieurs qui ont vu le jour de l'autre côté de la Tweed sont fort rancuniers. Gare à maître Groslow ! il pourra bien passer un mauvais quart d'heure s'il le rencontre.

En se détachant de ses amis il s'approcha de l'Écossais et se fit reconnaître. Puis il fit signe aux autres de venir.

– Eh bien ? dit Athos en anglais.

– Personne n'est sorti, répondit le frère de Parry.

– Bien, restez avec cet homme, Porthos, et vous aussi, Aramis. D'Artagnan va me conduire à Grimaud.

Grimaud, non moins habile que l'Écossais, était collé contre un saule creux dont il s'était fait une guérite. Un instant, comme il l'avait craint pour l'autre sentinelle, d'Artagnan crut que l'homme masqué était sorti et que Grimaud l'avait suivi.

Tout à coup une tête apparut et fit entendre un léger sifflement.

– Oh ! dit Athos.

– Oui, répondit Grimaud.

Ils se rapprochèrent du saule.

– Eh bien, demanda d'Artagnan, quelqu'un est-il sorti ?

– Non, mais quelqu'un est entré, dit Grimaud.

– Un homme ou une femme ?

– Un homme.

– Ah ! ah ! dit d'Artagnan ; ils sont deux, alors.

– Je voudrais qu'ils fussent quatre, dit Athos, au moins la partie serait égale.

– Peut-être sont-ils quatre, dit d'Artagnan.

– Comment cela ?

– D'autres hommes ne pouvaient-ils pas être dans cette maison avant eux et les y attendre ?

– On peut voir, dit Grimaud en montrant une fenêtre à travers les contrevents de laquelle filtraient quelques rayons de lumière.

– C'est juste, dit d'Artagnan, appelons les autres.

Et ils tournèrent autour de la maison pour faire signe à Porthos et à Aramis de venir.

Ceux-ci accoururent empressés.

– Avez-vous vu quelque chose ? dirent-ils.

– Non, mais nous allons voir, répondit d'Artagnan en montrant Grimaud, qui, en s'accrochant aux aspérités de la muraille, était déjà parvenu à cinq ou six pieds de la terre.

Tous quatre se rapprochèrent. Grimaud continuait son ascension avec l'adresse d'un chat ; enfin il parvint à saisir un de ces crochets qui servent à maintenir les contrevents quand ils sont ouverts ; en même temps son pied trouva une moulure qui parut lui présenter un point d'appui suffisant, car il fit un signe qui indiquait qu'il était arrivé à son but. Alors il approcha son œil de la fente du volet.

– Eh bien ? demanda d'Artagnan.

Grimaud montra sa main fermée avec deux doigts ouverts seulement.

– Parle, dit Athos, on ne voit pas tes signes. Combien sont-ils ?

Grimaud fit un effort sur lui-même.

– Deux, dit-il, l'un est en face de moi ; l'autre me tourne le dos.

– Bien. Et quel est celui qui est en face de toi ?

– L'homme que j'ai vu passer.

– Le connais-tu ?

– J'ai cru le reconnaître et je ne me trompais pas ; gros et court.

– Qui est-ce ? demandèrent ensemble et à voix basse les quatre amis.

– Le général Olivier Cromwell.

Les quatre amis se regardèrent.

– Et l'autre ? demanda Athos.

– Maigre et élancé.

– C'est le bourreau, dirent à la fois d'Artagnan et Aramis.

– Je ne vois que son dos, reprit Grimaud ; mais attendez, il fait un mouvement, il se retourne ; et s'il a déposé son masque, je pourrai voir... Ah !

Grimaud, comme s'il eût été frappé au cœur, lâcha le crochet de fer et se rejeta en arrière en poussant un gémissement sourd. Porthos le retint dans ses bras.

– L'as-tu vu ? dirent les quatre amis.

– Oui, dit Grimaud les cheveux hérissés et la sueur au front.

– L'homme maigre et élancé ? dit d'Artagnan.

– Oui.

– Le bourreau, enfin ? demanda Aramis.

– Oui.

– Et qui est-ce ? dit Porthos.

– Lui ! lui ! balbutia Grimaud pâle comme un mort et saisissant de ses mains tremblantes la main de son maître.

– Qui, lui ? demanda Athos.

– Mordaunt !... répondit Grimaud.

D'Artagnan, Porthos et Aramis poussèrent une exclamation de joie.

Athos fit un pas en arrière et passa la main sur son front :

– Fatalité ! murmura-t-il.

FIN DU TOME TROISIÈME

Tome IV

I

La maison de Cromwell

C'était effectivement Mordaunt que d'Artagnan avait suivi sans le reconnaître.

En entrant dans la maison il avait ôté son masque, enlevé la barbe grisonnante qu'il avait mise pour se déguiser, avait monté l'escalier, avait ouvert une porte, et, dans une chambre éclairée par la lueur d'une lampe et tendue d'une tenture de couleur sombre, s'était trouvé en face d'un homme assis devant un bureau et écrivant.

Cet homme, c'était Cromwell.

Cromwell avait dans Londres, on le sait, deux ou trois de ces retraites inconnues même au commun de ses amis, et dont il ne livrait le secret qu'à ses plus intimes. Or, Mordaunt, on se le rappelle, pouvait être compté au nombre de ces derniers.

Lorsqu'il entra, Cromwell leva la tête.

– C'est vous, Mordaunt, lui dit-il, vous venez tard.

– Général, répondit Mordaunt, j'ai voulu voir la cérémonie jusqu'au bout, cela m'a retardé.

– Ah ! dit Cromwell, je ne vous croyais pas d'ordinaire aussi curieux que cela.

– Je suis toujours curieux de voir la chute d'un des ennemis de Votre Honneur, et celui-là n'était pas compté au nombre des plus petits. Mais vous, général, n'étiez-vous pas à White-Hall ?

– Non, dit Cromwell.

Il y eut un moment de silence.

– Avez-vous eu des détails ? demanda Mordaunt.

– Aucun. Je suis ici depuis le matin. Je sais seulement qu'il y avait un complot pour sauver le roi.

– Ah ! vous saviez cela ? dit Mordaunt.

– Peu importe. Quatre hommes déguisés en ouvriers devaient tirer le roi de prison et le conduire à Greenwich, où une barque l'attendait.

– Et sachant tout cela, Votre Honneur se tenait ici, loin de la Cité, tranquille et inactif !

– Tranquille, oui, répondit Cromwell ; mais qui vous dit inactif ?

– Cependant, si le complot avait réussi ?

– Je l'eusse désiré.

– Je pensais que Votre Honneur regardait la mort de Charles Ier comme un malheur nécessaire au bien de l'Angleterre.

– Eh bien ! dit Cromwell, c'est toujours mon avis. Mais, pourvu qu'il mourût, c'était tout ce qu'il fallait ; mieux eût valu, peut-être, que ce ne fût point sur un échafaud.

– Pourquoi cela, Votre Honneur ?

Cromwell sourit.

– Pardon, dit Mordaunt, mais vous savez, général, que je suis un apprenti politique, et je désire profiter en toutes circonstances des leçons que veut bien me donner mon maître.

– Parce qu'on eût dit que je l'avais fait condamner par justice, et que je l'avais laissé fuir par miséricorde.

– Mais s'il avait fui effectivement ?

– Impossible.

– Impossible ?

– Oui, mes précautions étaient prises.

– Et Votre Honneur connaît-il les quatre hommes qui avaient entrepris de sauver le roi ?

– Ce sont ces quatre Français dont deux ont été envoyés par madame Henriette à son mari, et deux par Mazarin à moi.

– Et croyez-vous, monsieur, que Mazarin les ait chargés de faire ce qu'ils ont fait ?

– C'est possible, mais il les désavouera.

– Vous croyez ?

– J'en suis sûr.

– Pourquoi cela ?

– Parce qu'ils ont échoué.

– Votre Honneur m'avait donné deux de ces Français alors qu'ils n'étaient coupables que d'avoir porté les armes en faveur de Charles Ier.

Maintenant qu'ils sont coupables de complot contre l'Angleterre, Votre Honneur veut-il me les donner tous les quatre ?

– Prenez-les, dit Cromwell.

Mordaunt s'inclina avec un sourire de triomphale férocité.

– Mais, dit Cromwell, voyant que Mordaunt s'apprêtait à le remercier, revenons, s'il vous plaît, à ce malheureux Charles. A-t-on crié parmi le peuple ?

– Fort peu, si ce n'est : « Vive Cromwell ! »

– Où étiez-vous placé ?

Mordaunt regarda un instant le général pour essayer de lire dans ses yeux s'il faisait une question inutile et s'il savait tout.

Mais le regard ardent de Mordaunt ne put pénétrer dans les sombres profondeurs du regard de Cromwell.

– J'étais placé de manière à tout voir et à tout entendre, répondit Mordaunt.

Ce fut au tour de Cromwell de regarder fixement Mordaunt et au tour de Mordaunt de se rendre impénétrable. Après quelques secondes d'examen, il détourna les yeux avec indifférence.

– Il paraît, dit Cromwell, que le bourreau improvisé a fort bien fait son devoir. Le coup, à ce qu'on m'a rapporté du moins, a été appliqué de main de maître.

Mordaunt se rappela que Cromwell lui avait dit n'avoir aucun détail, et il fut dès lors convaincu que le général avait assisté à l'exécution, caché derrière quelque rideau ou quelque jalousie.

– En effet, dit Mordaunt d'une voix calme et avec un visage impassible, un seul coup a suffi.

– Peut-être, dit Cromwell, était-ce un homme du métier.

– Le croyez-vous, monsieur ?

– Pourquoi pas ?

– Cet homme n'avait pas l'air d'un bourreau.

– Et quel autre qu'un bourreau, demanda Cromwell, eût voulu exercer cet affreux métier ?

– Mais, dit Mordaunt, peut-être quelque ennemi personnel du roi Charles, qui aura fait vœu de vengeance et qui aura accompli ce vœu, peut-être quelque gentilhomme qui avait de graves raisons de haïr le roi déchu, et qui, sachant qu'il allait fuir et lui échapper, s'est placé ainsi sur sa route, le front masqué et la hache à la main, non plus comme suppléant du bourreau, mais comme mandataire de la fatalité.

– C'est possible, dit Cromwell.

– Et si cela était ainsi, dit Mordaunt, Votre Honneur condamnerait-il son action ?

– Ce n'est point à moi de juger, dit Cromwell. C'est une affaire entre lui et Dieu.

– Mais si Votre Honneur connaissait ce gentilhomme ?

– Je ne le connais pas, monsieur, répondit Cromwell, et ne veux pas le connaître. Que m'importe à moi que ce soit celui-là ou un autre ? Du moment où Charles était condamné, ce n'est point un homme qui a tranché la tête, c'est une hache.

– Et cependant, sans cet homme, dit Mordaunt, le roi était sauvé.

Cromwell sourit.

– Sans doute, vous l'avez dit vous-même, on l'enlevait.

– On l'enlevait jusqu'à Greenwich. Là il s'embarquait sur une felouque avec ses quatre sauveurs. Mais sur la felouque étaient quatre hommes à moi, et cinq tonneaux de poudre à la nation. En mer, les quatre hommes descendaient dans la chaloupe, et vous êtes déjà trop habile politique, Mordaunt, pour que je vous explique le reste.

– Oui, en mer ils sautaient tous.

– Justement. L'explosion faisait ce que la hache n'avait pas voulu faire. Le roi Charles disparaissait anéanti. On disait qu'échappé à la justice humaine, il avait été poursuivi et atteint par la vengeance céleste ; nous n'étions plus que ses juges et c'était Dieu qui était son bourreau. Voilà ce que m'a fait perdre votre gentilhomme masqué, Mordaunt. Vous voyez donc bien que j'avais raison quand je ne voulais pas le connaître ; car, en vérité, malgré ses excellentes intentions, je ne saurais lui être reconnaissant de ce qu'il a fait.

– Monsieur, dit Mordaunt, comme toujours je m'incline et m'humilie devant vous ; vous êtes un profond penseur, et, continua-t-il, votre idée de la felouque minée est sublime.

– Absurde, dit Cromwell, puisqu'elle est devenue inutile. Il n'y a d'idée sublime en politique que celle qui porte ses fruits ; toute idée qui avorte est folle et aride. Vous irez donc ce soir à Greenwich, Mordaunt, dit Cromwell en se levant ; vous demanderez le patron de la felouque *L'Éclair*, vous lui montrerez un mouchoir blanc noué par les quatre bouts, c'était le signe convenu ; vous direz aux gens de reprendre terre, et vous ferez reporter la poudre à l'arsenal, à moins que...

– À moins que... répondit Mordaunt, dont le visage s'était illuminé d'une joie sauvage pendant que Cromwell parlait.

– À moins que cette felouque telle qu'elle est ne puisse servir à vos projets personnels.

– Ah ! milord, milord ! s'écria Mordaunt, Dieu, en vous faisant son élu, vous a donné son regard, auquel rien ne peut échapper.

– Je crois que vous m'appelez milord ! dit Cromwell en riant. C'est bien, parce que nous sommes entre nous, mais il faudrait faire attention qu'une pareille parole ne vous échappât devant nos imbéciles de puritains.

– N'est-ce pas ainsi que Votre Honneur sera appelé bientôt ?

– Je l'espère du moins, dit Cromwell, mais il n'est pas encore temps.

Cromwell se leva et prit son manteau.

– Vous vous retirez, monsieur, demanda Mordaunt.

– Oui, dit Cromwell, j'ai couché ici hier et avant-hier, et vous savez que ce n'est pas mon habitude de coucher trois fois dans le même lit.

– Ainsi, dit Mordaunt, Votre Honneur me donne toute liberté pour la nuit ?

– Et même pour la journée de demain si besoin est, dit Cromwell. Depuis hier soir, ajouta-t-il en souriant, vous avez assez fait pour mon service, et si vous avez quelques affaires personnelles à régler, il est juste que je vous laisse votre temps.

– Merci, monsieur ; il sera bien employé, je l'espère.

Cromwell fit à Mordaunt un signe de la tête ; puis, se retournant :

– Êtes-vous armé ? demanda-t-il.

– J'ai mon épée, dit Mordaunt.

– Et personne qui vous attende à la porte ?

– Personne.

– Alors vous devriez venir avec moi, Mordaunt.

– Merci, monsieur ; les détours que vous êtes obligé de faire en passant par le souterrain me prendraient du temps, et, d'après ce que vous venez de me dire, je n'en ai peut-être que trop perdu. Je sortirai par l'autre porte.

– Allez donc, dit Cromwell.

Et posant la main sur un bouton caché, il fit ouvrir une porte si bien perdue dans la tapisserie qu'il était impossible à l'œil le plus exercé de la reconnaître.

Cette porte, mue par un ressort d'acier, se referma sur lui.

C'était une de ces issues secrètes comme l'histoire nous dit qu'il en existait dans toutes les mystérieuses maisons qu'habitait Cromwell.

Celle-là passait sous la rue déserte et allait s'ouvrir au fond d'une grotte, dans le jardin d'une autre maison située à cent pas de celle que le futur protecteur venait de quitter.

C'était pendant cette dernière partie de la scène, que, par l'ouverture que laissait un pan du rideau mal tiré, Grimaud avait aperçu les deux hommes et avait successivement reconnu Cromwell et Mordaunt.

On a vu l'effet qu'avait produit la nouvelle sur les quatre amis.

D'Artagnan fut le premier qui reprit la plénitude de ses facultés.

— Mordaunt, dit-il ; ah ! par le ciel ! c'est Dieu lui-même qui nous l'envoie.

— Oui, dit Porthos, enfonçons la porte et tombons sur lui.

— Au contraire, dit d'Artagnan, n'enfonçons rien, pas de bruit, le bruit appelle du monde ; car, s'il est, comme le dit Grimaud, avec son digne maître, il doit y avoir, caché à une cinquantaine de pas d'ici, quelque poste des Côtes de fer. Holà ! Grimaud, venez ici, et tâchez de vous tenir sur vos jambes.

Grimaud s'approcha. La fureur lui était revenue avec le sentiment, mais il était ferme.

— Bien, continua d'Artagnan. Maintenant montez de nouveau à ce balcon, et dites-nous si le Mordaunt est encore en compagnie, s'il s'apprête à sortir ou à se coucher ; s'il est en compagnie, nous attendrons qu'il soit seul ; s'il sort, nous le prendrons à la sortie ; s'il reste, nous enfoncerons la fenêtre. C'est toujours moins bruyant et moins difficile qu'une porte.

Grimaud commença à escalader silencieusement la fenêtre.

— Gardez l'autre issue, Athos et Aramis ; nous restons ici avec Porthos.

Les deux amis obéirent.

— Eh bien ! Grimaud ! demanda d'Artagnan.

— Il est seul, dit Grimaud.

— Tu en es sûr ?

— Oui.

— Nous n'avons pas vu sortir son compagnon.

— Peut-être est-il sorti par l'autre porte.

— Que fait-il ?

— Il s'enveloppe de son manteau et met ses gants.

— À nous ! murmura d'Artagnan.

Porthos mit la main à son poignard, qu'il tira machinalement du fourreau.

– Rengaine, ami Porthos, dit d'Artagnan, il ne s'agit point ici de frapper d'abord. Nous le tenons, procédons avec ordre. Nous avons quelques explications mutuelles à nous demander, et ceci est un pendant de la scène d'Armentières ; seulement, espérons que celui-ci n'aura point de progéniture, et que, si nous l'écrasons, tout sera bien écrasé avec lui.

– Chut ! dit Grimaud ; le voilà qui s'apprête à sortir. Il s'approche de la lampe. Il la souffle. Je ne vois plus rien.

– À terre, alors, à terre !

Grimaud sauta en arrière et tomba sur ses pieds. La neige assourdissait le bruit. On n'entendit rien.

– Va prévenir Athos et Aramis qu'ils se placent de chaque côté de la porte, comme nous allons faire Porthos et moi ; qu'ils frappent dans leurs mains s'ils le tiennent, nous frapperons dans les nôtres si nous le tenons.

Grimaud disparut.

– Porthos, Porthos, dit d'Artagnan, effacez mieux vos larges épaules, cher ami ; il faut qu'il sorte sans rien voir.

– Pourvu qu'il sorte par ici !

– Chut ! dit d'Artagnan.

Porthos se colla contre le mur à croire qu'il y voulait rentrer. D'Artagnan en fit autant.

On entendit alors retentir le pas de Mordaunt dans l'escalier sonore. Un guichet inaperçu glissa en grinçant dans son coulisseau. Mordaunt regarda, et, grâce aux précautions prises par les deux amis, il ne vit rien. Alors il introduisit la clef dans la serrure ; la porte s'ouvrit et il parut sur le seuil.

Au même instant, il se trouva face à face avec d'Artagnan.

Il voulut repousser la porte. Porthos s'élança sur le bouton et la rouvrit toute grande.

Porthos frappa trois fois dans ses mains. Athos et Aramis accoururent.

Mordaunt devint livide, mais il ne poussa point un cri, mais n'appela point au secours.

D'Artagnan marcha droit sur Mordaunt, et, le repoussant pour ainsi dire avec sa poitrine, lui fit remonter à reculons tout l'escalier, éclairé par une lampe qui permettait au Gascon de ne pas perdre de vue les mains de Mordaunt ; mais Mordaunt comprit que, d'Artagnan tué, il lui resterait encore à se défaire de ses trois autres ennemis. Il ne fit donc pas un seul mouvement de défense, pas un seul geste de menace. Arrivé à la porte, Mordaunt se sentit acculé contre elle, et sans doute il crut que c'était là que tout allait finir pour lui ; mais il se trompait, d'Artagnan étendit la main et ouvrit la porte. Mordaunt et lui se trouvèrent donc dans la chambre où dix minutes auparavant le jeune homme causait avec Cromwell.

Porthos entra derrière lui ; il avait étendu le bras et décroché la lampe du plafond ; à l'aide de cette première lampe il alluma la seconde.

Athos et Aramis parurent à la porte, qu'ils refermèrent à clef.

– Prenez donc la peine de vous asseoir, dit d'Artagnan en présentant un siège au jeune homme.

Celui-ci prit la chaise des mains de d'Artagnan et s'assit, pâle mais calme. À trois pas de lui, Aramis approcha trois sièges pour lui, d'Artagnan et Porthos.

Athos alla s'asseoir dans un coin, à l'angle le plus éloigné de la chambre, paraissant résolu de rester spectateur immobile de ce qui allait se passer.

Porthos s'assit à la gauche et Aramis à la droite de d'Artagnan.

Athos paraissait accablé. Porthos se frottait les paumes des mains avec une impatience fiévreuse.

Aramis se mordait, tout en souriant, les lèvres jusqu'au sang.

D'Artagnan seul se modérait, du moins en apparence.

– Monsieur Mordaunt, dit-il au jeune homme, puisque, après tant de jours perdus à courir les uns après les autres, le hasard nous rassemble enfin, causons un peu, s'il vous plaît.

II

Conversation

Mordaunt avait été surpris si inopinément, il avait monté les degrés sous l'impression d'un sentiment si confus encore, que sa réflexion n'avait pu être complète ; ce qu'il y avait de réel, c'est que son premier sentiment avait été tout entier à l'émotion, à la surprise et à l'invincible terreur qui saisit tout homme dont un ennemi mortel et supérieur en force étreint le bras au moment même où il croit cet ennemi dans un autre lieu et occupé d'autres soins.

Mais une fois assis, mais du moment qu'il s'aperçut qu'un sursis lui était accordé, n'importe dans quelle intention, il concentra toutes ses idées et rappela toutes ses forces.

Le feu du regard de d'Artagnan, au lieu de l'intimider, l'électrisa pour ainsi dire, car ce regard, tout brûlant de menace qu'il se répandît sur lui, était franc dans sa haine et dans sa colère. Mordaunt, prêt à saisir toute occasion qui lui serait offerte de se tirer d'affaire, soit par la force, soit par la ruse, se ramassa donc sur lui-même, comme fait l'ours acculé dans sa tanière, et qui suit d'un œil en apparence immobile tous les gestes du chasseur qui l'a traqué.

Cependant cet œil, par un mouvement rapide, se porta sur l'épée longue et forte qui battait sur sa hanche ; il posa sans affectation sa main gauche sur la poignée, la ramena à la portée de la main droite et s'assit, comme l'en priait d'Artagnan.

Ce dernier attendait sans doute quelque parole agressive pour entamer une de ces conversations railleuses ou terribles comme il les soutenait si bien. Aramis se disait tout bas : « Nous allons entendre des banalités. » Porthos mordait sa moustache en murmurant : « Voilà bien des façons, mordieu ! pour écraser ce serpenteau ! » Athos s'effaçait dans l'angle de la chambre, immobile et pâle comme un bas-relief de marbre, et sentant malgré son immobilité son front se mouiller de sueur.

Mordaunt ne disait rien ; seulement lorsqu'il se fut bien assuré que son épée était toujours à sa disposition, il croisa imperturbablement les jambes et attendit.

Ce silence ne pouvait se prolonger plus longtemps sans devenir ridicule ; d'Artagnan le comprit ; et comme il avait invité Mordaunt à s'asseoir pour *causer*, il pensa que c'était à lui de commencer la conversation.

– Il me paraît, monsieur, dit-il avec sa mortelle politesse, que vous changez de costume presque aussi rapidement que je l'ai vu faire aux mimes italiens que M. le cardinal Mazarin fit venir de Bergame, et qu'il vous a sans doute mené voir pendant votre voyage en France.

Mordaunt ne répondit rien.

– Tout à l'heure, continua d'Artagnan, vous étiez déguisé, je veux dire habillé en assassin, et maintenant...

– Et maintenant, au contraire, j'ai tout l'air d'être dans l'habit d'un homme qu'on va assassiner, n'est-ce pas ? répondit Mordaunt de sa voix calme et brève.

– Oh ! monsieur, répondit d'Artagnan, comment pouvez-vous dire de ces choses-là, quand vous êtes en compagnie de gentilshommes et que vous avez une si bonne épée au côté !

– Il n'y a pas si bonne épée monsieur, qui vaille quatre épées et quatre poignards ; sans compter les épées et les poignards de vos acolytes qui vous attendent à la porte.

– Pardon, monsieur, reprit d'Artagnan, vous faites erreur, ceux qui nous attendent à la porte ne sont point nos acolytes, mais nos laquais. Je tiens à rétablir les choses dans leur plus scrupuleuse vérité.

Mordaunt ne répondit que par un sourire qui crispa ironiquement ses lèvres.

– Mais ce n'est point de cela qu'il s'agit, reprit d'Artagnan, et j'en reviens à ma question. Je me faisais donc l'honneur de vous demander, monsieur, pourquoi vous aviez changé d'extérieur. Le masque vous était assez commode, ce me semble ; la barbe grise vous seyait à merveille, et quant à cette hache dont vous avez fourni un si illustre coup, je crois qu'elle ne vous irait pas mal non plus dans ce moment. Pourquoi donc vous en êtes-vous dessaisi ?

– Parce qu'en me rappelant la scène d'Armentières, j'ai pensé que je trouverais quatre haches pour une, puisque j'allais me trouver entre quatre bourreaux.

– Monsieur, répondit d'Artagnan avec le plus grand calme, bien qu'un léger mouvement de ses sourcils annonçât qu'il commençait à s'échauffer, monsieur, quoique profondément vicieux et corrompu, vous êtes excessivement jeune, ce qui fait que je ne m'arrêterai pas à vos discours frivoles. Oui, frivoles, car ce que vous venez de dire à propos d'Armentières n'a pas le moindre rapport avec la situation présente. En effet, nous ne pouvions pas offrir une épée à madame votre mère et la prier de s'escrimer contre nous ; mais à vous, monsieur, à un jeune cavalier qui joue du poignard et du pistolet comme nous vous avons vu faire, et qui porte une épée de la taille de celle-ci, il n'y a personne qui n'ait le droit de demander la faveur d'une rencontre.

– Ah ! ah ! dit Mordaunt, c'est donc un duel que vous voulez ?

Et il se leva, l'œil étincelant, comme s'il était disposé à répondre à l'instant même à la provocation.

Porthos se leva aussi, prêt comme toujours à ces sortes d'aventures.

– Pardon, pardon, dit d'Artagnan avec le même sang-froid ; ne nous pressons pas, car chacun de nous doit désirer que les choses se passent dans toutes les règles. Rasseyez-vous donc, cher Porthos, et vous, monsieur Mordaunt, veuillez demeurer tranquille. Nous allons régler au mieux cette affaire, et je vais être franc avec vous. Avouez, monsieur Mordaunt, que vous avez bien envie de nous tuer les uns ou les autres ?

– Les uns et les autres, répondit Mordaunt.

D'Artagnan se retourna vers Aramis et lui dit :

– C'est un bien grand bonheur, convenez-en, cher Aramis, que M. Mordaunt connaisse si bien les finesses de la langue française ; au moins il n'y aura pas de malentendu entre nous, et nous allons tout régler merveilleusement.

Puis se retournant vers Mordaunt :

– Cher monsieur Mordaunt, continua-t-il, je vous dirai que ces messieurs payent de retour vos bons sentiments à leur égard, et seraient charmés de vous tuer aussi. Je vous dirai plus, c'est qu'ils vous tueront probablement ; toutefois, ce sera en gentilshommes loyaux, et la meilleure preuve que l'on puisse fournir, la voici.

Et ce disant, d'Artagnan jeta son chapeau sur le tapis, recula sa chaise contre la muraille, fit signe à ses amis d'en faire autant, et saluant Mordaunt avec une grâce toute française :

– À vos ordres, monsieur, continua-t-il ; car si vous n'avez rien à dire contre l'honneur que je réclame, c'est moi qui commencerai, s'il vous plaît. Mon épée est plus courte que la vôtre, c'est vrai, mais bast ! j'espère que le bras suppléera à l'épée.

– Halte-là ! dit Porthos en s'avançant ; je commence, moi, et sans rhétorique.

– Permettez, Porthos, dit Aramis.

Athos ne fit pas un mouvement ; on eût dit d'une statue ; sa respiration même semblait arrêtée.

– Messieurs, messieurs, dit d'Artagnan, soyez tranquilles, vous aurez votre tour. Regardez donc les yeux de monsieur, et lisez-y la haine bienheureuse que nous lui inspirons ; voyez comme il a habilement dégainé ;

admirez avec quelle circonspection il cherche tout autour de lui s'il ne rencontrera pas quelque obstacle qui l'empêche de rompre. Eh bien ! tout cela ne vous prouve-t-il pas que M. Mordaunt est une fine lame et que vous me succéderez avant peu, pourvu que je le laisse faire ? Demeurez donc à votre place comme Athos, dont je ne puis trop vous recommander le calme, et laissez-moi l'initiative que j'ai prise. D'ailleurs, continua-t-il tirant son épée avec un geste terrible, j'ai particulièrement affaire à monsieur, et je commencerai. Je le désire, je le veux.

C'était la première fois que d'Artagnan prononçait ce mot en parlant à ses amis. Jusque-là, il s'était contenté de le penser.

Porthos recula, Aramis mit son épée sous son bras ; Athos demeura immobile dans l'angle obscur où il se tenait, non pas calme, comme le disait d'Artagnan, mais suffoqué, mais haletant.

– Remettez votre épée au fourreau, chevalier, dit d'Artagnan à Aramis, monsieur pourrait croire à des intentions que vous n'avez pas.

Puis se retournant vers Mordaunt :

– Monsieur, lui dit-il, je vous attends.

– Et moi, messieurs, je vous admire. Vous discutez à qui commencera de se battre contre moi, et vous ne me consultez pas là-dessus, moi que la chose regarde un peu, ce me semble. Je vous hais tous quatre, c'est vrai, mais à des degrés différents. J'espère vous tuer tous quatre, mais j'ai plus de chance de tuer le premier que le second, le second que le troisième, le troisième que le dernier. Je réclame donc le droit de choisir mon adversaire. Si vous me déniez ce droit, tuez-moi, je ne me battrai pas.

Les quatre amis se regardèrent.

– C'est juste, dirent Porthos et Aramis, qui espéraient que le choix tomberait sur eux.

Athos ni d'Artagnan ne dirent rien ; mais leur silence même était un assentiment.

– Eh bien ! dit Mordaunt au milieu du silence profond et solennel qui régnait dans cette mystérieuse maison ; eh bien ! je choisis pour mon premier adversaire celui de vous qui, ne se croyant plus digne de se nommer le comte de La Fère, s'est fait appeler Athos !

Athos se leva de sa chaise comme si un ressort l'eût mis sur ses pieds ; mais au grand étonnement de ses amis, après un moment d'immobilité et de silence :

– Monsieur Mordaunt, dit-il en secouant la tête, tout duel entre nous deux est impossible, faites à quelque autre l'honneur que vous me destiniez.

Et il se rassit.

– Ah ! dit Mordaunt, en voilà déjà un qui a peur.

– Mille tonnerres, s'écria d'Artagnan en bondissant vers le jeune homme, qui a dit ici qu'Athos avait peur ?

– Laissez dire, d'Artagnan, reprit Athos avec un sourire plein de tristesse et de mépris.

– C'est votre décision, Athos ? reprit le Gascon.

– Irrévocable.

– C'est bien, n'en parlons plus.

Puis se retournant vers Mordaunt :

– Vous l'avez entendu, monsieur, dit-il, le comte de La Fère ne veut pas vous faire l'honneur de se battre avec vous. Choisissez parmi nous quelqu'un qui le remplace.

– Du moment que je ne me bats pas avec lui, dit Mordaunt, peu m'importe avec qui je me batte. Mettez vos noms dans un chapeau, et je tirerai au hasard.

– Voilà une idée, dit d'Artagnan.

– En effet, ce moyen concilie tout, dit Aramis.

– Je n'y eusse point songé, dit Porthos, et cependant c'est bien simple.

– Voyons, Aramis, dit d'Artagnan, écrivez-nous cela de cette jolie petite écriture avec laquelle vous écriviez à Marie Michon pour la prévenir que la mère de monsieur voulait faire assassiner milord Buckingham.

Mordaunt supporta cette nouvelle attaque sans sourciller ; il était debout, les bras croisés, et paraissait aussi calme qu'un homme peut l'être en pareille circonstance. Si ce n'était pas du courage, c'était du moins de l'orgueil, ce qui y ressemble beaucoup.

Aramis s'approcha du bureau de Cromwell, déchira trois morceaux de papier d'égale grandeur, écrivit sur le premier son nom à lui et sur les deux autres les noms de ses compagnons, les présenta tout ouverts à Mordaunt, qui, sans les lire, fit un signe de tête qui voulait dire qu'il s'en rapportait parfaitement à lui ; puis, les ayant roulés, il les mit dans un chapeau et les présenta au jeune homme.

Celui-ci plongea la main dans le chapeau et en tira un des trois papiers, qu'il laissa dédaigneusement retomber, sans le lire, sur la table.

– Ah ! serpenteau ! murmura d'Artagnan, je donnerais toutes mes chances au grade de capitaine des mousquetaires pour que ce bulletin portât mon nom !

Aramis ouvrit le papier ; mais, quelque calme et quelque froideur qu'il affectât, on voyait que sa voix tremblait de haine et de désir.

– D'Artagnan ! lut-il à haute voix.

D'Artagnan jeta un cri de joie.

– Ah ! dit-il, il y a donc une justice au ciel !

Puis se retournant vers Mordaunt :

– J'espère, monsieur, dit-il, que vous n'avez aucune objection à faire ?

– Aucune, monsieur, dit Mordaunt en tirant à son tour son épée et en appuyant la pointe sur sa botte.

Du moment que d'Artagnan fut sûr que son désir était exaucé et que son homme ne lui échapperait point, il reprit toute sa tranquillité, tout son calme et même toute la lenteur qu'il avait l'habitude de mettre aux préparatifs de cette grave affaire qu'on appelle un duel. Il releva promptement ses manchettes, frotta la semelle de son pied droit sur le parquet, ce qui ne l'empêcha pas de remarquer que, pour la seconde fois, Mordaunt lançait autour de lui le singulier regard qu'une fois déjà il avait saisi au passage.

– Êtes-vous prêt, monsieur ? dit-il enfin.

– C'est moi qui vous attends, monsieur, répondit Mordaunt en relevant la tête et en regardant d'Artagnan avec un regard dont il serait impossible de rendre l'expression.

– Alors, prenez garde à vous, monsieur, dit le Gascon, car je tire assez bien l'épée.

– Et moi aussi, dit Mordaunt.

– Tant mieux ; cela met ma conscience en repos. En garde !

– Un moment, dit le jeune homme, engagez-moi votre parole, messieurs, que vous ne me chargerez que les uns après les autres.

– C'est pour avoir le plaisir de nous insulter que tu nous demandes cela, petit serpent ! dit Porthos.

– Non, c'est pour avoir, comme disait monsieur tout à l'heure, la conscience tranquille.

– Ce doit être pour autre chose, murmura d'Artagnan en secouant la tête et en regardant avec une certaine inquiétude autour de lui.

– Foi de gentilhomme ! dirent ensemble Aramis et Porthos.

– En ce cas, messieurs, dit Mordaunt, rangez-vous dans quelque coin, comme a fait M. le comte de La Fère, qui, s'il ne veut point se battre, me paraît connaître au moins les règles du combat, et livrez-nous de l'espace ; nous allons en avoir besoin.

– Soit, dit Aramis.

– Voilà bien des embarras ! dit Porthos.

– Rangez-vous, messieurs, dit d'Artagnan ; il ne faut pas laisser à monsieur le plus petit prétexte de se mal conduire, ce dont, sauf le respect que je lui dois, il me semble avoir grande envie.

Cette nouvelle raillerie alla s'émousser sur la face impassible de Mordaunt.

Porthos et Aramis se rangèrent dans le coin parallèle à celui où se tenait Athos, de sorte que les deux champions se trouvèrent occuper le milieu de la chambre, c'est-à-dire qu'ils étaient placés en pleine lumière, les deux lampes qui éclairaient la scène étant posées sur le bureau de Cromwell. Il va sans dire que la lumière s'affaiblissait à mesure qu'on s'éloignait du centre de son rayonnement.

– Allons, dit d'Artagnan, êtes-vous enfin prêt, monsieur ?

– Je le suis, dit Mordaunt.

Tous deux firent en même temps un pas en avant, et grâce à ce seul et même mouvement, les fers furent engagés.

D'Artagnan était une lame trop distinguée pour s'amuser, comme on dit en termes d'académie, à tâter son adversaire. Il fit une feinte brillante et rapide ; la feinte fut parée par Mordaunt.

– Ah ! ah ! fit-il avec un sourire de satisfaction.

Et, sans perdre de temps, croyant voir une ouverture, il allongea un coup droit, rapide et flamboyant comme l'éclair.

Mordaunt para un contre de quarte si serré qu'il ne fût pas sorti de l'anneau d'une jeune fille.

– Je commence à croire que nous allons nous amuser, dit d'Artagnan.

– Oui, murmura Aramis, mais en vous amusant, jouez serré.

– Sangdieu ! mon ami, faites attention, dit Porthos.

Mordaunt sourit à son tour.

– Ah ! monsieur, dit d'Artagnan, que vous avez un vilain sourire ! C'est le diable qui vous a appris à sourire ainsi, n'est-ce pas ?

Mordaunt ne répondit qu'en essayant de lier l'épée de d'Artagnan avec une force que le Gascon ne s'attendait pas à trouver dans ce corps débile en apparence ; mais, grâce à une parade non moins habile que celle que venait d'exécuter son adversaire, il rencontra à temps le fer de Mordaunt, qui glissa le long du sien sans rencontrer sa poitrine.

Mordaunt fit rapidement un pas en arrière.

– Ah ! vous rompez, dit d'Artagnan, vous tournez ? comme il vous plaira, j'y gagne même quelque chose : je ne vois plus votre méchant sourire. Me voilà tout à fait dans l'ombre ; tant mieux. Vous n'avez pas idée comme vous avez le regard faux, monsieur, surtout lorsque vous avez peur. Regardez un peu mes yeux, et vous verrez une chose que votre miroir ne vous montrera jamais, c'est-à-dire un regard loyal et franc.

Mordaunt, à ce flux de paroles, qui n'était peut-être pas de très bon goût, mais qui était habituel à d'Artagnan, lequel avait pour principe de préoccuper son adversaire, ne répondit pas un seul mot ; mais il rompait, et, tournant toujours, il parvint ainsi à changer de place avec d'Artagnan.

Il souriait de plus en plus. Ce sourire commença d'inquiéter le Gascon.

– Allons, allons, il faut en finir, dit d'Artagnan, le drôle a des jarrets de fer, en avant les grands coups !

Et à son tour il pressa Mordaunt, qui continua de rompre, mais évidemment par tactique, sans faire une faute dont d'Artagnan pût profiter, sans que son épée s'écartât un instant de la ligne. Cependant, comme le combat avait lieu dans une chambre et que l'espace manquait aux combattants, bientôt le pied de Mordaunt toucha la muraille, à laquelle il appuya sa main gauche.

– Ah ! fit d'Artagnan, pour cette fois vous ne romprez plus, mon bel ami ! Messieurs, continua-t-il en serrant les lèvres et en fronçant le sourcil, avez-vous jamais vu un scorpion cloué à un mur ? Non. Eh bien ! vous allez le voir...

Et, en une seconde, d'Artagnan porta trois coups terribles à Mordaunt. Tous trois le touchèrent, mais en l'effleurant. D'Artagnan ne comprenait rien à cette puissance. Les trois amis regardaient haletants, la sueur au front.

Enfin d'Artagnan, engagé de trop près, fit à son tour un pas en arrière pour préparer un quatrième coup, ou plutôt pour l'exécuter ; car, pour d'Artagnan, les armes comme les échecs étaient une vaste combinaison dont tous les détails s'enchaînaient les uns aux autres. Mais au moment où, après une feinte rapide et serrée, il attaquait prompt comme l'éclair, la muraille sembla se fendre ; Mordaunt disparut par l'ouverture béante, et l'épée de d'Artagnan, prise entre les deux panneaux, se brisa comme si elle eût été de verre.

D'Artagnan fit un pas en arrière. La muraille se referma.

Mordaunt avait manœuvré, tout en se défendant, de manière à venir s'adosser à la porte secrète par laquelle nous avons vu sortir Cromwell. Arrivé là, il avait de la main gauche cherché et poussé le bouton ; puis il avait disparu comme disparaissent au théâtre ces mauvais génies qui ont le don de passer à travers les murailles.

Le Gascon poussa une imprécation furieuse, à laquelle, de l'autre côté du panneau de fer, répondit un rire sauvage, rire funèbre qui fit passer un frisson jusque dans les veines du sceptique Aramis.

– À moi, messieurs ! cria d'Artagnan, enfonçons cette porte.

– C'est le démon en personne ! dit Aramis en accourant à l'appel de son ami.

– Il nous échappe, sangdieu ! il nous échappe, hurla Porthos en appuyant sa large épaule contre la cloison, qui, retenue par quelque ressort secret, ne bougea point.

– Tant mieux, murmura sourdement Athos.

– Je m'en doutais, mordioux ! dit d'Artagnan en s'épuisant en efforts inutiles, je m'en doutais ; quand le misérable a tourné autour de la chambre, je prévoyais quelque infâme manœuvre, je devinais qu'il tramait quelque chose ; mais qui pouvait se douter de cela ?

– C'est un affreux malheur que nous envoie le diable son ami ! s'écria Aramis.

– C'est un bonheur manifeste que nous envoie Dieu ! dit Athos avec une joie évidente.

– En vérité, répondit d'Artagnan en haussant les épaules et en abandonnant la porte qui décidément ne voulait pas s'ouvrir, vous baissez, Athos ! Comment pouvez-vous dire des choses pareilles à des gens comme nous, mordioux ! Vous ne comprenez donc pas la situation ?

– Quoi donc ? quelle situation ? demanda Porthos.

– À ce jeu-là, quiconque ne tue pas est tué, reprit d'Artagnan. Voyons maintenant, mon cher, entre-t-il dans vos jérémiades expiatoires que M. Mordaunt nous sacrifie à sa piété filiale ? Si c'est votre avis dites-le franchement.

– Oh ! d'Artagnan, mon ami !

– C'est qu'en vérité, c'est pitié que de voir les choses à ce point de vue ! Le misérable va nous envoyer cent Côtes de fer qui nous pileront comme grains dans ce mortier de M. Cromwell. Allons ! allons ! en route ! si nous demeurons cinq minutes seulement ici, c'est fait de nous.

– Oui, vous avez raison, en route ! reprirent Athos et Aramis.

– Et où allons-nous ? demanda Porthos.

– À l'hôtel, cher ami, prendre nos hardes et nos chevaux ; puis de là, s'il plaît à Dieu, en France, où, du moins, je connais l'architecture des maisons. Notre bateau nous attend ; ma foi, c'est encore heureux.

Et d'Artagnan, joignant l'exemple au précepte, remit au fourreau son tronçon d'épée, ramassa son chapeau, ouvrit la porte de l'escalier et descendit rapidement suivi de ses trois compagnons.

À la porte les fugitifs retrouvèrent leurs laquais et leur demandèrent des nouvelles de Mordaunt ; mais ils n'avaient vu sortir personne.

III

La felouque « L'Éclair »

D'Artagnan avait deviné juste : Mordaunt n'avait pas de temps à perdre et n'en avait pas perdu. Il connaissait la rapidité de décision et d'action de ses ennemis, il résolut donc d'agir en conséquence. Cette fois les mousquetaires avaient trouvé un adversaire digne d'eux.

Après avoir refermé avec soin la porte derrière lui, Mordaunt se glissa dans le souterrain, tout en remettant au fourreau son épée inutile, et, gagnant la maison voisine, il s'arrêta pour se tâter et reprendre haleine.

« Bon ! dit-il, rien, presque rien : des égratignures, voilà tout ; deux au bras, l'autre à la poitrine. Les blessures que je fais sont meilleures, moi ! Qu'on demande au bourreau de Béthune, à mon oncle de Winter et au roi Charles ! Maintenant pas une seconde à perdre, car une seconde de perdue les sauve peut-être, et il faut qu'ils meurent tous quatre ensemble, d'un seul coup, dévorés par la foudre des hommes à défaut de celle de Dieu. Il faut qu'ils disparaissent brisés, anéantis, dispersés. Courons donc jusqu'à ce que mes jambes ne puissent plus me porter, jusqu'à ce que mon cœur se gonfle dans ma poitrine, mais arrivons avant eux. »

Et Mordaunt se mit à marcher d'un pas rapide mais plus égal vers la première caserne de cavalerie, distante d'un quart de lieue à peu près. Il fit ce quart de lieue en quatre ou cinq minutes.

Arrivé à la caserne, il se fit reconnaître, prit le meilleur cheval de l'écurie, sauta dessus et gagna la route. Un quart d'heure après, il était à Greenwich.

« Voilà le port, murmura-t-il ; ce point sombre là-bas, c'est l'île des Chiens. Bon ! j'ai une demi-heure d'avance sur eux... une heure, peut-être. Niais que j'étais ! j'ai failli m'asphyxier par ma précipitation insensée. Maintenant, ajouta-t-il en se dressant sur ses étriers comme pour voir au loin parmi tous ces cordages, parmi tous ces mâts, *L'Éclair*, où est *L'Éclair* ? »

Au moment où il prononçait mentalement ces paroles, comme pour répondre à sa pensée un homme couché sur un rouleau de câbles se leva et fit quelques pas vers Mordaunt.

Mordaunt tira un mouchoir de sa poche et le fit flotter un instant en l'air. L'homme parut attentif, mais demeura à la même place sans faire un pas en avant ni en arrière.

Mordaunt fit un nœud à chacun des coins de son mouchoir ; l'homme s'avança jusqu'à lui. C'était, on se le rappelle, le signal convenu. Le marin était enveloppé d'un large caban de laine qui cachait sa taille et lui voilait le visage.

– Monsieur, dit le marin, ne viendrait-il pas par hasard de Londres pour faire une promenade sur mer ?

– Tout exprès, répondit Mordaunt, du côté de l'île des Chiens.

– C'est cela. Et sans doute monsieur a une préférence quelconque ? Il aimerait mieux un bâtiment qu'un autre ? Il voudrait un bâtiment marcheur, un bâtiment rapide ?...

– Comme l'éclair, répondit Mordaunt.

– Bien, alors, c'est mon bâtiment que monsieur cherche, je suis le patron qu'il lui faut.

– Je commence à le croire, dit Mordaunt, surtout si vous n'avez pas oublié certain signe de reconnaissance.

– Le voilà, monsieur, dit le marin en tirant de la poche de son caban un mouchoir noué aux quatre coins.

– Bon ! bon ! s'écria Mordaunt en sautant à bas de son cheval. Maintenant il n'y a pas de temps à perdre. Faites conduire mon cheval à la première auberge et menez-moi à votre bâtiment.

– Mais vos compagnons ? dit le marin ; je croyais que vous étiez quatre, sans compter les laquais.

– Écoutez, dit Mordaunt en se rapprochant du marin, je ne suis pas celui que vous attendez, comme vous n'êtes pas celui qu'ils espèrent trouver. Vous avez pris la place du capitaine Roggers, n'est-ce pas ? Vous êtes ici par l'ordre du général Cromwell, et moi je viens de sa part.

– En effet, dit le patron, je vous reconnais, vous êtes le capitaine Mordaunt.

Mordaunt tressaillit.

– Oh ! ne craignez rien, dit le patron en abaissant son capuchon et en découvrant sa tête, je suis un ami.

– Le capitaine Groslow ! s'écria Mordaunt.

– Lui-même. Le général s'est souvenu que j'avais été autrefois officier de marine, et il m'a chargé de cette expédition. Y a-t-il donc quelque chose de changé ?

– Non, rien. Tout demeure dans le même état, au contraire.

– C'est qu'un instant j'avais pensé que la mort du roi...

– La mort du roi n'a fait que hâter leur fuite ; dans un quart d'heure, dans dix minutes ils seront ici peut-être.

– Alors, que venez-vous faire ?

– M'embarquer avec vous.

– Ah ! ah ! le général douterait-il de mon zèle ?

– Non ; mais je veux assister moi-même à ma vengeance. N'avez-vous point quelqu'un qui puisse me débarrasser de mon cheval ?

Groslow siffla, un marin parut.

– Patrick, dit Groslow, conduisez ce cheval à l'écurie de l'auberge la plus proche. Si l'on vous demande à qui il appartient, vous direz que c'est à un seigneur irlandais.

Le marin s'éloigna sans faire une observation.

– Maintenant, dit Mordaunt, ne craignez-vous point qu'ils vous reconnaissent ?

– Il n'y a pas de danger sous ce costume, enveloppé de ce caban, par cette nuit sombre ; d'ailleurs vous ne m'avez pas reconnu, vous ; eux, à plus forte raison, ne me reconnaîtront point.

– C'est vrai, dit Mordaunt ; d'ailleurs ils seront loin de songer à vous. Tout est prêt, n'est-ce pas ?

– Oui.

– La cargaison est chargée ?

– Oui.

– Cinq tonneaux pleins ?

– Et cinquante vides.

– C'est cela.

– Nous conduisons du porto à Anvers.

– À merveille. Maintenant menez-moi à bord et revenez prendre votre poste, car ils ne tarderont pas à arriver.

– Je suis prêt.

– Il est important qu'aucun de vos gens ne me voie entrer.

– Je n'ai qu'un homme à bord, et je suis sûr de lui comme de moi-même. D'ailleurs, cet homme ne vous connaît pas, et, comme ses compagnons, il est prêt à obéir à nos ordres, mais il ignore tout.

– C'est bien. Allons.

Ils descendirent alors vers la Tamise. Une petite barque était amarrée au rivage par une chaîne de fer fixée à un pieu. Groslow tira la barque à lui, l'assura tandis que Mordaunt descendait dedans, puis il sauta à son tour, et, presque aussitôt, saisissant les avirons, il se mit à ramer de manière à prouver à Mordaunt la vérité de ce qu'il avait avancé, c'est-à-dire qu'il n'avait pas oublié son métier de marin.

Au bout de cinq minutes on fut dégagé de ce monde de bâtiments qui, à cette époque déjà, encombraient les approches de Londres, et Mordaunt put voir, comme un point sombre, la petite felouque se balançant à l'ancre à quatre ou cinq encablures de l'île des Chiens.

En approchant de *L'Éclair*, Groslow siffla d'une certaine façon, et vit la tête d'un homme apparaître au-dessus de la muraille.

– Est-ce vous, capitaine ? demanda cet homme.

– Oui, jette l'échelle.

Et Groslow, passant léger et rapide comme une hirondelle sous le beaupré, vint se ranger bord à bord avec lui.

– Montez, dit Groslow à son compagnon.

Mordaunt, sans répondre, saisit la corde et grimpa le long des flancs du navire avec une agilité et un aplomb peu ordinaires aux gens de terre ; mais son désir de vengeance lui tenait lieu d'habitude et le rendait apte à tout.

Comme l'avait prévu Groslow, le matelot de garde à bord de *L'Éclair* ne parut pas même remarquer que son patron revenait accompagné.

Mordaunt et Groslow s'avancèrent vers la chambre du capitaine. C'était une espèce de cabine provisoire bâtie en planches sur le pont.

L'appartement d'honneur avait été cédé par le capitaine Roggers à ses passagers.

– Et eux, demanda Mordaunt, où sont-ils ?

– À l'autre extrémité du bâtiment, répondit Groslow.

– Et ils n'ont rien à faire de ce côté ?

– Rien absolument.

– À merveille ! Je me tiens caché chez vous. Retournez à Greenwich et ramenez-les. Vous avez une chaloupe ?

– Celle dans laquelle nous sommes venus.

– Elle m'a paru légère et bien taillée.

– Une véritable pirogue.

– Amarrez-la à la poupe avec une liasse de chanvre, mettez-y les avirons afin qu'elle suive dans le sillage et qu'il n'y ait que la corde à couper. Munissez-la de rhum et de biscuits. Si par hasard la mer était mauvaise, vos hommes ne seraient pas fâchés de trouver sous leur main de quoi se réconforter.

– Il sera fait comme vous dites. Voulez-vous visiter la sainte-barbe !

– Non, à votre retour. Je veux placer la mèche moi-même, pour être sûr qu'elle ne fera pas long feu. Surtout cachez bien votre visage, qu'ils ne vous reconnaissent pas.

– Soyez donc tranquille.

– Allez, voilà dix heures qui sonnent à Greenwich.

En effet, les vibrations d'une cloche dix fois répétées traversèrent tristement l'air chargé de gros nuages qui roulaient au ciel pareils à des vagues silencieuses.

Groslow repoussa la porte, que Mordaunt ferma en dedans, et, après avoir donné au matelot de garde l'ordre de veiller avec la plus grande attention, il descendit dans sa barque, qui s'éloigna rapidement, écumant le flot de son double aviron.

Le vent était froid et la jetée déserte lorsque Groslow aborda à Greenwich ; plusieurs barques venaient de partir à la marée pleine. Au moment où Groslow prit terre, il entendit comme un galop de chevaux sur le chemin pavé de galets.

– Oh ! oh ! dit-il, Mordaunt avait raison de me presser. Il n'y avait pas de temps de perdre ; les voici.

En effet, c'étaient nos amis ou plutôt leur avant-garde composée de d'Artagnan et d'Athos. Arrivés en face de l'endroit où se tenait Groslow, ils s'arrêtèrent comme s'ils eussent deviné que celui à qui ils avaient affaire était là. Athos mit pied à terre et déroula tranquillement un mouchoir dont les quatre coins étaient noués, et qu'il fit flotter au vent, tandis que d'Artagnan, toujours prudent, restait à demi penché sur son cheval, une main enfoncée dans les fontes.

Groslow, qui, dans le doute où il était que les cavaliers fussent bien ceux qu'il attendait, s'était accroupi derrière un de ces canons plantés dans le sol et qui servent à enrouler les câbles, se leva alors, en voyant le signal convenu, et marcha droit aux gentilshommes. Il était tellement encapuchonné dans son caban, qu'il était impossible de voir sa figure. D'ailleurs la nuit était si sombre, que cette précaution était superflue.

Cependant l'œil perçant d'Athos devina, malgré l'obscurité, que ce n'était pas Roggers qui était devant lui.

– Que voulez-vous ? dit-il à Groslow en faisant un pas en arrière.

– Je veux vous dire, milord, répondit Groslow en affectant l'accent irlandais, que vous cherchez le patron Roggers, mais que vous cherchez vainement.

– Comment cela ? demanda Athos.

– Parce que ce matin il est tombé d'un mât de hune et qu'il s'est cassé la jambe. Mais je suis son cousin ; il m'a conté toute l'affaire et m'a chargé de reconnaître pour lui et de conduire à sa place, partout où ils le désireraient, les gentilshommes qui m'apporteraient un mouchoir noué aux quatre coins comme celui que vous tenez à la main et comme celui que j'ai dans ma poche.

Et à ces mots Groslow tira de sa poche le mouchoir qu'il avait déjà montré à Mordaunt.

– Est-ce tout ? demanda Athos.

– Non pas, milord ; car il y a encore soixante-quinze livres promises si je vous débarque sains et saufs à Boulogne ou sur tout autre point de la France que vous m'indiquerez.

– Que dites-vous de cela, d'Artagnan ? demanda Athos en français.

– Que dit-il, d'abord ? répondit celui-ci.

– Ah ! c'est vrai, dit Athos ; j'oubliais que vous n'entendez pas l'anglais.

Et il redit à d'Artagnan la conversation qu'il venait d'avoir avec le patron.

– Cela me paraît assez vraisemblable, dit le Gascon.

– Et à moi aussi, répondit Athos.

– D'ailleurs, reprit d'Artagnan, si cet homme nous trompe, nous pourrons toujours lui brûler la cervelle.

– Et qui nous conduira ?

– Vous, Athos ; vous savez tant de choses, que je ne doute pas que vous ne sachiez conduire un bâtiment.

– Ma foi, dit Athos avec un sourire, tout en plaisantant, ami, vous avez presque rencontré juste ; j'étais destiné par mon père à servir dans la marine, et j'ai quelques vagues notions du pilotage.

– Voyez-vous ! s'écria d'Artagnan.

– Allez donc chercher nos amis, d'Artagnan, et revenez, il est onze heures, nous n'avons pas de temps à perdre.

D'Artagnan s'avança vers deux cavaliers qui, le pistolet au poing, se tenaient en vedette aux premières maisons de la ville, attendant et surveillant sur le revers de la route et rangés contre une espèce de hangar ; trois autres cavaliers faisaient le guet et semblaient attendre aussi.

Les deux vedettes du milieu de la route étaient Porthos et Aramis.

Les trois cavaliers du hangar étaient Mousqueton, Blaisois et Grimaud ; seulement ce dernier, en y regardant de plus près, était double, car il avait en croupe Parry, qui devait ramener à Londres les chevaux des gentilshommes et de leurs gens, vendus à l'hôte pour payer les dettes qu'ils avaient faites chez lui. Grâce à ce coup de commerce, les quatre amis avaient pu emporter avec eux une somme sinon considérable, du moins suffisante pour faire face aux retards et aux éventualités.

D'Artagnan transmit à Porthos et à Aramis l'invitation de le suivre, et ceux-ci firent signe à leurs gens de mettre pied à terre et de détacher leurs porte-manteaux.

Parry se sépara, non sans regret, de ses amis ; on lui avait proposé de venir en France, mais il avait opiniâtrement refusé.

– C'est tout simple, avait dit Mousqueton, il a son idée à l'endroit de Groslow.

On se rappelle que c'était le capitaine Groslow qui lui avait cassé la tête.

La petite troupe rejoignit Athos. Mais déjà d'Artagnan avait repris sa méfiance naturelle ; il trouvait le quai trop désert, la nuit trop noire, le patron trop facile.

Il avait raconté à Aramis l'incident que nous avons dit, et Aramis, non moins défiant que lui, n'avait pas peu contribué à augmenter ses soupçons.

Un petit claquement de la langue contre ses dents traduisit à Athos les inquiétudes du Gascon.

– Nous n'avons pas le temps d'être défiants, dit Athos, la barque nous attend, entrons.

– D'ailleurs, dit Aramis, qui nous empêche d'être défiants et d'entrer tout de même ? On surveillera le patron.

– Et s'il ne marche pas droit, je l'assommerai. Voilà tout.

– Bien dit, Porthos, reprit d'Artagnan. Entrons donc. Passe, Mousqueton.

Et d'Artagnan arrêta ses amis, faisant passer les valets les premiers afin qu'ils essayassent la planche qui conduisait de la jetée à la barque.

Les trois valets passèrent sans accident.

Athos les suivit, puis Porthos, puis Aramis. D'Artagnan passa le dernier, tout en continuant de secouer la tête.

– Que diable avez-vous donc, mon ami ? dit Porthos ; sur ma parole, vous feriez peur à César.

– J'ai, répondit d'Artagnan, que je ne vois sur ce port ni inspecteur, ni sentinelle, ni gabelou.

– Plaignez-vous donc ! dit Porthos, tout va comme sur une pente fleurie.

– Tout va trop bien, Porthos. Enfin, n'importe, à la grâce de Dieu.

Aussitôt que la planche fut retirée, le patron s'assit au gouvernail et fit signe à l'un de ses matelots, qui, armé d'une gaffe, commença à manœuvrer pour sortir du dédale de bâtiments au milieu duquel la petite barque était engagée.

L'autre matelot se tenait déjà à bâbord, son aviron à la main.

Lorsqu'on put se servir des rames, son compagnon vint le rejoindre, et la barque commença de filer plus rapidement.

– Enfin, nous partons ! dit Porthos.

– Hélas ! répondit le comte de La Fère, nous partons seuls !

– Oui ; mais nous partons tous quatre ensemble, et sans une égratignure ; c'est une consolation.

– Nous ne sommes pas encore arrivés, dit d'Artagnan ; gare les rencontres !

– Eh ! mon cher, dit Porthos, vous êtes comme les corbeaux, vous ! vous chantez toujours malheur. Qui peut nous rencontrer par cette nuit sombre, où l'on ne voit pas à vingt pas de distance ?

– Oui, mais demain matin ? dit d'Artagnan.

– Demain matin nous serons à Boulogne.

– Je le souhaite de tout mon cœur, dit le Gascon, et j'avoue ma faiblesse. Tenez, Athos, vous allez rire ! mais tant que nous avons été à portée de fusil de la jetée ou des bâtiments qui la bordaient, je me suis attendu à quelque effroyable mousquetade qui nous écrasait tous.

– Mais, dit Porthos avec un gros bon sens, c'était chose impossible, car on eût tué en même temps le patron et les matelots.

– Bah ! voilà une belle affaire pour M. Mordaunt ! Croyez-vous qu'il y regarde de si près ?

– Enfin, dit Porthos, je suis bien aise que d'Artagnan avoue qu'il ait eu peur.

– Non seulement je l'avoue, mais je m'en vante. Je ne suis pas un rhinocéros comme vous. Ohé ! qu'est-ce que cela ?

– *L'Éclair*, dit le patron.

– Nous sommes donc arrivés ? demanda Athos en anglais.

– Nous arrivons, dit le capitaine.

En effet, après trois coups de rame, on se trouvait côte à côte avec le petit bâtiment.

Le matelot attendait, l'échelle était préparée ; il avait reconnu la barque.

Athos monta le premier avec une habileté toute marine ; Aramis, avec l'habitude qu'il avait depuis longtemps des échelles de corde et des autres moyens plus ou moins ingénieux qui existent pour traverser les espaces défendus ; d'Artagnan comme un chasseur d'isard et de chamois ; Porthos, avec ce développement de force qui chez lui suppléait à tout.

Chez les valets l'opération fut plus difficile ; non pas pour Grimaud, espèce de chat de gouttière, maigre et effilé, qui trouvait toujours moyen de se hisser partout, mais pour Mousqueton et pour Blaisois, que les matelots furent obligés de soulever dans leurs bras à la portée de la main de Porthos, qui les empoigna par le collet de leur justaucorps et les déposa tout debout sur le pont du bâtiment.

Le capitaine conduisit ses passagers à l'appartement qui leur était préparé, et qui se composait d'une seule pièce qu'ils devaient habiter en communauté ; puis il essaya de s'éloigner sous le prétexte de donner quelques ordres.

– Un instant, dit d'Artagnan ; combien d'hommes avez-vous à bord, patron ?

– Je ne comprends pas, répondit celui-ci en anglais.

– Demandez-lui cela dans sa langue, Athos.

Athos fit la question que désirait d'Artagnan.

– Trois, répondit Groslow, sans me compter, bien entendu.

D'Artagnan comprit, car en répondant le patron avait levé trois doigts.

– Oh ! dit d'Artagnan, trois, je commence à me rassurer. N'importe, pendant que vous vous installerez, moi, je vais faire un tour dans le bâtiment.

– Et moi, dit Porthos, je vais m'occuper du souper.

– Ce projet est beau et généreux, Porthos, mettez-le à exécution. Vous, Athos, prêtez-moi Grimaud, qui, dans la compagnie de son ami Parry, a appris à baragouiner un peu d'anglais ; il me servira d'interprète.

– Allez, Grimaud, dit Athos.

Une lanterne était sur le pont, d'Artagnan la souleva d'une main, prit un pistolet de l'autre et dit au patron :

– *Come.*

C'était, avec *Goddam*, tout ce qu'il avait pu retenir de la langue anglaise.

D'Artagnan gagna l'écoutille et descendit dans l'entrepont.

L'entrepont était divisé en trois compartiments : celui dans lequel d'Artagnan descendait et qui pouvait s'étendre du troisième mâtereau à l'extrémité de la poupe, et qui par conséquent était recouvert par le plancher de la chambre dans laquelle Athos, Porthos et Aramis se préparaient à passer la nuit ; le second, qui occupait le milieu du bâtiment, et qui était destiné au logement des domestiques ; le troisième qui s'allongeait sous la proue, c'est-à-dire sous la cabine improvisée par le capitaine et dans laquelle Mordaunt se trouvait caché.

– Oh ! oh ! dit d'Artagnan, descendant l'escalier de l'écoutille et se faisant précéder de sa lanterne, qu'il tenait étendue de toute la longueur du bras, que de tonneaux ! On dirait la caverne d'Ali-Baba.

Les *Mille et Une Nuits* venaient d'être traduites pour la première fois et étaient fort à la mode à cette époque.

– Que dites-vous ? demanda en anglais le capitaine.

D'Artagnan comprit à l'intonation de la voix.

– Je désire savoir ce qu'il y a dans ces tonneaux ? demanda d'Artagnan en posant sa lanterne sur l'une des futailles.

Le patron fit un mouvement pour remonter l'échelle, mais il se contint.

– Porto, répondit-il.

– Ah ! du vin de Porto ? dit d'Artagnan, c'est toujours une tranquillité, nous ne mourrons pas de soif.

Puis se retournant vers Groslow, qui essuyait sur son front de grosses gouttes de sueur :

– Et elles sont pleines ? demanda-t-il.

Grimaud traduisit la question.

Les unes pleines, les autres vides, dit Groslow d'une voix dans laquelle, malgré ses efforts, se trahissait son inquiétude.

D'Artagnan frappa du doigt sur les tonneaux, reconnut cinq tonneaux pleins et les autres vides ; puis il introduisit, toujours à la grande terreur de l'Anglais, sa lanterne dans les intervalles des barriques, et reconnaissant que ces intervalles étaient inoccupés :

– Allons, passons, dit-il, et il s'avança vers la porte qui donnait dans le second compartiment.

– Attendez, dit l'Anglais, qui était resté derrière, toujours en proie à cette émotion que nous avons indiquée ; attendez, c'est moi qui ai la clef de cette porte.

Et, passant rapidement devant d'Artagnan et Grimaud, il introduisit d'une main tremblante la clef dans la serrure et l'on se trouva dans le second compartiment, où Mousqueton et Blaisois s'apprêtaient à souper.

Dans celui-là ne se trouvait évidemment rien à chercher ni à reprendre : on en voyait tous les coins et tous les recoins à la lueur de la lampe qui éclairait ces dignes compagnons.

On passa donc rapidement et l'on visita le troisième compartiment.

Celui-là était la chambre des matelots.

Trois ou quatre hamacs pendus au plafond, une table soutenue par une double corde passée à chacune de ses extrémités, deux bancs vermoulus et boiteux en formaient tout l'ameublement. D'Artagnan alla soulever deux ou trois vieilles voiles pendantes contre les parois, et, ne voyant encore rien de suspect, regagna par l'écoutille le pont du bâtiment.

– Et cette chambre ? demanda d'Artagnan.

Grimaud traduisit à l'Anglais les paroles du mousquetaire.

– Cette chambre est la mienne, dit le patron ; y voulez-vous entrer ?

– Ouvrez la porte, dit d'Artagnan.

L'Anglais obéit : d'Artagnan allongea son bras armé de la lanterne, passa la tête par la porte entrebâillée, et voyant que cette chambre était un véritable réduit :

– Bon, dit-il, s'il y a une armée à bord, ce n'est point ici qu'elle sera cachée. Allons voir si Porthos a trouvé de quoi souper.

En remerciant le patron d'un signe de tête, il regagna la chambre d'honneur, où étaient ses amis.

Porthos n'avait rien trouvé, à ce qu'il paraît, ou, s'il avait trouvé quelque chose, la fatigue l'avait emporté sur la faim, et, couché dans son manteau, il dormait profondément lorsque d'Artagnan rentra.

Athos et Aramis, bercés par les mouvements moelleux des premières vagues de la mer, commençaient de leur côté à fermer les yeux ; ils les rouvrirent au bruit que fit leur compagnon.

– Eh bien ? fit Aramis.

– Tout va bien, dit d'Artagnan, et nous pouvons dormir tranquilles.

Sur cette assurance, Aramis laissa retomber sa tête ; Athos fit de la sienne un signe affectueux ; et d'Artagnan, qui, comme Porthos, avait encore plus besoin de dormir que de manger, congédia Grimaud, et se coucha dans son manteau, l'épée nue, de telle façon que son corps barrait le passage et qu'il était impossible d'entrer dans la chambre sans le heurter.

IV

Le vin de porto

Au bout de dix minutes, les maîtres dormaient, mais il n'en était pas ainsi des valets, affamés et surtout altérés.

Blaisois et Mousqueton s'apprêtaient à préparer leur lit, qui consistait en une planche et une valise, tandis que sur une table suspendue comme celle de la chambre voisine se balançaient, au roulis de la mer, un pot de bière et trois verres.

– Maudit roulis ! disait Blaisois. Je sens que cela va me reprendre comme en venant.

– Et n'avoir pour combattre le mal de mer, répondit Mousqueton, que du pain d'orge et du vin de houblon ! pouah !

– Mais votre bouteille d'osier, monsieur Mousqueton, demanda Blaisois, qui venait d'achever la préparation de sa couche et qui s'approchait en trébuchant de la table devant laquelle Mousqueton était déjà assis et où il parvint à s'asseoir ; mais votre bouteille d'osier, l'avez-vous perdue ?

– Non pas, dit Mousqueton, mais Parry l'a gardée. Ces diables d'Écossais ont toujours soif. Et vous, Grimaud, demanda Mousqueton à son compagnon, qui venait de rentrer après avoir accompagné d'Artagnan dans sa tournée, avez-vous soif ?

– Comme un Écossais, répondit laconiquement Grimaud.

Et il s'assit près de Blaisois et de Mousqueton, tira un carnet de sa poche et se mit à faire les comptes de la société, dont il était l'économe.

– Oh ! la, la ! dit Blaisois, voilà mon cœur qui s'embrouille !

– S'il en est ainsi, dit Mousqueton d'un ton doctoral, prenez un peu de nourriture.

– Vous appelez cela de la nourriture ? dit Blaisois en accompagnant d'une mine piteuse le doigt dédaigneux dont il montrait le pain d'orge et le pot de bière.

– Blaisois, reprit Mousqueton, souvenez-vous que le pain est la vraie nourriture du Français ; encore le Français n'en a-t-il pas toujours, demandez à Grimaud.

– Oui, mais la bière, reprit Blaisois avec une promptitude qui faisait honneur à la vivacité de son esprit de repartie, mais la bière, est-ce là sa vraie boisson ?

– Pour ceci, dit Mousqueton, pris par le dilemme et assez embarrassé d'y répondre, je dois avouer que non, et que la bière lui est aussi antipathique que le vin l'est aux Anglais.

– Comment, monsieur Mouston, dit Blaisois, qui cette fois doutait des profondes connaissances de Mousqueton, pour lesquelles, dans les circonstances ordinaires de la vie, il avait cependant l'admiration la plus entière ; comment, monsieur Mouston, les Anglais n'aiment pas le vin ?

– Ils le détestent.

– Mais je leur en ai vu boire, cependant.

– Par pénitence ; et la preuve, continua Mousqueton en se rengorgeant, c'est qu'un prince anglais est mort un jour parce qu'on l'avait mis dans un tonneau de malvoisie. J'ai entendu raconter le fait à M. l'abbé d'Herblay.

– L'imbécile ! dit Blaisois, je voudrais bien être à sa place !

– Tu le peux, dit Grimaud tout en alignant ses chiffres.

– Comment cela, dit Blaisois, je le peux ?

– Oui, continua Grimaud tout en retenant quatre et en reportant ce nombre à la colonne suivante.

– Je le peux ? Expliquez-vous, monsieur Grimaud.

Mousqueton gardait le silence pendant les interrogations de Blaisois, mais il était facile de voir à l'expression de son visage que ce n'était point par indifférence.

Grimaud continua son calcul et posa son total.

– Porto, dit-il alors en étendant la main dans la direction du premier compartiment visité par d'Artagnan et lui en compagnie du patron.

– Comment ! ces tonneaux que j'ai aperçus à travers la porte entrouverte ?

– Porto, répéta Grimaud, qui recommença une nouvelle opération arithmétique.

– J'ai entendu dire, reprit Blaisois en s'adressant à Mousqueton, que le porto est un excellent vin d'Espagne.

– Excellent, dit Mousqueton en passant le bout de sa langue sur ses lèvres, excellent. Il y en a dans la cave de M. le baron de Bracieux.

– Si nous priions ces Anglais de nous en vendre une bouteille ? demanda l'honnête Blaisois.

– Vendre ! dit Mousqueton amené à ses anciens instincts de marauderie. On voit bien, jeune homme, que vous n'avez pas encore l'expérience des choses de la vie. Pourquoi donc acheter quand on peut prendre ?

– Prendre, dit Blaisois, convoiter le bien du prochain ! la chose est défendue, ce me semble.

– Où cela ? demanda Mousqueton.

– Dans les commandements de Dieu ou de l'Église, je ne sais plus lesquels. Mais ce que je sais, c'est qu'il y a :

Bien d'autrui ne convoiteras,
Ni son épouse mêmement.

– Voilà encore une raison d'enfant, monsieur Blaisois, dit de son ton le plus protecteur Mousqueton. Oui, d'enfant, je répète le mot. Où avez-vous vu dans les écritures, je vous le demande, que les Anglais fussent votre prochain ?

– Ce n'est nulle part, la chose est vraie, dit Blaisois, du moins je ne me le rappelle pas.

– Raison d'enfant, je le répète, reprit Mousqueton. Si vous aviez fait dix ans la guerre comme Grimaud et moi, mon cher Blaisois, vous sauriez faire la différence qu'il y a entre le bien d'autrui et le bien de l'ennemi. Or, un Anglais est un ennemi, je pense, et ce vin de Porto appartient aux Anglais. Donc il nous appartient, puisque nous sommes Français. Ne connaissez-vous pas le proverbe : *Autant de pris sur l'ennemi ?*

Cette faconde, appuyée de toute l'autorité que puisait Mousqueton dans sa longue expérience, stupéfia Blaisois. Il baissa la tête comme pour se recueillir, et tout à coup relevant le front en homme armé d'un argument irrésistible :

– Et les maîtres, dit-il, seront-ils de votre avis, monsieur Mouston ?

Mousqueton sourit avec dédain.

– Il faudrait peut-être, dit-il, que j'allasse troubler le sommeil de ces illustres seigneurs pour leur dire : « Messieurs, votre serviteur Mousqueton a soif, voulez-vous lui permettre de boire ? » Qu'importe, je vous le demande, à M. de Bracieux que j'aie soif ou non ?

– C'est du vin bien cher, dit Blaisois en secouant la tête.

– Fût-ce de l'or potable, monsieur Blaisois, dit Mousqueton, nos maîtres ne s'en priveraient pas. Apprenez que M. le baron de Bracieux est à lui seul assez riche pour boire une tonne de porto, fût-il obligé de la payer une pistole la goutte. Or, je ne vois pas, continua Mousqueton de plus en plus magnifique dans son orgueil, puisque les maîtres ne s'en priveraient pas, pourquoi les valets s'en priveraient.

Et Mousqueton, se levant, prit le pot de bière qu'il vida par un sabord jusqu'à la dernière goutte, et s'avança majestueusement vers la porte qui donnait dans le compartiment.

– Ah ! ah ! fermée, dit-il. Ces diables d'Anglais, comme ils sont défiants !

– Fermée ! dit Blaisois d'un ton non moins désappointé que celui de Mousqueton. Ah ! peste ! c'est malheureux ; avec cela que je sens mon cœur qui se barbouille de plus en plus.

Mousqueton se retourna vers Blaisois avec un visage si piteux, qu'il était évident qu'il partageait à un haut degré le désappointement du brave garçon.

– Fermée ! répéta-t-il.

– Mais, hasarda Blaisois, je vous ai entendu raconter, monsieur Mouston, qu'une fois dans votre jeunesse, à Chantilly, je crois, vous avez nourri votre maître et vous-même en prenant des perdrix au collet, des carpes à la ligne et des bouteilles au lacet.

– Sans doute, répondit Mousqueton, c'est l'exacte vérité, et voilà Grimaud qui peut vous le dire. Mais il y avait un soupirail à la cave, et le vin était en bouteilles. Je ne puis pas jeter le lacet à travers cette cloison, ni tirer avec une ficelle une pièce de vin qui pèse peut-être deux quintaux.

– Non, mais vous pouvez lever deux ou trois planches de la cloison, dit Blaisois, et faire à l'un des tonneaux un trou avec une vrille.

Mousqueton écarquilla démesurément ses yeux ronds et regardant Blaisois en homme émerveillé de rencontrer dans un autre homme des qualités qu'il ne soupçonnait pas :

– C'est vrai, dit-il, cela se peut ; mais un ciseau pour faire sauter les planches, une vrille pour percer le tonneau ?

– La trousse, dit Grimaud tout en établissant la balance de ses comptes.

– Ah ! oui, la trousse, dit Mousqueton, et moi qui n'y pensais pas !

Grimaud, en effet, était non seulement l'économe de la troupe, mais encore son armurier ; outre un registre il avait une trousse. Or, comme Grimaud était homme de suprême précaution, cette trousse, soigneusement roulée dans sa valise, était garnie de tous les instruments de première nécessité.

Elle contenait donc une vrille d'une raisonnable grosseur.

Mousqueton s'en empara.

Quant au ciseau, il n'eut point à le chercher bien loin, le poignard qu'il portait à sa ceinture pouvait le remplacer avantageusement. Mousqueton chercha un coin où les planches fussent disjointes, ce qu'il n'eut pas de peine à trouver, et se mit immédiatement à l'œuvre.

Blaisois le regardait faire avec une admiration mêlée d'impatience, hasardant de temps en temps sur la façon de faire sauter un clou ou de pratiquer une pesée des observations pleines d'intelligence et de lucidité.

Au bout d'un instant, Mousqueton avait fait sauter trois planches.

– Là, dit Blaisois.

Mousqueton était le contraire de la grenouille de la fable qui se croyait plus grosse qu'elle n'était. Malheureusement, s'il était parvenu à diminuer son nom d'un tiers, il n'en était pas de même de son ventre. Il essaya de passer par l'ouverture pratiquée et vit avec douleur qu'il lui faudrait encore enlever deux ou trois planches au moins pour que l'ouverture fût à sa taille.

Il poussa un soupir et se retira pour se remettre à l'œuvre.

Mais Grimaud, qui avait fini ses comptes, s'était levé, et, avec un intérêt profond pour l'opération qui s'exécutait, il s'était approché de ses deux compagnons et avait vu les efforts inutiles tentés par Mousqueton pour atteindre la terre promise.

– Moi, dit Grimaud.

Ce mot valait à lui seul tout un sonnet, qui vaut à lui seul, comme on le sait, tout un poème.

Mousqueton se retourna.

– Quoi, vous ? demanda-t-il.

– Moi, je passerai.

– C'est vrai, dit Mousqueton en jetant un regard sur le corps long et mince de son ami, vous passerez, vous, et même facilement.

– C'est juste, il connaît les tonneaux pleins, dit Blaisois, puisqu'il a déjà été dans la cave avec M. le chevalier d'Artagnan. Laissez passer M. Grimaud, monsieur Mouston.

– J'y serais passé aussi bien que Grimaud, dit Mousqueton un peu piqué.

– Oui, mais ce serait plus long, et j'ai bien soif. Je sens mon cœur qui se barbouille de plus en plus.

– Passez donc, Grimaud, dit Mousqueton en donnant à celui qui allait tenter l'expédition à sa place le pot de bière et la vrille.

– Rincez les verres, dit Grimaud.

Puis il fit un geste amical à Mousqueton, afin que celui-ci lui pardonnât d'achever une expédition si brillamment commencée par un autre, et comme une couleuvre il se glissa par l'ouverture béante et disparut.

Blaisois semblait ravi, en extase. De tous les exploits accomplis depuis leur arrivée en Angleterre par les hommes extraordinaires auxquels ils avaient le bonheur d'être adjoint, celui-là lui semblait sans contredit le plus miraculeux.

– Vous allez voir, dit alors Mousqueton en regardant Blaisois avec une supériorité à laquelle celui-ci n'essaya même point de se soustraire, vous allez voir, Blaisois, comment, nous autres anciens soldats, nous buvons quand nous avons soif.

– Le manteau, dit Grimaud du fond de la cave.

– C'est juste, dit Mousqueton.

– Que désire-t-il ? demanda Blaisois.

– Qu'on bouche l'ouverture avec un manteau.

– Pourquoi faire ? demande Blaisois.

– Innocent ! dit Mousqueton, et si quelqu'un entrait ?

– Ah ! c'est vrai ! s'écria Blaisois avec une admiration de plus en plus visible. Mais il n'y verra pas clair.

– Grimaud voit toujours clair, répondit Mousqueton, la nuit comme le jour.

– Il est bien heureux, dit Blaisois ; quand je n'ai pas de chandelle, je ne puis pas faire deux pas sans me cogner, moi.

– C'est que vous n'avez pas servi, dit Mousqueton ; sans cela vous auriez appris à ramasser une aiguille dans un four. Mais silence ! On vient, ce me semble.

Mousqueton fit entendre un petit sifflement d'alarme qui était familier aux laquais aux jours de leur jeunesse, reprit sa place à table et fit signe à Blaisois d'en faire autant.

Blaisois obéit.

La porte s'ouvrit. Deux hommes enveloppés dans leurs manteaux parurent.

– Oh ! oh ! dit l'un d'eux, pas encore couchés à onze heures et un quart ? C'est contre les règles. Que dans un quart d'heure tout soit éteint et que tout le monde ronfle.

Les deux hommes s'acheminèrent vers la porte du compartiment dans lequel s'était glissé Grimaud, ouvrirent cette porte, entrèrent et la refermèrent derrière eux.

– Ah ! dit Blaisois frémissant, il est perdu !

– C'est un bien fin renard que Grimaud, murmura Mousqueton.

Et ils attendirent, l'oreille au guet et l'haleine suspendue.

Dix minutes s'écoulèrent, pendant lesquelles on n'entendit aucun bruit qui pût faire soupçonner que Grimaud fût découvert.

Ce temps écoulé, Mousqueton et Blaisois virent la porte se rouvrir, les deux hommes en manteau sortirent, refermèrent la porte avec la même précaution qu'ils avaient fait en entrant et ils s'éloignèrent en renouvelant l'ordre de se coucher et d'éteindre les lumières.

– Obéirons-nous ? demanda Blaisois ; tout cela me semble louche.

– Ils ont dit un quart d'heure ; nous avons encore cinq minutes, reprit Mousqueton.

– Si nous prévenions les maîtres ?

– Attendons Grimaud.

– Mais s'ils l'ont tué ?

– Grimaud eût crié.

– Vous savez qu'il est presque muet.

– Nous eussions entendu le coup, alors.

– Mais s'il ne revient pas ?

– Le voici.

En effet, au moment même Grimaud écartait le manteau qui cachait l'ouverture et passait à travers cette ouverture une tête livide dont les yeux arrondis par l'effroi laissaient voir une petite prunelle dans un large cercle blanc. Il tenait à la main le pot de bière plein d'une substance quelconque, l'approcha du rayon de lumière qu'envoyait la lampe fumeuse, et murmura ce simple monosyllabe : *Oh !* avec une expression de si profonde terreur, que Mousqueton recula épouvanté et que Blaisois pensa s'évanouir.

Tous deux jetèrent néanmoins un regard curieux dans le pot à bière : il était plein de poudre.

Une fois convaincu que le bâtiment était chargé de poudre au lieu de l'être de vin, Grimaud s'élança vers l'écoutille et ne fit qu'on bond jusqu'à la chambre où dormaient les quatre amis. Arrivé à cette chambre, il repoussa doucement la porte, laquelle en s'ouvrant réveilla immédiatement d'Artagnan couché derrière elle.

À peine eut-il vu la figure décomposée de Grimaud, qu'il comprit qu'il se passait quelque chose d'extraordinaire et voulut s'écrier ; mais Grimaud, d'un geste plus rapide que la parole elle-même, mit un doigt sur ses lèvres, et, d'un souffle qu'on n'eût pas soupçonné dans un corps si frêle, il éteignit la petite veilleuse à trois pas.

D'Artagnan se souleva sur le coude, Grimaud mit un genou en terre, et là, le cou tendu, tous les sens surexcités, il lui glissa dans l'oreille un récit qui, à la rigueur, était assez dramatique pour se passer du geste et du jeu de physionomie.

Pendant ce récit, Athos, Porthos et Aramis dormaient comme des hommes qui n'ont pas dormi depuis huit jours, et dans l'entrepont, Mousqueton nouait par précaution ses aiguillettes, tandis que Blaisois, saisi d'horreur, les cheveux hérissés sur sa tête, essayait d'en faire autant.

Voici ce qui s'était passé.

À peine Grimaud eut-il disparu par l'ouverture et se trouva-t-il dans le premier compartiment, qu'il se mit en quête et qu'il rencontra un tonneau. Il frappa dessus : le tonneau était vide. Il passa à un autre, il était vide encore ; mais le troisième sur lequel il répéta l'expérience rendit un son si mat qu'il n'y avait point à s'y tromper. Grimaud reconnut qu'il était plein.

Il s'arrêta à celui-ci, chercha une place convenable pour le percer avec sa vrille, et, en cherchant cet endroit, mit la main sur un robinet.

– Bon ! dit Grimaud, voilà qui m'épargne de la besogne.

Et il approcha son pot à bière, tourna le robinet et sentit que le contenu passait tout doucement d'un récipient dans l'autre.

Grimaud, après avoir préalablement pris la précaution de fermer le robinet, allait porter le pot à ses lèvres, trop consciencieux qu'il était pour apporter à ses compagnons une liqueur dont il n'eût pas pu leur répondre, lorsqu'il entendit le signal de l'alarme que lui donnait Mousqueton ; il se douta de quelque ronde de nuit, se glissa dans l'intervalle de deux tonneaux et se cacha derrière une futaille.

En effet, un instant après, la porte s'ouvrit et se referma après avoir donné passage aux deux hommes à manteau que nous avons vus passer et repasser devant Blaisois et Mousqueton en donnant l'ordre d'éteindre les lumières.

L'un des deux portait une lanterne garnie de vitres, soigneusement fermée et d'une telle hauteur que la flamme ne pouvait atteindre à son sommet. De plus, les vitres elles-mêmes étaient recouvertes d'une feuille de papier blanc qui adoucissait ou plutôt absorbait la lumière et la chaleur.

Cet homme était Groslow.

L'autre tenait à la main quelque chose de long, de flexible et de roulé comme une corde blanchâtre. Son visage était recouvert d'un chapeau à larges bords. Grimaud, croyant que le même sentiment que le sien les attirait dans le caveau, et que, comme lui, ils venaient faire une visite au vin de Porto, se blottit de plus en plus derrière sa futaille, se disant qu'au reste, s'il était découvert, le crime n'était pas bien grand.

Arrivés au tonneau derrière lequel Grimaud était caché, les deux hommes s'arrêtèrent.

— Avez-vous la mèche ? demanda en anglais celui qui portait le falot.

— La voici, dit l'autre.

À la voix du dernier, Grimaud tressaillit et sentit un frisson lui passer dans la moelle des os ; il se souleva lentement, jusqu'à ce que sa tête dépassât le cercle de bois, et sous le large chapeau il reconnut la pâle figure de Mordaunt.

— Combien de temps peut durer cette mèche ? demanda-t-il.

— Mais... cinq minutes à peu près, dit le patron.

Cette voix, non plus, n'était pas étrangère à Grimaud. Ses regards passèrent de l'un à l'autre, et après Mordaunt il reconnut Groslow.

— Alors, dit Mordaunt, vous allez prévenir vos hommes de se tenir prêts, sans leur dire à quoi. La chaloupe suit-elle le bâtiment ?

— Comme un chien suit son maître au bout d'une laisse de chanvre.

— Alors, quand la pendule piquera le quart après minuit vous réunirez vos hommes, vous descendrez sans bruit dans la chaloupe...

— Après avoir mis le feu à la mèche ?

— Ce soin me regarde. Je veux être sûr de ma vengeance. Les rames sont dans le canot ?

— Tout est préparé.

— Bien.

— C'est entendu, alors.

Mordaunt s'agenouilla et assura un bout de sa mèche au robinet, pour n'avoir plus qu'à mettre le feu à l'extrémité opposée.

Puis, cette opération achevée, il tira sa montre.

— Vous avez entendu ? Au quart d'heure après minuit, dit-il en se relevant, c'est-à-dire...

Il regarda sa montre.

— Dans vingt minutes.

— Parfaitement, monsieur, répondit Groslow ; seulement, je dois vous faire observer une dernière fois qu'il y a quelque danger pour la mission que vous vous réservez, et qu'il vaudrait mieux charger un de nos hommes de mettre le feu à l'artifice.

— Mon cher Groslow, dit Mordaunt, vous connaissez le proverbe français : *On n'est bien servi que par soi-même*. Je le mettrai en pratique.

Grimaud avait tout écouté, sinon tout entendu ; mais la vue suppléait chez lui au défaut de compréhension parfaite de la langue ; il avait vu et reconnu les deux mortels ennemis des mousquetaires ; il avait vu Mordaunt disposer la mèche ; il avait entendu le proverbe, que pour sa plus grande facilité Mordaunt avait dit en français. Enfin il palpait et repalpait le contenu du cruchon qu'il tenait à la main, et, au lieu du liquide qu'attendaient Mousqueton et Blaisois, criaient et s'écrasaient sous ses doigts les grains d'une poudre grossière.

Mordaunt s'éloigna avec le patron. À la porte il s'arrêta, écoutant.

– Entendez-vous comme ils dorment ? dit-il.

En effet, on entendait ronfler Porthos à travers le plancher.

– C'est Dieu qui nous les livre, dit Groslow.

– Et cette fois, dit Mordaunt, le diable ne les sauverait pas !

Et tous deux sortirent.

V

Le vin de porto (suite)

Grimaud attendit qu'il eût entendu grincer le pêne de la porte dans la serrure, et quand il se fut assuré qu'il était seul, il se dressa lentement le long de la muraille.

– Ah ! fit-il en essuyant avec sa manche de larges gouttes de sueur qui perlaient sur son front ; comme c'est heureux que Mousqueton ait eu soif !

Il se hâta de passer par son trou, croyant encore rêver ; mais la vue de la poudre dans le pot de bière lui prouva que ce rêve était un cauchemar mortel.

D'Artagnan, comme on le pense, écouta tous ces détails avec un intérêt croissant, et, sans attendre que Grimaud eût fini, il se leva sans secousse, et approchant sa bouche de l'oreille d'Aramis, qui dormait à sa gauche, et lui touchant l'épaule en même temps pour prévenir tout mouvement brusque :

– Chevalier, lui dit-il, levez-vous, et ne faites pas le moindre bruit.

Aramis s'éveilla. D'Artagnan lui répéta son invitation en lui serrant la main. Aramis obéit.

– Vous avez Athos à votre gauche, dit-il, prévenez-le comme je vous ai prévenu.

Aramis réveilla facilement Athos, dont le sommeil était léger comme l'est ordinairement celui de toutes les natures fines et nerveuses ; mais on eut plus de difficulté pour réveiller Porthos. Il allait demander les causes et les raisons de cette interruption de son sommeil, qui lui paraissait fort déplaisante, lorsque d'Artagnan, pour toute explication, lui appliqua la main sur la bouche.

Alors notre Gascon, allongeant ses bras et les ramenant à lui, enferma dans leur cercle les trois têtes de ses amis, de façon qu'elles se touchassent pour ainsi dire.

– Amis, dit-il, nous allons immédiatement quitter ce bateau, ou nous sommes tous morts.

– Bah ! dit Athos, encore ?

– Savez-vous quel était le capitaine du bateau ?

– Non.

– Le capitaine Groslow.

Un frémissement des trois mousquetaires apprit à d'Artagnan que son discours commençait à faire quelque impression sur ses amis.

– Groslow ! fit Aramis, diable !

– Qu'est-ce que c'est que cela, Groslow ? demanda Porthos, je ne me le rappelle plus.

– Celui qui a cassé la tête à Parry et qui s'apprête en ce moment à casser les nôtres.

– Oh ! oh !

– Et son lieutenant, savez-vous qui c'est ?

– Son lieutenant ? il n'en a pas, dit Athos. On n'a pas de lieutenant dans une felouque montée par quatre hommes.

– Oui, mais M. Groslow n'est pas un capitaine comme un autre ; il a un lieutenant, lui, et ce lieutenant est M. Mordaunt.

Cette fois ce fut plus qu'un frémissement parmi les mousquetaires, ce fut presque un cri. Ces hommes invincibles étaient soumis à l'influence mystérieuse et fatale qu'exerçait ce nom sur eux, et ressentaient de la terreur à l'entendre seulement prononcer.

– Que faire ? dit Athos.

– Nous emparer de la felouque, dit Aramis.

– Et le tuer, dit Porthos.

– La felouque est minée, dit d'Artagnan. Ces tonneaux que j'ai pris pour des futailles pleines de porto sont des tonneaux de poudre. Quand Mordaunt se verra découvert, il fera tout sauter, amis et ennemis, et ma foi c'est un monsieur de trop mauvaise compagnie pour que j'aie le désir de me présenter en sa société, soit au ciel, soit à l'enfer.

– Vous avez donc un plan ? demanda Athos.

– Oui.

– Lequel ?

– Avez-vous confiance en moi ?

– Ordonnez, dirent ensemble les trois mousquetaires.

– Eh bien, venez !

D'Artagnan alla à une fenêtre basse comme un dalot, mais qui suffisait pour donner passage à un homme ; il la fit glisser doucement sur sa charnière.

– Voilà le chemin, dit-il.

– Diable ! dit Aramis, il fait bien froid, cher ami !

– Restez si vous voulez ici, mais je vous préviens qu'il y fera chaud tout à l'heure.

– Mais nous ne pouvons gagner la terre à la nage.

– La chaloupe suit en laisse, nous gagnerons la chaloupe et nous couperons la laisse. Voilà tout. Allons, messieurs.

– Un instant, dit Athos ; les laquais ?

– Nous voici, dirent Mousqueton et Blaisois, que Grimaud avait été chercher pour concentrer toutes les forces dans la cabine, et qui, par l'écoutille qui touchait presque à la porte, étaient entrés sans être vus.

Cependant les trois amis étaient restés immobiles devant le terrible spectacle que leur avait découvert d'Artagnan en soulevant le volet et qu'ils voyaient par cette étroite ouverture.

En effet, quiconque a vu ce spectacle une fois sait que rien n'est plus profondément saisissant qu'une mer houleuse, roulant avec de sourds murmures ses vagues noires à la pâle clarté d'une lune d'hiver.

– Cordieu ! dit d'Artagnan, nous hésitons, ce me semble ! Si nous hésitons, nous, que feront donc les laquais ?

– Je n'hésite pas, moi, dit Grimaud.

– Monsieur, dit Blaisois, je ne sais nager que dans les rivières, je vous en préviens.

– Et moi, je ne sais pas nager du tout, dit Mousqueton.

Pendant ce temps, d'Artagnan s'était glissé par l'ouverture.

– Vous êtes donc décidé, ami ? dit Athos.

– Oui, répondit le Gascon. Allons, Athos, vous qui êtes l'homme parfait, dites à l'esprit de dominer la matière. Vous, Aramis, donnez le mot aux laquais. Vous, Porthos, tuez tout ce qui nous fera obstacle.

Et d'Artagnan, après avoir serré la main d'Athos, choisit le moment où par un mouvement de tangage la felouque plongeait de l'arrière ; de sorte qu'il n'eut qu'à se laisser glisser dans l'eau, qui l'enveloppait déjà jusqu'à la ceinture.

Athos le suivit avant même que la felouque fût relevée ; après Athos elle se releva, et l'on vit se tendre et sortir de l'eau le câble qui attachait la chaloupe.

D'Artagnan nagea vers ce câble et l'atteignit.

Là il attendit suspendu à ce câble par une main et la tête seule à fleur d'eau.

Au bout d'une seconde, Athos le rejoignit.

Puis l'on vit au tournant de la felouque poindre deux autres têtes. C'étaient celle d'Aramis et de Grimaud.

– Blaisois m'inquiète, dit Athos. N'avez-vous pas entendu, d'Artagnan, qu'il a dit qu'il ne savait nager que dans les rivières ?

– Quand on sait nager, on nage partout, dit d'Artagnan ; à la barque ! à la barque !

– Mais Porthos ? Je ne le vois pas.

– Porthos va venir, soyez tranquille, il nage comme Léviathan lui-même.

En effet Porthos ne paraissait point ; car une scène, moitié burlesque, moitié dramatique, se passait entre lui, Mousqueton et Blaisois.

Ceux-ci, épouvantés par le bruit de l'eau, par le sifflement du vent, effarés par la vue de cette eau noire bouillonnant dans le gouffre, reculaient au lieu d'avancer.

– Allons ! allons ! dit Porthos, à l'eau !

– Mais, monsieur, disait Mousqueton, je ne sais pas nager, laissez-moi ici.

– Et moi aussi, monsieur, disait Blaisois.

– Je vous assure que je vous embarrasserai dans cette petite barque, reprit Mousqueton.

– Et moi je me noierai bien sûr avant que d'y arriver, continuait Blaisois.

– Ah çà, je vous étrangle tous deux si vous ne sortez pas, dit Porthos en les saisissant à la gorge. En avant, Blaisois !

Un gémissement étouffé par la main de fer de Porthos fut toute la réponse de Blaisois, car le géant, le tenant par le cou et par les pieds, le fit glisser comme une planche par la fenêtre et l'envoya dans la mer tête en bas.

– Maintenant, Mouston, dit Porthos, j'espère que vous n'abandonnerez pas votre maître.

– Ah ! monsieur, dit Mousqueton les larmes aux yeux, pourquoi avez-vous repris du service ? nous étions si bien au château de Pierrefonds !

Et sans autre reproche, devenu pensif et obéissant, soit par dévouement réel, soit par l'exemple donné à l'égard de Blaisois, Mousqueton donna tête baissée dans la mer. Action sublime en tout cas, car Mousqueton se croyait mort.

Mais Porthos n'était pas homme à abandonner ainsi son fidèle compagnon. Le maître suivit de si près son valet, que la chute des deux corps ne fit qu'un seul et même bruit ; de sorte que lorsque Mousqueton revint sur l'eau tout aveuglé, il se trouva retenu par la large main de Porthos, et put, sans avoir besoin de faire aucun mouvement, s'avancer vers la corde avec la majesté d'un dieu marin.

Au même instant, Porthos vit tourbillonner quelque chose à la portée de son bras. Il saisit ce quelque chose par la chevelure : c'était Blaisois, au-devant duquel venait déjà Athos.

– Allez, allez, comte, dit Porthos, je n'ai pas besoin de vous.

Et en effet, d'un coup de jarret vigoureux, Porthos se dressa comme le géant Adamastor au-dessus de la lame, et en trois élans il se trouva avoir rejoint ses compagnons.

D'Artagnan, Aramis et Grimaud aidèrent Mousqueton et Blaisois à monter ; puis vint le tour de Porthos, qui, en enjambant par-dessus le bord, manqua de faire chavirer la petite embarcation.

– Et Athos ? demanda d'Artagnan.

– Me voici ! dit Athos, qui, comme un général soutenant la retraite, n'avait voulu monter que le dernier et se tenait au rebord de la barque. Êtes-vous tous réunis ?

– Tous, dit d'Artagnan. Et vous, Athos, avez-vous votre poignard ?

– Oui.

– Alors coupez le câble et venez.

Athos tira un poignard acéré de sa ceinture et coupa la corde ; la fe-louque s'éloigna ; la barque resta stationnaire, sans autre mouvement que celui que lui imprimaient les vagues.

– Venez, Athos ! dit d'Artagnan.

Et il tendit la main au comte de La Fère, qui prit à son tour place dans le bateau.

– Il était temps, dit le Gascon, et vous allez voir quelque chose de cu-rieux.

VI

Fatalité

En effet, d'Artagnan achevait à peine ces paroles qu'un coup de sifflet retentit sur la felouque, qui commençait à s'enfoncer dans la brume et dans l'obscurité.

– Ceci, comme vous le comprenez bien, reprit le Gascon, veut dire quelque chose.

En ce moment on vit un falot apparaître sur le pont et dessiner des ombres à l'arrière.

Soudain un cri terrible, un cri de désespoir traversa l'espace ; et comme si ce cri eût chassé les nuages, le voile qui cachait la lune s'écarta, et l'on vit se dessiner sur le ciel, argenté d'une pâle lumière, la voilure grise et les cordages noirs de la felouque.

Des ombres couraient éperdues sur le navire, et des cris lamentables accompagnaient ces promenades insensées.

Au milieu de ces cris, on vit apparaître, sur le couronnement de la poupe, Mordaunt, une torche à la main.

Ces ombres qui couraient éperdues sur le navire, c'était Groslow qui, à l'heure indiquée par Mordaunt, avait rassemblé ses hommes ; tandis que celui-ci, après avoir écouté à la porte de la cabine si les mousquetaires dormaient toujours, était descendu dans la cale, rassuré par le silence.

En effet, qui eût pu soupçonner ce qui venait de se passer ?

Mordaunt avait en conséquence ouvert la porte et couru à la mèche ; ardent comme un homme altéré de vengeance et sûr de lui comme ceux que Dieu aveugle, il avait mis le feu au soufre.

Pendant ce temps, Groslow et ses matelots s'étaient réunis à l'arrière.

– Halez la corde, dit Groslow, et attirez la chaloupe à nous.

Un des matelots enjamba la muraille du navire, saisit le câble et tira ; le câble vint à lui sans résistance aucune.

– Le câble est coupé ! s'écria le marin, plus de canot !

– Comment ! plus de canot ! dit Groslow en s'élançant à son tour sur le bastingage, c'est impossible !

– Cela est cependant, dit le marin, voyez plutôt ; rien dans le sillage, et d'ailleurs voilà le bout du câble.

C'était alors que Groslow avait poussé ce rugissement que les mousquetaires avaient entendu.

– Qu'y a-t-il ? s'écria Mordaunt, qui, sortant de l'écoutille, s'élança à son tour vers l'arrière, sa torche à la main.

– Il y a que nos ennemis nous échappent ; il y a qu'ils ont coupé la corde et qu'ils fuient avec le canot.

Mordaunt ne fit qu'un bond jusqu'à la cabine, dont il enfonça la porte d'un coup de pied.

– Vide ! s'écria-t-il. Oh ! les démons !

– Nous allons les poursuivre, dit Groslow ; ils ne peuvent être loin, et nous les coulerons en passant sur eux.

– Oui, mais le feu ! dit Mordaunt, j'ai mis le feu !

– À quoi ?

– À la mèche !

– Mille tonnerres ! hurla Groslow en se précipitant vers l'écoutille. Peut-être est-il encore temps.

Mordaunt ne répondit que par un rire terrible ; et, les traits bouleversés par la haine plus encore que par la terreur, cherchant le ciel de ses yeux hagards pour lui lancer un dernier blasphème, il jeta d'abord sa torche dans la mer, puis il s'y précipita lui-même.

Au même instant et comme Groslow mettait le pied sur l'escalier de l'écoutille, le navire s'ouvrit comme le cratère d'un volcan ; un jet de feu s'élança vers le ciel avec une explosion pareille à celle de cent pièces de canon qui tonneraient à la fois ; l'air s'embrasa tout sillonné de débris embrasés eux-mêmes, puis l'effroyable éclair disparut, les débris tombèrent l'un après l'autre, frémissant dans l'abîme, où ils s'éteignirent, et, à l'exception d'une vibration dans l'air, au bout d'un instant on eût cru qu'il ne s'était rien passé.

Seulement la felouque avait disparu de la surface de la mer, et Groslow et ses trois hommes étaient anéantis.

Les quatre amis avaient tout vu, aucun des détails de ce terrible drame ne leur avait échappé. Un instant inondés de cette lumière éclatante qui avait éclairé la mer à plus d'une lieue, on aurait pu les voir chacun dans une attitude diverse, exprimant l'effroi que, malgré leurs cœurs de bronze, ils ne pouvaient s'empêcher de ressentir. Bientôt la pluie de flammes retomba tout autour d'eux ; puis enfin le volcan s'éteignit comme nous l'avons raconté, et tout rentra dans l'obscurité, barque flottante et océan houleux.

Ils demeurèrent un instant silencieux et abattus. Porthos et d'Artagnan, qui avaient pris chacun une rame, la soutenaient machinalement au-dessus de l'eau en pesant dessus de tout leur corps et en l'étreignant de leurs mains crispées.

– Ma foi, dit Aramis rompant le premier ce silence de mort, pour cette fois je crois que tout est fini.

– À moi, milords ! à l'aide ! au secours ! cria une voix lamentable dont les accents parvinrent aux quatre amis, et pareille à celle de quelque esprit de la mer.

Tous se regardèrent. Athos lui-même tressaillit.

– C'est lui, c'est sa voix ! dit-il.

Tous gardèrent le silence, car tous avaient, comme Athos, reconnu cette voix. Seulement leurs regards aux prunelles dilatées se tournèrent dans la direction où avait disparu le bâtiment, faisant des efforts inouïs pour percer l'obscurité.

Au bout d'un instant on commença de distinguer un homme ; il s'approchait nageant avec vigueur.

Athos étendit lentement le bras vers lui, le montrant du doigt à ses compagnons.

– Oui, oui, dit d'Artagnan, je le vois bien.

– Encore lui ! dit Porthos en respirant comme un soufflet de forge. Ah çà, mais il est donc de fer ?

– Ô mon Dieu ! murmura Athos.

Aramis et d'Artagnan se parlaient à l'oreille.

Mordaunt fit encore quelques brassées, et, levant en signe de détresse une main au-dessus de la mer :

– Pitié ! messieurs, pitié, au nom du ciel ! Je sens mes forces qui m'abandonnent, je vais mourir !

La voix qui implorait secours était si vibrante, qu'elle alla éveiller la compassion au fond du cœur d'Athos.

– Le malheureux ! murmura-t-il.

– Bon ! dit d'Artagnan, il ne vous manque plus que de le plaindre ! En vérité, je crois qu'il nage vers nous. Pense-t-il donc que nous allons le prendre ? Ramez, Porthos, ramez !

Et donnant l'exemple, d'Artagnan plongea sa rame dans la mer, deux coups d'aviron éloignèrent la barque de vingt brasses.

– Oh ! vous ne m'abandonnerez pas ! Vous ne me laisserez pas périr ! Vous ne serez pas sans pitié ! s'écria Mordaunt.

– Ah ! ah ! dit Porthos à Mordaunt, je crois que nous vous tenons, enfin, mon brave, et que vous n'avez pour vous sauver d'ici d'autres portes que celles de l'enfer !

– Oh ! Porthos ! murmura le comte de La Fère.

– Laissez-moi tranquille, Athos ; en vérité vous devenez ridicule avec vos éternelles générosités ! D'abord, s'il approche à dix pieds de la barque, je vous déclare que je lui fends la tête d'un coup d'aviron.

– Oh ! de grâce... ne me fuyez pas, messieurs... de grâce... ayez pitié de moi ! cria le jeune homme, dont la respiration haletante faisait parfois, quand sa tête disparaissait sous la vague, bouillonner l'eau glacée.

D'Artagnan, qui tout en suivant de l'œil chaque mouvement de Mordaunt, avait terminé son colloque avec Aramis, se leva :

– Monsieur, dit-il en s'adressant au nageur, éloignez-vous, s'il vous plaît. Votre repentir est de trop fraîche date pour que nous y ayons une bien grande confiance ; faites attention que le bateau dans lequel vous avez voulu nous griller fume encore à quelques pieds sous l'eau, et que la situation dans laquelle vous êtes est un lit de roses en comparaison de celle où vous vouliez nous mettre et où vous avez mis M. Groslow et ses compagnons.

– Messieurs, reprit Mordaunt avec un accent plus désespéré, je vous jure que mon repentir est véritable. Messieurs, je suis si jeune, j'ai vingt-trois ans à peine ! Messieurs, j'ai été entraîné par un ressentiment bien naturel, j'ai voulu venger ma mère, et vous eussiez tous fait ce que j'ai fait.

– Peuh ! fit d'Artagnan, voyant qu'Athos s'attendrissait de plus en plus ; c'est selon.

Mordaunt n'avait plus que trois ou quatre brassées à faire pour atteindre la barque, car l'approche de la mort semblait lui donner une vigueur surnaturelle.

– Hélas ! reprit-il, je vais donc mourir ! Vous allez donc tuer le fils comme vous avez tué la mère ! Et cependant je n'étais pas coupable ; selon toutes les lois divines et humaines, un fils doit venger sa mère. D'ailleurs, ajouta-t-il en joignant les mains, si c'est un crime, puisque je m'en repens, puisque j'en demande pardon, je dois être pardonné.

Alors, comme si les forces lui manquaient, il sembla ne plus pouvoir se soutenir sur l'eau, et une vague passa sur sa tête, qui éteignit sa voix.

– Oh ! cela me déchire ! dit Athos.

Mordaunt reparut.

– Et moi, répondit d'Artagnan, je dis qu'il faut en finir ; monsieur l'assassin de votre oncle, monsieur le bourreau du roi Charles, monsieur l'incendiaire, je vous engage à vous laisser couler à fond ; ou, si vous approchez encore de la barque d'une seule brasse, je vous casse la tête avec mon aviron.

Mordaunt, comme au désespoir, fit une brassée. D'Artagnan prit sa rame à deux mains, Athos se leva.

– D'Artagnan ! d'Artagnan ! s'écria-t-il ; d'Artagnan ! mon fils, je vous en supplie. Le malheureux va mourir, et c'est affreux de laisser mourir un homme sans lui tendre la main, quand on n'a qu'à lui tendre la main pour le sauver. Oh ! mon cœur me défend une pareille action ; je ne puis y résister, il faut qu'il vive !

– Mordieu ! répliqua d'Artagnan, pourquoi ne vous livrez-vous pas tout de suite pieds et poings liés à ce misérable ? Ce sera plus tôt fait. Ah ! comte de La Fère, vous voulez périr par lui ; eh bien ! moi, votre fils, comme vous m'appelez, je ne le veux pas.

C'était la première fois que d'Artagnan résistait à une prière qu'Athos faisait en l'appelant son fils.

Aramis tira froidement son épée, qu'il avait emportée entre ses dents à la nage.

– S'il pose la main sur le bordage, dit-il, je la lui coupe comme à un régicide qu'il est.

– Et moi, dit Porthos, attendez...

– Qu'allez-vous faire ? demanda Aramis.

– Je vais me jeter à l'eau et je l'étranglerai.

– Oh ! messieurs, s'écria Athos avec un sentiment irrésistible, soyons hommes, soyons chrétiens !

D'Artagnan poussa un soupir qui ressemblait à un gémissement, Aramis abaissa son épée, Porthos se rassit.

– Voyez, continua Athos, voyez, la mort se peint sur son visage ; ses forces sont à bout, une minute encore, et il coule au fond de l'abîme. Ah ! ne me donnez pas cet horrible remords, ne me forcez pas à mourir de honte à mon tour ; mes amis, accordez-moi la vie de ce malheureux, je vous bénirai, je vous...

– Je me meurs ! murmura Mordaunt ; à moi !... à moi !...

– Gagnons une minute, dit Aramis en se penchant à gauche et en s'adressant à d'Artagnan. Un coup d'aviron, ajouta-t-il en se penchant à droite vers Porthos.

D'Artagnan ne répondit ni du geste ni de la parole ; il commençait d'être ému, moitié des supplications d'Athos, moitié par le spectacle qu'il avait sous les yeux. Porthos seul donna un coup de rame, et, comme ce coup n'avait pas de contrepoids, la barque tourna seulement sur elle-même et ce mouvement rapprocha Athos du moribond.

– Monsieur le comte de La Fère ! s'écria Mordaunt, monsieur le comte de La Fère ! C'est à vous que je m'adresse, c'est vous que je supplie, ayez pitié de moi... Où êtes-vous, monsieur le comte de La Fère ? Je n'y vois plus... Je me meurs !... À moi ! à moi !

– Me voici, monsieur, dit Athos en se penchant et en étendant le bras vers Mordaunt avec cet air de noblesse et de dignité qui lui était habituel, me voici ; prenez ma main, et entrez dans notre embarcation.

– J'aime mieux ne pas regarder, dit d'Artagnan, cette faiblesse me répugne.

Il se retourna vers les deux amis, qui, de leur côté, se pressaient au fond de la barque comme s'ils eussent craint de toucher celui auquel Athos ne craignait pas de tendre la main.

Mordaunt fit un effort suprême, se souleva, saisit cette main qui se tendait vers lui et s'y cramponna avec la véhémence du dernier espoir.

– Bien ! dit Athos, mettez votre autre main ici.

Et il lui offrait son épaule comme second point d'appui, de sorte que sa tête touchait presque la tête de Mordaunt, et que ces deux ennemis mortels se tenaient embrassés comme deux frères.

Mordaunt étreignit de ses doigts crispés le collet d'Athos.

– Bien, monsieur, dit le comte, maintenant vous voilà sauvé, tranquillisez-vous.

– Ah ! ma mère, s'écria Mordaunt avec un regard flamboyant et avec un accent de haine impossible à décrire, je ne peux t'offrir qu'une victime, mais ce sera du moins celle que tu eusses choisie !

Et tandis que d'Artagnan poussait un cri, que Porthos levait l'aviron, qu'Aramis cherchait une place pour frapper, une effrayante secousse donnée à la barque entraîna Athos dans l'eau, tandis que Mordaunt, poussant un cri de triomphe, serrait le cou de sa victime et enveloppait, pour paralyser ses mouvements, ses jambes et les siennes comme aurait pu le faire un serpent.

Un instant, sans pousser un cri, sans appeler à son aide, Athos essaya de se maintenir à la surface de la mer, mais le poids l'entraînant, il disparut peu à peu ; bientôt on ne vit plus que ses longs cheveux flottants ; puis tout disparut, et un large bouillonnement, qui s'effaça à son tour, indiqua seul l'endroit où tous deux s'étaient engloutis.

Muets d'horreur, immobiles, suffoqués par l'indignation et l'épouvante, les trois amis étaient restés la bouche béante, les yeux dilatés, les bras tendus ; ils semblaient des statues et cependant, malgré leur immobilité, on entendait battre leur cœur. Porthos le premier revint à lui, et s'arrachant les cheveux à pleines mains :

– Oh ! s'écria-t-il avec un sanglot déchirant chez un pareil homme surtout, oh ! Athos, Athos ! noble cœur ! malheur ! malheur sur nous qui t'avons laissé mourir !

– Oh ! oui, répéta d'Artagnan, malheur !

– Malheur ! murmura Aramis.

En ce moment, au milieu du vaste cercle illuminé des rayons de la lune, à quatre ou cinq brasses de la barque, le même tourbillonnement qui avait annoncé l'absorption se renouvela, et l'on vit reparaître d'abord des cheveux, puis un visage pâle aux yeux ouverts mais cependant morts, puis un corps qui, après s'être dressé jusqu'au buste au-dessus de la mer, se renversa mollement sur le dos, selon le caprice de la vague.

Dans la poitrine du cadavre était enfoncé un poignard dont le pommeau d'or étincelait.

– Mordaunt ! Mordaunt ! Mordaunt ! s'écrièrent les trois amis, c'est Mordaunt !

– Mais Athos ? dit d'Artagnan.

Tout à coup la barque pencha à gauche sous un poids nouveau et inattendu, et Grimaud poussa un hurlement de joie ; tous se retournèrent, et l'on vit Athos, livide, l'œil éteint et la main tremblante, se reposer en s'appuyant sur le bord du canot. Huit bras nerveux l'enlevèrent aussitôt et le déposèrent dans la barque, où dans un instant Athos se sentit réchauffé, ranimé, renaissant sous les caresses et dans les étreintes de ses amis ivres de joie.

– Vous n'êtes pas blessé, au moins ? demanda d'Artagnan.

– Non, répondit Athos... Et lui ?

– Oh ! lui, cette fois, Dieu merci ! il est bien mort. Tenez !

Et d'Artagnan, forçant Athos de regarder dans la direction qu'il lui indiquait, lui montra le corps de Mordaunt flottant sur le dos des lames, et qui, tantôt submergé, tantôt relevé, semblait encore poursuivre les quatre amis d'un regard chargé d'insulte et de haine mortelle.

Enfin il s'abîma. Athos l'avait suivi d'un œil empreint de mélancolie et de pitié.

– Bravo, Athos ! dit Aramis avec une effusion bien rare chez lui.

– Le beau coup ! s'écria Porthos.

– J'avais un fils, dit Athos, j'ai voulu vivre.

– Enfin, dit d'Artagnan, voilà où Dieu a parlé.

– Ce n'est pas moi qui l'ai tué, murmura Athos, c'est le destin.

VII

Où, après avoir manqué d'être rôti,
Mousqueton manqua d'être mangé

Un profond silence régna longtemps dans le canot après la scène terrible que nous venons de raconter. La lune, qui s'était montrée un instant comme si Dieu eût voulu qu'aucun détail de cet événement ne restât caché aux yeux des spectateurs, disparut derrière les nuages ; tout rentra dans cette obscurité si effrayante dans tous les déserts et surtout dans ce désert liquide qu'on appelle l'Océan, et l'on n'entendit plus que le sifflement du vent d'ouest dans la crête des lames.

Porthos rompit le premier le silence.

– J'ai vu bien des choses, dit-il, mais aucune ne m'a ému comme celle que je viens de voir. Cependant, tout troublé que je suis, je vous déclare que je me sens excessivement heureux. J'ai cent livres de moins sur la poitrine, et je respire enfin librement.

En effet, Porthos respira avec un bruit qui faisait honneur au jeu puissant de ses poumons.

– Pour moi, dit Aramis, je n'en dirai pas autant que vous, Porthos ; je suis encore épouvanté. C'est au point que je n'en crois pas mes yeux, que je doute de ce que j'ai vu, que je cherche tout autour du canot, et que je m'attends à chaque minute à voir reparaître ce misérable tenant à la main le poignard qu'il avait dans le cœur.

– Oh ! moi, je suis tranquille, reprit Porthos ; le coup lui a été porté vers la sixième côte et enfoncé jusqu'à la garde. Je ne vous en fais pas un reproche, Athos, au contraire. Quand on frappe, c'est comme cela qu'il faut frapper. Aussi je vis à présent, je respire, je suis joyeux.

– Ne vous hâtez pas de chanter victoire, Porthos ! dit d'Artagnan. Jamais nous n'avons couru un danger plus grand qu'à cette heure ; car un homme vient à bout d'un homme, mais non pas d'un élément. Or, nous sommes en mer la nuit, sans guide, dans une frêle barque ; qu'un coup de vent fasse chavirer le canot, et nous sommes perdus.

Mousqueton poussa un profond soupir.

– Vous êtes ingrat, d'Artagnan, dit Athos ; oui, ingrat de douter de la Providence au moment où elle vient de nous sauver tous d'une façon si miraculeuse. Croyez-vous qu'elle nous ait fait passer, en nous guidant par la main, à travers tant de périls, pour nous abandonner ensuite ? Non pas.

Nous sommes partis par un vent d'ouest, ce vent souffle toujours. (Athos s'orienta sur l'étoile polaire.) Voici le Chariot, par conséquent là est la France. Laissons-nous aller au vent, et tant qu'il ne changera point il nous poussera vers les côtes de Calais ou de Boulogne. Si la barque chavire, nous sommes assez forts et assez bons nageurs, à nous cinq du moins, pour la retourner, ou pour nous attacher à elle si cet effort est au-dessus de nos forces. Or, nous nous trouvons sur la route de tous les vaisseaux qui vont de Douvres à Calais et de Portsmouth à Boulogne ; si l'eau conservait leurs traces, leur sillage eût creusé une vallée à l'endroit même où nous sommes. Il est donc impossible qu'au jour nous ne rencontrions pas quelque barque de pêcheur qui nous recueillera.

– Mais si nous n'en rencontrions point, par exemple, et que le vent tournât au nord !

– Alors, dit Athos, c'est autre chose, nous ne retrouverions la terre que de l'autre côté de l'Atlantique.

– Ce qui veut dire que nous mourrions de faim, reprit Aramis.

– C'est plus que probable, dit le comte de La Fère.

Mousqueton poussa un second soupir plus douloureux encore que le premier.

– Ah ! çà ! Mouston, demanda Porthos, qu'avez-vous donc à gémir toujours ainsi ? cela devient fastidieux !

– J'ai que j'ai froid, monsieur, dit Mousqueton.

– C'est impossible, dit Porthos.

– Impossible ? dit Mousqueton étonné.

– Certainement. Vous avez le corps couvert d'une couche de graisse qui le rend impénétrable à l'air. Il y a autre chose, parlez franchement.

– Eh bien, oui, monsieur, et c'est même cette couche de graisse, dont vous me glorifiez, qui m'épouvante, moi !

– Et pourquoi cela, Mouston ? Parlez hardiment, ces messieurs vous le permettent.

– Parce que, monsieur, je me rappelais que dans la bibliothèque du château de Bracieux il y a une foule de livres de voyages, et parmi ces livres de voyages ceux de Jean Mocquet, le fameux voyageur du roi Henri IV.

– Après ?

– Eh bien ! monsieur, dit Mousqueton, dans ces livres il est fort parlé d'aventures maritimes et d'événements semblables à celui qui nous menace en ce moment !

– Continuez, Mouston, dit Porthos, cette analogie est pleine d'intérêt.

– Eh bien, monsieur, en pareil cas, les voyageurs affamés, dit Jean Mocquet, ont l'habitude affreuse de se manger les uns les autres et de commencer par...

– Par le plus gras ! s'écria d'Artagnan ne pouvant s'empêcher de rire, malgré la gravité de la situation.

– Oui, monsieur, répondit Mousqueton, un peu abasourdi de cette hilarité, et permettez-moi de vous dire que je ne vois pas ce qu'il peut y avoir de risible là-dedans.

– C'est le dévouement personnifié que ce brave Mousqueton ! reprit Porthos. Gageons que tu te voyais déjà dépecé et mangé par ton maître ?

– Oui, monsieur, quoique cette joie que vous devinez en moi ne soit pas, je vous l'avoue, sans quelque mélange de tristesse. Cependant je ne me regretterais pas trop, monsieur, si en mourant j'avais la certitude de vous être utile encore.

– Mouston, dit Porthos attendri, si nous revoyons jamais mon château de Pierrefonds, vous aurez, en toute propriété, pour vous et vos descendants, le clos de vignes qui surmonte la ferme.

– Et vous le nommerez la vigne du Dévouement, Mouston, dit Aramis, pour transmettre aux derniers âges le souvenir de votre sacrifice.

– Chevalier, dit d'Artagnan en riant à son tour, vous eussiez mangé du Mouston sans trop de répugnance, n'est-ce pas, surtout après deux ou trois jours de diète ?

– Oh ! ma foi, non, reprit Aramis, j'eusse mieux aimé Blaisois : il y a moins longtemps que nous le connaissons.

On conçoit que pendant cet échange de plaisanteries, qui avaient pour but surtout d'écarter de l'esprit d'Athos la scène qui venait de se passer, à l'exception de Grimaud, qui savait qu'en tout cas le danger, quel qu'il fût, passerait au-dessus de sa tête, les valets ne fussent point tranquilles.

Aussi Grimaud, sans prendre aucune part à la conversation, et muet, selon son habitude, s'escrimait-il de son mieux, un aviron de chaque main.

– Tu rames donc, toi ? dit Athos.

Grimaud fit signe que oui.

– Pourquoi rames-tu ?

– Pour avoir chaud.

En effet, tandis que les autres naufragés grelottaient de froid, le silencieux Grimaud suait à grosses gouttes.

Tout à coup Mousqueton poussa un cri de joie en élevant au-dessus de sa tête sa main armée d'une bouteille.

– Oh ! dit-il en passant la bouteille à Porthos, oh ! monsieur, nous sommes sauvés ! la barque est garnie de vivres.

Et fouillant vivement sous le banc d'où il avait déjà tiré le précieux spécimen, il amena successivement une douzaine de bouteilles pareilles, du pain et un morceau de bœuf salé.

Il est inutile de dire que cette trouvaille rendit la gaieté à tous, excepté à Athos.

– Mordieu ! dit Porthos, qui, on se le rappelle, avait déjà faim en mettant le pied sur la felouque, c'est étonnant comme les émotions creusent l'estomac !

Et il avala une bouteille d'un coup et mangea à lui seul un bon tiers du pain et du bœuf salé.

– Maintenant, dit Athos, dormez ou tâchez de dormir, messieurs ; moi, je veillerai.

Pour d'autres hommes que pour nos hardis aventuriers une pareille proposition eût été dérisoire. En effet, ils étaient mouillés jusqu'aux os, il faisait un vent glacial, et les émotions qu'ils venaient d'éprouver semblaient leur défendre de fermer l'œil ; mais pour ces natures d'élite, pour ces tempéraments de fer, pour ces corps brisés à toutes les fatigues, le sommeil, dans toutes les circonstances, arrivait à son heure sans jamais manquer à l'appel.

Aussi au bout d'un instant chacun, plein de confiance dans le pilote, se fut-il accoudé à sa façon, et eut-il essayé de profiter du conseil donné par Athos, qui, assis au gouvernail et les yeux fixés sur le ciel, où sans doute il cherchait non seulement le chemin de la France, mais encore le visage de Dieu, demeura seul, comme il l'avait promis, pensif et éveillé, dirigeant la petite barque dans la voie qu'elle devait suivre.

Après quelques heures de sommeil, les voyageurs furent réveillés par Athos.

Les premières lueurs du jour venaient de blanchir la mer bleuâtre, et à dix portées de mousquet à peu près vers l'avant on apercevait une masse noire au-dessus de laquelle se déployait une voile triangulaire fine et allongée comme l'aile d'une hirondelle.

– Une barque ! dirent d'une même voix les quatre amis, tandis que les laquais, de leur côté, exprimaient aussi leur joie sur des tons différents.

C'était en effet une flûte dunkerquoise qui faisait voile vers Boulogne.

Les quatre maîtres, Blaisois et Mousqueton unirent leurs voix en un seul cri qui vibra sur la surface élastique des flots, tandis que Grimaud, sans rien dire, mettait son chapeau au bout de sa rame pour attirer les regards de ceux qu'allait frapper le son de la voix.

Un quart d'heure après, le canot de cette flûte les remorquait ; ils mettaient le pied sur le pont du petit bâtiment. Grimaud offrait vingt guinées au patron de la part de son maître, et à neuf heures du matin, par un bon vent, nos Français mettaient le pied sur le sol de la patrie.

– Mordieu ! qu'on est fort là-dessus ! dit Porthos en enfonçant ses larges pieds dans le sable. Qu'on vienne me chercher noise maintenant, me regarder de travers ou me chatouiller, et l'on verra à qui l'on a affaire ! Morbleu ! je défierais tout un royaume !

– Et moi, dit d'Artagnan, je vous engage à ne pas faire sonner ce défi trop haut, Porthos ; car il me semble qu'on nous regarde beaucoup par ici.

– Pardieu ! dit Porthos, on nous admire.

– Eh bien, moi, répondit d'Artagnan, je n'y mets point d'amour-propre, je vous jure, Porthos ! Seulement j'aperçois des hommes en robe noire, et dans notre situation les hommes en robe noire m'épouvantent, je l'avoue.

– Ce sont les greffiers des marchandises du port, dit Aramis.

– Sous l'autre cardinal, sous le grand, dit Athos, on eût plus fait attention à nous qu'aux marchandises. Mais sous celui-ci, tranquillisez-vous, amis, on fera plus attention aux marchandises qu'à nous.

– Je ne m'y fie pas, dit d'Artagnan, et je gagne les dunes.

– Pourquoi pas la ville ? dit Porthos. J'aimerais mieux une bonne auberge que ces affreux déserts de sable que Dieu a créés pour les lapins seulement. D'ailleurs j'ai faim, moi.

– Faites comme vous voudrez, Porthos ! dit d'Artagnan ; mais, quant à moi, je suis convaincu que ce qu'il y a de plus sûr pour des hommes dans notre situation, c'est la rase campagne.

Et d'Artagnan, certain de réunir la majorité, s'enfonça dans les dunes sans attendre la réponse de Porthos.

La petite troupe le suivit et disparut bientôt avec lui derrière les monticules de sable, sans avoir attiré sur elle l'attention publique.

– Maintenant, dit Aramis quand on eut fait un quart de lieue à peu près, causons.

– Non pas, dit d'Artagnan, fuyons. Nous avons échappé à Cromwell, à Mordaunt, à la mer, trois abîmes qui voulaient nous dévorer ; nous n'échapperons pas au sieur Mazarin.

– Vous avez raison, d'Artagnan, dit Aramis, et mon avis est que, pour plus de sécurité même, nous nous séparions.

– Oui, oui, Aramis, dit d'Artagnan, séparons-nous.

Porthos voulut parler pour s'opposer à cette résolution, mais d'Artagnan lui fit comprendre, en lui serrant la main, qu'il devait se taire. Porthos était fort obéissant à ces signes de son compagnon, dont avec sa bonhomie ordinaire il reconnaissait la supériorité intellectuelle. Il renfonça donc les paroles qui allaient sortir de sa bouche.

– Mais pourquoi nous séparer ? dit Athos.

– Parce que, dit d'Artagnan, nous avons été envoyés à Cromwell par M. de Mazarin, Porthos et moi, et qu'au lieu de servir Cromwell nous avons servi le roi Charles Ier, ce qui n'est pas du tout la même chose. En revenant avec messieurs de La Fère et d'Herblay, notre crime est avéré ; en revenant seuls, notre crime demeure à l'état de doute, et avec le doute on mène les hommes très loin. Or, je veux faire voir du pays à M. de Mazarin, moi.

– Tiens, dit Porthos, c'est vrai !

– Vous oubliez, dit Athos, que nous sommes vos prisonniers, que nous ne nous regardons pas du tout comme dégagés de notre parole envers vous, et qu'en nous ramenant prisonniers à Paris...

– En vérité, Athos, interrompit d'Artagnan, je suis fâché qu'un homme d'esprit comme vous dise toujours des pauvretés dont rougiraient des écoliers de troisième. Chevalier, continua d'Artagnan en s'adressant à Aramis, qui, campé fièrement sur son épée, semblait, quoiqu'il eût d'abord émis une opinion contraire, s'être au premier mot rallié à celle de son compagnon, chevalier, comprenez donc qu'ici comme toujours mon caractère défiant exagère. Porthos et moi ne risquons rien, au bout du compte. Mais si par hasard cependant on essayait de nous arrêter devant vous, eh bien ! on n'arrêterait pas sept hommes comme on en arrête trois ; les épées verraient le soleil, et l'affaire, mauvaise pour tout le monde, deviendrait une énormité qui nous perdrait tous quatre. D'ailleurs, si malheur arrive à deux de nous, ne vaut-il pas mieux que les deux autres soient en liberté pour tirer ceux-là d'affaire, pour ramper, miner, saper, les délivrer enfin ? Et puis, qui sait si nous n'obtiendrons pas séparément, vous de la reine, nous de Mazarin, un pardon qu'on nous refuserait réunis ? Allons, Athos et Aramis, tirez à droite ; vous, Porthos, venez à gauche avec moi ; laissez ces messieurs filer sur la Normandie, et nous, par la route la plus courte, gagnons Paris.

– Mais si l'on nous enlève en route, comment nous prévenir mutuellement de cette catastrophe ? demanda Aramis.

– Rien de plus facile, répondit d'Artagnan ; convenons d'un itinéraire dont nous ne nous écarterons pas. Gagnez Saint-Valery, puis Dieppe, puis suivez la route droite de Dieppe à Paris ; nous, nous allons prendre par Abbeville, Amiens, Péronne, Compiègne et Senlis, et dans chaque auberge, dans chaque maison où nous nous arrêterons, nous écrirons sur la muraille avec la pointe du couteau, ou sur la vitre avec le tranchant d'un diamant, un renseignement qui puisse guider les recherches de ceux qui seraient libres.

– Ah ! mon ami, dit Athos, comme j'admirerais les ressources de votre tête, si je ne m'arrêtais pas, pour les adorer, à celles de votre cœur.

Et il tendit la main à d'Artagnan.

– Est-ce que le renard a du génie, Athos ? dit le Gascon avec un mouvement d'épaules. Non, il sait croquer les poules, dépister les chasseurs et retrouver son chemin le jour comme la nuit, voilà tout. Eh bien, est-ce dit ?

– C'est dit.

– Alors, partageons l'argent, reprit d'Artagnan, il doit rester environ deux cents pistoles. Combien reste-t-il, Grimaud ?

– Cent quatre-vingts demi-louis, monsieur.

– C'est cela. Ah ! vivat ! voilà le soleil ! Bonjour, ami soleil ! Quoique tu ne sois pas le même que celui de la Gascogne, je te reconnais ou je fais semblant de te reconnaître. Bonjour. Il y avait bien longtemps que je ne t'avais vu.

– Allons, allons, d'Artagnan, dit Athos, ne faites pas l'esprit fort, vous avez les larmes aux yeux. Soyons toujours francs entre nous, cette franchise dût-elle laisser voir nos bonnes qualités.

– Eh mais, dit d'Artagnan, est-ce que vous croyez, Athos, qu'on quitte de sang-froid et dans un moment qui n'est pas sans danger deux amis comme vous et Aramis ?

– Non, dit Athos ; aussi venez dans mes bras, mon fils !

– Mordieu ! dit Porthos en sanglotant, je crois que je pleure ; comme c'est bête !

Et les quatre amis se jetèrent en un seul groupe dans les bras les uns des autres. Ces quatre hommes, réunis par l'étreinte fraternelle, n'eurent certes qu'une âme en ce moment.

Blaisois et Grimaud devaient suivre Athos et Aramis.

Mousqueton suffisait à Porthos et à d'Artagnan.

On partagea, comme on avait toujours fait, l'argent avec une fraternelle régularité ; puis après s'être individuellement serré la main et s'être mutuellement réitéré l'assurance d'une amitié éternelle, les quatre gentilshommes se séparèrent pour prendre chacun la route convenue, non sans se retourner, non sans se renvoyer encore d'affectueuses paroles que répétaient les échos de la dune.

Enfin ils se perdirent de vue.

– Sacrebleu ! d'Artagnan, dit Porthos, il faut que je vous dise cela tout de suite, car je ne saurais jamais garder sur le cœur quelque chose contre vous, je ne vous ai pas reconnu dans cette circonstance !

– Pourquoi ? demanda d'Artagnan avec son fin sourire.

– Parce que si, comme vous le dites, Athos et Aramis courent un véritable danger, ce n'est pas le moment de les abandonner. Moi, je vous avoue que j'étais tout prêt à les suivre et que je le suis encore à les rejoindre malgré tous les Mazarins de la terre.

– Vous auriez raison, Porthos, s'il en était ainsi, dit d'Artagnan ; mais apprenez une toute petite chose, qui cependant, toute petite qu'elle est, va changer le cours de vos idées : c'est que ce ne sont pas ces messieurs qui courent le plus grave danger, c'est nous ; c'est que ce n'est point pour les abandonner que nous les quittons, mais pour ne pas les compromettre.

– Vrai ? dit Porthos en ouvrant de grands yeux étonnés.

– Eh ! sans doute : qu'ils soient arrêtés, il y va pour eux de la Bastille tout simplement ; que nous le soyons, nous, il y va de la place de Grève.

– Oh ! oh ! dit Porthos, il y a loin de là à cette couronne de baron que vous me promettiez, d'Artagnan !

– Bah ! pas si loin que vous le croyez, peut-être, Porthos ; vous connaissez le proverbe : « Tout chemin mène à Rome. »

– Mais pourquoi courons-nous des dangers plus grands que ceux que courent Athos et Aramis ? demanda Porthos.

– Parce qu'ils n'ont fait, eux, que de suivre la mission qu'ils avaient reçue de la reine Henriette, et que nous avons trahi, nous, celle que nous avons reçue de Mazarin ; parce que, partis comme messagers à Cromwell, nous sommes devenus partisans du roi Charles ; parce que, au lieu de concourir à faire tomber sa tête royale condamnée par ces cuistres qu'on appelle MM. Mazarin, Cromwell, Joyce, Pride, Fairfax, etc., nous avons failli le sauver.

– C'est, ma foi, vrai, dit Porthos ; mais comment voulez-vous, mon cher ami, qu'au milieu de ces grandes préoccupations le général Cromwell ait eu le temps de penser...

– Cromwell pense à tout, Cromwell a du temps pour tout ; et, croyez-moi, cher ami, ne perdons pas le nôtre, il est précieux. Nous ne serons en sûreté qu'après avoir vu Mazarin, et encore...

– Diable ! dit Porthos, et que lui dirons-nous à Mazarin ?

– Laissez-moi faire, j'ai mon plan ; rira bien qui rira le dernier. M. Cromwell est bien fort ; M. Mazarin est bien rusé, mais j'aime encore mieux faire de la diplomatie contre eux que contre feu M. Mordaunt.

– Tiens ! dit Porthos, c'est agréable de dire *feu M. Mordaunt.*

– Ma foi, oui ! dit d'Artagnan ; mais en route !

Et tous deux, sans perdre un instant, se dirigèrent à vue de pays vers la route de Paris, suivis de Mousqueton, qui, après avoir eu trop froid toute la nuit, avait déjà trop chaud au bout d'un quart d'heure.

VIII

Retour

Athos et Aramis avaient pris l'itinéraire que leur avait indiqué d'Artagnan et avaient cheminé aussi vite qu'ils avaient pu. Il leur semblait qu'il serait plus avantageux pour eux d'être arrêtés près de Paris que loin.

Tous les soirs, dans la crainte d'être arrêtés pendant la nuit, ils traçaient soit sur la muraille, soit sur les vitres, le signe de reconnaissance convenu ; mais tous les matins ils se réveillaient libres, à leur grand étonnement.

À mesure qu'ils avançaient vers Paris, les grands événements auxquels ils avaient assisté et qui venaient de bouleverser l'Angleterre s'évanouissaient comme des songes ; tandis qu'au contraire ceux qui pendant leur absence avaient remué Paris et la province venaient au-devant d'eux.

Pendant ces six semaines d'absence, il s'était passé en France tant de petites choses qu'elles avaient presque composé un grand événement. Les Parisiens, en se réveillant le matin sans reine, sans roi, furent fort tourmentés de cet abandon ; et l'absence de Mazarin, si vivement désirée, ne compensa point celle des deux augustes fugitifs.

Le premier sentiment qui remua Paris lorsqu'il apprit la fuite à Saint-Germain, fuite à laquelle nous avons fait assister nos lecteurs, fut donc cette espèce d'effroi qui saisit les enfants lorsqu'ils se réveillent dans la nuit ou dans la solitude. Le Parlement s'émut, et il fut décidé qu'une députation irait trouver la reine, pour la prier de ne pas plus longtemps priver Paris de sa royale présence.

Mais la reine était encore sous la double impression du triomphe de Lens et de l'orgueil de sa fuite si heureusement exécutée. Les députés non seulement n'eurent pas l'honneur d'être reçus par elle, mais encore on les fit attendre sur le grand chemin, où le chancelier, ce même chancelier Séguier que nous avons vu dans la première partie de cet ouvrage poursuivre si obstinément une lettre jusque dans le corset de la reine, vint leur remettre l'ultimatum de la cour, portant que si le Parlement ne s'humiliait pas devant la majesté royale en passant condamnation sur toutes les questions qui avaient amené la querelle qui les divisait, Paris serait assiégé le lendemain ; que même déjà, dans la prévision de ce siège, le duc d'Orléans occupait le pont de Saint-Cloud, et que M. le Prince, tout resplendissant encore de sa victoire de Lens, tenait Charenton et Saint-Denis.

Malheureusement pour la cour, à qui une réponse modérée eût rendu peut-être bon nombre de partisans, cette réponse menaçante produisit un effet contraire de celui qui était attendu. Elle blessa l'orgueil du Parlement, qui, se sentant vigoureusement appuyé par la bourgeoisie, à qui la grâce de Broussel avait donné la mesure de sa force, répondit à ces lettres patentes en déclarant que le cardinal Mazarin étant notoirement l'auteur de tous les désordres, il le déclarait ennemi du roi et de l'État, et lui ordonnait de se retirer de la cour le jour même, et de la France sous huit jours, et, après ce délai expiré, s'il n'obéissait pas, enjoignait à tous les sujets du roi de lui courir sus.

Cette réponse énergique, à laquelle la cour avait été loin de s'attendre, mettait à la fois Paris et Mazarin hors la loi. Restait à savoir seulement qui l'emporterait du Parlement ou de la cour.

La cour fit alors ses préparatifs d'attaque, et Paris ses préparatifs de défense. Les bourgeois étaient donc occupés à l'œuvre ordinaire des bourgeois en temps d'émeute, c'est-à-dire à tendre des chaînes et à dépaver les rues, lorsqu'ils virent arriver à leur aide, conduits par le coadjuteur, M. le prince de Conti, frère de M. le prince de Condé, et M. le duc de Longueville, son beau-frère. Dès lors ils furent rassurés, car ils avaient pour eux deux princes du sang, et de plus l'avantage du nombre. C'était le 10 janvier que ce secours inespéré était venu aux Parisiens.

Après une discussion orageuse, M. le prince de Conti fut nommé généralissime des armées du roi hors Paris, avec MM. les ducs d'Elbeuf et de Bouillon et le maréchal de La Mothe pour lieutenants généraux. Le duc de Longueville, sans charge et sans titre, se contentait de l'emploi d'assister son beau-frère.

Quant à M. de Beaufort, il était arrivé, lui, du Vendômois apportant, dit la chronique, sa haute mine, de beaux et longs cheveux et cette popularité qui lui valut la royauté des Halles.

L'armée parisienne s'était alors organisée avec cette promptitude que les bourgeois mettent à se déguiser en soldats, lorsqu'ils sont poussés à cette transformation par un sentiment quelconque. Le 19, l'armée improvisée avait tenté une sortie, plutôt pour s'assurer et assurer les autres de sa propre existence que pour tenter quelque chose de sérieux, faisant flotter au-dessus de sa tête un drapeau, sur lequel on lisait cette singulière devise : *Nous cherchons notre roi.*

Les jours suivants furent occupés à quelques petites opérations partielles qui n'eurent d'autre résultat que l'enlèvement de quelques troupeaux et l'incendie de deux ou trois maisons.

On gagna ainsi les premiers jours de février, et c'était le 1er de ce mois que nos quatre compagnons avaient abordé à Boulogne et avaient pris leur course vers Paris chacun de son côté.

Vers la fin du quatrième jour de marche ils évitaient Nanterre avec précaution, afin de ne pas tomber dans quelque parti de la reine.

C'était bien à contrecœur qu'Athos prenait toutes ces précautions, mais Aramis lui avait très judicieusement fait observer qu'ils n'avaient pas le droit d'être imprudents, qu'ils étaient chargés, de la part du roi Charles, d'une mission suprême et sacrée, et que cette mission reçue au pied de l'échafaud ne s'achèverait qu'aux pieds de la reine.

Athos céda donc.

Aux faubourgs, nos voyageurs trouvèrent bonne garde, tout Paris était armé. La sentinelle refusa de laisser passer les deux gentilshommes, et appela son sergent.

Le sergent sortit aussitôt, et prenant toute l'importance qu'ont l'habitude de prendre les bourgeois lorsqu'ils ont le bonheur d'être revêtus d'une dignité militaire :

– Qui êtes-vous, messieurs ? demanda-t-il.

– Deux gentilshommes, répondit Athos.

– D'où venez-vous ?

– De Londres.

– Que venez-vous faire à Paris ?

– Accomplir une mission près de Sa Majesté la reine d'Angleterre.

– Ah çà ! tout le monde va donc aujourd'hui chez la reine d'Angleterre ! répliqua le sergent. Nous avons déjà au poste trois gentilshommes dont on visite les passes et qui vont chez Sa Majesté. Où sont les vôtres ?

– Nous n'en avons point.

– Comment ! vous n'en avez point ?

– Non, nous arrivons d'Angleterre, comme nous vous l'avons dit ; nous ignorons complètement où en sont les affaires politiques, ayant quitté Paris avant le départ du roi.

– Ah ! dit le sergent d'un air fin, vous êtes des mazarins qui voudriez bien entrer chez nous pour nous espionner.

– Mon cher ami, dit Athos, qui avait jusque-là laissé à Aramis le soin de répondre, si nous étions des mazarins, nous aurions au contraire toutes les passes possibles. Dans la situation où vous êtes, défiez-vous avant tout, croyez-moi, de ceux qui sont parfaitement en règle.

– Entrez au corps de garde, dit le sergent ; vous exposerez vos raisons au chef du poste.

Il fit un signe à la sentinelle, elle se rangea ; le sergent passa le premier, les deux gentilshommes le suivirent au corps de garde.

Ce corps de garde était entièrement occupé par des bourgeois et des gens du peuple ; les uns jouaient, les autres buvaient, les autres péroraient.

Dans un coin et presque gardés à vue, étaient les trois gentilshommes arrivés les premiers et dont l'officier visitait les passes. Cet officier était dans la chambre voisine, l'importance de son grade lui concédant l'honneur d'un logement particulier.

Le premier mouvement des nouveaux venus et des premiers arrivés fut, des deux extrémités du corps de garde, de jeter un regard rapide et investigateur les uns sur les autres. Les premiers venus étaient couverts de longs manteaux dans les plis desquels ils étaient soigneusement enveloppés. L'un d'eux, moins grand que ses compagnons, se tenait en arrière dans l'ombre.

À l'annonce que fit en entrant le sergent, que selon, toute probabilité, il amenait deux mazarins, les trois gentilshommes dressèrent l'oreille et prêtèrent attention. Le plus petit des trois, qui avait fait deux pas en avant, en fit un en arrière et se retrouva dans l'ombre.

Sur l'annonce que les nouveaux venus n'avaient point de passes, l'avis unanime du corps de garde parut être qu'ils n'entreraient pas.

– Si fait, dit Athos, il est probable au contraire que nous entrerons, car nous paraissons avoir affaire à des gens raisonnables. Or, il y aura une chose bien simple à faire : ce sera de faire passer nos noms à Sa Majesté la reine d'Angleterre ; et si elle répond de nous, j'espère que vous ne verrez plus aucun inconvénient à nous laisser le passage libre.

À ces mots l'attention du gentilhomme caché dans l'ombre redoubla et fut même accompagnée d'un mouvement de surprise tel, que son chapeau, repoussé par le manteau dont il s'enveloppait plus soigneusement encore qu'auparavant, tomba ; il se baissa et le ramassa vivement.

– Oh ! mon Dieu ! dit Aramis poussant Athos du coude, avez-vous vu ?

– Quoi ? demanda Athos.

– La figure du plus petit des trois gentilshommes ?

– Non.

– C'est qu'il m'a semblé... mais c'est chose impossible...

En ce moment le sergent, qui était allé dans la chambre particulière prendre des ordres de l'officier du poste, sortit, et désignant les trois gentilshommes, auxquels il remit un papier :

– Les passes sont en règle, dit-il, laissez passer ces trois messieurs.

Les trois gentilshommes firent un signe de tête et s'empressèrent de profiter de la permission et du chemin qui, sur l'ordre du sergent, s'ouvrait devant eux.

Aramis les suivit des yeux ; et au moment où le plus petit passait devant lui, il serra vivement la main d'Athos.

– Qu'avez-vous, mon cher ? demanda celui-ci.

– J'ai... c'est une vision sans doute.

Puis, s'adressant au sergent :

– Dites-moi, monsieur, ajouta-t-il, connaissez-vous les trois gentilshommes qui viennent de sortir d'ici ?

– Je les connais d'après leur passe : ce sont MM. de Flamarens, de Châtillon et de Bruy, trois gentilshommes frondeurs qui vont rejoindre M. le duc de Longueville.

– C'est étrange, dit Aramis répondant à sa propre pensée plutôt qu'au sergent, j'avais cru reconnaître le Mazarin lui-même.

Le sergent éclata de rire.

– Lui, dit-il, se hasarder ainsi chez nous, pour être pendu ; pas si bête !

– Ah ! murmura Aramis, je puis bien m'être trompé, je n'ai pas l'œil infaillible de d'Artagnan.

– Qui parle ici de d'Artagnan ? demanda l'officier, qui, en ce moment même, apparaissait sur le seuil de sa chambre.

– Oh ! fit Grimaud en écarquillant les yeux.

– Quoi ? demandèrent à la fois Aramis et Athos.

– Planchet ! reprit Grimaud ; Planchet avec le hausse-col !

– Messieurs de La Fère et d'Herblay, s'écria l'officier, de retour à Paris ! Oh ! quelle joie pour moi, messieurs ! car sans doute vous venez vous joindre à MM. les princes !

– Comme tu vois, mon cher Planchet, dit Aramis, tandis qu'Athos souriait en voyant le grade important qu'occupait dans la milice bourgeoise l'ancien camarade de Mousqueton, de Bazin et de Grimaud.

– Et M. d'Artagnan dont vous parliez tout à l'heure, monsieur d'Herblay, oserai-je vous demander si vous avez de ses nouvelles ?

– Nous l'avons quitté il y a quatre jours, mon cher ami, et tout nous portait à croire qu'il nous avait précédés à Paris.

– Non, monsieur, j'ai la certitude qu'il n'est point rentré dans la capitale ; après cela, peut-être est-il resté à Saint-Germain.

– Je ne crois pas, nous avons rendez-vous à *La Chevrette*.

– J'y suis passé aujourd'hui même.

– Et la belle Madeleine n'avait pas de ses nouvelles ? demanda Aramis en souriant.

– Non, monsieur, je ne vous cacherai même point qu'elle paraissait fort inquiète.

– Au fait, dit Aramis, il n'y a point de temps de perdu, et nous avons fait grande diligence. Permettez donc, mon cher Athos, sans que je m'informe davantage de notre ami, que je fasse mes compliments à M. Planchet.

– Ah ! monsieur le chevalier ! dit Planchet en s'inclinant.

– Lieutenant ! dit Aramis.

– Lieutenant, et promesse pour être capitaine.

– C'est fort beau, dit Aramis ; et comment tous ces honneurs sont-ils venus à vous ?

– D'abord vous savez, messieurs, que c'est moi qui ai fait sauver M. de Rochefort ?

– Oui, pardieu ! il nous a conté cela.

– J'ai à cette occasion failli être pendu par le Mazarin, ce qui m'a rendu naturellement plus populaire encore que je n'étais.

– Et grâce à cette popularité...

– Non, grâce à quelque chose de mieux. Vous savez d'ailleurs, messieurs, que j'ai servi dans le régiment de Piémont, où j'avais l'honneur d'être sergent.

– Oui.

– Eh bien ! un jour que personne ne pouvait mettre en rang une foule de bourgeois armés qui partaient les uns du pied gauche et les autres du pied droit, je suis parvenu, moi, à les faire partir tous du même pied, et l'on m'a fait lieutenant sur le champ de... manœuvre.

– Voilà l'explication, dit Aramis.

– De sorte, dit Athos, que vous avez une foule de noblesse avec vous ?

– Certes ! Nous avons d'abord, comme vous le savez sans doute, M. le prince de Conti, M. le duc de Longueville, M. le duc de Beaufort, M. le duc d'Elbeuf, le duc de Bouillon, le duc de Chevreuse, M. de Brissac, le maréchal de La Mothe, M. de Luynes, le marquis de Vitry, le prince de Marcillac, le marquis de Noirmoutiers, le comte de Fiesque, le marquis de Laigues, le comte de Montrésor, le marquis de Sévigné, que sais-je encore, moi.

– Et M. Raoul de Bragelonne ? demanda Athos d'une voix émue ; d'Artagnan m'a dit qu'il vous l'avait recommandé en partant, mon bon Planchet.

– Oui, monsieur le comte, comme si c'était son propre fils, et je dois dire que je ne l'ai pas perdu de vue un seul instant.

– Alors, reprit Athos d'une voix altérée par la joie, il se porte bien ? Aucun accident ne lui est arrivé ?

– Aucun, monsieur.

– Et il demeure ?

– Au *Grand-Charlemagne* toujours.

– Il passe ses journées ?...

– Tantôt chez la reine d'Angleterre, tantôt chez Mme de Chevreuse. Lui et le comte de Guiche ne se quittent point.

– Merci, Planchet, merci ! dit Athos en lui tendant la main.

– Oh ! monsieur le comte, dit Planchet en touchant cette main du bout des doigts.

– Eh bien ! que faites-vous donc, comte ? À un ancien laquais ! dit Aramis.

– Ami, dit Athos, il me donne des nouvelles de Raoul.

– Et maintenant, messieurs, demanda Planchet qui n'avait point entendu l'observation, que comptez-vous faire ?

– Rentrer dans Paris, si toutefois vous nous en donnez la permission, mon cher monsieur Planchet, dit Athos.

– Comment ! si je vous en donnerai la permission ! Vous vous moquez de moi, monsieur le comte ; je ne suis pas autre chose que votre serviteur.

Et il s'inclina.

Puis, se retournant vers ses hommes :

– Laissez passer ces messieurs, dit-il, je les connais, ce sont des amis de M. de Beaufort.

– Vive M. de Beaufort ! cria tout le poste d'une seule voix en ouvrant un chemin à Athos et à Aramis.

Le sergent seul s'approcha de Planchet :

– Quoi ! sans passeport ? murmura-t-il.

– Sans passeport, dit Planchet.

– Faites attention, capitaine, continua-t-il en donnant d'avance à Planchet le titre qui lui était promis, faites attention qu'un des trois hommes qui sont sortis tout à l'heure m'a dit tout bas de me défier de ces messieurs.

– Et moi, dit Planchet avec majesté, je les connais et j'en réponds.

Cela dit, il serra la main de Grimaud, qui parut fort honoré de cette distinction.

– Au revoir donc, capitaine, reprit Aramis de son ton goguenard ; s'il nous arrivait quelque chose, nous nous réclamerions de vous.

– Monsieur, dit Planchet, en cela comme en toutes choses, je suis bien votre valet.

– Le drôle a de l'esprit, et beaucoup, dit Aramis en montant à cheval.

– Et comment n'en aurait-il pas, dit Athos en se mettant en selle à son tour, après avoir si longtemps brossé les chapeaux de son maître ?

IX

Les ambassadeurs

Les deux amis se mirent aussitôt en route, descendant la pente rapide du faubourg ; mais arrivés au bas de cette pente, ils virent avec un grand étonnement que les rues de Paris étaient changées en rivières et les places en lacs. À la suite de grandes pluies qui avaient eu lieu pendant le mois de janvier, la Seine avait débordé et la rivière avait fini par envahir la moitié de la capitale.

Athos et Aramis entrèrent bravement dans cette inondation avec leurs chevaux ; mais bientôt les pauvres animaux en eurent jusqu'au poitrail, et il fallut que les deux gentilshommes se décidassent à les quitter et à prendre une barque : ce qu'ils firent après avoir recommandé aux laquais d'aller les attendre aux Halles.

Ce fut donc en bateau qu'ils abordèrent le Louvre. Il était nuit close, et Paris, vu ainsi à la lueur de quelques pâles falots tremblotants parmi tous ces étangs, avec ses barques chargées de patrouilles aux armes étincelantes, avec tous ces cris de veille échangés la nuit entre les postes, Paris présentait un aspect dont fut ébloui Aramis, l'homme le plus accessible aux sentiments belliqueux qu'il fût possible de rencontrer.

On arriva chez la reine ; mais force fut de faire antichambre, Sa Majesté donnant en ce moment même audience à des gentilshommes qui apportaient des nouvelles d'Angleterre.

— Et nous aussi, dit Athos au serviteur qui lui faisait cette réponse, nous aussi, non seulement nous apportons des nouvelles d'Angleterre, mais encore nous en arrivons.

— Comment donc vous nommez-vous, messieurs ? demanda le serviteur.

— M. le comte de La Fère et M. le chevalier d'Herblay, dit Aramis.

— Ah ! en ce cas, messieurs, dit le serviteur en entendant ces noms que tant de fois la reine avait prononcés dans son espoir, en ce cas c'est autre chose, et je crois que Sa Majesté ne me pardonnerait pas de vous avoir fait attendre un seul instant. Suivez-moi, je vous prie.

Et il marcha devant, suivi d'Athos et d'Aramis.

Arrivés à la chambre où se tenait la reine, il leur fit signe d'attendre ; et ouvrant la porte :

– Madame, dit-il, j'espère que Votre Majesté me pardonnera d'avoir désobéi à ses ordres, quand elle saura que ceux que je viens lui annoncer sont messieurs le comte de La Fère et le chevalier d'Herblay.

À ces deux noms, la reine poussa un cri de joie que les deux gentilshommes entendirent de l'endroit où ils s'étaient arrêtés.

– Pauvre reine ! murmura Athos.

– Oh ! qu'ils entrent ! qu'ils entrent ! s'écria à son tour la jeune princesse en s'élançant vers la porte.

La pauvre enfant ne quittait point sa mère et essayait de lui faire oublier par ses soins filiaux l'absence de ses deux frères et de sa sœur.

– Entrez, entrez, messieurs, dit-elle en ouvrant elle-même la porte.

Athos et Aramis se présentèrent. La reine était assise dans un fauteuil, et devant elle se tenaient debout deux des trois gentilshommes qu'ils avaient rencontrés dans le corps de garde.

C'étaient MM. de Flamarens et Gaspard de Coligny, duc de Châtillon, frère de celui qui avait été tué sept ou huit ans auparavant dans un duel sur la place Royale, duel qui avait eu lieu à propos de Mme de Longueville.

À l'annonce des deux amis, ils reculèrent d'un pas et échangèrent avec inquiétude quelques paroles à voix basse.

– Eh bien ! messieurs ? s'écria la reine d'Angleterre en apercevant Athos et Aramis. Vous voilà enfin, amis fidèles, mais les courriers d'État vont encore plus vite que vous. La cour a été instruite des affaires de Londres au moment où vous touchiez les portes de Paris, et voilà messieurs de Flamarens et de Châtillon qui m'apportent de la part de Sa Majesté la reine Anne d'Autriche les plus récentes informations.

Aramis et Athos se regardèrent ; cette tranquillité, cette joie même, qui brillaient dans les regards de la reine, les comblaient de stupéfaction.

– Veuillez continuer, dit-elle, en s'adressant à MM. de Flamarens et de Châtillon ; vous disiez donc que Sa Majesté Charles Ier, mon auguste maître, avait été condamné à mort malgré le vœu de la majorité des sujets anglais ?

– Oui, madame, balbutia Châtillon.

Athos et Aramis se regardaient de plus en plus étonnés.

– Et que, conduit à l'échafaud, continua la reine, à l'échafaud ! ô mon seigneur ! ô mon roi !... et que, conduit à l'échafaud, il avait été sauvé par le peuple indigné ?

– Oui, madame, répondit Châtillon d'une voix si basse, que ce fut à peine si les deux gentilshommes, cependant fort attentifs, purent entendre cette affirmation.

La reine joignit les mains avec une généreuse reconnaissance, tandis que sa fille passait un bras autour du cou de sa mère et l'embrassait les yeux baignés de larmes de joie.

— Maintenant, il ne nous reste plus qu'à présenter à Votre Majesté nos humbles respects, dit Châtillon, à qui ce rôle semblait peser et qui rougissait à vue d'œil sous le regard fixe et perçant d'Athos.

— Un moment encore, messieurs, dit la reine en les retenant d'un signe. Un moment, de grâce ! car voici messieurs de La Fère et d'Herblay qui, ainsi que vous avez pu l'entendre, arrivent de Londres et qui vous donneront peut-être, comme témoins oculaires, des détails que vous ne connaissez pas. Vous porterez ces détails à la reine, ma bonne sœur. Parlez, messieurs, parlez, je vous écoute. Ne me cachez rien ; ne ménagez rien. Dès que Sa Majesté vit encore et que l'honneur royal est sauf, tout le reste m'est indifférent.

Athos pâlit et porta la main sur son cœur.

— Eh bien ! dit la reine, qui vit ce mouvement et cette pâleur, parlez donc, monsieur, je vous en prie.

— Pardon, madame, dit Athos ; mais je ne veux rien ajouter au récit de ces messieurs avant qu'ils aient reconnu que peut-être ils se sont trompés.

— Trompés ! s'écria la reine presque suffoquée ; trompés !... Qu'y a-t-il donc ? ô mon Dieu !

— Monsieur, dit M. de Flamarens à Athos, si nous nous sommes trompés, c'est de la part de la reine que vient l'erreur, et vous n'avez pas, je suppose, la prétention de la rectifier, car ce serait donner un démenti à Sa Majesté.

— De la reine, monsieur ? reprit Athos de sa voix calme et vibrante.

— Oui, murmura Flamarens en baissant les yeux.

Athos soupira tristement.

— Ne serait-ce pas plutôt de la part de celui qui vous accompagnait, et que nous avons vu avec vous au corps de garde de la barrière du Roule, que viendrait cette erreur ? dit Aramis avec sa politesse insultante. Car, si nous ne nous sommes trompés, le comte de La Fère et moi, vous étiez trois en entrant dans Paris.

Châtillon et Flamarens tressaillirent.

— Mais expliquez-vous, comte ! s'écria la reine dont l'angoisse croissait de moment en moment ; sur votre front je lis le désespoir, votre bouche hésite à m'annoncer quelque nouvelle terrible, vos mains tremblent... Oh ! mon Dieu ! mon Dieu ! qu'est-il donc arrivé ?

– Seigneur ! dit la jeune princesse en tombant à genoux près de sa mère, ayez pitié de nous !

– Monsieur, dit Châtillon, si vous portez une nouvelle funeste, vous agissez en homme cruel lorsque vous annoncez cette nouvelle à la reine.

Aramis s'approcha de Châtillon presque à le toucher.

– Monsieur, lui dit-il, les lèvres pincées et le regard étincelant, vous n'avez pas, je le suppose, la prétention d'apprendre à M. le comte de La Fère et à moi ce que nous avons à dire ici ?

Pendant cette courte altercation, Athos, toujours la main sur son cœur et la tête inclinée, s'était approché de la reine, et d'une voix émue :

– Madame, lui dit-il, les princes, qui, par leur nature, sont au-dessus des autres hommes, ont reçu du ciel un cœur fait pour supporter de plus grandes infortunes que celles du vulgaire ; car leur cœur participe de leur supériorité. On ne doit donc pas, ce me semble, en agir avec une grande reine comme Votre Majesté de la même façon qu'avec une femme de notre état. Reine, destinée à tous les martyres sur cette terre, voici le résultat de la mission dont vous nous avez honorés.

Et Athos, s'agenouillant devant la reine palpitante et glacée, tira de son sein, enfermés dans la même boîte, l'ordre en diamants qu'avant son départ la reine avait remis à lord de Winter, et l'anneau nuptial qu'avant sa mort Charles avait remis à Aramis ; depuis qu'il les avait reçus, ces deux objets n'avaient point quitté Athos.

Il ouvrit la boîte et les tendit à la reine avec une muette et profonde douleur.

La reine avança la main, saisit l'anneau, le porta convulsivement à ses lèvres, et sans pouvoir pousser un soupir, sans pouvoir articuler un sanglot, elle étendit les bras, pâlit et tomba sans connaissance dans ceux de ses femmes et de sa fille.

Athos baisa le bas de la robe de la malheureuse veuve, et se relevant avec une majesté qui fit sur les assistants une impression profonde :

– Moi, comte de La Fère, dit-il, gentilhomme qui n'a jamais menti, je jure devant Dieu d'abord, et ensuite devant cette pauvre reine, que tout ce qu'il était possible de faire pour sauver le roi, nous l'avons fait sur le sol d'Angleterre. Maintenant, chevalier, ajouta-t-il en se tournant vers d'Herblay, partons, notre devoir est accompli.

– Pas encore, dit Aramis ; il nous reste un mot à dire à ces messieurs.

Et se retournant vers Châtillon :

– Monsieur, lui dit-il, ne vous plairait-il pas de sortir, ne fût-ce qu'un instant, pour entendre ce mot que je ne puis dire devant la reine ?

Châtillon s'inclina sans répondre en signe d'assentiment ; Athos et Aramis passèrent les premiers, Châtillon et Flamarens les suivirent ; ils traversèrent sans mot dire le vestibule ; mais arrivés à une terrasse de plain-pied avec une fenêtre, Aramis prit le chemin de cette terrasse, tout à fait solitaire ; à la fenêtre il s'arrêta, et se retournant vers le duc de Châtillon :

– Monsieur, lui dit-il, vous vous êtes permis tout à l'heure, ce me semble, de nous traiter bien cavalièrement. Cela n'était point convenable en aucun cas, moins encore de la part de gens qui venaient apporter à la reine le message d'un menteur.

– Monsieur ! s'écria Châtillon.

– Qu'avez-vous donc fait de M. de Bruy ? demanda ironiquement Aramis. Ne serait-il point par hasard allé changer sa figure qui ressemble trop à celle de M. Mazarin ? On sait qu'il y a au Palais-Royal bon nombre de masques italiens de rechange, depuis celui d'Arlequin jusqu'à celui de Pantalon.

– Mais vous nous provoquez, je crois ! dit Flamarens.

– Ah ! vous ne faites que le croire, messieurs ?

– Chevalier ! chevalier ! dit Athos.

– Eh ! laissez-moi donc faire, dit Aramis avec humeur, vous savez bien que je n'aime pas les choses qui restent en chemin.

– Achevez donc, monsieur, dit Châtillon avec une hauteur qui ne le cédait en rien à celle d'Aramis.

Aramis s'inclina.

– Messieurs, dit-il, un autre que moi ou M. le comte de La Fère vous ferait arrêter, car nous avons quelques amis à Paris ; mais nous vous offrons un moyen de partir sans être inquiétés. Venez causer cinq minutes l'épée à la main avec nous sur cette terrasse abandonnée.

– Volontiers, dit Châtillon.

– Un moment, messieurs, s'écria Flamarens. Je sais bien que la proposition est tentante, mais à cette heure il est impossible de l'accepter.

– Et pourquoi cela ? dit Aramis de son ton goguenard ; est-ce donc le voisinage de Mazarin qui vous rend si prudents ?

– Oh ! vous entendez, Flamarens, dit Châtillon, ne pas répondre serait une tache à mon nom et à mon honneur.

– C'est mon avis, dit Aramis.

– Vous ne répondrez pas, cependant, et ces messieurs tout à l'heure seront, j'en suis sûr, de mon avis.

Aramis secoua la tête avec un geste d'incroyable insolence.

Châtillon vit ce geste et porta la main à son épée.

– Duc, dit Flamarens, vous oubliez que demain vous commandez une expédition de la plus haute importance, et que, désigné par M. le Prince, agréé par la reine, jusqu'à demain soir vous ne vous appartenez pas.

– Soit. À après-demain matin donc, dit Aramis.

– À après-demain matin, dit Châtillon, c'est bien long, messieurs.

– Ce n'est pas moi, dit Aramis, qui fixe ce terme, et qui demande ce délai, d'autant plus, ce me semble, ajouta-t-il, qu'on pourrait se retrouver à cette expédition.

– Oui, monsieur, vous avez raison, s'écria Châtillon, et avec grand plaisir, si vous voulez prendre la peine de venir jusqu'aux portes de Charenton.

– Comment donc, monsieur ! pour avoir l'honneur de vous rencontrer j'irais au bout du monde, à plus forte raison ferai-je dans ce but une ou deux lieues.

– Eh bien ! à demain, monsieur.

– J'y compte. Allez-vous-en donc rejoindre votre cardinal. Mais auparavant jurez sur l'honneur que vous ne le préviendrez pas de notre retour.

– Des conditions !

– Pourquoi pas ?

– Parce que c'est aux vainqueurs à en faire, et que vous ne l'êtes pas, messieurs.

– Alors, dégainons sur-le-champ. Cela nous est égal, à nous qui ne commandons pas l'expédition de demain.

Châtillon et Flamarens se regardèrent ; il y avait tant d'ironie dans la parole et dans le geste d'Aramis, que Châtillon surtout avait grand-peine de tenir en bride sa colère. Mais sur un mot de Flamarens il se contint.

– Eh bien ! soit, dit-il, notre compagnon, quel qu'il soit, ne saura rien de ce qui s'est passé. Mais vous me promettez bien, monsieur, de vous trouver demain à Charenton, n'est-ce pas ?

– Ah ! dit Aramis, soyez tranquilles, messieurs.

Les quatre gentilshommes se saluèrent, mais cette fois ce furent Châtillon et Flamarens qui sortirent du Louvre les premiers, et Athos en Aramis qui les suivirent.

– À qui donc en avez-vous avec toute cette fureur, Aramis ? demanda Athos.

– Eh pardieu ! j'en ai à ceux à qui je m'en suis pris.

– Que vous ont-il fait ?

– Ils m'ont fait... Vous n'avez donc pas vu ?

– Non.

– Ils ont ricané quand nous avons juré que nous avions fait notre devoir en Angleterre. Or, ils l'ont cru ou ne l'ont pas cru ; s'ils l'ont cru, c'était pour nous insulter qu'ils ricanaient ; s'ils ne l'ont pas cru, ils nous insultaient encore, et il est urgent de leur prouver que nous sommes bons à quelque chose. Au reste, je ne suis pas fâché qu'ils aient remis la chose à demain, je crois que nous avons ce soir quelque chose de mieux à faire que de tirer l'épée.

– Qu'avons-nous à faire ?

– Eh pardieu ! nous avons à faire prendre le Mazarin.

Athos allongea dédaigneusement les lèvres.

– Ces expéditions ne me vont pas, vous le savez, Aramis.

– Pourquoi cela ?

– Parce qu'elles ressemblent à des surprises.

– En vérité, Athos, vous seriez un singulier général d'armée ; vous ne vous battriez qu'au grand jour ; vous feriez prévenir votre adversaire de l'heure à laquelle vous l'attaqueriez, et vous vous garderiez bien de rien tenter la nuit contre lui, de peur qu'il ne vous accusât d'avoir profité de l'obscurité.

Athos sourit.

– Vous savez qu'on ne peut pas changer sa nature, dit-il ; d'ailleurs, savez-vous où nous en sommes, et si l'arrestation du Mazarin ne serait pas plutôt un mal qu'un bien, un embarras qu'un triomphe ?

– Dites, Athos, que vous désapprouvez ma proposition.

– Non pas, je crois au contraire qu'elle est de bonne guerre ; cependant...

– Cependant, quoi ?

– Je crois que vous n'auriez pas dû faire jurer à ces messieurs de ne rien dire au Mazarin ; car en leur faisant jurer cela, vous avez presque pris l'engagement de ne rien faire.

– Je n'ai pris aucun engagement, je vous jure ; je me regarde comme parfaitement libre. Allons, allons, Athos ! allons !

– Où ?

– Chez M. de Beaufort ou chez M. de Bouillon ; nous leur dirons ce qu'il en est.

– Oui, mais à une condition : c'est que nous commencerons par le coadjuteur. C'est un prêtre ; il est savant sur les cas de conscience, et nous lui conterons le nôtre.

– Ah ! fit Aramis, il va tout gâter, tout s'approprier ; finissons par lui au lieu de commencer.

Athos sourit. On voyait qu'il avait au fond du cœur une pensée qu'il ne disait pas.

– Eh bien ! soit, dit-il ; par lequel commençons-nous ?

– Par M. de Bouillon, si vous voulez bien ; c'est celui qui se présente le premier sur notre chemin.

– Maintenant vous me permettrez une chose, n'est-ce pas ?

– Laquelle ?

– C'est que je passe à l'hôtel du *Grand-Roi-Charlemagne* pour embrasser Raoul.

– Comment donc ! j'y vais avec vous, nous l'embrasserons ensemble.

Tous deux avaient repris le bateau qui les avait amenés et s'étaient fait conduire aux Halles. Ils y trouvèrent Grimaud et Blaisois, qui leur tenaient leurs chevaux, et tous quatre s'acheminèrent vers la rue Guénégaud.

Mais Raoul n'était point à l'hôtel du *Grand-Roi* ; il avait reçu dans la journée un message de M. le Prince et était parti avec Olivain aussitôt après l'avoir reçu.

X

Les trois lieutenants du généralissime

Selon qu'il avait été convenu et dans l'ordre arrêté entre eux, Athos et Aramis, en sortant de l'auberge du *Grand-Roi-Charlemagne,* s'acheminèrent vers l'hôtel de M. le duc de Bouillon.

La nuit était noire, et, quoique s'avançant vers les heures silencieuses et solitaires, elle continuait de retentir de ces mille bruits qui réveillent en sursaut une ville assiégée. À chaque pas on rencontrait des barricades, à chaque détour des rues des chaînes tendues, à chaque carrefour des bivouacs ; les patrouilles se croisaient, échangeant les mots d'ordre ; les messagers expédiés par les différents chefs sillonnaient les places ; enfin, des dialogues animés, et qui indiquaient l'agitation des esprits, s'établissaient entre les habitants pacifiques qui se tenaient aux fenêtres et leurs concitoyens plus belliqueux qui couraient les rues la pertuisane sur l'épaule ou l'arquebuse au bras.

Athos et Aramis n'avaient pas fait cent pas sans être arrêtés par les sentinelles placées aux barricades, qui leur avaient demandé le mot d'ordre ; mais ils avaient répondu qu'ils allaient chez M. de Bouillon pour lui annoncer une nouvelle d'importance, et l'on s'était contenté de leur donner un guide qui, sous prétexte de les accompagner et de leur faciliter les passages, était chargé de veiller sur eux. Celui-ci était parti les précédant et chantant :

> *Ce brave monsieur de Bouillon*
> *Est incommodé de la goutte.*

C'était un triolet des plus nouveaux et qui se composait de je ne sais combien de couplets où chacun avait sa part.

En arrivant aux environs de l'hôtel de Bouillon, on croisa une petite troupe de trois cavaliers qui avaient tous les mots du monde, car ils marchaient sans guide et sans escorte, et en arrivant aux barricades n'avaient qu'à échanger avec ceux qui les gardaient quelques paroles pour qu'on les laissât passer avec toutes les déférences qui sans doute étaient dues à leur rang. À leur aspect, Athos et Aramis s'arrêtèrent.

– Oh ! oh ! dit Aramis, voyez-vous, comte ?

– Oui, dit Athos.

– Que vous semble de ces trois cavaliers ?

– Et à vous Aramis ?

– Mais que ce sont nos hommes.

– Vous ne vous êtes pas trompé, j'ai parfaitement reconnu M. de Flamarens.

– Et moi, M. de Châtillon.

– Quant au cavalier au manteau brun...

– C'est le cardinal.

– En personne.

– Comment diable se hasardent-ils ainsi dans le voisinage de l'hôtel de Bouillon ? demanda Aramis.

Athos sourit, mais il ne répondit point. Cinq minutes après ils frappaient à la porte du prince.

La porte était gardée par une sentinelle, comme c'est l'habitude pour les gens revêtus de grades supérieurs ; un petit poste se tenait même dans la cour, prêt à obéir aux ordres du lieutenant de M. le prince de Conti.

Comme le disait la chanson, M. le duc de Bouillon avait la goutte et se tenait au lit ; mais malgré cette grave indisposition, qui l'empêchait de monter à cheval depuis un mois, c'est-à-dire depuis que Paris était assiégé, il n'en fit pas moins dire qu'il était prêt à recevoir MM. le comte de La Fère et le chevalier d'Herblay.

Les deux amis furent introduits près de M. le duc de Bouillon. Le malade était dans sa chambre, couché, mais entouré de l'appareil le plus militaire qui se pût voir. Ce n'étaient partout, pendus aux murailles, qu'épées, pistolets, cuirasses et arquebuses, et il était facile de voir que, dès qu'il n'aurait plus la goutte, M. de Bouillon donnerait un joli peloton de fil à retordre aux ennemis du Parlement. En attendant, à son grand regret, disait-il, il était forcé de se tenir au lit.

– Ah ! messieurs, s'écria-t-il en apercevant les deux visiteurs et en faisant pour se soulever sur son lit un effort qui lui arracha une grimace de douleur, vous êtes bien heureux, vous ; vous pouvez monter à cheval, aller, venir, combattre pour la cause du peuple. Mais moi, vous le voyez, je suis cloué sur mon lit. Ah ! diable de goutte ! fit-il en grimaçant de nouveau. Diable de goutte !

– Monseigneur, dit Athos, nous arrivons d'Angleterre, et notre premier soin en touchant à Paris a été de venir prendre des nouvelles de votre santé.

– Grand merci, messieurs, grand merci ! reprit le duc. Mauvaise, comme vous le voyez, ma santé... Diable de goutte ! Ah ! vous arrivez d'Angleterre ? Et le roi Charles se porte bien, à ce que je viens d'apprendre ?

– Il est mort, monseigneur, dit Aramis.

– Bah ! fit le duc étonné.

– Mort sur un échafaud, condamné par le Parlement.

– Impossible !

– Et exécuté en notre présence.

– Que me disait donc M. de Flamarens ?

– M. de Flamarens ? fit Aramis.

– Oui, il sort d'ici.

Athos sourit.

– Avec deux compagnons ? dit-il.

– Avec deux compagnons, oui, reprit le duc ; puis il ajouta avec quelque inquiétude : Les auriez-vous rencontrés ?

– Mais oui, dans la rue ce me semble, dit Athos.

Et il regarda en souriant Aramis, qui, de son côté, le regarda d'un air quelque peu étonné.

– Diable de goutte ! s'écria M. de Bouillon évidemment mal à son aise.

– Monseigneur, dit Athos, en vérité il faut tout votre dévouement à la cause parisienne pour rester, souffrant comme vous l'êtes, à la tête des armées, et cette persévérance cause en vérité notre admiration, à M. d'Herblay et à moi.

– Que voulez-vous, messieurs ! il faut bien, et vous en êtes un exemple, vous si braves et si dévoués, vous à qui mon cher collègue le duc de Beaufort doit la liberté et peut-être la vie, il faut bien se sacrifier à la chose publique. Aussi vous le voyez, je me sacrifie ; mais, je l'avoue, je suis au bout de ma force. Le cœur est bon, la tête est bonne ; mais cette diable de goutte me tue, et j'avoue que si la cour faisait droit à mes demandes, demandes bien justes, puisque je ne fais que demander une indemnité promise par l'ancien cardinal lui-même lorsqu'on m'a enlevé ma principauté de Sedan, oui, je l'avoue, si l'on me donnait des domaines de la même valeur, si l'on m'indemnisait de la non-jouissance de cette propriété depuis qu'elle m'a été enlevée, c'est-à-dire depuis huit ans ; si le titre de prince était accordé à ceux de ma maison, et si mon frère de Turenne était réintégré dans son commandement, je me retirerais immédiatement dans mes terres et laisserais la cour et le Parlement s'arranger entre eux comme ils l'entendraient.

– Et vous auriez bien raison, monseigneur, dit Athos.

– C'est votre avis, n'est-ce pas, monsieur le comte de La Fère ?

– Tout à fait.

– Et à vous aussi, monsieur le chevalier d'Herblay ?

– Parfaitement.

– Eh bien ! je vous assure, messieurs, reprit le duc, que selon toute probabilité, c'est celui que j'adopterai. La cour me fait des ouvertures en ce moment ; il ne tient qu'à moi de les accepter. Je les avais repoussées jusqu'à cette heure, mais puisque des hommes comme vous me disent que j'ai tort, mais puisque surtout cette diable de goutte me met dans l'impossibilité de rendre aucun service à la cause parisienne, ma foi, j'ai bien envie de suivre votre conseil et d'accepter la proposition que vient de me faire M. de Châtillon.

– Acceptez, prince, dit Aramis, acceptez.

– Ma foi, oui. Je suis même fâché, ce soir, de l'avoir presque repoussée... mais il y a conférence demain, et nous verrons.

Les deux amis saluèrent le duc.

– Allez, messieurs, leur dit celui-ci, allez, vous devez être bien fatigués du voyage. Pauvre roi Charles ! Mais enfin, il y a bien un peu de sa faute dans tout cela, et ce qui doit nous consoler c'est que la France n'a rien à se reprocher dans cette occasion, et qu'elle a fait tout ce qu'elle a pu pour le sauver.

– Oh ! quant à cela, dit Aramis, nous en sommes témoins, M. de Mazarin surtout....

– Eh bien ! voyez-vous, je suis bien aise que vous lui rendiez ce témoignage ; il a du bon au fond, le cardinal, et s'il n'était pas étranger... eh bien ! on lui rendrait justice. Aïe ! diable de goutte !

Athos et Aramis sortirent, mais jusque dans l'antichambre les cris de M. de Bouillon les accompagnèrent ; il était évident que le pauvre prince souffrait comme un damné.

Arrivés à la porte de la rue :

– Eh bien ! demanda Aramis à Athos, que pensez-vous ?

– De qui ?

– De M. de Bouillon, pardieu !

– Mon ami, j'en pense ce qu'en pense le triolet de notre guide, reprit Athos :

Ce pauvre monsieur de Bouillon
Est incommodé de la goutte.

– Aussi, dit Aramis, vous voyez que je ne lui ai pas soufflé mot de l'objet qui nous amenait.

– Et vous avez agi prudemment, vous lui eussiez redonné un accès. Allons chez M. de Beaufort.

Et les deux amis s'acheminèrent vers l'hôtel de Vendôme.

Dix heures sonnaient comme ils arrivaient.

L'hôtel de Vendôme était non moins bien gardé et présentait un aspect non moins belliqueux que celui de Bouillon. Il y avait sentinelles, poste dans la cour, armes aux faisceaux, chevaux tout sellés aux anneaux. Deux cavaliers, sortant comme Athos et Aramis entraient, furent obligés de faire faire un pas en arrière à leurs montures pour laisser passer ceux-ci.

– Ah ! ah ! messieurs, dit Aramis, c'est décidément la nuit aux rencontres, j'avoue que nous serions bien malheureux, après nous être si souvent rencontrés ce soir, si nous allions ne point parvenir à nous rencontrer demain.

– Oh ! quant à cela, monsieur, repartit Châtillon (car c'était lui-même qui sortait avec Flamarens de chez le duc de Beaufort), vous pouvez être tranquille ; si nous nous rencontrons la nuit sans nous chercher, à plus forte raison nous rencontrerons-nous le jour en nous cherchant.

– Je l'espère, monsieur, dit Aramis.

– Et moi, j'en suis sûr, dit le duc.

MM. de Flamarens et de Châtillon continuèrent leur chemin, et Athos et Aramis mirent pied à terre.

À peine avaient-ils passé la bride de leurs chevaux aux bras de leurs laquais et s'étaient-ils débarrassés de leurs manteaux, qu'un homme s'approcha d'eux, et après les avoir regardés un instant à la douteuse clarté d'une lanterne suspendue au milieu de la cour, poussa un cri de surprise et vint se jeter dans leurs bras.

– Comte de La Fère, s'écria cet homme, chevalier d'Herblay ! comment êtes-vous ici, à Paris ?

– Rochefort ! dirent ensemble les deux amis.

– Oui, sans doute. Nous sommes arrivés, comme vous l'avez su, du Vendômois, il y a quatre ou cinq jours, et nous nous apprêtons à donner de la besogne au Mazarin. Vous êtes toujours des nôtres, je présume ?

– Plus que jamais. Et le duc ?

– Il est enragé contre le cardinal. Vous savez ses succès, à notre cher duc ! c'est le véritable roi de Paris, il ne peut pas sortir sans risquer qu'on l'étouffe.

– Ah ! tant mieux, dit Aramis ; mais dites-moi, n'est-ce pas MM. de Flamarens et de Châtillon qui sortent d'ici ?

– Oui, ils viennent d'avoir audience du duc ; ils venaient de la part du Mazarin sans doute, mais ils auront trouvé à qui parler, je vous en réponds.

– À la bonne heure ! dit Athos. Et ne pourrait-on avoir l'honneur de voir Son Altesse ?

– Comment donc ! à l'instant même. Vous savez que pour vous elle est toujours visible. Suivez-moi, je réclame l'honneur de vous présenter.

Rochefort marcha devant. Toutes les portes s'ouvrirent devant lui et devant les deux amis. Ils trouvèrent M. de Beaufort près de se mettre à table. Les mille occupations de la soirée avaient retardé son souper jusqu'à ce moment-là ; mais, malgré la gravité de la circonstance, le prince n'eut pas plus tôt entendu les deux noms que lui annonçait Rochefort, qu'il se leva de la chaise qu'il était en train d'approcher de la table, et que s'avançant vivement au-devant des deux amis :

– Ah ! pardieu, dit-il, soyez les bienvenus, messieurs. Vous venez prendre votre part de mon souper, n'est-ce pas ? Boisjoli, préviens Noirmont que j'ai deux convives. Vous connaissez Noirmont, n'est-ce pas, messieurs ? C'est mon maître d'hôtel, le successeur du père Marteau, qui confectionne les excellents pâtés que vous savez. Boisjoli, qu'il envoie un de sa façon, mais pas dans le genre de celui qu'il avait fait pour La Ramée. Dieu merci ! nous n'avons plus besoin d'échelles de corde, de poignards ni de poires d'angoisse.

– Monseigneur, dit Athos, ne dérangez pas pour nous votre illustre maître d'hôtel, dont nous connaissons les talents nombreux et variés. Ce soir, avec la permission de Votre Altesse, nous aurons seulement l'honneur de lui demander des nouvelles de sa santé et de prendre ses ordres.

– Oh ! quant à ma santé, vous voyez, messieurs, excellente. Une santé qui a résisté à cinq ans de bastille accompagnés de M. de Chavigny est capable de tout. Quant à mes ordres, ma foi, j'avoue que je serais fort embarrassé de vous en donner, attendu que chacun donne les siens de son côté, et que je finirai, si cela continue, par n'en pas donner du tout.

– Vraiment ? dit Athos, je croyais cependant que c'était sur votre union que le Parlement comptait.

– Ah ! oui, notre union ! elle est belle ! Avec le duc de Bouillon, ça va encore, il a la goutte et ne quitte pas son lit, il y a moyen de s'entendre ; mais avec M. d'Elbeuf et ses éléphants de fils... Vous connaissez le triolet sur le duc d'Elbeuf, messieurs ?

– Non, monseigneur.

– Vraiment !

Le duc se mit à chanter :

Monsieur d'Elbeuf et ses enfants
Font rage à la place Royale.
Ils vont tous quatre piaffant,
Monsieur d'Elbeuf et ses enfants.
Mais sitôt qu'il faut battre aux champs,
Adieu leur humeur martiale.
Monsieur d'Elbeuf et ses enfants
Font rage à la place Royale.

— Mais, reprit Athos, il n'en est pas ainsi avec le coadjuteur, j'espère ?

— Ah ! bien oui ! avec le coadjuteur, c'est pis encore. Dieu vous garde des prélats brouillons, surtout quand ils portent une cuirasse sous leur simarre ! Au lieu de se tenir tranquille dans son évêché à chanter des *Te Deum* pour les victoires que nous ne remportons pas, ou pour les victoires où nous sommes battus, savez-vous ce qu'il fait ?

— Non.

— Il lève un régiment auquel il donne son nom, le régiment de Corinthe. Il fait des lieutenants et des capitaines ni plus ni moins qu'un maréchal de France, et des colonels comme le roi.

— Oui, dit Aramis ; mais lorsqu'il faut se battre, j'espère qu'il se tient à son archevêché ?

— Eh bien ! pas du tout, voilà ce qui vous trompe, mon cher d'Herblay ! Lorsqu'il faut se battre, il se bat ; de sorte que comme la mort de son oncle lui a donné siège au Parlement, maintenant on l'a sans cesse dans les jambes ; au Parlement, au conseil, au combat. Le prince de Conti est général en peinture, et quelle peinture ! Un prince bossu ! Ah ! tout cela va bien mal, messieurs, tout cela va bien mal !

— De sorte, monseigneur, que Votre Altesse est mécontente ? dit Athos en échangeant un regard avec Aramis.

— Mécontente, comte ! dites que Mon Altesse est furieuse. C'est au point, tenez, je le dis à vous, je ne le dirais point à d'autres, c'est au point que si la reine, reconnaissant ses torts envers moi, rappelait ma mère exilée et me donnait la survivance de l'amirauté, qui est à monsieur mon père et qui m'a été promise à sa mort, eh bien ! je ne serais pas bien éloigné de dresser des chiens à qui j'apprendrais à dire qu'il y a encore en France de plus grands voleurs que M. de Mazarin.

Ce ne fut plus un regard seulement, ce furent un regard et un sourire qu'échangèrent Athos et Aramis ; et ne les eussent-ils pas rencontrés, ils eussent deviné que MM. de Châtillon et de Flamarens avaient passé par là. Aussi ne soufflèrent-ils pas mot de la présence à Paris de M. de Mazarin.

– Monseigneur, dit Athos, nous voilà satisfaits. Nous n'avions, en venant à cette heure chez Votre Altesse, d'autre but que de faire preuve de notre dévouement, et de lui dire que nous nous tenions à sa disposition comme ses plus fidèles serviteurs.

– Comme mes plus fidèles amis, messieurs, comme mes plus fidèles amis ! vous l'avez prouvé ; et si jamais je me raccommode avec la cour, je vous prouverai, je l'espère, que moi aussi je suis resté votre ami ainsi que celui de ces messieurs ; comment diable les appelez-vous, d'Artagnan et Porthos ?

– D'Artagnan et Porthos.

– Ah ! oui, c'est cela. Ainsi donc, vous comprenez, comte de La Fère, vous comprenez, chevalier d'Herblay, tout et toujours à vous.

Athos et Aramis s'inclinèrent et sortirent.

– Mon cher Athos, dit Aramis, je crois que vous n'avez consenti à m'accompagner, Dieu me pardonne ! que pour me donner une leçon ?

– Attendez donc, mon cher, dit Athos, il sera temps de vous en apercevoir quand nous sortirons de chez le coadjuteur.

– Allons donc à l'archevêché, dit Aramis.

Et tous deux s'acheminèrent vers la Cité.

En se rapprochant du berceau de Paris, Athos et Aramis trouvèrent les rues inondées, et il fallut reprendre une barque.

Il était onze heures passées, mais on savait qu'il n'y avait pas d'heure pour se présenter chez le coadjuteur ; son incroyable activité faisait, selon les besoins, de la nuit le jour, et du jour la nuit.

Le palais archiépiscopal sortait du sein de l'eau, et on eût dit, au nombre des barques amarrées de tous côtés autour de ce palais, qu'on était, non à Paris, mais à Venise. Ces barques allaient, venaient, se croisaient en tous sens, s'enfonçant dans le dédale des rues de la Cité, ou s'éloignant dans la direction de l'Arsenal ou du quai Saint-Victor, et alors nageaient comme sur un lac. De ces barques les unes étaient muettes et mystérieuses, les autres étaient bruyantes et éclairées. Les deux amis glissèrent au milieu de ce monde d'embarcations et abordèrent à leur tour.

Tout le rez-de-chaussée de l'archevêché était inondé, mais des espèces d'escaliers avaient été adaptés aux murailles ; et tout le changement qui était résulté de l'inondation, c'est qu'au lieu d'entrer par les portes on entrait par les fenêtres.

Ce fut ainsi qu'Athos et Aramis abordèrent dans l'antichambre du prélat. Cette antichambre était encombrée de laquais, car une douzaine de seigneurs étaient entassés dans le salon d'attente.

– Mon Dieu ! dit Aramis, regardez donc, Athos ! est-ce que ce fat de coadjuteur va se donner le plaisir de nous faire faire antichambre ?

Athos sourit.

– Mon cher ami, lui dit-il, il faut prendre les gens avec tous les inconvénients de leur position ; le coadjuteur est en ce moment un des sept ou huit rois qui règnent à Paris, il a une cour.

– Oui, dit Aramis ; mais nous ne sommes pas des courtisans, nous.

– Aussi allons-nous lui faire passer nos noms, et s'il ne fait pas en les voyant une réponse convenable, eh bien ! nous le laisserons aux affaires de la France et aux siennes. Il ne s'agit que d'appeler un laquais et de lui mettre une demi-pistole dans la main.

– Eh ! justement, s'écria Aramis, je ne me trompe pas... oui... non... si fait, Bazin ; venez ici, drôle !

Bazin, qui dans ce moment traversait l'antichambre, majestueusement revêtu de ses habits d'église, se retourna, le sourcil froncé, pour voir quel était l'impertinent qui l'apostrophait de cette manière. Mais à peine eut-il reconnu Aramis, que le tigre se fit agneau, et que s'approchant des deux gentilshommes :

– Comment ! dit-il, c'est vous, monsieur le chevalier ! c'est vous, monsieur le comte ! Vous voilà tous deux au moment où nous étions si inquiets de vous ! Oh ! que je suis heureux de vous revoir !

– C'est bien, c'est bien, maître Bazin, dit Aramis ; trêve de compliments. Nous venons pour voir M. le coadjuteur, mais nous sommes pressés, et il faut que nous le voyions à l'instant même.

– Comment donc ! dit Bazin, à l'instant même, sans doute ; ce n'est point à des seigneurs de votre sorte qu'on fait faire antichambre. Seulement en ce moment il est en conférence secrète avec un M. de Bruy.

– De Bruy ! s'écrièrent ensemble Athos et Aramis.

– Oui ! c'est moi qui l'ai annoncé, et je me rappelle parfaitement son nom. Le connaissez-vous, monsieur ? ajouta Bazin en se retournant vers Aramis.

– Je crois le connaître.

– Je n'en dirai pas autant, moi, reprit Bazin, car il était si bien enveloppé dans son manteau, que, quelque persistance que j'y aie mise, je n'ai pas pu voir le plus petit coin de son visage. Mais je vais entrer pour annoncer, et cette fois peut-être serai-je plus heureux.

– Inutile, dit Aramis, nous renonçons à voir M. le coadjuteur pour ce soir, n'est-ce pas, Athos ?

– Comme vous voudrez, dit le comte.

– Oui, il a de trop grandes affaires à traiter avec ce M. de Bruy.

– Et lui annoncerai-je que ces messieurs étaient venus à l'archevêché ?

– Non, ce n'est pas la peine, dit Aramis ; venez, Athos.

Et les deux amis, fendant la foule des laquais, sortirent de l'archevêché suivis de Bazin, qui témoignait de leur importance en leur prodiguant les salutations.

– Eh bien ! demanda Athos lorsque Aramis et lui furent dans la barque, commencez-vous à croire, mon ami, que nous aurions joué un bien mauvais tour à tous ces gens-là en arrêtant M. de Mazarin ?

– Vous êtes la sagesse incarnée, Athos, répondit Aramis.

Ce qui avait surtout frappé les deux amis, c'était le peu d'importance qu'avaient pris à la cour de France les événements terribles qui s'étaient passés en Angleterre et qui leur semblaient, à eux, devoir occuper l'attention de toute l'Europe.

En effet, à part une pauvre veuve et une orpheline royale qui pleuraient dans un coin du Louvre, personne ne paraissait savoir qu'il eût existé un roi Charles Ier et que ce roi venait de mourir sur un échafaud.

Les deux amis s'étaient donné rendez-vous pour le lendemain matin à dix heures, car, quoique la nuit fût fort avancée lorsqu'ils étaient arrivés à la porte de l'hôtel, Aramis avait prétendu qu'il avait encore quelques visites d'importance à faire et avait laissé Athos entrer seul.

Le lendemain à dix heures sonnantes ils étaient réunis. Depuis six heures du matin Athos était sorti de son côté.

– Eh bien ! avez-vous eu quelques nouvelles ? demanda Athos.

– Aucune ; on n'a vu d'Artagnan nulle part, et Porthos n'a pas encore paru. Et chez vous ?

– Rien.

– Diable ! fit Aramis.

– En effet, dit Athos, ce retard n'est point naturel ; ils ont pris la route la plus directe, et par conséquent ils auraient dû arriver avant nous.

– Ajoutez à cela, dit Aramis, que nous connaissons d'Artagnan pour la rapidité de ses manœuvres, et qu'il n'est pas homme à avoir perdu une heure, sachant que nous l'attendons...

– Il comptait, si vous vous rappelez, être ici le cinq.

– Et nous voilà au neuf. C'est ce soir qu'expire le délai.

– Que comptez-vous faire, demanda Athos, si ce soir nous n'avons pas de nouvelles ?

– Pardieu ! nous mettre à sa recherche.

– Bien, dit Athos.

– Mais Raoul ? demanda Aramis.

Un léger nuage passa sur le front du comte.

– Raoul me donne beaucoup d'inquiétude, dit-il, il a reçu hier un message du prince de Condé, il est allé le rejoindre à Saint-Cloud et n'est pas revenu.

– N'avez-vous point vu Mme de Chevreuse ?

– Elle n'était point chez elle. Et vous, Aramis, vous deviez passer, je crois, chez Mme de Longueville ?

– J'y ai passé en effet.

– Eh bien ?

– Elle n'était point chez elle non plus, mais au moins elle avait laissé l'adresse de son nouveau logement.

– Où était-elle ?

– Devinez, je vous le donne en mille.

– Comment voulez-vous que je devine où est à minuit, car je présume que c'est en me quittant que vous vous êtes présenté chez elle, comment, dis-je, voulez-vous que je devine où est à minuit la plus belle et la plus active de toutes les frondeuses ?

– À l'Hôtel de Ville ! mon cher !

– Comment, à l'Hôtel de Ville ! Est-elle donc nommée prévôt des marchands ?

– Non, mais elle s'est faite reine de Paris par intérim, et comme elle n'a pas osé de prime abord aller s'établir au Palais-Royal ou aux Tuileries, elle s'est installée à l'Hôtel de Ville, où elle va donner incessamment un héritier ou une héritière à ce cher duc.

– Vous ne m'aviez pas fait part de cette circonstance, Aramis, dit Athos.

– Bah ! vraiment ! C'est un oubli alors, excusez-moi.

– Maintenant, demanda Athos, qu'allons-nous faire d'ici à ce soir ? Nous voici fort désœuvrés, ce me semble.

– Vous oubliez, mon ami, que nous avons de la besogne toute taillée.

– Où cela ?

– Du côté de Charenton, morbleu ! J'ai l'espérance, d'après sa promesse, de rencontrer là un certain M. de Châtillon que je déteste depuis longtemps.

– Et pourquoi cela ?

– Parce qu'il est frère d'un certain M. de Coligny.

– Ah ! c'est vrai, j'oubliais... lequel a prétendu à l'honneur d'être votre rival. Il a été bien cruellement puni de cette audace, mon cher, et, en vérité, cela devrait vous suffire.

– Oui ; mais que voulez-vous ! cela ne me suffit point. Je suis rancunier ; c'est le seul point par lequel je tienne à l'Église. Après cela, vous comprenez, Athos, vous n'êtes aucunement forcé de me suivre.

– Allons donc, dit Athos, vous plaisantez !

– En ce cas, mon cher, si vous êtes décidé à m'accompagner, il n'y a point de temps à perdre. Le tambour a battu, j'ai rencontré les canons qui partaient, j'ai vu les bourgeois qui se rangeaient en bataille sur la place de l'Hôtel-de-Ville ; on va bien certainement se battre vers Charenton, comme l'a dit hier le duc de Châtillon.

– J'aurais cru, dit Athos, que les conférences de cette nuit avaient changé quelque chose à ces dispositions belliqueuses.

– Oui sans doute, mais on ne s'en battra pas moins, ne fût-ce que pour mieux masquer ces conférences.

– Pauvres gens ! dit Athos, qui vont se faire tuer pour qu'on rende Sedan à M. de Bouillon, pour qu'on donne la survivance de l'amirauté à M. de Beaufort, et pour que le coadjuteur soit cardinal !

– Allons ! allons ! mon cher, dit Aramis, convenez que vous ne seriez pas si philosophe si votre Raoul ne se devait point trouver à toute cette bagarre.

– Peut-être dites-vous vrai, Aramis.

– Eh bien ! allons donc où l'on se bat, c'est un moyen sûr de retrouver d'Artagnan, Porthos, et peut-être même Raoul.

– Hélas ! dit Athos.

– Mon bon ami, dit Aramis, maintenant que nous sommes à Paris, il vous faut, croyez-moi, perdre cette habitude de soupirer sans cesse. À la, guerre, morbleu ! comme à la guerre, Athos ! N'êtes-vous plus homme d'épée, et vous êtes-vous fait d'Église, voyons ! Tenez, voilà de beaux bourgeois qui passent ; c'est engageant, tudieu ! Et ce capitaine, voyez donc, ça vous a presque une tournure militaire !

– Ils sortent de la rue du Mouton.

– Tambour en tête, comme de vrais soldats ! Mais voyez donc ce gaillard-là, comme il se balance, comme il se cambre !

– Heu ! fit Grimaud.

– Quoi ? demanda Athos.

– Planchet, monsieur.

– Lieutenant hier, dit Aramis, capitaine aujourd'hui, colonel sans doute demain ; dans huit jours le gaillard sera maréchal de France.

– Demandons-lui quelques renseignements, dit Athos.

Et les deux amis s'approchèrent de Planchet, qui, plus fier que jamais d'être vu en fonctions, daigna expliquer aux deux gentilshommes qu'il avait ordre de prendre position sur la place Royale avec deux cents hommes formant l'arrière-garde de l'armée parisienne, et de se diriger de là vers Charenton quand besoin serait.

Comme Athos et Aramis allaient du même côté, ils escortèrent Planchet jusque sur son terrain.

Planchet fit assez adroitement manœuvrer ses hommes sur la place Royale, et les échelonna derrière une longue file de bourgeois placée rue et faubourg Saint-Antoine, en attendant le signal du combat.

– La journée sera chaude, dit Planchet d'un ton belliqueux.

– Oui, sans doute, répondit Aramis ; mais il y a loin d'ici à l'ennemi.

– Monsieur, on rapprochera la distance, répondit un dizainier.

Aramis salua, puis se retournant vers Athos :

– Je ne me soucie pas de camper place Royale avec tous ces gens-là, dit-il ; voulez-vous que nous marchions en avant ? nous verrons mieux les choses.

– Et puis M. de Châtillon ne viendrait point vous chercher place Royale, n'est-ce pas ? Allons donc en avant, mon ami.

– N'avez-vous pas deux mots à dire de votre côté à M. de Flamarens ?

– Ami, dit Athos, j'ai pris une résolution, c'est de ne plus tirer l'épée que je n'y sois forcé absolument.

– Et depuis quand cela ?

– Depuis que j'ai tiré le poignard.

– Ah bon ! encore un souvenir de M. Mordaunt ! Eh bien ! mon cher, il ne vous manquerait plus que d'éprouver des remords d'avoir tué celui-là !

– Chut ! dit Athos en mettant un doigt sur sa bouche avec ce sourire triste qui n'appartenait qu'à lui, ne parlons plus de Mordaunt, cela nous porterait malheur.

Et Athos piqua vers Charenton, longeant le faubourg, puis la vallée de Fécamp, toute noire de bourgeois armés.

Il va sans dire qu'Aramis le suivait d'une demi-longueur de cheval.

XI

Le combat de Charenton

À mesure qu'Athos et Aramis avançaient, et qu'en avançant ils dépassaient les différents corps échelonnés sur la route, ils voyaient les cuirasses fourbies et éclatantes succéder aux armes rouillées, et les mousquets étincelants aux pertuisanes bigarrées.

– Je crois que c'est ici le vrai champ de bataille, dit Aramis ; voyez-vous ce corps de cavalerie qui se tient en avant du pont, le pistolet au poing ? Eh ! prenez garde, voici du canon qui arrive.

– Ah ça ! mon cher, dit Athos, où nous avez-vous menés ? Il me semble que je vois tout autour de nous des figures appartenant à des officiers de l'armée royale. N'est-ce pas M. de Châtillon lui-même qui s'avance avec ces deux brigadiers ?

Et Athos mit l'épée à la main, tandis qu'Aramis, croyant qu'en effet il avait dépassé les limites du camp parisien, portait la main à ses fontes.

– Bonjour, messieurs, dit le duc en s'approchant, je vois que vous ne comprenez rien à ce qui se passe, mais un mot vous expliquera tout. Nous sommes pour le moment en trêve ; il y a conférence : M. le Prince, M. de Retz, M. de Beaufort et M. de Bouillon causent en ce moment politique. Or, de deux choses l'une : ou les affaires ne s'arrangeront pas, et nous nous retrouverons, chevalier ; ou elles s'arrangeront, et, comme je serai débarrassé de mon commandement, nous nous retrouverons encore.

– Monsieur, dit Aramis, vous parlez à merveille. Permettez-moi donc de vous adresser une question.

– Faites, monsieur.

– Où sont les plénipotentiaires ?

– À Charenton même, dans la seconde maison à droite en entrant du côté de Paris.

– Et cette conférence n'était pas prévue !

– Non, messieurs. Elle est, à ce qu'il paraît, le résultat de nouvelles propositions que M. de Mazarin a fait faire hier soir aux Parisiens.

Athos et Aramis se regardèrent en riant ; ils savaient mieux que personne quelles étaient ces propositions, à qui elles avaient été faites et qui les avait faites.

– Et cette maison où sont les plénipotentiaires, demanda Athos, appartient... ?

– À M. de Chanleu, qui commande vos troupes à Charenton. Je dis vos troupes, parce que je présume que ces messieurs sont frondeurs.

– Mais... à peu près, dit Aramis.

– Comment à peu près ?

– Eh ! sans doute, monsieur ; vous le savez mieux que personne, dans ce temps-ci on ne peut pas dire bien précisément ce qu'on est.

– Nous sommes pour le roi et MM. les princes, dit Athos.

– Il faut cependant nous entendre, dit Châtillon : le roi est avec nous, et il a pour généralissimes MM. d'Orléans et de Condé.

– Oui, dit Athos, mais sa place est dans nos rangs avec MM. de Conti, de Beaufort, d'Elbeuf et de Bouillon.

– Cela peut être, dit Châtillon, et l'on sait que pour mon compte j'ai assez peu de sympathie pour M. de Mazarin ; mes intérêts mêmes sont à Paris : j'ai là un grand procès d'où dépend toute ma fortune, et, tel que vous me voyez, je viens de consulter mon avocat...

– À Paris ?

– Non pas, à Charenton... M. Viole, que vous connaissez de nom, un excellent homme, un peu têtu ; mais il n'est pas du Parlement pour rien. Je comptais le voir hier soir, mais notre rencontre m'a empêché de m'occuper de mes affaires. Or, comme il faut que les affaires se fassent, j'ai profité de la trêve, et voilà comment je me trouve au milieu de vous.

– M. Viole donne donc ses consultations en plein vent ? demanda Aramis en riant.

– Oui, monsieur, et à cheval même. Il commande cinq cents pistoliers pour aujourd'hui, et je lui ai rendu visite accompagné, pour lui faire honneur, de ces deux petites pièces de canon, en tête desquelles vous avez paru si étonnés de me voir. Je ne le reconnaissais pas d'abord, je dois l'avouer ; il a une longue épée sur sa robe et des pistolets à sa ceinture, ce qui lui donne un air formidable qui vous ferait plaisir, si vous aviez le bonheur de le rencontrer.

– S'il est si curieux à voir, on peut se donner la peine de le chercher tout exprès, dit Aramis.

– Il faudrait vous hâter, monsieur, car les conférences ne peuvent durer longtemps encore.

– Et si elles sont rompues sans amener de résultat, dit Athos, vous allez tenter d'enlever Charenton ?

– C'est mon ordre ; je commande les troupes d'attaque, et je ferai de mon mieux pour réussir.

– Monsieur, dit Athos, puisque vous commandez la cavalerie...

– Pardon ! je commande en chef.

– Mieux encore !... Vous devez connaître tous vos officiers, j'entends tous ceux qui sont de distinction.

– Mais oui, à peu près.

– Soyez assez bon pour me dire alors si vous n'avez pas sous vos ordres M. le chevalier d'Artagnan, lieutenant aux mousquetaires.

– Non, monsieur, il n'est pas avec nous ; depuis plus de six semaines il a quitté Paris, et il est, dit-on, en mission en Angleterre.

– Je savais cela, mais je le croyais de retour.

– Non, monsieur, et je ne sache point que personne l'ait revu. Je puis d'autant mieux vous répondre à ce sujet que les mousquetaires sont des nôtres, et que c'est M. de Cambon qui, par intérim, tient la place de M. d'Artagnan.

Les deux amis se regardèrent.

– Vous voyez, dit Athos.

– C'est étrange, dit Aramis.

– Il faut absolument qu'il leur soit arrivé malheur en route.

– Nous sommes aujourd'hui le huit, c'est ce soir qu'expire le délai fixé. Si ce soir nous n'avons point de nouvelles, demain matin nous partirons.

Athos fit de la tête un signe affirmatif, puis se retournant :

– Et M. de Bragelonne, un jeune homme de quinze ans, attaché à M. le Prince, demanda Athos presque embarrassé de laisser percer ainsi devant le sceptique Aramis ses préoccupations paternelles, a-t-il l'honneur d'être connu de vous, monsieur le duc ?

– Oui, certainement, répondit Châtillon, il nous est arrivé ce matin avec M. le Prince. Un charmant jeune homme ! Il est de vos amis, monsieur le comte ?

– Oui, monsieur, répliqua Athos doucement ému ; à telle enseigne, que j'aurais même le désir de le voir. Est-ce possible ?

– Très possible, monsieur. Veuillez m'accompagner et je vous conduirai au quartier général.

– Holà ! dit Aramis en se retournant, voilà bien du bruit derrière nous, ce me semble.

– En effet, un gros de cavaliers vient à nous ! fit Châtillon.

– Je reconnais M. le coadjuteur à son chapeau de la fronde.

– Et moi, M. de Beaufort à ses plumes blanches.

– Ils viennent au galop. M. le Prince est avec eux. Ah ! voilà qu'il les quitte.

– On bat le rappel, s'écria Châtillon. Entendez-vous ? Il faut nous informer.

En effet, on voyait les soldats courir à leurs armes, les cavaliers qui étaient à pied se remettre en selle, les trompettes sonnaient, les tambours battaient ; M. de Beaufort tira l'épée.

De son côté, M. le Prince fit un signe de rappel, et tous les officiers de l'armée royale, mêlés momentanément aux troupes parisiennes, coururent à lui.

– Messieurs, dit Châtillon, la trêve est rompue, c'est évident ; on va se battre. Rentrez donc dans Charenton, car j'attaquerai sous peu. Voilà le signal que M. le Prince me donne.

En effet, une cornette élevait par trois fois en l'air le guidon de M. le Prince.

– Au revoir, monsieur le chevalier ! cria Châtillon.

Et il partit au galop pour rejoindre son escorte.

Athos et Aramis tournèrent bride de leur côté et vinrent saluer le coadjuteur et M. de Beaufort. Quant à M. de Bouillon, il avait eu vers la fin de la conférence un si terrible accès de goutte, qu'on avait été obligé de le reconduire à Paris en litière.

En échange, M. le duc d'Elbeuf, entouré de ses quatre fils comme d'un état-major, parcourait les rangs de l'armée parisienne.

Pendant ce temps, entre Charenton et l'armée royale se formait un long espace blanc qui semblait se préparer pour servir de dernière couche aux cadavres.

– Ce Mazarin est véritablement une honte pour la France, dit le coadjuteur en resserrant le ceinturon de son épée qu'il portait, à la mode des anciens prélats militaires, sur sa simarre archiépiscopale. C'est un cuistre qui voudrait gouverner la France comme une métairie. Aussi la France ne peut-elle espérer de bonheur et de tranquillité que lorsqu'il en sera sorti.

– Il paraît que l'on ne s'est pas entendu sur la couleur du chapeau, dit Aramis.

Au même instant, M. de Beaufort leva son épée.

– Messieurs, dit-il, nous avons fait de la diplomatie inutile ; nous voulions nous débarrasser de ce pleutre de Mazarini ; mais la reine, qui en est embéguinée, le veut absolument garder pour ministre, de sorte qu'il ne nous reste plus qu'une ressource, c'est de le battre congrûment.

– Bon ! dit le coadjuteur, voilà l'éloquence accoutumée de M. de Beaufort.

– Heureusement, dit Aramis, qu'il corrige ses fautes de français avec la pointe de son épée.

– Peuh ! fit le coadjuteur avec mépris, je vous jure que dans toute cette guerre il est bien pâle.

Et il tira son épée à son tour.

– Messieurs, dit-il, voilà l'ennemi qui vient à nous ; nous lui épargnerons bien, je l'espère, la moitié du chemin.

Et sans s'inquiéter s'il était suivi ou non, il partit. Son régiment, qui portait le nom de régiment de Corinthe, du nom de son archevêché, s'ébranla derrière lui et commença la mêlée.

De son côté, M. de Beaufort lançait sa cavalerie, sous la conduite de M. de Noirmoutiers, vers Étampes, où elle devait rencontrer un convoi de vivres impatiemment attendu par les Parisiens. M. de Beaufort s'apprêtait à le soutenir.

M. de Chanleu, qui commandait la place, se tenait, avec le plus fort de ses troupes, prêt à résister à l'assaut, et même, au cas où l'ennemi serait repoussé, à tenter une sortie.

Au bout d'une demi-heure le combat était engagé sur tous les points. Le coadjuteur, que la réputation de courage de M. de Beaufort exaspérait, s'était jeté en avant et faisait personnellement des merveilles de courage. Sa vocation, on le sait, était l'épée, et il était heureux chaque fois qu'il la pouvait tirer du fourreau, n'importe pour qui ou pour quoi. Mais dans cette circonstance, s'il avait bien fait son métier de soldat, il avait mal fait celui de colonel. Avec sept ou huit cents hommes il était allé heurter trois mille hommes, lesquels, à leur tour, s'étaient ébranlés tout d'une masse et ramenaient tambour battant les soldats du coadjuteur, qui arrivèrent en désordre aux remparts. Mais le feu de l'artillerie de Chanleu arrêta court l'armée royale, qui parut un instant ébranlée. Cependant cela dura peu, et elle alla se reformer derrière un groupe de maisons et un petit bois.

Chanleu crut que le moment était venu ; il s'élança à la tête de deux régiments pour poursuivre l'armée royale ; mais, comme nous l'avons dit, elle s'était reformée et revenait à la charge, guidée par M. de Châtillon en personne. La charge fut si rude et si habilement conduite, que Chanleu et ses hommes se trouvèrent presque entourés. Chanleu ordonna la retraite, qui commença de s'exécuter pied à pied, pas à pas. Malheureusement, au bout d'un instant, Chanleu tomba mortellement frappé.

M. de Châtillon le vit tomber et annonça tout haut cette mort, qui redoubla le courage de l'armée royale et démoralisa complètement les deux régiments avec lesquels Chanleu avait fait sa sortie. En conséquence, chacun songea à son salut et ne s'occupa plus que de regagner les retranchements, au pied desquels le coadjuteur essayait de reformer son régiment écharpé.

Tout à coup un escadron de cavalerie vint à la rencontre des vainqueurs, qui entraient pêle-mêle avec les fugitifs dans les retranchements. Athos et Aramis chargeaient en tête, Aramis l'épée et le pistolet à la main, Athos l'épée au fourreau, le pistolet aux fontes. Athos était calme et froid comme dans une parade, seulement son beau et noble regard s'attristait en voyant s'entr'égorger tant d'hommes que sacrifiaient d'un côté l'entêtement royal, et de l'autre côté la rancune des princes. Aramis, au contraire, tuait et s'enivrait peu à peu, selon son habitude. Ses yeux vifs devenaient ardents ; sa bouche, si finement découpée, souriait d'un sourire lugubre ; ses narines ouvertes aspiraient l'odeur du sang ; chacun de ses coups d'épée frappait juste, et le pommeau de son pistolet achevait, assommait le blessé qui essayait de se relever.

Du côté opposé, et dans les rangs de l'armée royale, deux cavaliers, l'un couvert d'une cuirasse dorée, l'autre d'un simple buffle duquel sortaient les manches d'un justaucorps de velours bleu, chargeaient au premier rang. Le cavalier à la cuirasse dorée vint heurter Aramis et lui porta un coup d'épée qu'Aramis para avec son habileté ordinaire.

– Ah ! c'est vous, monsieur de Châtillon ! s'écria le chevalier ; soyez le bienvenu, je vous attendais !

– J'espère ne vous avoir pas trop fait attendre, monsieur, dit le duc ; en tout cas, me voici.

– Monsieur de Châtillon, dit Aramis en tirant de ses fontes un second pistolet qu'il avait réservé pour cette occasion, je crois que si votre pistolet est déchargé vous êtes un homme mort.

– Dieu merci, dit Châtillon, il ne l'est pas !

Et le duc, levant son pistolet sur Aramis, l'ajusta et fit feu. Mais Aramis courba la tête au moment où il vit le duc appuyer le doigt sur la gâchette, et la balle passa, sans l'atteindre, au-dessus de lui.

– Oh ! vous m'avez manqué, dit Aramis. Mais moi, j'en jure Dieu, je ne vous manquerai pas.

– Si je vous en laisse le temps ! s'écria M. de Châtillon en piquant son cheval et en bondissant sur lui l'épée haute.

Aramis l'attendit avec ce sourire terrible qui lui était propre en pareille occasion ; et Athos, qui voyait M. de Châtillon s'avancer sur Aramis avec la rapidité de l'éclair, ouvrait la bouche pour crier : « Tirez ! mais tirez donc ! » quand le coup partit. M. de Châtillon ouvrit les bras et se renversa sur la croupe de son cheval.

La balle lui était entrée dans la poitrine par l'échancrure de la cuirasse.

— Je suis mort ! murmura le duc.

Et il glissa de son cheval à terre.

— Je vous l'avais dit, monsieur, et je suis fâché maintenant d'avoir si bien tenu ma parole. Puis-je vous être bon à quelque chose ?

Châtillon fit un signe de la main ; et Aramis s'apprêtait à descendre, quand tout à coup il reçut un choc violent dans le côté : c'était un coup d'épée, mais la cuirasse para le coup.

Il se tourna vivement, saisit ce nouvel antagoniste par le poignet, quand deux cris partirent en même temps, l'un poussé par lui, l'autre par Athos :

— Raoul !

Le jeune homme reconnut à la fois la figure du chevalier d'Herblay et la voix de son père, et laissa tomber son épée. Plusieurs cavaliers de l'armée parisienne s'élancèrent en ce moment sur Raoul, mais Aramis le couvrit de son épée.

— Prisonnier à moi ! Passez donc au large ! cria-t-il.

Athos, pendant ce temps, prenait le cheval de son fils par la bride et l'entraînait hors de la mêlée.

En ce moment M. le Prince, qui soutenait M. de Châtillon en seconde ligne, apparut au milieu de la mêlée ; on vit briller son œil d'aigle et on le reconnut à ses coups.

À sa vue, le régiment de l'archevêque de Corinthe, que le coadjuteur, malgré tous ses efforts, n'avait pu réorganiser, se jeta au milieu des troupes parisiennes, renversa tout et rentra en fuyant dans Charenton, qu'il traversa sans s'arrêter. Le coadjuteur, entraîné par lui, repassa près du groupe formé par Athos, par Aramis et Raoul.

— Ah ! ah ! dit Aramis, qui ne pouvait, dans sa jalousie, ne pas se réjouir de l'échec arrivé au coadjuteur, en votre qualité d'archevêque, monseigneur, vous devez connaître les Écritures.

— Et qu'ont de commun les Écritures avec ce qui m'arrive ? demanda le coadjuteur.

— Que M. le Prince vous traite aujourd'hui comme saint Paul, la première aux Corinthiens.

— Allons ! allons ! dit Athos, le mot est joli, mais il ne faut pas attendre ici les compliments. En avant, en avant, ou plutôt en arrière, car la bataille m'a bien l'air d'être perdue pour les frondeurs.

– Cela m'est bien égal ! dit Aramis, je ne venais ici que pour rencontrer M. de Châtillon. Je l'ai rencontré, je suis content ; un duel avec un Châtillon, c'est flatteur !

– Et de plus un prisonnier, dit Athos en montrant Raoul.

Les trois cavaliers continuèrent la route au galop.

Le jeune homme avait ressenti un frisson de joie en retrouvant son père. Ils galopaient l'un à côté de l'autre, la main gauche du jeune homme dans la main droite d'Athos.

Quand ils furent loin du champ de bataille :

– Qu'alliez-vous donc faire si avant dans la mêlée, mon ami ? demanda Athos au jeune homme ; ce n'était point là votre place, ce me semble, n'étant pas mieux armé pour le combat.

– Aussi ne devais-je point me battre aujourd'hui, monsieur. J'étais chargé d'une mission pour le cardinal, et je partais pour Rueil, quand, voyant charger M. de Châtillon, l'envie me prit de charger à ses côtés. C'est alors qu'il me dit que deux cavaliers de l'armée parisienne me cherchaient, et qu'il me nomma le comte de La Fère.

– Comment ! vous saviez que nous étions là, et vous avez voulu tuer votre ami le chevalier ?

– Je n'avais point reconnu M. le chevalier sous son armure, dit en rougissant Raoul, mais j'aurais dû le reconnaître à son adresse et à son sang-froid.

– Merci du compliment, mon jeune ami, dit Aramis, et l'on voit qui vous a donné des leçons de courtoisie. Mais vous allez à Rueil, dites-vous ?

– Oui.

– Chez le cardinal ?

– Sans doute. J'ai une dépêche de M. le Prince pour Son Éminence.

– Il faut la porter, dit Athos.

– Oh ! pour cela, un instant, pas de fausse générosité, comte. Que diable ! notre sort, et, ce qui est plus important, le sort de nos amis, est peut-être dans cette dépêche.

– Mais il ne faut pas que ce jeune homme manque à son devoir, dit Athos.

– D'abord, comte, ce jeune homme est prisonnier, vous l'oubliez. Ce que nous faisons là est de bonne guerre. D'ailleurs, des vaincus ne doivent pas être difficiles sur le choix des moyens. Donnez cette dépêche, Raoul.

Raoul hésita, regardant Athos comme pour chercher une règle de conduite dans ses yeux.

– Donnez la dépêche, Raoul, dit Athos, vous êtes le prisonnier du chevalier d'Herblay.

Raoul céda avec répugnance, mais Aramis, moins scrupuleux que le comte de La Fère, saisit la dépêche avec empressement, la parcourut, et la rendant à Athos :

– Vous, dit-il, qui êtes croyant, lisez et voyez, en y réfléchissant, dans cette lettre, quelque chose que la Providence juge important que nous sachions.

Athos prit la lettre tout en fronçant son beau sourcil, mais l'idée qu'il était question, dans la lettre, de d'Artagnan l'aida à vaincre le dégoût qu'il éprouvait à la lire.

Voici ce qu'il y avait dans la lettre :

Monseigneur, j'enverrai ce soir à Votre Éminence, pour renforcer la troupe de M. de Comminges, les dix hommes que vous demandez. Ce sont de bons soldats, propres à maintenir les deux rudes adversaires dont Votre Éminence craint l'adresse et la résolution.

– Oh ! oh ! dit Athos.

– Eh bien ! demanda Aramis, que vous semble de deux adversaires qu'il faut, outre la troupe de Comminges, dix bons soldats pour garder ? Cela ne ressemble-t-il pas comme deux gouttes d'eau à d'Artagnan et à Porthos ?

– Nous allons battre Paris toute la journée, dit Athos, et si nous n'avons pas de nouvelles ce soir, nous reprendrons le chemin de la Picardie, et je réponds, grâce à l'imagination de d'Artagnan, que nous ne tarderons pas à trouver quelque indication qui nous enlèvera tous nos doutes.

– Battons donc Paris, et informons-nous, à Planchet surtout, s'il n'aura point entendu parler de son ancien maître.

– Ce pauvre Planchet ! vous en parlez bien à votre aise, Aramis, il est massacré sans doute. Tous ces belliqueux bourgeois seront sortis, et l'on aura fait un massacre.

Comme c'était assez probable, ce fut avec un sentiment d'inquiétude que les deux amis rentrèrent à Paris par la porte du Temple, et qu'ils se dirigèrent vers la place Royale où ils comptaient avoir des nouvelles de ces pauvres bourgeois. Mais l'étonnement des deux amis fut grand lorsqu'ils les trouvèrent buvant et goguenardant, eux et leur capitaine, toujours campés place Royale et pleurés sans doute par leurs familles qui entendaient le bruit du canon de Charenton et les croyaient au feu.

Athos et Aramis s'informèrent de nouveau à Planchet ; mais il n'avait rien su de d'Artagnan. Ils voulurent l'emmener, il leur déclara qu'il ne pouvait quitter son poste sans ordre supérieur.

À cinq heures seulement ils rentrèrent chez eux en disant qu'ils revenaient de la bataille ; ils n'avaient pas perdu de vue le cheval de bronze de Louis XIII.

– Mille tonnerres ! dit Planchet en rentrant dans sa boutique de la rue des Lombards, nous avons été battus à plate couture. Je ne m'en consolerai jamais !

XII

La route de Picardie

Athos et Aramis, fort en sûreté dans Paris, ne se dissimulaient pas qu'à peine auraient-ils mis le pied dehors ils courraient les plus grands dangers ; mais on sait ce qu'était la question de danger pour de pareils hommes. D'ailleurs ils sentaient que le dénouement de cette seconde odyssée approchait, et qu'il n'y avait plus, comme on dit, qu'un coup de collier à donner.

Au reste, Paris lui-même n'était pas tranquille ; les vivres commençaient à manquer, et selon que quelqu'un des généraux de M. le prince de Conti avait besoin de reprendre son influence, il se faisait une petite émeute qu'il calmait et qui lui donnait un instant la supériorité sur ses collègues.

Dans une de ces émeutes, M. de Beaufort avait fait piller la maison et la bibliothèque de M. de Mazarin pour donner, disait-il, quelque chose à ronger à ce pauvre peuple.

Athos et Aramis quittèrent Paris sur ce coup d'État, qui avait eu lieu dans la soirée même du jour où les Parisiens avaient été battus à Charenton.

Tous deux laissaient Paris dans la misère et touchant presque à la famine, agité par la crainte, déchiré par les factions. Parisiens et frondeurs, ils s'attendaient à trouver même misère, mêmes craintes, mêmes intrigues dans le camp ennemi. Leur surprise fut donc grande lorsque, en passant à Saint-Denis, ils apprirent qu'à Saint-Germain on riait, on chansonnait et l'on menait joyeuse vie.

Les deux gentilshommes prirent des chemins détournés, d'abord pour ne pas tomber aux mains des mazarins épars dans l'Île-de-France, ensuite, pour échapper aux frondeurs qui tenaient la Normandie, et qui n'eussent pas manqué de les conduire à M. de Longueville pour que M. de Longueville reconnût en eux des amis ou des ennemis. Une fois échappés à ces deux dangers, ils rejoignirent le chemin de Boulogne à Abbeville, et le suivirent pas à pas, trace à trace.

Cependant ils furent quelque temps indécis ; deux ou trois aubergistes avaient été interrogés, sans qu'un seul indice vînt éclairer leurs doutes ou guider leurs recherches, lorsqu'à Montreuil Athos sentit sur la table quelque chose de rude au toucher de ses doigts délicats. Il leva la nappe, et lut sur le bois ces hiéroglyphes creusés profondément avec la lame d'un couteau :

Port... – d'Art... – 2 février.

– À merveille, dit Athos en faisant voir l'inscription à Aramis ; nous voulions coucher ici, mais c'est inutile. Allons plus loin.

Ils remontèrent à cheval et gagnèrent Abbeville. Là ils s'arrêtèrent fort perplexes à cause de la grande quantité d'hôtelleries. On ne pouvait pas les visiter toutes. Comment deviner dans laquelle avaient logé ceux que l'on cherchait ?

– Croyez-moi, Athos, dit Aramis, ne songeons pas à rien trouver à Abbeville. Si nous sommes embarrassés, nos amis l'ont été aussi. S'il n'y avait que Porthos, Porthos eût été loger à la plus magnifique hôtellerie, et, nous la faisant indiquer, nous serions sûrs de retrouver trace de son passage. Mais d'Artagnan n'a point de ces faiblesses-là ; Porthos aura eu beau lui faire observer qu'il mourait de faim, il aura continué sa route, inexorable comme le destin, et c'est ailleurs qu'il faut le chercher.

Ils continuèrent donc leur route, mais rien ne se présenta. C'était une tâche des plus pénibles et surtout des plus fastidieuses qu'avaient entreprise là Athos et Aramis, et sans ce triple mobile de l'honneur, de l'amitié et de la reconnaissance incrusté dans leur âme, nos deux voyageurs eussent cent fois renoncé à fouiller le sable, à interroger les passants, à commenter les signes, à épier les visages.

Ils allèrent ainsi jusqu'à Péronne.

Athos commençait à désespérer. Cette noble et intéressante nature se reprochait cette obscurité dans laquelle Aramis et lui se trouvaient. Sans doute ils avaient mal cherché ; sans doute ils n'avaient pas mis dans leurs questions assez de persistance, dans leurs investigations assez de perspicacité. Ils étaient prêts à retourner sur leurs pas, lorsqu'en traversant le faubourg qui conduisait aux portes de la ville, sur un mur blanc qui faisait l'angle d'une rue tournant autour du rempart, Athos jeta les yeux sur un dessin de pierre noire qui représentait, avec la naïveté des premières tentatives d'un enfant, deux cavaliers galopant avec frénésie ; l'un des deux cavaliers tenait à la main une pancarte où étaient écrits en espagnol ces mots :

ON NOUS SUIT.

– Oh ! oh ! dit Athos, voilà qui est clair comme le jour. Tout suivi qu'il était, d'Artagnan se sera arrêté cinq minutes ici ; cela prouve au reste qu'il n'était pas suivi de bien près ; peut-être sera-t-il parvenu à s'échapper.

Aramis secoua la tête.

– S'il était échappé, nous l'aurions revu ou nous en aurions au moins entendu parler.

– Vous avez raison, Aramis, continuons.

Dire l'inquiétude et l'impatience des deux gentilshommes serait chose impossible. L'inquiétude était pour le cœur tendre et amical d'Athos ; l'impatience était pour l'esprit nerveux et si facile à égarer d'Aramis. Aussi galopèrent-ils tous deux pendant trois ou quatre heures avec la frénésie des deux cavaliers de la muraille. Tout à coup, dans une gorge étroite, resserrée entre deux talus, ils virent la route à moitié barrée par une énorme pierre. Sa place primitive était indiquée sur un des côtés du talus, et l'espèce d'alvéole qu'elle y avait laissé, par suite de l'extraction, prouvait qu'elle n'avait pu rouler toute seule, tandis que sa pesanteur indiquait qu'il avait fallu, pour la faire mouvoir, le bras d'un Encelade ou d'un Briarée.

Aramis s'arrêta.

– Oh ! dit-il en regardant la pierre, il y a là-dedans de l'Ajax, du Télamon ou du Porthos. Descendons, s'il vous plaît, comte, et examinons ce rocher.

Tous deux descendirent. La pierre avait été apportée dans le but évident de barrer le chemin à des cavaliers. Elle avait donc été placée d'abord en travers ; puis les cavaliers avaient trouvé cet obstacle, étaient descendus et l'avaient écarté.

Les deux amis examinèrent la pierre de tous les côtés exposés à la lumière : elle n'offrait rien d'extraordinaire. Ils appelèrent alors Blaisois et Grimaud. À eux quatre, ils parvinrent à retourner le rocher. Sur le côté qui touchait la terre était écrit :

Huit chevau-légers nous poursuivent. Si nous arrivons jusqu'à Compiègne, nous nous arrêterons au Paon-Couronné *; l'hôte est de nos amis.*

– Voilà quelque chose de positif, dit Athos, et dans l'un ou l'autre cas nous saurons à quoi nous en tenir. Allons donc au *Paon-Couronné.*

– Oui, dit Aramis ; mais si nous voulons y arriver, donnons quelque relâche à nos chevaux ; ils sont presque fourbus.

Aramis disait vrai. On s'arrêta au premier bouchon ; on fit avaler à chaque cheval double mesure d'avoine détrempée dans du vin, on leur donna trois heures de repos et l'on se remit en route. Les hommes eux-mêmes étaient écrasés de fatigue, mais l'espérance les soutenait.

Six heures après, Athos et Aramis entraient à Compiègne et s'informaient du *Paon-Couronné.* On leur montra une enseigne représentant le dieu Pan avec une couronne sur la tête.

Les deux amis descendirent de cheval sans s'arrêter autrement à la prétention de l'enseigne, que, dans un autre temps, Aramis eût fort critiquée.

Ils trouvèrent un brave homme d'hôtelier, chauve et pansu comme un magot de la Chine, auquel ils demandèrent s'il n'avait pas logé plus ou moins longtemps deux gentilshommes poursuivis par des chevau-légers. L'hôte, sans rien répondre, alla chercher dans un bahut une moitié de lame de rapière.

– Connaissez-vous cela ? dit-il.

Athos ne fit que jeter un coup d'œil sur cette lame.

– C'est l'épée de d'Artagnan, dit-il.

– Du grand ou du petit ? demanda l'hôte.

– Du petit, répondit Athos.

– Je vois que vous êtes des amis de ces messieurs.

– Eh bien ! que leur est-il arrivé ?

– Qu'ils sont entrés dans ma cour avec des chevaux fourbus, et qu'avant qu'ils aient eu le temps de refermer la grande porte huit chevau-légers qui les poursuivaient sont entrés après eux.

– Huit ! dit Aramis, cela m'étonne bien que d'Artagnan et Porthos, deux vaillants de cette nature, se soient laissé arrêter par huit hommes.

– Sans doute, monsieur, et les huit hommes n'en seraient pas venus à bout s'ils n'eussent recruté par la ville une vingtaine de soldats du régiment de Royal-Italien, en garnison dans cette ville, de sorte que vos deux amis ont été littéralement accablés par le nombre.

– Arrêtés ! dit Athos, et sait-on pourquoi ?

– Non, monsieur, on les a emmenés tout de suite, et ils n'ont eu le temps de me rien dire ; seulement, quand ils ont été partis, j'ai trouvé ce fragment d'épée sur le champ de bataille en aidant à ramasser deux morts et cinq ou six blessés.

– Et à eux, demanda Aramis, ne leur est-il rien arrivé ?

– Non, monsieur, je ne crois pas.

– Allons, dit Aramis, c'est toujours une consolation.

– Et savez-vous où on les a conduits ? demanda Athos.

– Du côté de Louvres.

– Laissons Blaisois et Grimaud ici, dit Athos, ils reviendront demain à Paris avec les chevaux, qui aujourd'hui nous laisseraient en route, et prenons la poste.

– Prenons la poste, dit Aramis.

On envoya chercher des chevaux. Pendant ce temps, les deux amis dînèrent à la hâte ; ils voulaient, s'ils trouvaient à Louvres quelques renseignements, pouvoir continuer leur route.

Ils arrivèrent à Louvres. Il n'y avait qu'une auberge. On y buvait une liqueur qui a conservé de nos jours sa réputation, et qui s'y fabriquait déjà à cette époque.

– Descendons ici, dit Athos, d'Artagnan n'aura pas manqué cette occasion, non pas de boire un verre de liqueur, mais de nous laisser un indice.

Ils entrèrent et demandèrent deux verres de liqueur sur le comptoir, comme avaient dû les demander d'Artagnan et Porthos. Le comptoir sur lequel on buvait d'habitude était recouvert d'une plaque d'étain. Sur cette plaque on avait écrit avec la pointe d'une grosse épingle :

RUEIL, D.

– Ils sont à Rueil ! dit Aramis, que cette inscription frappa le premier.

– Allons donc à Rueil, dit Athos.

– C'est nous jeter dans la gueule du loup, dit Aramis.

– Si j'eusse été l'ami de Jonas comme je suis celui de d'Artagnan, dit Athos, je l'eusse suivi jusque dans le ventre de la baleine et vous en feriez autant que moi, Aramis.

– Décidément, mon cher comte, je crois que vous me faites meilleur que je ne suis. Si j'étais seul, je ne sais pas si j'irais ainsi à Rueil sans de grandes précautions ; mais où vous irez, j'irai.

Ils prirent des chevaux et partirent pour Rueil.

Athos, sans s'en douter, avait donné à Aramis le meilleur conseil qui pût être suivi. Les députés du Parlement venaient d'arriver à Rueil pour ces fameuses conférences qui devaient durer trois semaines et amener cette paix boiteuse à la suite de laquelle M. le Prince fut arrêté. Rueil était encombré, de la part des Parisiens, d'avocats, de présidents, de conseillers, de robins de toute espèce ; et enfin, de la part de la cour, de gentilshommes, d'officiers et de gardes ; il était donc facile, au milieu de cette confusion, de demeurer aussi inconnu qu'on désirait l'être. D'ailleurs, les conférences avaient amené une trêve, et arrêter deux gentilshommes en ce moment, fussent-ils frondeurs au premier chef, c'était porter atteinte au droit des gens.

Les deux amis croyaient tout le monde occupé de la pensée qui les tourmentait. Ils se mêlèrent aux groupes, croyant qu'ils entendraient dire quelque chose de d'Artagnan et de Porthos ; mais chacun n'était occupé que d'articles et d'amendements. Athos opinait pour qu'on allât droit au ministre.

– Mon ami, objecta Aramis, ce que vous dites là est bien beau, mais, prenez-y garde, notre sécurité vient de notre obscurité. Si nous nous faisons connaître d'une façon ou d'une autre, nous irons immédiatement rejoindre nos amis dans quelque cul-de-basse-fosse d'où le diable ne nous tirera pas. Tâchons de ne pas les retrouver par accident, mais bien à notre fantaisie. Arrêtés à Compiègne, ils ont été amenés à Rueil, comme nous en avons acquis la certitude à Louvres ; conduits à Rueil, ils ont été interrogés par le cardinal, qui, après cet interrogatoire, les a gardés près de lui ou les a envoyés à Saint-Germain. Quant à la Bastille ils n'y sont point, puisque la Bastille est aux frondeurs et que le fils de Broussel y commande. Ils ne sont pas morts, car la mort de d'Artagnan serait bruyante. Quant à Porthos, je le crois éternel comme Dieu, quoiqu'il soit moins patient. Ne désespérons pas, attendons, et restons à Rueil, car ma conviction est qu'ils sont à Rueil. Mais qu'avez-vous donc ? vous pâlissez !

– J'ai, dit Athos d'une voix presque tremblante, que je me souviens qu'au château de Rueil M. de Richelieu avait fait fabriquer une affreuse oubliette...

– Oh ! soyez tranquille, dit Aramis, M. de Richelieu était un gentilhomme, notre égal à tous par la naissance, notre supérieur par la position. Il pouvait, comme un roi, toucher les plus grands de nous à la tête et, en les touchant, faire vaciller cette tête sur les épaules. Mais M. de Mazarin est un cuistre qui peut tout au plus nous prendre au collet comme un archer. Rassurez-vous donc, ami, je persiste à dire que d'Artagnan et Porthos sont à Rueil, vivants et bien vivants.

– N'importe, dit Athos, il nous faudrait obtenir du coadjuteur d'être des conférences, et ainsi nous entrerions à Rueil.

– Avec tous ces affreux robins ! Y pensez-vous, mon cher ? et croyez-vous qu'il y sera le moins du monde discuté de la liberté et de la prison de d'Artagnan et de Porthos ? Non, je suis d'avis que nous cherchions quelque autre moyen.

– Eh bien ! reprit Athos, j'en reviens à ma première pensée ; je ne connais point de meilleur moyen que d'agir franchement et loyalement. J'irai trouver non pas Mazarin, mais la reine, et je lui dirai : « Madame, rendez-nous vos deux serviteurs et nos deux amis. »

Aramis secoua la tête.

– C'est une dernière ressource dont vous serez toujours libre d'user, Athos ; mais croyez-moi, n'en usez qu'à l'extrémité ; il sera toujours temps d'en venir là. En attendant, continuons nos recherches.

Ils continuèrent donc de chercher, et prirent tant d'informations, firent, sous mille prétextes plus ingénieux les uns que les autres, causer tant de personnes, qu'ils finirent par trouver un chevau-léger qui leur avoua avoir fait partie de l'escorte qui avait amené d'Artagnan et Porthos de Compiègne à Rueil. Sans les chevau-légers, on n'aurait pas même su qu'ils y étaient rentrés.

Athos en revenait éternellement à son idée de voir la reine.

– Pour voir la reine, disait Aramis, il faut d'abord voir le cardinal, et à peine aurons-nous vu le cardinal, rappelez-vous ce que je vous dis, Athos, que nous serons réunis à nos amis, mais point de la façon que nous l'entendons. Or, cette façon d'être réunis à eux me sourit assez peu, je l'avoue. Agissons en liberté pour agir bien et vite.

– Je verrai la reine, dit Athos.

– Eh bien, mon ami, si vous êtes décidé à faire cette folie, prévenez-moi, je vous prie, un jour à l'avance.

– Pourquoi cela ?

– Parce que je profiterai de la circonstance pour aller faire une visite à Paris.

– À qui ?

– Dame ? que sais-je ! peut-être bien à Mme de Longueville. Elle est toute-puissante là-bas ; elle m'aidera. Seulement faites-moi dire par quelqu'un si vous êtes arrêté, alors je me retournerai de mon mieux.

– Pourquoi ne risquez-vous point l'arrestation avec moi, Aramis ? dit Athos.

– Non merci.

– Arrêtés à quatre et réunis, je crois que nous ne risquons plus rien. Au bout de vingt-quatre heures nous sommes tous quatre dehors.

– Mon cher, depuis que j'ai tué Châtillon, l'adoration des dames de Saint-Germain, j'ai trop d'éclat autour de ma personne pour ne pas craindre doublement la prison. La reine serait capable de suivre les conseils de Mazarin en cette occasion, et le conseil que lui donnerait Mazarin serait de me faire juger.

– Mais pensez-vous donc, Aramis, qu'elle aime cet Italien au point qu'on le dit ?

– Elle a bien aimé un Anglais.

– Eh ! mon cher, elle est femme !

– Non pas ; vous vous trompez, Athos, elle est reine !

– Cher ami, je me dévoue et vais demander audience à Anne d'Autri-che.

– Adieu, Athos, je vais lever une armée.

– Pour quoi faire ?

– Pour revenir assiéger Rueil.

– Où nous retrouverons-nous ?

– Au pied de la potence du cardinal.

Et les deux amis se séparèrent, Aramis pour retourner à Paris, Athos pour s'ouvrir par quelques démarches préparatoires un chemin jusqu'à la reine.

XIII

La reconnaissance d'Anne d'Autriche

Athos éprouva beaucoup moins de difficulté qu'il ne s'y était attendu à pénétrer près d'Anne d'Autriche ; à la première démarche, tout s'aplanit, au contraire, et l'audience qu'il désirait lui fut accordée pour le lendemain, à la suite du lever, auquel sa naissance lui donnait le droit d'assister.

Une grande foule emplissait les appartements de Saint-Germain ; jamais au Louvre ou au Palais-Royal Anne d'Autriche n'avait eu plus grand nombre de courtisans ; seulement, un mouvement s'était fait parmi cette foule qui appartenait à la noblesse secondaire, tandis que tous les premiers gentilshommes de France étaient près de M. de Conti, de M. de Beaufort et du coadjuteur.

Au reste, une grande gaieté régnait dans cette cour. Le caractère particulier de cette guerre fut qu'il y eut plus de couplets faits que de coups de canon tirés. La cour chansonnait les Parisiens, qui chansonnaient la cour, et les blessures, pour n'être pas mortelles, n'en étaient pas moins douloureuses, faites qu'elles étaient avec l'arme du ridicule.

Mais au milieu de cette hilarité générale et de cette futilité apparente, une grande préoccupation vivait au fond de toutes les pensées, Mazarin resterait-il ministre ou favori, ou Mazarin, venu du Midi comme un nuage, s'en irait-il emporté par le vent qui l'avait apporté ? Tout le monde l'espérait, tout le monde le désirait ; de sorte que le ministre sentait qu'autour de lui tous les hommages, toutes les courtisaneries recouvraient un fond de haine mal déguisée sous la crainte et sous l'intérêt. Il se sentait mal à l'aise, ne sachant sur quoi faire compte ni sur qui s'appuyer.

M. le Prince lui-même, qui combattait pour lui, ne manquait jamais une occasion ou de le railler ou de l'humilier ; et, à deux ou trois reprises, Mazarin ayant voulu, devant le vainqueur de Rocroy, faire acte de volonté, celui-ci l'avait regardé de manière à lui faire comprendre que, s'il le défendait, ce n'était ni par conviction ni par enthousiasme.

Alors le cardinal se rejetait vers la reine, son seul appui. Mais à deux ou trois reprises il lui avait semblé sentir cet appui vaciller sous sa main.

L'heure de l'audience arrivée, on annonça au comte de La Fère qu'elle aurait toujours lieu, mais qu'il devait attendre quelques instants, la reine ayant conseil à tenir avec le ministre.

C'était la vérité. Paris venait d'envoyer une nouvelle députation qui devait tâcher de donner enfin quelque tournure aux affaires, et la reine se consultait avec Mazarin sur l'accueil à faire à ces députés.

La préoccupation était grande parmi les hauts personnages de l'État. Athos ne pouvait donc choisir un plus mauvais moment pour parler de ses amis, pauvres atomes perdus dans ce tourbillon déchaîné.

Mais Athos était un homme inflexible qui ne marchandait pas avec une décision prise, quand cette décision lui paraissait émanée de sa conscience et dictée par son devoir ; il insista pour être introduit, en disant que, quoiqu'il ne fût député ni de M. de Conti, ni de M. de Beaufort, ni de M. de Bouillon, ni de M. d'Elbeuf, ni du coadjuteur, ni de Mme de Longueville, ni de Broussel, ni du Parlement, et qu'il vînt pour son propre compte il n'en avait pas moins les choses les plus importantes à dire à Sa Majesté.

La conférence finie, la reine le fit appeler dans son cabinet.

Athos fut introduit et se nomma. C'était un nom qui avait trop de fois retenti aux oreilles de Sa Majesté et trop de fois vibré dans son cœur, pour qu'Anne d'Autriche ne le reconnût point ; cependant elle demeura impassible, se contentant de regarder ce gentilhomme avec cette fixité qui n'est permise qu'aux femmes reines soit par la beauté, soit par le sang.

– C'est donc un service que vous offrez de nous rendre, comte ? demanda Anne d'Autriche après un instant de silence.

– Oui, madame, encore un service, dit Athos, choqué de ce que la reine ne paraissait point le reconnaître.

C'était un grand cœur qu'Athos, et par conséquent un bien pauvre courtisan.

Anne fronça le sourcil. Mazarin, qui, assis devant une table, feuilletait des papiers comme eût pu le faire un simple secrétaire d'État, leva la tête.

– Parlez, dit la reine.

Mazarin se remit à feuilleter ses papiers.

– Madame, reprit Athos, deux de nos amis, deux des plus intrépides serviteurs de Votre Majesté, M. d'Artagnan et M. du Vallon, envoyés en Angleterre par M. le cardinal, ont disparu tout à coup au moment où ils mettaient le pied sur la terre de France, et l'on ne sait ce qu'ils sont devenus.

– Eh bien ? dit la reine.

– Eh bien ! dit Athos, je m'adresse à la bienveillance de Votre Majesté pour savoir ce que sont devenus ces deux gentilshommes, me réservant, s'il le faut ensuite, de m'adresser à sa justice.

— Monsieur, répondit Anne d'Autriche avec cette hauteur qui, vis-à-vis de certains hommes, devenait de l'impertinence, voilà donc pourquoi vous nous troublez au milieu des grandes préoccupations qui nous agitent ? Une affaire de police ! Eh ! monsieur, vous savez bien, ou vous devez bien le savoir, que nous n'avons plus de police depuis que nous ne sommes plus à Paris.

— Je crois que Votre Majesté, dit Athos en s'inclinant avec un froid respect, n'aurait pas besoin de s'informer à la police pour savoir ce que sont devenus MM. d'Artagnan et du Vallon ; et que si elle voulait bien interroger M. le cardinal à l'endroit de ces deux gentilshommes, M. le cardinal pourrait lui répondre sans interroger autre chose que ses propres souvenirs.

— Mais, Dieu me pardonne ! dit Anne d'Autriche avec ce dédaigneux mouvement des lèvres qui lui était particulier, je crois que vous interrogez vous-même.

— Oui, madame, et j'en ai presque le droit, car il s'agit de M. d'Artagnan, de M. d'Artagnan, entendez-vous bien, madame ? dit-il de manière à courber sous les souvenirs de la femme le front de la reine.

Mazarin comprit qu'il était temps de venir au secours d'Anne d'Autriche.

— Monsou le comte, dit-il, je veux bien vous apprendre une chose qu'ignore Sa Majesté, c'est ce que sont devenus ces deux gentilshommes. Ils ont désobéi, et ils sont aux arrêts.

— Je supplie donc Votre Majesté, dit Athos toujours impassible et sans répondre à Mazarin, de lever ces arrêts en faveur de MM. d'Artagnan et du Vallon.

— Ce que vous me demandez est une affaire de discipline et ne me regarde point, monsieur, répondit la reine.

— M. d'Artagnan n'a jamais répondu cela lorsqu'il s'est agi du service de Votre Majesté, dit Athos en saluant avec dignité.

Et il fit deux pas en arrière pour regagner la porte, Mazarin l'arrêta.

— Vous venez aussi d'Angleterre, monsieur ? dit-il en faisant un signe à la reine, qui pâlissait visiblement et s'apprêtait à donner un ordre rigoureux.

— Et j'ai assisté aux derniers moments du roi Charles Ier, dit Athos. Pauvre roi ! coupable tout au plus de faiblesse, et que ses sujets ont puni bien sévèrement ; car les trônes sont bien ébranlés à cette heure, et il ne fait pas bon, pour les cœurs dévoués, de servir les intérêts des princes. C'était la seconde fois que M. d'Artagnan allait en Angleterre : la première, c'était pour l'honneur d'une grande reine ; la seconde, c'était pour la vie d'un grand roi.

– Monsieur, dit Anne d'Autriche à Mazarin avec un accent dont toute son habitude de dissimuler n'avait pu chasser la véritable expression, voyez si l'on peut faire quelque chose pour ces gentilshommes.

– Madame, dit Mazarin, je ferai tout ce qu'il plaira à Votre Majesté.

– Faites ce que demande M. le comte de La Fère. N'est-ce pas comme cela que vous vous appelez, monsieur ?

– J'ai encore un autre nom, madame ; je me nomme Athos.

– Madame, dit Mazarin avec un sourire qui indiquait avec quelle facilité il comprenait à demi-mot, vous pouvez être tranquille, vos désirs seront accomplis.

– Vous avez entendu, monsieur ? dit la reine.

– Oui, madame, et je n'attendais rien moins de la justice de Votre Majesté. Ainsi, je vais revoir mes amis ; n'est-ce pas, madame ? c'est bien ainsi que Votre Majesté l'entend ?

– Vous allez les revoir, oui, monsieur. Mais, à propos, vous êtes de la Fronde, n'est-ce pas ?

– Madame, je sers le roi.

– Oui, à votre manière.

– Ma manière est celle de tous les vrais gentilshommes, et je n'en connais pas deux, répondit Athos avec hauteur.

– Allez donc, monsieur, dit la reine en congédiant Athos du geste ; vous avez obtenu ce que vous désiriez obtenir, et nous savons tout ce que nous désirions savoir.

Puis s'adressant à Mazarin, quand la portière fut retombée derrière lui :

– Cardinal, dit-elle, faites arrêter cet insolent gentilhomme avant qu'il soit sorti de la cour.

– J'y pensais, dit Mazarin, et je suis heureux que Votre Majesté me donne un ordre que j'allais solliciter d'elle. Ces casse-bras qui apportent dans notre époque les traditions de l'autre règne nous gênent fort ; et puisqu'il y en a déjà deux de pris, joignons-y le troisième.

Athos n'avait pas été entièrement dupe de la reine. Il y avait dans son accent quelque chose qui l'avait frappé et qui lui semblait menacer tout en promettant. Mais il n'était pas homme à s'éloigner sur un simple soupçon, surtout quand on lui avait dit clairement qu'il allait revoir ses amis. Il attendit donc, dans une des chambres attenantes au cabinet où il avait eu audience, qu'on amenât vers lui d'Artagnan et Porthos, ou qu'on le vînt chercher pour le conduire vers eux.

Dans cette attente, il s'était approché de la fenêtre et regardait machinalement dans la cour. Il y vit entrer la députation des Parisiens, qui venait pour régler le lieu définitif des conférences et saluer la reine. Il y avait des conseillers au Parlement, des présidents, des avocats, parmi lesquels étaient perdus quelques hommes d'épée. Une escorte imposante les attendait hors des grilles.

Athos regardait avec plus d'attention, car au milieu de cette foule il avait cru reconnaître quelqu'un, lorsqu'il sentit qu'on lui touchait légèrement l'épaule.

Il se retourna.

– Ah ! monsieur de Comminges ! dit-il.

– Oui, monsieur le comte, moi-même, et chargé d'une mission pour laquelle je vous prie d'agréer toutes mes excuses.

– Laquelle, monsieur ? demanda Athos.

– Veuillez me rendre votre épée, comte.

Athos sourit, et ouvrant la fenêtre :

– Aramis ! cria-t-il.

Un gentilhomme se retourna : c'était celui qu'avait cru reconnaître Athos. Ce gentilhomme, c'était Aramis. Il salua amicalement le comte.

– Aramis, dit Athos, on m'arrête.

– Bien, répondit flegmatiquement Aramis.

– Monsieur, dit Athos en se retournant vers Comminges et en lui présentant avec politesse son épée par la poignée, voici mon épée ; veuillez me la garder avec soin pour me la rendre quand je sortirai de prison. J'y tiens, elle a été donnée par le roi François Ier à mon aïeul. Dans son temps on armait les gentilshommes, on ne les désarmait pas. Maintenant, où me conduisez-vous ?

– Mais... dans ma chambre d'abord, dit Comminges. La reine fixera le lieu de votre domicile ultérieurement.

Athos suivit Comminges sans ajouter un seul mot.

XIV

La royauté de M. de Mazarin

L'arrestation n'avait fait aucun bruit, causé aucun scandale et était même restée à peu près inconnue. Elle n'avait donc en rien entravé la marche des événements, et la députation envoyée par la ville de Paris fut avertie solennellement qu'elle allait paraître devant la reine.

La reine la reçut, muette et superbe comme toujours ; elle écouta les doléances et les supplications des députés ; mais, lorsqu'ils eurent fini leurs discours, nul n'aurait pu dire, tant le visage d'Anne d'Autriche était resté indifférent, si elle les avait entendus.

En revanche, Mazarin, présent à cette audience entendait très bien ce que ces députés demandaient : c'était son renvoi en termes clairs et précis, purement et simplement.

Les discours finis, la reine restant muette :

– Messieurs, dit Mazarin, je me joindrai à vous pour supplier la reine de mettre un terme aux maux de ses sujets. J'ai fait tout ce que j'ai pu pour les adoucir, et cependant la croyance publique, dites-vous, est qu'ils viennent de moi, pauvre étranger qui n'ai pu réussir à plaire aux Français. Hélas ! on ne m'a point compris, et c'était raison : je succédais à l'homme le plus sublime qui eût encore soutenu le sceptre des rois de France. Les souvenirs de M. de Richelieu m'écrasent. En vain, si j'étais ambitieux, lutterais-je contre ces souvenirs ; mais je ne le suis pas, et j'en veux donner une preuve. Je me déclare vaincu. Je ferai ce que demande le peuple. Si les Parisiens ont quelques torts, et qui n'en a pas, messieurs ? Paris est assez puni ; assez de sang a coulé, assez de misère accable une ville privée de son roi et de la justice. Ce n'est pas à moi, simple particulier, de prendre tant d'importance que de diviser une reine avec son royaume. Puisque vous exigez que je me retire, eh bien ! je me retirerai.

– Alors, dit Aramis à l'oreille de son voisin, la paix est faite et les conférences sont inutiles. Il n'y a plus qu'à envoyer sous bonne garde M. Mazarini à la frontière la plus éloignée, et à veiller à ce qu'il ne rentre ni par celle-là, ni par les autres.

– Un instant, monsieur, un instant, dit l'homme de robe auquel Aramis s'adressait. Peste ! comme vous y allez ! On voit bien que vous êtes des hommes d'épée. Il y a le chapitre des rémunérations et des indemnités à mettre au net.

– Monsieur le chancelier, dit la reine en se tournant vers ce même Séguier, notre ancienne connaissance, vous ouvrirez les conférences ; elles auront lieu à Rueil. M. le cardinal a dit des choses qui m'ont fort émue. Voilà pourquoi je ne vous réponds pas plus longuement. Quant à ce qui est de rester ou de partir, j'ai trop de reconnaissance à M. le cardinal pour ne pas le laisser libre en tous points de ses actions. M. le cardinal fera ce qu'il voudra.

Une pâleur fugitive nuança le visage intelligent du Premier ministre. Il regarda la reine avec inquiétude. Son visage était tellement impassible, qu'il en était, comme les autres, à ne pouvoir lire ce qui se passait dans son cœur.

– Mais, ajouta la reine, en attendant la décision de M. de Mazarin, qu'il ne soit, je vous prie, question que du roi.

Les députés s'inclinèrent et sortirent.

– Eh quoi ! dit la reine quand le dernier d'entre eux eut quitté la chambre, vous céderiez à ces robins et à ces avocats !

– Pour le bonheur de Votre Majesté, madame, dit Mazarin en fixant sur la reine son œil perçant, il n'y a point de sacrifice que je ne sois prêt à m'imposer.

Anne baissa la tête et tomba dans une de ces rêveries qui lui étaient si habituelles. Le souvenir d'Athos lui revint à l'esprit. La tournure hardie du gentilhomme, sa parole ferme et digne à la fois, les fantômes qu'il avait évoqués d'un mot, lui rappelaient tout un passé d'une poésie enivrante : la jeunesse, la beauté, l'éclat des amours de vingt ans, et les rudes combats de ses soutiens, et la fin sanglante de Buckingham, le seul homme qu'elle eût aimé réellement, et l'héroïsme de ses obscurs défenseurs qui l'avaient sauvée de la double haine de Richelieu et du roi.

Mazarin la regardait, et maintenant qu'elle se croyait seule et qu'elle n'avait plus tout un monde d'ennemis pour l'épier, il suivait ses pensées sur son visage, comme on voit dans les lacs transparents passer les nuages, reflets du ciel comme les pensées.

– Il faudrait donc, murmura Anne d'Autriche, céder à l'orage, acheter la paix, attendre patiemment et religieusement des temps meilleurs ?

Mazarin sourit amèrement à cette proposition, qui annonçait qu'elle avait pris la proposition du ministre au sérieux.

Anne avait la tête inclinée et ne vit pas ce sourire ; mais remarquant que sa demande n'obtenait aucune réponse, elle releva le front.

– Eh bien ! vous ne me répondez point, cardinal ; que pensez-vous ?

– Je pense, madame, que cet insolent gentilhomme que nous avons fait arrêter par Comminges a fait allusion à M. de Buckingham, que vous laissâtes assassiner ; à Mme de Chevreuse, que vous laissâtes exiler ; à M. de Beaufort, que vous fîtes emprisonner. Mais s'il a fait allusion à moi, c'est qu'il ne sait pas ce que je suis pour vous.

Anne d'Autriche tressaillit comme elle faisait lorsqu'on la frappait dans son orgueil ; elle rougit et enfonça, pour ne pas répondre, ses ongles acérés dans ses belles mains.

— Il est homme de bon conseil, d'honneur et d'esprit, sans compter qu'il est homme de résolution. Vous en savez quelque chose, n'est-ce pas, madame ? Je veux donc lui dire, c'est une grâce personnelle que je lui fais, en quoi il s'est trompé à mon égard. C'est que, vraiment, ce qu'on me propose, c'est presque une abdication, et une abdication mérite qu'on y réfléchisse.

— Une abdication ! dit Anne ; je croyais, monsieur, qu'il n'y avait que les rois qui abdiquaient.

— Eh bien ! reprit Mazarin, ne suis-je pas presque roi, et roi de France même ? Jetée sur le pied d'un lit royal, je vous assure, madame, que ma simarre de ministre ressemble fort, la nuit, à un manteau royal.

C'était là une des humiliations que lui faisait le plus souvent subir Mazarin, et sous lesquelles elle courbait constamment la tête. Il n'y eut qu'Élisabeth et Catherine II qui restèrent à la fois maîtresses et reines pour leurs amants.

Anne d'Autriche regarda donc avec une sorte de terreur la physionomie menaçante du cardinal, qui, dans ces moments-là, ne manquait pas d'une certaine grandeur.

— Monsieur, dit-elle, n'ai-je point dit, et n'avez-vous point entendu que j'ai dit à ces gens-là que vous feriez ce qu'il vous plairait ?

— En ce cas, dit Mazarin, je crois qu'il doit me plaire de demeurer. C'est non seulement mon intérêt, mais encore j'ose dire que c'est votre salut.

— Demeurez donc, monsieur, je ne désire pas autre chose, mais alors ne me laissez pas insulter.

— Vous voulez parler des prétentions des révoltés et du ton dont ils les expriment ? Patience ! Ils ont choisi un terrain sur lequel je suis général plus habile qu'eux, les conférences. Nous les battrons rien qu'en temporisant. Ils ont déjà faim ; ce sera bien pis dans huit jours.

— Eh ! mon Dieu ! oui, monsieur, je sais que nous finirons par là. Mais ce n'est pas d'eux seulement qu'il s'agit ; ce n'est pas eux qui m'adressent les injures les plus blessantes pour moi.

— Ah ! je vous comprends. Vous voulez parler des souvenirs qu'évoquent perpétuellement ces trois ou quatre gentilshommes. Mais nous les tenons prisonniers, et ils sont juste assez coupables pour que nous les laissions en captivité tout le temps qu'il nous conviendra ; un seul est encore hors de notre pouvoir et nous brave. Mais, que diable ! nous parviendrons bien à le joindre à ses compagnons. Nous avons fait des choses plus difficiles que cela, ce me semble. J'ai d'abord et par précaution fait enfermer à Rueil, c'est-à-dire près de moi, c'est-à-dire sous mes yeux, à la portée de ma main, les deux plus intraitables. Aujourd'hui même le troisième les y rejoindra.

– Tant qu'ils seront prisonniers, ce sera bien, dit Anne d'Autriche, mais ils sortiront un jour.

– Oui, si Votre Majesté les met en liberté.

– Ah ! continua Anne d'Autriche répondant à sa propre pensée, c'est ici qu'on regrette Paris !

– Et pourquoi donc ?

– Pour la Bastille, monsieur, qui est si forte et si discrète.

– Madame, avec les conférences nous avons la paix ; avec la paix nous avons Paris ; avec Paris nous avons la Bastille ! nos quatre matamores y pourriront.

Anne d'Autriche fronça légèrement le sourcil, tandis que Mazarin lui baisait la main pour prendre congé d'elle.

Mazarin sortit après cet acte moitié humble, moitié galant. Anne d'Autriche le suivit du regard, et à mesure qu'il s'éloignait on eût pu voir un dédaigneux sourire se dessiner sur ses lèvres.

– J'ai méprisé, murmura-t-elle, l'amour d'un cardinal qui ne disait jamais « Je ferai », mais « J'ai fait ». Celui-là connaissait des retraites plus sûres que Rueil, plus sombres et plus muettes encore que la Bastille. Oh ! le monde dégénère !

XV

Précautions

Après avoir quitté Anne d'Autriche, Mazarin reprit le chemin de Rueil, où était sa maison. Mazarin marchait fort accompagné, par ces temps de trouble, et souvent même il marchait déguisé. Le cardinal, nous l'avons déjà dit, sous les habits d'un homme d'épée, était un fort beau gentilhomme.

Dans la cour du vieux château, il monta en carrosse et gagna la Seine à Chatou. M. le Prince lui avait fourni cinquante chevau-légers d'escorte, non pas tant pour le garder encore que pour montrer aux députés combien les généraux de la reine disposaient facilement de leurs troupes et les pouvaient disséminer selon leur caprice.

Athos, gardé à vue par Comminges, à cheval et sans épée, suivait le cardinal sans dire un seul mot. Grimaud, laissé à la porte du château par son maître, avait entendu la nouvelle de son arrestation quand Athos l'avait criée à Aramis, et, sur un signe du comte, il était allé, sans dire un seul mot, prendre rang près d'Aramis, comme s'il ne se fût rien passé.

Il est vrai que Grimaud, depuis vingt-deux ans qu'il servait son maître, avait vu celui-ci se tirer de tant d'aventures, que rien ne l'inquiétait plus.

Les députés, aussitôt après leur audience, avaient repris le chemin de Paris, c'est-à-dire qu'ils précédaient le cardinal d'environ cinq cents pas. Athos pouvait donc, en regardant devant lui, voir le dos d'Aramis, dont le ceinturon doré et la tournure fière fixèrent ses regards parmi cette foule, tout autant que l'espoir de la délivrance qu'il avait mis en lui, l'habitude, la fréquentation et l'espèce d'attraction qui résulte de toute amitié.

Aramis, au contraire, ne paraissait pas s'inquiéter le moins du monde s'il était suivi par Athos. Une seule fois il se retourna ; il est vrai que ce fut en arrivant au château. Il supposait que Mazarin laisserait peut-être là son nouveau prisonnier dans le petit château fort, sentinelle qui gardait le pont et qu'un capitaine gouvernait pour la reine. Mais il n'en fut point ainsi. Athos passa Chatou à la suite du cardinal.

À l'embranchement du chemin de Paris à Rueil, Aramis se retourna. Cette fois ses prévisions ne l'avaient pas trompé. Mazarin prit à droite, et Aramis put voir le prisonnier disparaître au tournant des arbres. Athos, au même instant, mû par une pensée identique, regarda aussi en arrière. Les deux amis échangèrent un simple signe de tête, et Aramis porta son doigt à son chapeau comme pour saluer. Athos seul comprit que son compagnon lui faisait signe qu'il avait une pensée.

Dix minutes après, Mazarin rentrait dans la cour du château, que le cardinal son prédécesseur avait fait disposer pour lui à Rueil.

Au moment où il mettait pied à terre au bas du perron, Comminges s'approcha de lui.

— Monseigneur, demanda-t-il, où plairait-il à Votre Éminence que nous logions M. de La Fère ?

— Mais au pavillon de l'orangerie, en face du pavillon où est le poste. Je veux qu'on fasse honneur à M. le comte de La Fère, bien qu'il soit prisonnier de Sa Majesté la reine.

— Monseigneur, hasarda Comminges, il demande la faveur d'être conduit près de M. d'Artagnan, qui occupe, ainsi que Votre Éminence l'a ordonné, le pavillon de chasse en face de l'orangerie.

Mazarin réfléchit un instant.

Comminges vit qu'il se consultait.

— C'est un poste très fort, ajouta-t-il ; quarante hommes sûrs, des soldats éprouvés, presque tous Allemands, et par conséquent n'ayant aucune relation avec les frondeurs ni aucun intérêt dans la Fronde.

— Si nous mettions ces trois hommes ensemble, monsou de Comminges, dit Mazarin, il nous faudrait doubler le poste et nous ne sommes pas assez riches en défenseurs pour faire de ces prodigalités-là.

Comminges sourit. Mazarin vit ce sourire et le comprit.

— Vous ne les connaissez pas, monsou Comminges, mais moi je les connais, par eux-mêmes d'abord, puis par tradition. Je les avais chargés de porter secours au roi Charles, et ils ont fait pour le sauver des choses miraculeuses ; il a fallu que la destinée s'en mêlât pour que ce cher roi Charles ne soit pas à cette heure en sûreté au milieu de nous.

— Mais s'ils ont si bien servi Votre Éminence, pourquoi donc Votre Éminence les tient-elle en prison ?

— En prison ! dit Mazarin ; et depuis quand Rueil est-il une prison ?

— Depuis qu'il y a des prisonniers, dit Comminges.

— Ces messieurs ne sont pas mes prisonniers, Comminges, dit Mazarin en souriant de son sourire narquois, ce sont mes hôtes ; hôtes si précieux, que j'ai fait griller les fenêtres et mettre des verrous aux portes des appartements qu'ils habitent, tant je crains qu'ils ne se lassent de me tenir compagnie. Mais tant il y a que, tout prisonniers qu'ils semblent être au premier abord, je les estime grandement ; et la preuve, c'est que je désire rendre visite à M. de La Fère pour causer avec lui en tête à tête. Donc, pour que nous ne soyons pas dérangés dans cette causerie, vous le conduirez, comme je vous l'ai déjà dit, dans le pavillon de l'orangerie ; vous savez que c'est ma promenade habituelle ; eh bien ! en faisant ma promenade, j'entrerai chez lui et nous causerons. Tout mon ennemi qu'on prétend qu'il est, j'ai de la sympathie pour lui, et, s'il est raisonnable, peut-être en ferons-nous quelque chose.

Comminges s'inclina et revint vers Athos, qui attendait, avec un calme apparent, mais avec une inquiétude réelle, le résultat de la conférence.

– Eh bien ? demanda-t-il au lieutenant des gardes.

– Monsieur, répondit Comminges, il paraît que c'est impossible.

– Monsieur de Comminges, dit Athos, j'ai toute ma vie été soldat, je sais donc ce que c'est qu'une consigne ; mais en dehors de cette consigne vous pourriez me rendre un service.

– Je le veux de grand cœur, monsieur, répondit Comminges, depuis que je sais qui vous êtes et quels services vous avez rendus autrefois à Sa Majesté ; depuis que je sais combien vous touche ce jeune homme qui est si vaillamment venu à mon secours le jour de l'arrestation de ce vieux drôle de Broussel, je me déclare tout vôtre, sauf cependant la consigne.

– Merci, monsieur, je n'en désire pas davantage et je vais vous demander une chose qui ne vous compromettra aucunement.

– Si elle ne me compromet qu'un peu, monsieur, dit en souriant M. de Comminges, demandez toujours. Je n'aime pas beaucoup plus que vous M. Mazarini : je sers la reine, ce qui m'entraîne tout naturellement à servir le cardinal ; mais je sers l'une avec joie et l'autre à contrecœur. Parlez donc, je vous prie ; j'attends et j'écoute.

– Puisqu'il n'y a aucun inconvénient, dit Athos, que je sache que M. d'Artagnan est ici, il n'y en a pas davantage, je présume, à ce qu'il sache que j'y suis moi-même ?

– Je n'ai reçu aucun ordre à cet endroit, monsieur.

– Eh bien ! faites-moi donc le plaisir de lui présenter mes civilités et de lui dire que je suis son voisin. Vous lui annoncerez en même temps ce que vous m'annonciez tout à l'heure, c'est-à-dire que M. de Mazarin m'a placé dans le pavillon de l'orangerie pour me pouvoir faire visite, et vous lui direz que je profiterai de cet honneur qu'il me veut bien accorder, pour obtenir quelque adoucissement à notre captivité.

– Qui ne peut durer, ajouta Comminges ; M. le cardinal me le disait lui-même, il n'y a point ici de prison.

– Il y a des oubliettes, dit en souriant Athos.

– Oh ! ceci est autre chose, dit Comminges. Oui, je sais qu'il y a des traditions à ce sujet ; mais un homme de petite naissance comme l'est le cardinal, un Italien qui est venu chercher fortune en France, n'oserait se porter à de pareils excès envers des hommes comme vous ; ce serait une énormité. C'était bon du temps de l'autre cardinal, qui était un grand seigneur ; mais mons Mazarin ! allons donc ! les oubliettes sont vengeances royales et auxquelles ne doit pas toucher un pleutre comme lui. On sait votre arrestation, on saura bientôt celle de vos amis, monsieur, et toute la noblesse de France lui demanderait compte de votre disparition. Non, non, tranquillisez-vous, les oubliettes de Rueil sont devenues, depuis dix ans, des traditions à l'usage des enfants. Demeurez donc sans inquiétude à cet endroit. De mon côté, je préviendrai M. d'Artagnan de votre arrivée ici. Qui sait si dans quinze jours vous ne me rendrez pas quelque service analogue !

– Moi, monsieur ?

– Eh ! sans doute ; ne puis-je pas à mon tour être prisonnier de M. le coadjuteur ?

– Croyez bien que dans ce cas, monsieur, dit Athos en s'inclinant, je m'efforcerais de vous plaire.

– Me ferez-vous l'honneur de souper avec moi, monsieur le comte ? demanda Comminges.

– Merci, monsieur, je suis de sombre humeur et je vous ferais passer la soirée triste. Merci.

Comminges alors conduisit le comte dans une chambre du rez-de-chaussée d'un pavillon faisant suite à l'orangerie et de plain-pied avec elle. On arrivait à cette orangerie par une grande cour peuplée de soldats et de courtisans. Cette cour, qui formait le fer à cheval, avait à son centre les appartements habités par M. de Mazarin, et à chacune de ses ailes le pavillon de chasse, où était d'Artagnan, et le pavillon de l'orangerie, où venait d'entrer Athos. Derrière l'extrémité de ces deux ailes s'étendait le parc.

Athos, en arrivant dans la chambre qu'il devait habiter, aperçut à travers sa fenêtre, soigneusement grillée, des murs et des toits.

– Qu'est-ce que ce bâtiment ? dit-il.

– Le derrière du pavillon de chasse où vos amis sont détenus, dit Comminges. Malheureusement, les fenêtres qui donnent de ce côté ont été bouchées du temps de l'autre cardinal, car plus d'une fois les bâtiments ont servi de prison, et M. de Mazarin, en vous y enfermant, ne fait que les rendre à leur destination première. Si ces fenêtres n'étaient pas bouchées, vous auriez eu la consolation de correspondre par signes avec vos amis.

– Et vous êtes sûr, monsieur de Comminges, dit Athos, que le cardinal me fera l'honneur de me visiter ?

– Il me l'a assuré, du moins, monsieur.

Athos soupira en regardant ses fenêtres grillées.

– Oui, c'est vrai, dit Comminges, c'est presque une prison, rien n'y manque, pas même les barreaux. Mais aussi quelle singulière idée vous a-t-il pris, à vous qui êtes une fleur de noblesse, d'aller épanouir votre bravoure et votre loyauté parmi tous ces champignons de la Fronde ! Vraiment, comte, si j'eusse jamais cru avoir quelque ami dans les rangs de l'armée royale, c'est à vous que j'eusse pensé. Un frondeur, vous, le comte de La Fère, du parti d'un Broussel, d'un Blancmesnil, d'un Viole ! Fi donc ! cela ferait croire que madame votre mère était quelque petite robine. Vous êtes un frondeur !

– Ma foi, mon cher monsieur, dit Athos, il fallait être mazarin ou frondeur. J'ai longtemps fait résonner ces deux noms à mon oreille, et je me suis prononcé pour le dernier ; c'est un nom français, au moins. Et puis, je suis frondeur, non pas avec M. Broussel, avec M. Blancmesnil et avec M. Viole, mais avec M. de Beaufort, M. de Bouillon et M. d'Elbeuf, avec des princes et non avec des présidents, des conseillers, des robins. D'ailleurs, l'agréable résultat que de servir M. le cardinal ! Regardez ce mur sans fenêtres, monsieur de Comminges, il vous en dira de belles sur la reconnaissance mazarine.

– Oui, reprit en riant Comminges, et surtout s'il répète ce que M. d'Artagnan lui lance depuis huit jours de malédictions.

– Pauvre d'Artagnan ! dit Athos avec cette mélancolie charmante qui faisait une des faces de son caractère, un homme si brave, si bon, si terrible à ceux qui n'aiment pas ceux qu'il aime ! Vous avez là deux rudes prisonniers, monsieur de Comminges, et je vous plains si l'on a mis sous votre responsabilité ces deux hommes indomptables.

– Indomptables ! dit en souriant à son tour Comminges, eh ! monsieur, vous voulez me faire peur. Le premier jour de son emprisonnement, M. d'Artagnan a provoqué tous les soldats et tous les bas officiers, sans doute afin d'avoir une épée ; cela a duré le lendemain, s'est étendu même jusqu'au surlendemain, mais ensuite il est devenu calme et doux comme un agneau. À présent il chante des chansons gasconnes qui nous font mourir de rire.

– Et M. du Vallon ? demanda Athos.

– Ah ! celui-là, c'est autre chose. J'avoue que c'est un gentilhomme effrayant. Le premier jour, il a enfoncé toutes les portes d'un seul coup d'épaule, et je m'attendais à le voir sortir de Rueil comme Samson est sorti de Gaza. Mais son humeur a suivi la même marche que celle de M. d'Artagnan. Maintenant, non seulement il s'accoutume à sa captivité, mais encore il en plaisante.

– Tant mieux, dit Athos, tant mieux.

– En attendiez-vous donc autre chose ? demanda Comminges, qui, rapprochant ce qu'avait dit Mazarin de ses prisonniers avec ce qu'en disait le comte de La Fère, commençait à concevoir quelques inquiétudes.

De son côté, Athos réfléchissait que très certainement cette amélioration dans le moral de ses amis naissait de quelque plan formé par d'Artagnan. Il ne voulut donc pas leur nuire pour trop les exalter.

– Eux ? dit-il, ce sont des têtes inflammables ; l'un est Gascon, l'autre Picard ; tous deux s'allument facilement, mais s'éteignent vite. Vous en avez la preuve, et ce que vous venez de me raconter tout à l'heure fait foi de ce que je vous dis maintenant.

C'était l'opinion de Comminges ; aussi se retira-t-il plus rassuré, et Athos demeura seul dans la vaste chambre, où, suivant l'ordre du cardinal, il fut traité avec les égards dus à un gentilhomme.

Il attendait, au reste, pour se faire une idée précise de sa situation, cette fameuse visite promise par Mazarin lui-même.

XVI

L'esprit et le bras

Maintenant passons de l'orangerie au pavillon de chasse.

Au fond de la cour, où, par un portique fermé de colonnes ioniennes, on découvrait les chenils, s'élevait un bâtiment oblong qui semblait s'étendre comme un bras au-devant de cet autre bras, le pavillon de l'orangerie, demi-cercle enserrant la cour d'honneur.

C'est dans ce pavillon, au rez-de-chaussée, qu'étaient renfermés Porthos et d'Artagnan, partageant les longues heures d'une captivité antipathique à ces deux tempéraments.

D'Artagnan se promenait comme un tigre, l'œil fixe, et rugissant parfois sourdement le long des barreaux d'une large fenêtre donnant sur la cour de service.

Porthos ruminait en silence un excellent dîner dont on venait de desservir les restes.

L'un semblait privé de raison, et il méditait ; l'autre semblait méditer profondément, et il dormait. Seulement, son sommeil était un cauchemar, ce qui pouvait se deviner à la manière incohérente et entrecoupée dont il ronflait.

– Voilà, dit d'Artagnan, le jour qui baisse. Il doit être quatre heures à peu près. Il y a tantôt cent quatre-vingt-trois heures que nous sommes là-dedans.

– Hum ! fit Porthos pour avoir l'air de répondre.

– Entendez-vous, éternel dormeur ? dit d'Artagnan, impatienté qu'un autre pût se livrer au sommeil le jour, quand il avait, lui, toutes les peines du monde à dormir la nuit.

– Quoi ? dit Porthos.

– Ce que je dis ?

– Que dites-vous ?

– Je dis, reprit d'Artagnan, que voilà tantôt cent quatre-vingt-trois heures que nous sommes ici.

– C'est votre faute, dit Porthos.

– Comment ! c'est ma faute ?...

– Oui, je vous ai offert de nous en aller.

— En descellant un barreau ou en enfonçant une porte ?

— Sans doute.

— Porthos, des gens comme nous ne s'en vont pas purement et simplement.

— Ma foi, dit Porthos, moi je m'en irais avec cette pureté et cette simplicité que vous me semblez dédaigner par trop.

D'Artagnan haussa les épaules.

— Et puis, dit-il, ce n'est pas le tout que de sortir de cette chambre.

— Cher ami, dit Porthos, vous me semblez aujourd'hui d'un peu meilleure humeur qu'hier. Expliquez-moi comment ce n'est pas le tout que de sortir de cette chambre.

— Ce n'est pas le tout, parce que n'ayant ni armes ni mot de passe, nous ne ferons pas cinquante pas dans la cour sans heurter une sentinelle.

— Eh bien ! dit Porthos, nous assommerons la sentinelle et nous aurons ses armes.

— Oui, mais avant d'être assommée tout à fait — cela a la vie dure, un Suisse —, elle poussera un cri ou tout au moins un gémissement qui fera sortir le poste ; nous serons traqués et pris comme des renards, nous qui sommes des lions, et l'on nous jettera dans quelque cul-de-basse-fosse où nous n'aurons pas même la consolation de voir cet affreux ciel gris de Rueil, qui ne ressemble pas plus au ciel de Tarbes que la lune ne ressemble au soleil. Mordioux ! si nous avions quelqu'un au dehors, quelqu'un qui pût nous donner des renseignements sur la topographie morale et physique de ce château, sur ce que César appelait les *mœurs* et les *lieux*, à ce qu'on m'a dit, du moins... Eh ! quand on pense que durant vingt ans, pendant lesquels je ne savais que faire, je n'ai pas eu l'idée d'occuper une de ces heures-là à venir étudier Rueil.

— Qu'est-ce que ça fait ? dit Porthos, allons-nous-en toujours.

— Mon cher, dit d'Artagnan, savez-vous pourquoi les maîtres pâtissiers ne travaillent jamais de leurs mains ?

— Non, dit Porthos ; mais je serais flatté de le savoir.

— C'est que devant leurs élèves ils craindraient de faire quelques tartes trop rôties ou quelques crèmes tournées.

— Après ?

— Après, on se moquerait d'eux, et il ne faut jamais qu'on se moque des maîtres pâtissiers.

— Et pourquoi les maîtres pâtissiers à propos de nous ?

340

– Parce que nous devons, en fait d'aventures, jamais n'avoir d'échec ni prêter à rire de nous. En Angleterre dernièrement nous avons échoué, nous avons été battus, et c'est une tache à notre réputation.

– Par qui donc avons-nous été battus ? demanda Porthos.

– Par Mordaunt.

– Oui, mais nous avons noyé M. Mordaunt.

– Je le sais bien, et cela nous réhabilitera un peu dans l'esprit de la postérité, si toutefois la postérité s'occupe de nous. Mais écoutez-moi, Porthos ; quoique M. Mordaunt ne fût pas à mépriser, M. Mazarin me paraît bien autrement fort que M. Mordaunt, et nous ne le noierons pas aussi facilement. Observons-nous donc bien et jouons serré ; car, ajouta d'Artagnan avec un soupir, à nous deux, nous en valons huit autres peut-être, mais nous ne valons pas les quatre que vous savez.

– C'est vrai, dit Porthos en correspondant par un soupir au soupir de d'Artagnan.

– Eh bien ! Porthos, faites comme moi, promenez-vous de long en large jusqu'à ce qu'une nouvelle de nos amis nous arrive ou qu'une bonne idée nous vienne ; mais ne dormez pas toujours comme vous le faites, il n'y a rien qui alourdisse l'esprit comme le sommeil. Quant à ce qui nous attend, c'est peut-être moins grave que nous ne le pensions d'abord. Je ne crois pas que M. de Mazarin songe à nous faire couper la tête, parce qu'on ne nous couperait pas la tête sans procès, que le procès ferait du bruit, que le bruit attirerait nos amis, et qu'alors ils ne laisseraient pas faire M. de Mazarin.

– Que vous raisonnez bien ! dit Porthos avec admiration.

– Mais oui, pas mal, dit d'Artagnan. Et puis, voyez-vous, si l'on ne nous fait pas notre procès, si l'on ne nous coupe pas la tête, il faut qu'on nous garde ici ou qu'on nous transporte ailleurs.

– Oui, il le faut nécessairement, dit Porthos.

– Eh bien ! il est impossible que maître Aramis, ce fin limier, et qu'Athos, ce sage gentilhomme, ne découvrent pas notre retraite ; alors, ma foi, il sera temps.

– Oui, d'autant plus qu'on n'est pas absolument mal ici ; à l'exception d'une chose, cependant.

– De laquelle ?

– Avez-vous remarqué, d'Artagnan, qu'on nous a donné du mouton braisé trois jours de suite ?

– Non, mais s'il s'en présente une quatrième fois, je m'en plaindrai, soyez tranquille.

— Et puis quelquefois ma maison me manque ; il y a bien longtemps que je n'ai visité mes châteaux.

— Bah ! oubliez-les momentanément ; nous les retrouverons, à moins que M. de Mazarin ne les ait fait raser.

— Croyez-vous qu'il se soit permis cette tyrannie ? demanda Porthos avec inquiétude.

— Non ; c'était bon pour l'autre cardinal, ces résolutions-là. Le nôtre est trop mesquin pour risquer de pareilles choses.

— Vous me tranquillisez, d'Artagnan.

— Eh bien ! alors faites bon visage comme je le fais ; plaisantons avec les gardiens ; intéressons les soldats, puisque nous ne pouvons les corrompre ; cajolez-les plus que vous ne faites, Porthos, quand ils viendront sous nos barreaux. Jusqu'à présent vous n'avez fait que leur montrer le poing, et plus votre poing est respectable, Porthos, moins il est attirant. Ah ! je donnerais beaucoup pour avoir cinq cents louis seulement.

— Et moi aussi, dit Porthos, qui ne voulait pas demeurer en reste de générosité avec d'Artagnan, je donnerais bien cent pistoles.

Les deux prisonniers en étaient là de leur conversation, quand Comminges entra, précédé d'un sergent et de deux hommes qui portaient le souper dans une manne remplie de bassins et de plats.

XVII

L'esprit et le bras (suite)

– Bon ! dit Porthos, encore du mouton !

– Mon cher monsieur de Comminges, dit d'Artagnan, vous saurez que mon ami, M. du Vallon, est décidé à se porter aux plus dures extrémités, si M. de Mazarin s'obstine à le nourrir de cette sorte de viande.

– Je déclare même, dit Porthos, que je ne mangerai de rien autre chose si on ne l'emporte pas.

– Emportez le mouton, dit Comminges, je veux que M. du Vallon soupe agréablement, d'autant plus que j'ai à lui annoncer une nouvelle qui, j'en suis sûr, va lui donner de l'appétit.

– M. de Mazarin serait-il trépassé ? demanda Porthos.

– Non, j'ai même le regret de vous annoncer qu'il se porte à merveille.

– Tant pis, dit Porthos.

– Et quelle est cette nouvelle ? demanda d'Artagnan. C'est du fruit si rare qu'une nouvelle en prison, que vous excuserez, je l'espère, mon impatience, n'est-ce pas, monsieur de Comminges ? D'autant plus que vous nous avez laissé entendre que la nouvelle était bonne.

– Seriez-vous aise de savoir que M. le comte de La Fère se porte bien ? répondit Comminges.

Les petits yeux de d'Artagnan s'ouvrirent démesurément.

– Si j'en serais aise ! s'écria-t-il, j'en serais plus qu'aise, j'en serais heureux.

– Eh bien ! je suis chargé par lui-même de vous présenter tous ses compliments et de vous dire qu'il est en bonne santé.

D'Artagnan faillit bondir de joie. Un coup d'œil rapide traduisit à Porthos sa pensée : « Si Athos sait où nous sommes, disait ce regard, s'il nous fait parler, avant peu Athos agira. »

Porthos n'était pas très habile à comprendre les coups d'œil ; mais cette fois, comme il avait, au nom d'Athos, éprouvé la même impression que d'Artagnan, il comprit.

– Mais, demanda timidement le Gascon, M. le comte de La Fère, dites-vous, vous a chargé de tous ses compliments pour M. du Vallon et moi ?

– Oui, monsieur.

– Vous l'avez donc vu ?

– Sans doute.

– Où cela ? sans indiscrétion.

– Bien près d'ici, répondit Comminges en souriant.

– Bien près d'ici ! répéta d'Artagnan, dont les yeux étincelèrent.

– Si près, que si les fenêtres qui donnent dans l'orangerie n'étaient pas bouchées, vous pourriez le voir de la place où vous êtes.

« Il rôde aux environs du château », pensa d'Artagnan.

Puis tout haut :

– Vous l'avez rencontré à la chasse, dit-il, dans le parc peut-être ?

– Non pas, plus près, plus près encore. Tenez, derrière ce mur, dit Comminges en frappant contre ce mur.

– Derrière ce mur ? Qu'y a-t-il donc derrière ce mur ? On m'a amené ici de nuit, de sorte que le diable m'emporte si je sais où je suis.

– Eh bien ! dit Comminges, supposez une chose.

– Je supposerai tout ce que vous voudrez.

– Supposez qu'il y ait une fenêtre à ce mur.

– Eh bien ?

– Eh bien ! de cette fenêtre vous verriez M. de La Fère à la sienne.

– M. de La Fère est donc logé au château ?

– Oui.

– À quel titre ?

– Au même titre que vous.

– Athos est prisonnier ?

– Vous savez bien, dit en riant Comminges, qu'il n'y a pas de prisonniers à Rueil, puisqu'il n'y a pas de prison.

– Ne jouons pas sur les mots, monsieur ; Athos a été arrêté ?

– Hier, à Saint-Germain, en sortant de chez la reine.

Les bras de d'Artagnan retombèrent inertes à son côté. On eût dit qu'il était foudroyé.

La pâleur courut comme un nuage blanc sur son teint bruni, mais disparut presque aussitôt.

– Prisonnier ! répéta-t-il.

– Prisonnier ! répéta après lui Porthos abattu.

Tout à coup d'Artagnan releva la tête et on vit luire en ses yeux un éclair imperceptible pour Porthos lui-même. Puis, le même abattement qui l'avait précédé suivit cette fugitive lueur.

– Allons, allons, dit Comminges, qui avait un sentiment réel d'affection pour d'Artagnan depuis le service signalé que celui-ci lui avait rendu le jour de l'arrestation de Broussel en le tirant des mains des Parisiens ; allons, ne vous désolez pas, je n'ai pas prétendu vous apporter une triste nouvelle, tant s'en faut. Par la guerre qui court, nous sommes tous des êtres incertains. Riez donc du hasard qui rapproche votre ami de vous et de M. du Vallon, au lieu de vous désespérer.

Mais cette invitation n'eut aucune influence sur d'Artagnan, qui conserva son air lugubre.

– Et quelle mine faisait-il ? demanda Porthos, qui, voyant que d'Artagnan laissait tomber la conversation, en profita pour placer son mot.

– Mais fort bonne mine, dit Comminges. D'abord, comme vous, il avait paru assez désespéré ; mais quand il a su que M. le cardinal devait lui faire une visite ce soir même...

– Ah ! fit d'Artagnan, M. le cardinal doit faire visite au comte de La Fère ?

– Oui, il l'en a fait prévenir, et M. le comte de La Fère, en apprenant cette nouvelle, m'a chargé de vous dire, à vous, qu'il profiterait de cette faveur que lui faisait le cardinal pour plaider votre cause et la sienne.

– Ah ! ce cher comte ! dit d'Artagnan.

– Belle affaire, grogna Porthos, grande faveur ! Pardieu ! M. le comte de La Fère, dont la famille a été alliée aux Montmorency et aux Rohan, vaut bien M. de Mazarin.

– N'importe, dit d'Artagnan avec son ton le plus câlin, en y réfléchissant, mon cher du Vallon, c'est beaucoup d'honneur pour M. le comte de La Fère, c'est surtout beaucoup d'espérance à concevoir, une visite ! et même, à mon avis, c'est un honneur si grand pour un prisonnier, que je crois que M. de Comminges se trompe.

– Comment ! je me trompe !

– Ce sera non pas M. de Mazarin qui ira visiter le comte de La Fère, mais M. le comte de La Fère qui sera appelé par M. de Mazarin ?

– Non, non, non, dit Comminges, qui tenait à rétablir les faits dans toute leur exactitude. J'ai parfaitement entendu ce que m'a dit le cardinal. Ce sera lui qui ira visiter le comte de La Fère.

D'Artagnan essaya de surprendre un des regards de Porthos pour savoir si son compagnon comprenait l'importance de cette visite, mais Porthos ne regardait pas même de son côté.

– C'est donc l'habitude de M. le cardinal de se promener dans son orangerie ? demanda d'Artagnan.

– Chaque soir il s'y enferme, dit Comminges. Il paraît que c'est là qu'il médite sur les affaires de l'État.

– Alors, dit d'Artagnan, je commence à croire que M. de La Fère recevra la visite de Son Éminence ; d'ailleurs, il se fera accompagner, sans doute ?

– Oui, par deux soldats.

– Et il causera ainsi d'affaires devant deux étrangers ?

– Les soldats sont des Suisses des petits cantons et ne parlent qu'allemand. D'ailleurs, selon toute probabilité, ils attendront à la porte.

D'Artagnan s'enfonçait les ongles dans les paumes des mains pour que son visage n'exprimât pas autre chose que ce qu'il voulait lui permettre d'exprimer.

– Que M. de Mazarin prenne garde d'entrer ainsi seul chez M. le comte de La Fère, dit d'Artagnan, car le comte de La Fère doit être furieux.

Comminges se mit à rire.

– Ah çà ! mais, en vérité, on dirait que vous êtes des anthropophages ! M. de La Fère est courtois, il n'a point d'armes, d'ailleurs ; au premier cri de Son Éminence, les deux soldats qui l'accompagnent toujours accourraient.

– Deux soldats, dit d'Artagnan paraissant rappeler ses souvenirs, deux soldats, oui ; c'est donc cela que j'entends appeler deux hommes chaque soir, et que je les vois se promener pendant une demi-heure quelquefois sous ma fenêtre.

– C'est cela, ils attendent le cardinal, ou plutôt Bernouin, qui vient les appeler quand le cardinal sort.

– Beaux hommes, ma foi ! dit d'Artagnan.

– C'est le régiment qui était à Lens, et que M. le Prince a donné au cardinal pour lui faire honneur.

– Ah ! monsieur, dit d'Artagnan comme pour résumer en un mot toute cette longue conversation, pourvu que Son Éminence s'adoucisse et accorde notre liberté à M. de La Fère.

– Je le désire de tout mon cœur, dit Comminges.

– Alors, s'il oubliait cette visite, vous ne verriez aucun inconvénient à la lui rappeler ?

– Aucun, au contraire.

– Ah ! voilà qui me tranquillise un peu.

Cet habile changement de conversation eût paru une manœuvre sublime à quiconque eût pu lire dans l'âme du Gascon.

– Maintenant, continua-t-il, une dernière grâce, je vous prie, mon cher monsieur de Comminges.

– Tout à votre service, monsieur.

– Vous reverrez M. le comte de La Fère ?

– Demain matin.

– Voulez-vous lui souhaiter le bonjour pour nous, et lui dire qu'il sollicite pour moi la même faveur qu'il aura obtenue ?

– Vous désirez que M. le cardinal vienne ici ?

– Non ; je me connais et ne suis point si exigeant. Que Son Éminence me fasse l'honneur de m'entendre, c'est tout ce que je désire.

« Oh ! murmura Porthos en secouant la tête, je n'aurais jamais cru cela de sa part. Comme l'infortune vous abat un homme ! »

– Cela sera fait, dit Comminges.

– Assurez aussi le comte que je me porte à merveille, et que vous m'avez vu triste, mais résigné.

– Vous me plaisez, monsieur, en disant cela.

– Vous direz la même chose pour M. du Vallon.

– Pour moi, non pas ! s'écria Porthos. Moi, je ne suis pas résigné du tout.

– Mais vous vous résignerez, mon ami.

– Jamais !

– Il se résignera, monsieur de Comminges. Je le connais mieux qu'il ne se connaît lui-même, et je lui sais mille excellentes qualités qu'il ne se soupçonne même pas. Taisez-vous, cher du Vallon, et résignez-vous.

– Adieu, messieurs, dit Comminges. Bonne nuit !

– Nous y tâcherons.

Comminges salua et sortit. D'Artagnan le suivit des yeux dans la même posture humble et avec le même visage résigné. Mais à peine la porte fut-elle refermée sur le capitaine des gardes, que, s'élançant vers Porthos, il le serra dans ses bras avec une expression de joie sur laquelle il n'y avait pas à se tromper.

– Oh ! oh ! dit Porthos, qu'y a-t-il donc ? Est-ce que vous devenez fou, mon pauvre ami ?

– Il y a, dit d'Artagnan, que nous sommes sauvés !

– Je ne vois pas cela le moins du monde, dit Porthos ; je vois au contraire que nous sommes tous pris, à l'exception d'Aramis, et que nos chances de sortir sont diminuées depuis qu'un de plus est entré dans la souricière de M. de Mazarin.

– Pas du tout, Porthos, mon ami, cette souricière était suffisante pour deux ; elle devient trop faible pour trois.

– Je ne comprends pas du tout, dit Porthos.

– Inutile, dit d'Artagnan, mettons-nous à table et prenons des forces, nous en aurons besoin pour la nuit.

– Que ferons-nous donc cette nuit ? demanda Porthos de plus en plus intrigué.

– Nous voyagerons probablement.

– Mais...

– Mettons-nous à table, cher ami, les idées me viennent en mangeant. Après le souper, quand mes idées seront au grand complet, je vous les communiquerai.

Quelque désir qu'eût Porthos d'être mis au courant du projet de d'Artagnan, comme il connaissait les façons de faire de ce dernier, il se mit à table sans insister davantage et mangea avec un appétit qui faisait honneur à la confiance que lui inspirait l'imaginative de d'Artagnan.

XVIII

Le bras et l'esprit

Le souper fut silencieux, mais non pas triste ; car de temps en temps un de ces fins sourires qui lui étaient habituels dans ses moments de bonne humeur illuminait le visage de d'Artagnan. Porthos ne perdait pas un de ces sourires, et à chacun d'eux il poussait quelque exclamation qui indiquait à son ami que, quoiqu'il ne la comprît pas, il n'abandonnait pas davantage la pensée qui bouillonnait dans son cerveau.

Au dessert, d'Artagnan se coucha sur sa chaise, croisa une jambe sur l'autre, et se dandina de l'air d'un homme parfaitement satisfait de lui-même.

Porthos appuya son menton sur ses deux mains, posa ses deux coudes sur la table et regarda d'Artagnan avec ce regard confiant qui donnait à ce colosse une si admirable expression de bonhomie.

– Eh bien ? fit d'Artagnan au bout d'un instant.

– Eh bien ? répéta Porthos.

– Vous disiez donc, cher ami ?...

– Moi ! je ne disais rien.

– Si fait, vous disiez que vous aviez envie de vous en aller d'ici.

– Ah ! pour cela, oui, ce n'est point l'envie qui me manque.

– Et vous ajoutiez que, pour vous en aller d'ici, il ne s'agissait que de desceller une porte ou une muraille.

– C'est vrai, je disais cela, et même je le dis encore.

– Et moi je vous répondais, Porthos, que c'était un mauvais moyen, et que nous ne ferions point cent pas sans être repris et assommés, à moins que nous n'eussions des habits pour nous déguiser et des armes pour nous défendre.

– C'est vrai, il nous faudrait des habits et des armes.

– Eh bien ! dit d'Artagnan en se levant, nous les avons, ami Porthos, et même quelque chose de mieux.

– Bah ! dit Porthos en regardant autour de lui.

– Ne cherchez pas, c'est inutile, tout cela viendra nous trouver au moment voulu. À quelle heure à peu près avons-nous vu se promener hier les deux gardes suisses ?

– Une heure, je crois, après que la nuit fut tombée.

– S'ils sortent aujourd'hui comme hier, nous ne serons donc pas un quart d'heure à attendre le plaisir de les voir.

– Le fait est que nous serons un quart d'heure tout au plus.

– Vous avez toujours le bras assez bon, n'est-ce pas, Porthos ?

Porthos déboutonna sa manche, releva sa chemise, et regarda avec complaisance ses bras nerveux, gros comme la cuisse d'un homme ordinaire.

– Mais oui, dit-il, assez bon.

– De sorte que vous feriez, sans trop vous gêner, un cerceau de cette pincette et un tire-bouchon de cette pelle ?

– Certainement, dit Porthos.

– Voyons, dit d'Artagnan.

Le géant prit les deux objets désignés et opéra avec la plus grande facilité et sans aucun effort apparent les deux métamorphoses désirées par son compagnon.

– Voilà ! dit-il.

– Magnifique ! dit d'Artagnan, et véritablement vous êtes doué, Porthos.

– J'ai entendu parler, dit Porthos, d'un certain Milon de Crotone qui faisait des choses fort extraordinaires, comme de serrer son front avec une corde et de la faire éclater, de tuer un bœuf d'un coup de poing et de l'emporter chez lui sur ses épaules, d'arrêter un cheval par les pieds de derrière, etc. Je me suis fait raconter toutes ses prouesses, là-bas à Pierrefonds, et j'ai fait tout ce qu'il faisait, excepté de briser une corde en enflant mes tempes.

– C'est que votre force n'est pas dans votre tête, Porthos, dit d'Artagnan.

– Non, elle est dans mes bras et dans mes épaules, répondit naïvement Porthos.

– Eh bien ! mon ami, approchons de la fenêtre et servez-vous de votre force pour desceller un barreau. Attendez que j'éteigne la lampe.

XIX

Le bras et l'esprit (suite)

Porthos s'approcha de la fenêtre, prit un barreau à deux mains, s'y cramponna, l'attira vers lui et le fit plier comme un arc, si bien que les deux bouts sortirent de l'alvéole de pierre où depuis trente ans le ciment les tenait scellés.

– Eh bien ! mon ami, dit d'Artagnan, voilà ce que n'aurait jamais pu faire le cardinal, tout homme de génie qu'il est.

– Faut-il en arracher d'autres ? demanda Porthos.

– Non pas, celui-ci nous suffira ; un homme peut passer maintenant.

Porthos essaya et sortit son torse tout entier.

– Oui, dit-il.

– En effet, c'est une assez jolie ouverture. Maintenant passez votre bras.

– Par où ?

– Par cette ouverture.

– Pourquoi faire ?

– Vous le saurez tout à l'heure. Passez toujours.

Porthos obéit, docile comme un soldat, et passa son bras à travers les barreaux.

– À merveille ! dit d'Artagnan.

– Il paraît que cela marche ?

– Sur des roulettes, cher ami.

– Bon. Maintenant que faut-il que je fasse ?

– Rien.

– C'est donc fini ?

– Pas encore.

– Je voudrais cependant bien comprendre, dit Porthos.

– Écoutez, mon cher ami, et en deux mots vous serez au fait. La porte du poste s'ouvre, comme vous voyez.

– Oui, je vois.

– On va envoyer dans notre cour, que traverse M. de Mazarin pour se rendre à l'orangerie, les deux gardes qui l'accompagnent.

— Les voilà qui sortent.

— Pourvu qu'ils referment la porte du poste. Bon ! ils la referment.

— Après ?

— Silence ! ils pourraient nous entendre.

— Je ne saurai rien, alors.

— Si fait, car à mesure que vous exécuterez vous comprendrez.

— Cependant, j'aurais préféré...

— Vous aurez le plaisir de la surprise.

— Tiens, c'est vrai, dit Porthos.

— Chut !

Porthos demeura muet et immobile.

En effet, les deux soldats s'avançaient du côté de la fenêtre en se frottant les mains, car on était, comme nous l'avons dit, au mois de février, et il faisait froid.

En ce moment la porte du corps de garde s'ouvrait et l'on rappela un des soldats. Le soldat quitta son camarade et rentra dans le corps de garde.

— Cela va donc toujours ? dit Porthos.

— Mieux que jamais, répondit d'Artagnan. Maintenant, écoutez. Je vais appeler ce soldat et causer avec lui, comme j'ai fait hier avec un de ses camarades, vous rappelez-vous ?

— Oui ; seulement je n'ai pas entendu un mot de ce qu'il disait.

— Le fait est qu'il avait un accent un peu prononcé. Mais ne perdez pas un mot de ce que je vais vous dire ; tout est dans l'exécution, Porthos.

— Bon, l'exécution, c'est mon fort.

— Je le sais pardieu bien ; aussi je compte sur vous.

— Dites.

— Je vais donc appeler le soldat et causer avec lui.

— Vous l'avez déjà dit.

— Je me tournerai à gauche, de sorte qu'il sera placé, lui, à votre droite au moment où il montera sur le banc.

— Mais s'il n'y monte pas !

— Il y montera, soyez tranquille. Au moment où il montera sur le banc, vous allongerez votre bras formidable et le saisirez au cou. Puis, l'enlevant comme Tobie enleva le poisson par les ouïes, vous l'introduirez dans notre chambre, en ayant soin de serrer assez fort pour l'empêcher de crier.

— Oui, dit Porthos ; mais si je l'étrangle ?

– D'abord ce ne sera qu'un Suisse de moins ; mais vous ne l'étranglerez pas, je l'espère. Vous le déposerez tout doucement ici et nous le bâillonnerons, et l'attacherons, peu importe où, quelque part enfin. Cela nous fera d'abord un habit d'uniforme et une épée.

– Merveilleux ! dit Porthos en regardant d'Artagnan avec la plus profonde admiration.

– Hein ! fit le Gascon.

– Oui, reprit Porthos en se ravisant ; mais un habit d'uniforme et une épée, ce n'est pas assez pour deux.

– Eh bien ! est-ce qu'il n'a pas son camarade ?

– C'est juste, dit Porthos.

– Donc, quand je tousserai, allongez le bras, il sera temps.

– Bon !

Les deux amis prirent chacun le poste indiqué. Placé comme il était, Porthos se trouvait entièrement caché dans l'angle de la fenêtre.

– Bonsoir, camarade, dit d'Artagnan de sa voix la plus charmante et de son diapason le plus modéré.

– Ponsoir, monsir, répondit le soldat.

– Il ne fait pas trop chaud à se promener, dit d'Artagnan.

– Brrrrrroun, fit le soldat.

– Et je crois qu'un verre de vin ne vous serait pas désagréable ?

– Un ferre de fin, il serait le bienfenu.

– Le poisson mord ! le poisson mord ! murmura d'Artagnan à Porthos.

– Je comprends, dit Porthos.

– J'en ai là une bouteille, dit d'Artagnan.

– Une pouteille !

– Oui.

– Une pouteille bleine ?

– Tout entière, et elle est à vous si vous voulez la boire à ma santé.

– Ehé ! moi fouloir pien, dit le soldat en s'approchant.

– Allons, venez la prendre, mon ami, dit le Gascon.

– Pien folontiers. Ché grois qu'il y a un panc.

– Oh ! mon Dieu, on dirait qu'il a été placé exprès là. Montez dessus... Là, bien, c'est cela, mon ami.

Et d'Artagnan toussa.

Au même moment, le bras de Porthos s'abattit ; son poignet d'acier mordit, rapide comme l'éclair et ferme comme une tenaille, le cou du soldat, l'enleva en l'étouffant, l'attira à lui par l'ouverture au risque de l'écorcher en passant, et le déposa sur le parquet, où d'Artagnan, en lui laissant tout juste le temps de reprendre sa respiration, le bâillonna avec son écharpe, et, aussitôt bâillonné, se mit à le déshabiller avec la promptitude et la dextérité d'un homme qui a appris son métier sur le champ de bataille.

Puis le soldat garrotté et bâillonné fut porté dans l'âtre, dont nos amis avaient préalablement éteint la flamme.

– Voici toujours une épée et un habit, dit Porthos.

– Je les prends, dit d'Artagnan. Si vous voulez un autre habit et une autre épée, il faut recommencer le tour. Attention ! Je vois justement l'autre soldat qui sort du corps de garde et qui vient de ce côté.

– Je crois, dit Porthos, qu'il serait imprudent de recommencer pareille manœuvre. On ne réussit pas deux fois, à ce qu'on assure, par le même moyen. Si je le manquais, tout serait perdu. Je vais descendre, le saisir au moment où il ne se défiera pas, et je vous l'offrirai tout bâillonné.

– C'est mieux, répondit le Gascon.

– Tenez-vous prêt, dit Porthos en se laissant glisser par l'ouverture.

La chose s'effectua comme Porthos l'avait promis. Le géant se cacha sur son chemin, et, lorsque le soldat passa devant lui, il le saisit au cou, le bâillonna, le poussa pareil à une momie à travers les barreaux élargis de la fenêtre et rentra derrière lui.

On déshabilla le second prisonnier comme on avait déshabillé l'autre. On le coucha sur le lit, on l'assujettit avec des sangles ; et comme le lit était de chêne massif et que les sangles étaient doublées, on fut non moins tranquille sur celui-là que sur le premier.

– Là, dit d'Artagnan, voici qui va à merveille. Maintenant, essayez-moi l'habit de ce gaillard-là, Porthos, je doute qu'il vous aille ; mais s'il vous est par trop étroit, ne vous inquiétez point, le baudrier vous suffira, et surtout le chapeau à plumes rouges.

Il se trouva par hasard que le second était un Suisse gigantesque, de sorte qu'à l'exception de quelques points qui craquèrent dans les coutures tout alla le mieux du monde.

Pendant quelque temps on n'entendit que le froissement du drap, Porthos et d'Artagnan s'habillant à la hâte.

– C'est fait, dirent-ils en même temps. Quant à vous, compagnons, ajoutèrent-ils en se retournant vers les deux soldats, il ne vous arrivera rien si vous êtes bien gentils ; mais si vous bougez, vous êtes morts.

Les soldats se tinrent cois. Ils avaient compris au poignet de Porthos que la chose était des plus sérieuses et qu'il n'était pas le moins du monde question de plaisanter.

– Maintenant, dit d'Artagnan, vous ne seriez pas fâché de comprendre, n'est-ce pas Porthos ?

– Mais oui, pas mal.

– Eh bien, nous descendons dans la cour.

– Oui.

– Nous prenons la place de ces deux gaillards-là.

– Bien.

– Nous nous promenons de long en large.

– Et ce sera bien vu, attendu qu'il ne fait pas chaud.

– Dans un instant le valet de chambre appelle comme hier et avant-hier le service.

– Nous répondons ?

– Non, nous ne répondons pas, au contraire.

– Comme vous voudrez. Je ne tiens pas à répondre.

– Nous ne répondons donc pas ; nous enfonçons seulement notre chapeau sur notre tête et nous escortons Son Éminence.

– Où cela ?

– Où elle va, chez Athos. Croyez-vous qu'il sera fâché de nous voir ?

– Oh ! s'écria Porthos, oh ! je comprends !

– Attendez pour vous écrier, Porthos ; car, sur ma parole, vous n'êtes pas au bout, dit le Gascon tout goguenard.

– Que va-t-il donc arriver ? dit Porthos.

– Suivez-moi, répondit d'Artagnan. Qui vivra verra.

Et passant par l'ouverture, il se laissa légèrement glisser dans la cour. Porthos le suivit par le même chemin, quoique avec plus de peine et moins de diligence.

On entendait frissonner de peur les deux soldats liés dans la chambre.

À peine d'Artagnan et Porthos eurent-ils touché terre, qu'une porte s'ouvrit et que la voix du valet de chambre cria :

– Le service !

En même temps le poste s'ouvrit à son tour et une voix cria :

– La Bruyère et du Barthois, partez !

– Il paraît que je m'appelle La Bruyère, dit d'Artagnan.

– Et moi du Barthois, dit Porthos.

– Où êtes-vous ? demanda le valet de chambre, dont les yeux éblouis par la lumière ne pouvaient sans doute distinguer nos deux héros dans l'obscurité.

– Nous voici, dit d'Artagnan.

Puis, se tournant vers Porthos :

– Que dites-vous de cela, monsieur du Vallon ?

– Ma foi, pourvu que cela dure, je dis que c'est joli !

Les deux soldats improvisés marchèrent gravement derrière le valet de chambre ; il leur ouvrit une porte du vestibule, puis une autre qui semblait être celle d'un salon d'attente, et leur montrant deux tabourets :

– La consigne est bien simple, leur dit-il, ne laissez entrer qu'une personne ici, une seule, entendez-vous bien ? pas davantage ; à cette personne obéissez en tout. Quant au retour, il n'y a pas à vous tromper, vous attendrez que je vous relève.

D'Artagnan était fort connu de ce valet de chambre, qui n'était autre que Bernouin, qui, depuis six ou huit mois, l'avait introduit une dizaine de fois près du cardinal. Il se contenta donc, au lieu de répondre, de grommeler le *ia* le moins gascon et le plus allemand possible.

Quant à Porthos, d'Artagnan avait exigé et obtenu de lui la promesse qu'en aucun cas il ne parlerait. S'il était poussé à bout, il lui était permis de proférer pour toute réponse le *tarteifle* proverbial et solennel.

Bernouin s'éloigna en fermant la porte.

– Oh ! oh ! dit Porthos en entendant la clef de la serrure, il paraît qu'ici c'est de mode d'enfermer les gens. Nous n'avons fait, ce me semble, que de troquer de prison : seulement, au lieu d'être prisonniers là-bas, nous le sommes dans l'orangerie. Je ne sais pas si nous y avons gagné.

– Porthos, mon ami, dit tout bas d'Artagnan, ne doutez pas de la Providence, et laissez-moi méditer et réfléchir.

– Méditez et réfléchissez donc, dit Porthos de mauvaise humeur en voyant que les choses tournaient ainsi au lieu de tourner autrement.

– Nous avons marché quatre-vingts pas, murmura d'Artagnan, nous avons monté six marches, c'est donc ici, comme l'a dit tout à l'heure mon illustre ami du Vallon, cet autre pavillon parallèle au nôtre et qu'on désigne sous le nom de pavillon de l'orangerie. Le comte de La Fère ne doit pas être loin ; seulement les portes sont fermées.

– Voilà une belle difficulté ! dit Porthos, et avec un coup d'épaule...

– Pour Dieu ! Porthos, mon ami, dit d'Artagnan, ménagez vos tours de force, ou ils n'auront plus, dans l'occasion, toute la valeur qu'ils méritent ; n'avez-vous pas entendu qu'il va venir ici quelqu'un ?

– Si fait.

– Eh bien ! ce quelqu'un nous ouvrira les portes.

– Mais, mon cher, dit Porthos, si ce quelqu'un nous reconnaît, si ce quelqu'un en nous reconnaissant se met à crier, nous sommes perdus ; car enfin vous n'avez pas le dessein, j'imagine, de me faire assommer ou étrangler cet homme d'Église. Ces manières-là sont bonnes envers les Anglais et les Allemands.

– Oh ! Dieu m'en préserve et vous aussi ! dit d'Artagnan. Le jeune roi nous en aurait peut-être quelque reconnaissance ; mais la reine ne nous le pardonnerait pas, et c'est elle qu'il faut ménager ; puis d'ailleurs, du sang inutile ! jamais ! au grand jamais ! J'ai mon plan. Laissez-moi donc faire et nous allons rire.

– Tant mieux, dit Porthos, j'en éprouve le besoin.

– Chut ! dit d'Artagnan, voici le quelqu'un annoncé.

On entendit alors dans la salle précédente, c'est-à-dire dans le vestibule, le retentissement d'un pas léger. Les gonds de la porte crièrent et un homme parut en habit de cavalier, enveloppé d'un manteau brun, un large feutre rabattu sur ses yeux et une lanterne à la main.

Porthos s'effaça contre la muraille, mais il ne put tellement se rendre invisible que l'homme au manteau ne l'aperçût ; il lui présenta sa lanterne et lui dit :

– Allumez la lampe du plafond.

Puis s'adressant à d'Artagnan :

– Vous connaissez la consigne, dit-il.

– *Ia*, répliqua le Gascon, déterminé à se borner à cet échantillon de la langue allemande.

– *Tedesco*, fit le cavalier, *va bene*.

Et s'avançant vers la porte située en face de celle par laquelle il était entré, il l'ouvrit et disparut derrière elle en la refermant.

– Et maintenant, dit Porthos, que ferons-nous ?

– Maintenant, nous nous servirons de votre épaule si cette porte est fermée, ami Porthos. Chaque chose en son temps, et tout vient à propos à qui sait attendre. Mais d'abord barricadons la première porte d'une façon convenable, ensuite nous suivrons le cavalier.

Les deux amis se mirent aussitôt à la besogne et embarrassèrent la porte de tous les meubles qui se trouvèrent dans la salle, embarras qui rendait le passage d'autant plus impraticable que la porte s'ouvrait en dedans.

– Là, dit d'Artagnan, nous voilà sûrs de ne pas être surpris par-derrière. Allons, en avant.

XX

Les oubliettes de M. de Mazarin

On arriva à la porte par laquelle avait disparu Mazarin ; elle était fermée ; d'Artagnan tenta inutilement de l'ouvrir.

– Voilà où il s'agit de placer votre coup d'épaule, dit d'Artagnan. Poussez, ami Porthos, mais doucement, sans bruit ; n'enfoncez rien, disjoignez les battants, voilà tout.

Porthos appuya sa robuste épaule contre un des panneaux, qui plia, et d'Artagnan introduisit alors la pointe de son épée entre le pêne et la gâche de la serrure. Le pêne, taillé en biseau, céda, et la porte s'ouvrit.

– Quand je vous disais, ami Porthos, qu'on obtenait tout des femmes et des portes en les prenant par la douceur.

– Le fait est, dit Porthos, que vous êtes un grand moraliste.

– Entrons, dit d'Artagnan.

Ils entrèrent. Derrière un vitrage, à la lueur de la lanterne du cardinal, posée à terre au milieu de la galerie, on voyait les orangers et les grenadiers du château de Rueil alignés en longues files formant une grande allée et deux allées latérales plus petites.

– Pas de cardinal, dit d'Artagnan, mais sa lampe seule ; où diable est-il donc ?

Et comme il explorait une des ailes latérales, après avoir fait signe à Porthos d'explorer l'autre, il vit tout à coup à sa gauche une caisse écartée de son rang, et, à la place de cette caisse un trou béant.

Dix hommes eussent eu de la peine à faire mouvoir cette caisse, mais, par un mécanisme quelconque, elle avait tourné avec la dalle qui la supportait.

D'Artagnan, comme nous l'avons dit, vit un trou à cette place, et, dans ce trou, les degrés de l'escalier tournant.

Il appela Porthos de la main et lui montra le trou et les degrés.

Les deux hommes se regardèrent avec une mine effarée.

– Si nous ne voulions que de l'or, dit tout bas d'Artagnan, nous aurions trouvé notre affaire et nous serions riches à tout jamais.

– Comment cela ?

– Ne comprenez-vous pas, Porthos, qu'au bas de cet escalier est, selon toute probabilité, ce fameux trésor du cardinal, dont on parle tant, et que nous n'aurions qu'à descendre, vider une caisse, enfermer dedans le cardinal à double tour, nous en aller en emportant ce que nous pourrions traîner d'or, remettre à sa place cet oranger, et que personne au monde ne viendrait nous demander d'où nous vient notre fortune, pas même le cardinal ?

– Ce serait un beau coup pour des manants, dit Porthos, mais indigne, ce me semble, de deux gentilshommes.

– C'est mon avis, dit d'Artagnan ; aussi ai-je dit : « Si nous ne voulions que de l'or... » mais nous voulons autre chose.

Au même instant, et comme d'Artagnan penchait la tête vers le caveau pour écouter, un son métallique et sec comme celui d'un sac d'or qu'on remue vint frapper son oreille ; il tressaillit. Aussitôt une porte se referma et les premiers reflets d'une lumière parurent dans l'escalier.

Mazarin avait laissé sa lampe dans l'orangerie pour faire croire qu'il se promenait. Mais il avait une bougie de cire pour explorer son mystérieux coffre-fort.

« Hé ! dit-il en italien, tandis qu'il remontait les marches en examinant un sac de réaux à la panse arrondie ; hé ! voilà de quoi payer cinq conseillers au Parlement et deux généraux de Paris. Moi aussi je suis un grand capitaine ; seulement je fais la guerre à ma façon... »

D'Artagnan et Porthos s'étaient tapis chacun dans une allée latérale, derrière une caisse, et attendaient.

Mazarin vint, à trois pas de d'Artagnan, pousser un ressort caché dans le mur. La dalle tourna, et l'oranger supporté par elle revint de lui-même prendre sa place.

Alors le cardinal éteignit sa bougie, qu'il remit dans sa poche ; et, reprenant sa lampe :

« Allons voir M. de La Fère », dit-il.

« Bon, c'est notre chemin, pensa d'Artagnan, nous irons ensemble. »

Tous trois se mirent en marche. M. de Mazarin suivant l'allée du milieu, et Porthos et d'Artagnan les allées parallèles. Ces deux derniers évitaient avec soin ces longues lignes lumineuses que traçait à chaque pas entre les caisses la lampe du cardinal.

Celui-ci arriva à une seconde porte vitrée sans s'être aperçu qu'il était suivi, le sable mou amortissant le bruit des pas de ses deux accompagnateurs.

Puis il tourna sur la gauche, prit un corridor auquel Porthos et d'Artagnan n'avaient pas encore fait attention ; mais au moment d'en ouvrir la porte, il s'arrêta pensif.

« Ah ! *diavolo* ! dit-il, j'oubliais la recommandation de Comminges. Il me faut prendre les soldats et les placer à cette porte, afin de ne pas me mettre à la merci de ce diable à quatre. Allons. »

Et, avec un mouvement d'impatience, il se retourna pour revenir sur ses pas.

– Ne vous donnez pas la peine, monseigneur, dit d'Artagnan le pied en avant, le feutre à la main et la figure gracieuse, nous avons suivi Votre Éminence pas à pas, et nous voici.

– Oui, nous voici, dit Porthos.

Et il fit le même geste d'agréable salutation.

Mazarin porta ses yeux effarés de l'un à l'autre, les reconnut tous deux, et laissa échapper sa lanterne en poussant un gémissement d'épouvante.

D'Artagnan la ramassa ; par bonheur elle ne s'était pas éteinte dans la chute.

– Oh ! quelle imprudence, monseigneur ! dit d'Artagnan ; il ne fait pas bon à aller ici sans lumière ! Votre Éminence pourrait se cogner contre quelque caisse ou tomber dans quelque trou.

– Monsieur d'Artagnan ! murmura Mazarin, qui ne pouvait revenir de son étonnement.

– Oui, monseigneur, moi-même, et j'ai l'honneur de vous présenter M. du Vallon, cet excellent ami à moi, auquel Votre Éminence a eu la bonté de s'intéresser si vivement autrefois.

Et d'Artagnan dirigea la lumière de la lampe vers le visage joyeux de Porthos, qui commençait à comprendre et qui en était tout fier.

– Vous alliez chez M. de La Fère, continua d'Artagnan. Que nous ne vous gênions pas, monseigneur. Veuillez nous montrer le chemin, et nous vous suivrons.

Mazarin reprenait peu à peu ses esprits.

– Y a-t-il longtemps que vous êtes dans l'orangerie, messieurs ? demanda-t-il d'une voix tremblante en songeant à la visite qu'il venait de faire à son trésor.

Porthos ouvrit la bouche pour répondre, d'Artagnan lui fit un signe, et la bouche de Porthos, demeurée muette, se referma graduellement.

– Nous arrivons à l'instant même, monseigneur, dit d'Artagnan.

Mazarin respira : il ne craignait plus pour son trésor ; il ne craignait que pour lui-même. Une espèce de sourire passa sur ses lèvres.

– Allons, dit-il, vous m'avez pris au piège, messieurs, et je me déclare vaincu. Vous voulez me demander votre liberté, n'est-ce pas ? Je vous la donne.

– Oh ! monseigneur, dit d'Artagnan, vous êtes bien bon ; mais notre liberté, nous l'avons, et nous aimerions autant vous demander autre chose.

– Vous avez votre liberté ? dit Mazarin tout effrayé.

– Sans doute, et c'est au contraire vous, monseigneur, qui avez perdu la vôtre, et maintenant, que voulez-vous, monseigneur, c'est la loi de la guerre, il s'agit de la racheter.

Mazarin se sentit frissonner jusqu'au fond du cœur. Son regard si perçant se fixa en vain sur la face moqueuse du Gascon et sur le visage impassible de Porthos. Tous deux étaient cachés dans l'ombre, et la sibylle de Cumes elle-même n'aurait pas su y lire.

– Racheter ma liberté ! répéta Mazarin.

– Oui, monseigneur.

– Et combien cela me coûtera-t-il, monsieur d'Artagnan ?

– Dame, monseigneur, je ne sais pas encore. Nous allons demander cela au comte de La Fère, si Votre Éminence veut bien le permettre. Que Votre Éminence daigne donc ouvrir la porte qui mène chez lui, et dans dix minutes elle sera fixée.

Mazarin tressaillit.

– Monseigneur, dit d'Artagnan, Votre Éminence voit combien nous y mettons de formes, mais cependant nous sommes obligés de la prévenir que nous n'avons pas de temps à perdre ; ouvrez donc, monseigneur, s'il vous plaît, et veuillez vous souvenir, une fois pour toutes, qu'au moindre mouvement que vous feriez pour fuir, au moindre cri que vous pousseriez pour échapper, notre position étant tout exceptionnelle, il ne faudrait pas nous en vouloir si nous nous portions à quelque extrémité.

– Soyez tranquilles, messieurs, dit Mazarin, je ne tenterai rien, je vous en donne ma parole d'honneur.

D'Artagnan fit un signe à Porthos de redoubler de surveillance, puis, se retournant vers Mazarin :

– Maintenant, monseigneur, entrons, s'il vous plaît.

XXI

Conférences

Mazarin fit jouer le verrou d'une double porte, sur le seuil de laquelle se trouva Athos tout prêt à recevoir son illustre visiteur, selon l'avis que Comminges lui avait donné.

En apercevant Mazarin il s'inclina.

– Votre Éminence, dit-il, pouvait se dispenser de se faire accompagner ; l'honneur que je reçois est trop grand pour que je l'oublie.

– Aussi, mon cher comte, dit d'Artagnan, Son Éminence ne voulait-elle pas absolument de nous ; c'est du Vallon et moi qui avons insisté, d'une façon inconvenante peut-être, tant nous avions grand désir de vous voir.

À cette voix, à son accent railleur, à ce geste si connu qui accompagnait cet accent et cette voix, Athos fit un bond de surprise.

– D'Artagnan ! Porthos ! s'écria-t-il.

– En personne, cher ami.

– En personne, répéta Porthos.

– Que veut dire ceci ? demanda le comte.

– Ceci veut dire, répondit Mazarin, en essayant, comme il l'avait déjà fait, de sourire, et en se mordant les lèvres en souriant, cela veut dire que les rôles ont changé, et qu'au lieu que ces messieurs soient mes prisonniers, c'est moi qui suis le prisonnier de ces messieurs, si bien que vous me voyez forcé de recevoir ici la loi au lieu de la faire. Mais, messieurs, je vous en préviens, à moins que vous ne m'égorgiez, votre victoire sera de peu de durée ; j'aurai mon tour, on viendra...

– Ah ! monseigneur, dit d'Artagnan, ne menacez point ; c'est d'un mauvais exemple. Nous sommes si doux et si charmants avec Votre Éminence ! Voyons, mettons de côté toute mauvaise humeur, écartons toute rancune, et causons gentiment.

– Je ne demande pas mieux, messieurs, dit Mazarin ; mais au moment de discuter ma rançon, je ne veux pas que vous teniez votre position pour meilleure qu'elle n'est ; en me prenant au piège, vous vous êtes pris avec moi. Comment sortirez-vous d'ici ? Voyez les grilles, voyez les portes, voyez ou plutôt devinez les sentinelles qui veillent derrière ces portes et ces grilles, les soldats qui encombrent ces cours, et composons. Tenez, je vais vous montrer que je suis loyal.

« Bon ! pensa d'Artagnan, tenons-nous bien, il va nous jouer un tour. »

– Je vous offrais votre liberté, continua le ministre, je vous l'offre encore. En voulez-vous ? Avant une heure vous serez découverts, arrêtés, forcés de me tuer, ce qui serait un crime horrible et tout à fait indigne de loyaux gentilshommes comme vous.

« Il a raison », pensa Athos.

Et comme toute raison qui passait dans cette âme qui n'avait que de nobles pensées, sa pensée se refléta dans ses yeux.

– Aussi, dit d'Artagnan pour corriger l'espoir que l'adhésion tacite d'Athos avait donné à Mazarin, ne nous porterons-nous à cette violence qu'à la dernière extrémité.

– Si au contraire, continua Mazarin, vous me laissez aller en acceptant votre liberté...

– Comment, interrompit d'Artagnan, voulez-vous que nous acceptions notre liberté, puisque vous pouvez nous la reprendre, vous le dites vous-même, cinq minutes après nous l'avoir donnée ? Et, ajouta d'Artagnan, tel que je vous connais, monseigneur, vous nous la reprendriez.

– Non, foi de cardinal... Vous ne me croyez pas ?

– Monseigneur, je ne crois pas aux cardinaux qui ne sont pas prêtres.

– Eh bien ! foi de ministre !

– Vous ne l'êtes plus, monseigneur, vous êtes prisonnier.

– Alors, foi de Mazarin ! Je le suis et le serai toujours, je l'espère.

– Hum ! fit d'Artagnan, j'ai entendu parler d'un Mazarin qui avait peu de religion pour ses serments, et j'ai peur que ce ne soit un des ancêtres de Votre Éminence.

– Monsieur d'Artagnan, dit Mazarin, vous avez beaucoup d'esprit, et je suis tout à fait fâché de m'être brouillé avec vous.

– Monseigneur, raccommodons-nous, je ne demande pas mieux.

– Eh bien ! dit Mazarin, si je vous mets en sûreté d'une façon évidente, palpable ?...

– Ah ! c'est autre chose, dit Porthos.

– Voyons, dit Athos.

– Voyons, dit d'Artagnan.

– D'abord, acceptez-vous ? demanda le cardinal.

– Expliquez-nous votre plan, monseigneur, et nous verrons.

– Faites attention que vous êtes enfermés, pris.

– Vous savez bien, monseigneur, dit d'Artagnan, qu'il nous reste toujours une dernière ressource.

– Laquelle ?

– Celle de mourir ensemble.

Mazarin frissonna.

– Tenez, dit-il, au bout du corridor est une porte dont j'ai la clef ; cette porte donne dans le parc. Partez avec cette clef. Vous êtes alertes, vous êtes vigoureux, vous êtes armés. À cent pas, en tournant à gauche, vous rencontrerez le mur du parc ; vous le franchirez, et en trois bonds vous serez sur la route et libres. Maintenant je vous connais assez pour savoir que si l'on vous attaque, ce ne sera point un obstacle à votre fuite.

– Ah ! pardieu ! monseigneur, dit d'Artagnan, à la bonne heure, voilà qui est parlé. Où est cette clef que vous voulez bien nous offrir ?

– La voici.

– Ah ! monseigneur, dit d'Artagnan, vous nous conduirez bien vous-même jusqu'à cette porte.

– Très volontiers, dit le ministre, s'il vous faut cela pour vous tranquilliser.

Mazarin, qui n'espérait pas en être quitte à si bon marché, se dirigea tout radieux vers le corridor et ouvrit la porte.

Elle donnait bien sur le parc, et les trois fugitifs s'en aperçurent au vent de la nuit qui s'engouffra dans le corridor et leur fit voler la neige au visage.

– Diable ! diable ! dit d'Artagnan, il fait une nuit horrible, monseigneur. Nous ne connaissons pas les localités, et jamais nous ne trouverons notre chemin. Puisque Votre Éminence a tant fait que de venir jusqu'ici, quelques pas encore, monseigneur... conduisez-nous au mur.

– Soit, dit le cardinal.

Et coupant en ligne droite, il marcha d'un pas rapide vers le mur, au pied duquel tous quatre furent en un instant.

– Êtes-vous contents, messieurs ? demanda Mazarin.

– Je crois bien ! nous serions difficiles ! Peste ! quel honneur ! trois pauvres gentilshommes escortés par un prince de l'Église ! Ah ! à propos, monseigneur, vous disiez tout à l'heure que nous étions braves, alertes et armés ?

– Oui.

– Vous vous trompez : il n'y a d'armés que M. du Vallon et moi ; M. le comte ne l'est pas, et si nous étions rencontrés par quelque patrouille, il faut que nous puissions nous défendre.

– C'est trop juste.

– Mais où trouverons-nous une épée ? demanda Porthos.

– Monseigneur, dit d'Artagnan, prêtera au comte la sienne qui lui est inutile.

– Bien volontiers, dit le cardinal ; je prierai même M. le comte de vouloir bien la garder en souvenir de moi.

– J'espère que voilà qui est galant, comte ! dit d'Artagnan.

– Aussi, répondit Athos, je promets à monseigneur de ne jamais m'en séparer.

– Bien, dit d'Artagnan, échange de procédés, comme c'est touchant ! N'en avez-vous point les larmes aux yeux, Porthos ?

– Oui, dit Porthos ; mais je ne sais si c'est cela ou si c'est le vent qui me fait pleurer. Je crois que c'est le vent.

– Maintenant montez, Athos, fit d'Artagnan, et faites vite.

Athos, aidé de Porthos, qui l'enleva comme une plume, arriva sur le perron.

– Maintenant sautez, Athos.

Athos sauta et disparut de l'autre côté du mur.

– Êtes-vous à terre ? demanda d'Artagnan.

– Oui.

– Sans accident ?

– Parfaitement sain et sauf.

– Porthos, observez M. le cardinal tandis que je vais monter ; non, je n'ai pas besoin de vous, je monterai bien tout seul. Observez M. le cardinal, voilà tout.

– J'observe, dit Porthos. Eh bien ?...

– Vous avez raison, c'est plus difficile que je ne croyais, prêtez-moi votre dos, mais sans lâcher M. le cardinal.

– Je ne le lâche pas.

Porthos prêta son dos à d'Artagnan, qui en un instant, grâce à cet appui, fut à cheval sur le couronnement du mur.

Mazarin affectait de rire.

– Y êtes-vous ? demanda Porthos.

– Oui, mon ami, et maintenant...

– Maintenant, quoi ?

– Maintenant, passez-moi M. le cardinal, et au moindre cri qu'il poussera, étouffez-le.

Mazarin voulut s'écrier ; mais Porthos l'étreignit de ses deux mains et l'éleva jusqu'à d'Artagnan, qui, à son tour, le saisit au collet et l'assit près de lui. Puis d'un ton menaçant :

– Monsieur, sautez à l'instant même en bas, près de M. de La Fère, ou je vous tue, foi de gentilhomme !

– Monsou, monsou, s'écria Mazarin, vous manquez à la foi promise.

– Moi ! Où vous ai-je promis quelque chose, monseigneur ?

Mazarin poussa un gémissement.

– Vous êtes libre par moi, monsieur, dit-il, votre liberté c'était ma rançon.

– D'accord ; mais la rançon de cet immense trésor enfoui dans la galerie et près duquel on descend en poussant un ressort caché dans la muraille, lequel fait tourner une caisse qui, en tournant, découvre un escalier, ne faut-il pas aussi en parler un peu, dites, monseigneur ?

– Jésous ! dit Mazarin presque suffoqué et en joignant les mains, Jésous mon Diou ! Je suis un homme perdu.

Mais, sans s'arrêter à ses plaintes, d'Artagnan le prit par-dessous le bras et le fit glisser doucement aux mains d'Athos, qui était demeuré impassible au bas de la muraille.

Alors, se retournant vers Porthos :

– Prenez ma main, dit d'Artagnan ; je me tiens au mur.

Porthos fit un effort qui ébranla la muraille, et à son tour il arriva au sommet.

– Je n'avais pas compris tout à fait, dit-il, mais je comprends maintenant ; c'est très drôle.

– Trouvez-vous ? dit d'Artagnan ; tant mieux ! Mais pour que ce soit drôle jusqu'au bout, ne perdons pas de temps.

Et il sauta au bas du mur.

Porthos en fit autant.

– Accompagnez M. le cardinal, messieurs, dit d'Artagnan, moi, je sonde le terrain.

Le Gascon tira son épée et marcha à l'avant-garde.

– Monseigneur, dit-il, par où faut-il tourner pour gagner la grande route ? Réfléchissez bien avant de répondre ; car si Votre Éminence se trompait, cela pourrait avoir de graves inconvénients, non seulement pour nous, mais encore pour elle.

– Longez le mur, monsieur, dit Mazarin, et vous ne risquez pas de vous perdre.

Les trois amis doublèrent le pas, mais au bout de quelques instants ils furent obligés de ralentir leur marche ; quoiqu'il y mît toute la bonne volonté possible, le cardinal ne pouvait les suivre.

Tout à coup d'Artagnan se heurta à quelque chose de tiède qui fit un mouvement.

– Tiens ! un cheval ! dit-il ; je viens de trouver un cheval, messieurs !

– Et moi aussi ! dit Athos.

– Et moi aussi ! dit Porthos, qui, fidèle à la consigne, tenait toujours le cardinal par le bras.

– Voilà ce qui s'appelle de la chance, monseigneur, dit d'Artagnan, juste au moment où Votre Éminence se plaignait d'être obligée d'aller à pied...

Mais au moment où il prononçait ces mots, un canon de pistolet s'abaissa sur sa poitrine ; il entendit ces mots prononcés gravement :

– Touchez pas !

– Grimaud ! s'écria-t-il, Grimaud ! que fais-tu là ? Est-ce le ciel qui t'envoie ?

– Non, monsieur, dit l'honnête domestique, c'est M. Aramis qui m'a dit de garder les chevaux.

– Aramis est donc ici ?

– Oui, monsieur, depuis hier.

– Et que faites-vous ?

– Nous guettons.

– Quoi ! Aramis est ici ? répéta Athos.

– À la petite porte du château. C'était là son poste.

– Vous êtes donc nombreux ?

– Nous sommes soixante.

– Fais-le prévenir.

– À l'instant même, monsieur.

Et pensant que personne ne ferait mieux la commission que lui, Grimaud partit à toutes jambes, tandis que, venant d'être enfin réunis, les trois amis attendaient.

Il n'y avait dans tout le groupe que M. de Mazarin qui fût de fort mauvaise humeur.

XXII

Où l'on commence à croire que Porthos sera
enfin baron et d'Artagnan capitaine

Au bout de dix minutes Aramis arriva accompagné de Grimaud et de huit ou dix gentilshommes. Il était tout radieux, et se jeta au cou de ses amis.

– Vous êtes donc libres, frères ! libres sans mon aide ! Je n'aurai donc rien pu faire pour vous malgré tous mes efforts !

– Ne vous désolez pas, cher ami. Ce qui est différé n'est pas perdu. Si vous n'avez pas pu faire, vous ferez.

– J'avais cependant bien pris mes mesures, dit Aramis. J'ai obtenu soixante hommes de M. le coadjuteur ; vingt gardent les murs du parc, vingt la route de Rueil à Saint-Germain, vingt sont disséminés dans les bois. J'ai intercepté ainsi, et grâce à ces dispositions stratégiques, deux courriers de Mazarin à la reine.

Mazarin dressa les oreilles.

– Mais, dit d'Artagnan, vous les avez honnêtement, je l'espère, renvoyés à M. le cardinal ?

– Ah ! oui, dit Aramis, c'est bien avec lui que je me piquerais de semblable délicatesse ! Dans l'une de ces dépêches, le cardinal déclare à la reine que les coffres sont vides et que Sa Majesté n'a plus d'argent ; dans l'autre, il annonce qu'il va faire transporter ses prisonniers à Melun, Rueil ne lui paraissant pas une localité assez sûre. Vous comprenez, cher ami, que cette dernière lettre m'a donné bon espoir. Je me suis embusqué avec mes soixante hommes, j'ai cerné le château, j'ai fait préparer des chevaux de main que j'ai confiés à l'intelligent Grimaud, et j'ai attendu votre sortie ; je n'y comptais guère que pour demain matin, et je n'espérais pas vous délivrer sans escarmouche. Vous êtes libres ce soir, libres sans combat, tant mieux ! Comment avez-vous fait pour échapper à ce pleutre de Mazarin ? Vous devez avoir eu fort à vous en plaindre.

– Mais pas trop, dit d'Artagnan.

– Vraiment !

– Je dirai même plus, nous avons eu à nous louer de lui.

– Impossible !

– Si fait, en vérité ; c'est grâce à lui que nous sommes libres.

– Grâce à lui ?

– Oui, il nous a fait conduire dans l'orangerie par M. Bernouin, son valet de chambre, puis de là nous l'avons suivi jusque chez le comte de La Fère. Alors il nous a offert de nous rendre notre liberté, nous avons accepté, et il a poussé la complaisance jusqu'à nous montrer le chemin et nous conduire au mur du parc, que nous venions d'escalader avec le plus grand bonheur, quand nous avons rencontré Grimaud.

– Ah ! bien, dit Aramis, voici qui me raccommode avec lui, et je voudrais qu'il fût là pour lui dire que je ne le croyais pas capable d'une si belle action.

– Monseigneur, dit d'Artagnan incapable de se contenir plus longtemps, permettez que je vous présente M. le chevalier d'Herblay, qui désire offrir, comme vous avez pu l'entendre, ses félicitations respectueuses à Votre Éminence.

Et il se retira, démasquant Mazarin confus aux regards effarés d'Aramis.

– Oh ! oh ! fit celui-ci, le cardinal ? Belle prise ! Holà ! holà ! amis ! les chevaux ! les chevaux !

Quelques cavaliers accoururent.

– Pardieu ! dit Aramis, j'aurai donc été utile à quelque chose. Monseigneur, daigne Votre Éminence recevoir tous mes hommages ! Je parie que c'est ce saint Christophe de Porthos qui a encore fait ce coup-là ? À propos, j'oubliais...

Et il donna tout bas un ordre à un cavalier.

– Je crois qu'il serait prudent de partir, dit d'Artagnan.

– Oui, mais j'attends quelqu'un... un ami d'Athos.

– Un ami ? dit le comte.

– Et tenez, le voilà qui arrive au galop à travers les broussailles.

– Monsieur le comte ! monsieur le comte ! cria une jeune voix qui fit tressaillir Athos.

– Raoul ! Raoul ! s'écria le comte de La Fère.

Un instant le jeune homme oublia son respect habituel ; il se jeta au cou de son père.

– Voyez, monsieur le cardinal, n'eût-ce pas été dommage de séparer des gens qui s'aiment comme nous nous aimons ! Messieurs, continua Aramis en s'adressant aux cavaliers qui se réunissaient plus nombreux à chaque instant, messieurs, entourez Son Éminence pour lui faire honneur ; elle veut bien nous accorder la faveur de sa compagnie ; vous lui en serez reconnaissants, je l'espère. Porthos, ne perdez pas de vue Son Éminence.

Et Aramis se réunit à d'Artagnan et à Athos, qui délibéraient, et délibéra avec eux.

– Allons, dit d'Artagnan après cinq minutes de conférence, en route !

– Et où allons-nous ? demanda Porthos.

– Chez vous, cher ami, à Pierrefonds ; votre beau château est digne d'offrir son hospitalité seigneuriale à Son Éminence. Et puis, très bien situé, ni trop près ni trop loin de Paris ; on pourra de là établir des communications faciles avec la capitale. Venez, monseigneur, vous serez là comme un prince, que vous êtes.

– Prince déchu, dit piteusement Mazarin.

– La guerre a ses chances, monseigneur, répondit Athos, mais soyez assuré que nous n'en abuserons point.

– Non, mais nous en userons, dit d'Artagnan.

Tout le reste de la nuit, les ravisseurs coururent avec cette rapidité infatigable d'autrefois ; Mazarin, sombre et pensif, se laissait entraîner au milieu de cette course de fantômes.

À l'aube, on avait fait douze lieues d'une seule traite ; la moitié de l'escorte était harassée, quelques chevaux tombèrent.

– Les chevaux d'aujourd'hui ne valent pas ceux d'autrefois, dit Porthos, tout dégénère.

– J'ai envoyé Grimaud à Dammartin, dit Aramis ; il doit nous ramener cinq chevaux frais, un pour son Éminence, quatre pour nous. Le principal est que nous ne quittions pas monseigneur ; le reste de l'escorte nous rejoindra plus tard ; une fois Saint-Denis passé, nous n'avons plus rien à craindre.

Grimaud ramena effectivement cinq chevaux ; le Seigneur auquel il s'était adressé, étant un ami de Porthos, s'était empressé, non pas de les vendre, comme on le lui avait proposé, mais de les offrir. Dix minutes après, l'escorte s'arrêtait à Ermenonville ; mais les quatre amis couraient avec une ardeur nouvelle, escortant M. de Mazarin.

À midi on entrait dans l'avenue du château de Porthos.

– Ah ! fit Mousqueton, qui était placé près de d'Artagnan et qui n'avait pas soufflé un seul mot pendant toute la route ; ah ! vous me croirez si vous voulez, monsieur, mais voilà la première fois que je respire depuis mon départ de Pierrefonds.

Et il mit son cheval au galop pour annoncer aux autres serviteurs l'arrivée de M. du Vallon et de ses amis.

– Nous sommes quatre, dit d'Artagnan à ses amis ; nous nous relayons pour garder monseigneur, et chacun de nous veillera trois heures. Athos va visiter le château, qu'il s'agit de rendre imprenable en cas de siège, Porthos veillera aux approvisionnements, et Aramis aux entrées des garnisons ; c'est-à-dire qu'Athos sera ingénieur en chef, Porthos munitionnaire général, et Aramis gouverneur de la place.

En attendant, on installa Mazarin dans le plus bel appartement du château.

— Messieurs, dit-il quand cette installation fut faite, vous ne comptez pas, je présume, me garder ici longtemps incognito ?

— Non, monseigneur, répondit d'Artagnan, et, tout au contraire, comptons-nous publier bien vite que nous vous tenons.

— Alors on vous assiégera.

— Nous y comptons bien.

— Et que ferez-vous ?

— Nous nous défendrons. Si feu M. le cardinal de Richelieu vivait encore, il vous raconterait une certaine histoire d'un bastion Saint-Gervais, où nous avons tenu à nous quatre, avec nos quatre laquais et douze morts, contre toute une armée.

— Ces prouesses-là se font une fois, monsieur, et ne se renouvellent pas.

— Aussi, aujourd'hui, n'aurons-nous pas besoin d'être si héroïques ; demain l'armée parisienne sera prévenue, après-demain, elle sera ici. La bataille, au lieu de se livrer à Saint-Denis ou à Charenton, se livrera donc vers Compiègne ou Villers-Cotterêts.

— M. le Prince vous battra, comme il vous a toujours battus.

— C'est possible, monseigneur ; mais avant la bataille nous ferons filer Votre Éminence sur un autre château de notre ami du Vallon, et il en a trois comme celui-ci. Nous ne voulons pas exposer Votre Éminence aux hasards de la guerre.

— Allons, dit Mazarin, je vois qu'il faudra capituler.

— Avant le siège ?

— Oui, les conditions seront peut-être meilleures.

— Ah ! monseigneur, pour ce qui est des conditions, vous verrez comme nous sommes raisonnables.

— Voyons, quelles sont-elles, vos conditions ?

— Reposez-vous d'abord, monseigneur, et nous, nous allons réfléchir.

— Je n'ai pas besoin de repos, messieurs, j'ai besoin de savoir si je suis entre des mains amies ou ennemies.

— Amies, monseigneur. Amies !

– Eh bien, alors, dites-moi tout de suite ce que vous voulez, afin que je voie si un arrangement est possible entre nous. Parlez, monsieur le comte de La Fère.

– Monseigneur, dit Athos, je n'ai rien à demander pour moi et j'aurais trop à demander pour la France. Je me récuse donc et passe la parole à M. le chevalier d'Herblay.

Athos, s'inclinant, fit un pas en arrière et demeura debout, appuyé contre la cheminée, en simple spectateur de la conférence.

– Parlez donc, monsieur le chevalier d'Herblay, dit le cardinal. Que désirez-vous ? Pas d'ambages, pas d'ambiguïtés. Soyez clair, court et précis.

– Moi, monseigneur, je jouerai cartes sur table.

– Abattez donc votre jeu.

– J'ai dans ma poche, dit Aramis, le programme des conditions qu'est venue vous imposer avant-hier à Saint-Germain la députation dont je faisais partie. Respectons d'abord les droits anciens ; les demandes qui seront portées au programme seront accordées.

– Nous étions presque d'accord sur celles-là, dit Mazarin, passons donc aux conditions particulières.

– Vous croyez donc qu'il y en aura ? dit en souriant Aramis.

– Je crois que vous n'aurez pas tous le même désintéressement que M. le comte de La Fère, dit Mazarin en se retournant vers Athos en le saluant.

– Ah ? monseigneur, vous avez raison, dit Aramis, et je suis heureux de voir que vous rendez enfin justice au comte. M. de La Fère est un esprit supérieur qui plane au-dessus des désirs vulgaires et des passions humaines ; c'est une âme antique et fière. M. le comte est un homme à part. Vous avez raison, monseigneur, nous ne le valons pas, et nous sommes les premiers à le confesser avec vous.

– Aramis, dit Athos, raillez-vous ?

– Non, mon cher comte, non, je dis ce que nous pensons et ce que pensent tous ceux qui vous connaissent. Mais vous avez raison, ce n'est pas de vous qu'il s'agit, c'est de monseigneur et de son indigne serviteur le chevalier d'Herblay.

– Eh bien ! que désirez-vous, monsieur, outre les conditions générales sur lesquelles nous reviendrons ?

– Je désire, monseigneur, qu'on donne la Normandie à Mme de Longueville, avec l'absolution pleine et entière, et cinq cent mille livres. Je désire que Sa Majesté le roi daigne être le parrain du fils dont elle vient d'accoucher ; puis que monseigneur, après avoir assisté au baptême, aille présenter ses hommages à Notre Saint-Père le pape.

– C'est-à-dire que vous voulez que je me démette de mes fonctions de ministre, que je quitte la France, que je m'exile ?

– Je veux que monseigneur soit pape à la première vacance, me réservant alors de lui demander des indulgences plénières pour moi et mes amis.

Mazarin fit une grimace intraduisible.

– Et vous, monsieur ? demanda-t-il à d'Artagnan.

– Moi, monseigneur, dit le Gascon, je suis en tout point du même avis que M. le chevalier d'Herblay, excepté sur le dernier article, sur lequel je diffère entièrement de lui. Loin de vouloir que monseigneur quitte la France, je veux qu'il demeure Premier ministre, car monseigneur est un grand politique. Je tâcherai même, autant qu'il dépendra de moi, qu'il ait le dé sur la Fronde tout entière ; mais à la condition qu'il se souviendra quelque peu des fidèles serviteurs du roi, et qu'il donnera la première compagnie de mousquetaires à quelqu'un que je désignerai. Et vous, du Vallon ?

– Oui, à votre tour, monsieur, dit Mazarin, parlez.

– Moi, dit Porthos, je voudrais que monsieur le cardinal, pour honorer ma maison qui lui a donné asile, voulût bien, en mémoire de cette aventure, ériger ma terre en baronnie, avec promesse de l'ordre pour un de mes amis à la première promotion que fera Sa Majesté.

– Vous savez, monsieur, que pour recevoir l'ordre il faut faire ses preuves.

– Cet ami les fera. D'ailleurs, s'il le fallait absolument, monseigneur lui dirait comment on évite cette formalité.

Mazarin se mordit les lèvres, le coup était direct, et il reprit assez sèchement :

– Tout cela se concilie fort mal, ce me semble, messieurs ; car si je satisfais les uns, je mécontente nécessairement les autres. Si je reste à Paris, je ne puis aller à Rome, si je deviens pape, je ne puis rester ministre, et si je ne suis pas ministre, je ne puis pas faire M. d'Artagnan capitaine et M. du Vallon baron.

– C'est vrai, dit Aramis. Aussi, comme je fais minorité, je retire ma proposition en ce qui est du voyage de Rome et de la démission de monseigneur.

– Je demeure donc ministre ? dit Mazarin.

– Vous demeurez ministre, c'est entendu, monseigneur, dit d'Artagnan ; la France a besoin de vous.

– Et moi je me désiste de mes prétentions, reprit Aramis, Son Éminence restera Premier ministre, et même favori de Sa Majesté, si elle veut m'accorder, à moi et à mes amis, ce que nous demandons pour la France et pour nous.

– Occupez-vous de vous, messieurs, et laissez la France s'arranger avec moi comme elle l'entendra, dit Mazarin.

– Non pas ! non pas ! reprit Aramis, il faut un traité aux frondeurs, et Votre Éminence voudra bien le rédiger et le signer devant nous, en s'engageant par le même traité à obtenir la ratification de la reine.

– Je ne puis répondre que de moi, dit Mazarin, je ne puis répondre de la reine. Et si Sa Majesté refuse ?

– Oh ! dit d'Artagnan, monseigneur sait bien que Sa Majesté n'a rien à lui refuser.

– Tenez, monseigneur, dit Aramis, voici le traité proposé par la députation des frondeurs ; plaise à Votre Éminence de le lire et de l'examiner.

– Je le connais, dit Mazarin.

– Alors, signez-le donc.

– Réfléchissez, messieurs, qu'une signature donnée dans les circonstances où nous sommes pourrait être considérée comme arrachée par la violence.

– Monseigneur sera là pour dire qu'elle a été donnée volontairement.

– Mais enfin, si je refuse ?

– Alors, monseigneur, dit d'Artagnan, Votre Éminence ne pourra s'en prendre qu'à elle des conséquences de son refus.

– Vous oseriez porter la main sur un cardinal ?

– Vous l'avez bien portée, monseigneur, sur des mousquetaires de Sa Majesté !

– La reine me vengera, messieurs !

– Je n'en crois rien, quoique je ne pense pas que la bonne envie lui en manque ; mais nous irons à Paris avec Votre Éminence, et les Parisiens sont gens à nous défendre...

– Comme on doit être inquiet en ce moment à Rueil et à Saint-Germain ! dit Aramis ; comme on doit se demander où est le cardinal, ce qu'est devenu le ministre, où est passé le favori ! Comme on doit chercher monseigneur dans tous les coins et recoins ! Comme on doit faire des commentaires, et si la Fronde sait la disparition de monseigneur, comme la Fronde doit triompher !

– C'est affreux, murmura Mazarin.

– Signez donc le traité, monseigneur, dit Aramis.

– Mais si je le signe et que la reine refuse de le ratifier ?

– Je me charge d'aller voir Sa Majesté, dit d'Artagnan, et d'obtenir sa signature.

– Prenez garde, dit Mazarin, de ne pas recevoir à Saint-Germain l'accueil que vous croyez avoir le droit d'attendre.

– Ah bah ! dit d'Artagnan, je m'arrangerai de manière à être le bienvenu ; je sais un moyen.

– Lequel ?

– Je porterai à Sa Majesté la lettre par laquelle monseigneur lui annonce le complet épuisement des finances.

– Ensuite ? dit Mazarin pâlissant.

– Ensuite, quand je verrai Sa Majesté au comble de l'embarras, je la mènerai à Rueil, je la ferai entrer dans l'orangerie, et je lui indiquerai certain ressort qui fait mouvoir une caisse.

– Assez, monsieur, murmura le cardinal, assez ! Où est le traité ?

– Le voici, dit Aramis.

– Vous voyez que nous sommes généreux, dit d'Artagnan, car nous pouvions faire bien des choses avec un pareil secret.

– Donc, signez, dit Aramis en lui présentant la plume.

Mazarin se leva, se promena quelques instants, plutôt rêveur qu'abattu. Puis s'arrêtant tout à coup :

– Et quand j'aurai signé, messieurs, quelle sera ma garantie ?

– Ma parole d'honneur, monsieur, dit Athos.

Mazarin tressaillit, se retourna vers le comte de La Fère, examina un instant ce visage noble et loyal, et prenant la plume :

– Cela me suffit, monsieur le comte, dit-il.

Et il signa.

– Et maintenant, monsieur d'Artagnan, ajouta-t-il, préparez-vous à partir pour Saint-Germain et à porter une lettre de moi à la reine.

XXIII

Comme quoi avec une plume et une
menace on fait plus vite et mieux
qu'avec l'épée et du dévouement

D'Artagnan connaissait sa mythologie : il savait que l'occasion n'a qu'une touffe de cheveux par laquelle on puisse la saisir, et il n'était pas homme à la laisser passer sans l'arrêter par le toupet. Il organisa un système de voyage prompt et sûr en envoyant d'avance des chevaux de relais à Chantilly, de façon qu'il pouvait être à Paris en cinq ou six heures. Mais avant de partir, il réfléchit que, pour un garçon d'esprit et d'expérience, c'était une singulière position que de marcher à l'incertain en laissant le certain derrière soi.

« En effet, se dit-il au moment de monter à cheval pour remplir sa dangereuse mission, Athos est un héros de roman pour la générosité ; Porthos, une nature excellente, mais facile à influencer ; Aramis, un visage hiéroglyphique, c'est-à-dire toujours illisible. Que produiront ces trois éléments quand je ne serai plus là pour les relier entre eux ?... la délivrance du cardinal peut-être. Or, la délivrance du cardinal, c'est la ruine de nos espérances, et nos espérances sont jusqu'à présent l'unique récompense de vingt ans de travaux près desquels ceux d'Hercule sont des œuvres de pygmée. »

Il alla trouver Aramis.

– Vous êtes, vous, mon cher chevalier d'Herblay, lui dit-il, la Fronde incarnée. Méfiez-vous donc d'Athos, qui ne veut faire les affaires de personne, pas même les siennes. Méfiez-vous surtout de Porthos, qui, pour plaire au comte, qu'il regarde comme la Divinité sur la terre, l'aidera à faire évader Mazarin, si Mazarin a seulement l'esprit de pleurer ou de faire de la chevalerie.

Aramis sourit de son sourire fin et résolu à la fois.

– Ne craignez rien, dit-il, j'ai mes conditions à poser. Je ne travaille pas pour moi, mais pour les autres. Il faut que ma petite ambition aboutisse au profit de qui de droit.

« Bon, pensa d'Artagnan, de ce côté je suis tranquille. »

Il serra la main d'Aramis et alla trouver Porthos.

– Ami, lui dit-il, vous avez tant travaillé avec moi à édifier notre fortune, jusqu'au moment où nous sommes sur le point de recueillir le fruit de nos travaux, ce serait une duperie ridicule à vous que de vous laisser dominer par Aramis, dont vous connaissez la finesse, finesse qui, nous pouvons le dire entre nous, n'est pas toujours exempte d'égoïsme ; ou par Athos, homme noble et désintéressé, mais aussi homme blasé, qui, ne désirant plus rien pour lui-même, ne comprend pas que les autres aient des désirs. Que diriez-vous si l'un ou l'autre de nos deux amis vous proposait de laisser aller Mazarin ?

– Mais je dirais que nous avons eu trop de mal à le prendre pour le lâcher ainsi.

– Bravo ! Porthos, et vous auriez raison, mon ami ; car avec lui vous lâcheriez votre baronnie, que vous tenez entre vos mains ; sans compter qu'une fois hors d'ici Mazarin vous ferait pendre.

– Bon ! vous croyez ?

– J'en suis sûr.

– Alors je tuerais plutôt tout que de le laisser échapper.

– Et vous auriez raison. Il ne s'agit pas, vous comprenez, quand nous avons cru faire nos affaires, d'avoir fait celles des frondeurs, qui d'ailleurs n'entendent pas les questions politiques comme nous, qui sommes de vieux soldats.

– N'ayez pas peur, cher ami, dit Porthos, je vous regarde par la fenêtre monter à cheval, je vous suis des yeux jusqu'à ce que vous ayez disparu, puis je reviens m'installer à la porte du cardinal, à une porte vitrée qui donne dans la chambre. De là je verrai tout, et au moindre geste suspect j'extermine.

« Bravo ! pensa d'Artagnan, de ce côté, je crois, le cardinal sera bien gardé. »

Et il serra la main du seigneur de Pierrefonds et alla trouver Athos.

– Mon cher Athos, dit-il, je pars. Je n'ai qu'une chose à vous dire : vous connaissez Anne d'Autriche, la captivité de M. de Mazarin garantit seule ma vie ; si vous le lâchez, je suis mort.

– Il ne me fallait rien moins qu'une telle considération, mon cher d'Artagnan, pour me décider à faire le métier de geôlier. Je vous donne ma parole que vous retrouverez le cardinal où vous le laissez.

« Voilà qui me rassure plus que toutes les signatures royales, pensa d'Artagnan. Maintenant que j'ai la parole d'Athos, je puis partir. »

D'Artagnan partit effectivement seul, sans autre escorte que son épée et avec un simple laissez-passer de Mazarin pour parvenir près de la reine.

Six heures après son départ de Pierrefonds, il était à Saint-Germain.

La disparition de Mazarin était encore ignorée ; Anne d'Autriche seule la savait et cachait son inquiétude à ses plus intimes. On avait retrouvé dans la chambre de d'Artagnan et de Porthos les deux soldats garrottés et bâillonnés. On leur avait immédiatement rendu l'usage des membres et de la parole ; mais ils n'avaient rien autre chose à dire que ce qu'ils savaient, c'est-à-dire comme ils avaient été harponnés, liés et dépouillés. Mais de ce qu'avaient fait Porthos et d'Artagnan une fois sortis, par où les soldats étaient entrés, c'est ce dont ils étaient aussi ignorants que tous les habitants du château.

Bernouin seul en savait un peu plus que les autres. Bernouin, ne voyant pas revenir son maître et entendant sonner minuit, avait pris sur lui de pénétrer dans l'orangerie. La première porte, barricadée avec les meubles, lui avait déjà donné quelques soupçons ; mais cependant il n'avait voulu faire part de ses soupçons à personne, et avait patiemment frayé son passage au milieu de tout ce déménagement. Puis il était arrivé au corridor, dont il avait trouvé toutes les portes ouvertes. Il en était de même de la porte de la chambre d'Athos et de celle du parc. Arrivé là, il lui fut facile de suivre les pas sur la neige. Il vit que ces pas aboutissaient au mur ; de l'autre côté, il retrouva la même trace, puis des piétinements de chevaux, puis les vestiges d'une troupe de cavalerie tout entière qui s'était éloignée dans la direction d'Enghien. Dès lors il n'avait plus conservé aucun doute que le cardinal eût été enlevé par les trois prisonniers, puisque les prisonniers étaient disparus avec lui, et il avait couru à Saint-Germain pour prévenir la reine de cette disparition.

Anne d'Autriche lui avait recommandé le silence, et Bernouin l'avait scrupuleusement gardé ; seulement elle avait fait prévenir M. le Prince, auquel elle avait tout dit, et M. le Prince avait aussitôt mis en campagne cinq ou six cents cavaliers, avec ordre de fouiller tous les environs et de ramener à Saint-Germain toute troupe suspecte qui s'éloignerait de Rueil, dans quelque direction que ce fût.

Or, comme d'Artagnan ne formait pas une troupe, puisqu'il était seul, puisqu'il ne s'éloignait pas de Rueil, puisqu'il allait à Saint-Germain, personne ne fit attention à lui, et son voyage ne fut aucunement entravé.

En entrant dans la cour du vieux château, la première personne que vit notre ambassadeur fut maître Bernouin en personne, qui, debout sur le seuil, attendait des nouvelles de son maître disparu.

À la vue de d'Artagnan, qui entrait à cheval dans la cour d'honneur, Bernouin se frotta les yeux et crut se tromper. Mais d'Artagnan lui fit de la tête un petit signe amical, mit pied à terre, et, jetant la bride de son cheval au bras d'un laquais qui passait, il s'avança vers le valet de chambre, qu'il aborda le sourire sur les lèvres.

– Monsieur d'Artagnan ! s'écria celui-ci, pareil à un homme qui a le cauchemar et qui parle en dormant ; monsieur d'Artagnan !

– Lui-même, monsieur Bernouin.

– Et que venez-vous faire ici ?

– Apporter des nouvelles de M. de Mazarin, et des plus fraîches même.

– Et qu'est-il donc devenu ?

– Il se porte comme vous et moi.

– Il ne lui est donc rien arrivé de fâcheux ?

– Rien absolument. Il a seulement éprouvé le besoin de faire une course dans l'Île-de-France, et nous a priés, M. le comte de La Fère, M. du Vallon et moi, de l'accompagner. Nous étions trop ses serviteurs pour lui refuser une pareille demande. Nous sommes partis hier soir, et nous voilà.

– Vous voilà.

– Son Éminence avait quelque chose à faire dire à Sa Majesté, quelque chose de secret et d'intime, une mission qui ne pouvait être confiée qu'à un homme sûr, de sorte qu'elle m'a envoyé à Saint-Germain. Ainsi donc, mon cher monsieur Bernouin, si vous voulez faire quelque chose qui soit agréable à votre maître, prévenez Sa Majesté que j'arrive et dites-lui dans quel but.

Qu'il parlât sérieusement ou que son discours ne fût qu'une plaisanterie, comme il était évident que d'Artagnan était, dans les circonstances présentes, le seul homme qui pût tirer Anne d'Autriche d'inquiétude, Bernouin ne fit aucune difficulté d'aller la prévenir de cette singulière ambassade, et comme il l'avait prévu, la reine lui donna l'ordre d'introduire à l'instant même M. d'Artagnan.

D'Artagnan s'approcha de sa souveraine avec toutes les marques du plus profond respect.

Arrivé à trois pas d'elle, il mit un genou en terre et lui présenta la lettre.

C'était, comme nous l'avons dit, une simple lettre, moitié d'introduction, moitié de créance. La reine la lut, reconnut parfaitement l'écriture du cardinal, quoiqu'elle fût un peu tremblée ; et comme cette lettre ne lui disait rien de ce qui s'était passé, elle demanda des détails.

D'Artagnan lui raconta tout avec cet air naïf et simple qu'il savait si bien prendre dans certaines circonstances.

La reine, à mesure qu'il parlait, le regardait avec un étonnement progressif ; elle ne comprenait pas qu'un homme osât concevoir une telle entreprise, et encore moins qu'il eût l'audace de la raconter à celle dont l'intérêt et presque le devoir était de la punir.

– Comment, monsieur ! s'écria, quand d'Artagnan eut terminé son récit, la reine rouge d'indignation, vous osez m'avouer votre crime ! me raconter votre trahison !

– Pardon, madame, mais il me semble, ou que je me suis mal expliqué, ou que Votre Majesté m'a mal compris ; il n'y a là-dedans ni crime ni trahison. M. de Mazarin nous tenait en prison, M. du Vallon et moi, parce que nous n'avons pu croire qu'il nous ait envoyés en Angleterre pour voir tranquillement couper le cou au roi Charles Ier, le beau-frère du feu roi votre mari, l'époux de madame Henriette, votre sœur et votre hôte, et que nous avons fait tout ce que nous avons pu pour sauver la vie du martyr royal. Nous étions donc convaincus, mon ami et moi, qu'il y avait là-dessous quelque erreur dont nous étions victimes, et qu'une explication entre nous et Son Éminence était nécessaire. Or, pour qu'une explication porte ses fruits, il faut qu'elle se fasse tranquillement, loin du bruit des importuns. Nous avons en conséquence emmené M. le cardinal dans le château de mon ami, et là nous nous sommes expliqués. Eh bien ! madame, ce que nous avions prévu est arrivé, il y avait erreur. M. de Mazarin avait pensé que nous avions servi le général Cromwell, au lieu d'avoir servi le roi Charles, ce qui eût été une honte qui eût rejailli de nous à lui, de lui à Votre Majesté, une lâcheté qui eût taché à sa tige la royauté de votre illustre fils. Or, nous lui avons donné la preuve du contraire et cette preuve, nous sommes prêts à la donner à Votre Majesté elle-même, en en appelant à l'auguste veuve qui pleure dans ce Louvre où l'a logée votre royale munificence. Cette preuve l'a si bien satisfait, qu'en signe de satisfaction il m'a envoyé, comme Votre Majesté peut le voir, pour causer avec elle des réparations naturellement dues à des gentilshommes mal appréciés et persécutés à tort.

– Je vous écoute et vous admire, monsieur, dit Anne d'Autriche. En vérité, j'ai rarement vu un pareil excès d'impudence.

– Allons, dit d'Artagnan, voici Votre Majesté qui, à son tour, se trompe sur nos intentions comme avait fait M. de Mazarin.

– Vous êtes dans l'erreur, monsieur, dit la reine, et je me trompe si peu, que dans dix minutes vous serez arrêté et que dans une heure je partirai pour aller délivrer mon ministre à la tête de mon armée.

– Je suis sûr que Votre Majesté ne commettra point une pareille imprudence, dit d'Artagnan, d'abord parce qu'elle serait inutile et qu'elle amènerait les plus graves résultats. Avant d'être délivré, M. le cardinal serait mort, et Son Éminence est si bien convaincue de la vérité de ce que je dis qu'elle m'a au contraire prié, dans le cas où je verrais Votre Majesté dans ces dispositions, de faire tout ce que je pourrais pour obtenir qu'elle change de projet.

– Eh bien ! je me contenterai donc de vous faire arrêter.

– Pas davantage, madame, car le cas de mon arrestation est aussi bien prévu que celui de la délivrance du cardinal. Si demain, à une heure fixe, je ne suis pas revenu, après-demain matin M. le cardinal sera conduit à Paris.

– On voit bien, monsieur, que vous vivez, par votre position, loin des hommes et des choses ; car autrement vous sauriez que M. le cardinal a été cinq ou six fois à Paris, et cela depuis que nous en sommes sortis, et qu'il y a vu M. de Beaufort, M. de Bouillon, M. le coadjuteur, M. d'Elbeuf, et que pas un n'a eu l'idée de le faire arrêter.

– Pardon, madame, je sais tout cela ; aussi n'est-ce ni à M. de Beaufort, ni à M. de Bouillon, ni à M. le coadjuteur, ni à M. d'Elbeuf, que mes amis conduiront M. le cardinal, attendu que ces messiers font la guerre pour leur propre compte, et qu'en leur accordant ce qu'ils désirent M. le cardinal en aurait bon marché ; mais bien au Parlement, qu'on peut acheter en détail sans doute, mais que M. de Mazarin lui-même n'est pas assez riche pour acheter en masse.

– Je crois, dit Anne d'Autriche en fixant son regard, qui, dédaigneux chez une femme, devenait terrible chez une reine, je crois que vous menacez la mère de votre roi.

– Madame, dit d'Artagnan, je menace parce qu'on m'y force. Je me grandis parce qu'il faut que je me place à la hauteur des événements et des personnes. Mais croyez bien une chose, madame, aussi vrai qu'il y a un cœur qui bat pour vous dans cette poitrine, croyez bien que vous avez été l'idole constante de notre vie, que nous avons, vous le savez bien, mon Dieu, risquée vingt fois pour Votre Majesté. Voyons, madame, est-ce que Votre Majesté n'aura pas pitié de ses serviteurs, qui ont depuis vingt ans végété dans l'ombre, sans laisser échapper dans un seul soupir les secrets saints et solennels qu'ils avaient eu le bonheur de partager avec vous ? Regardez-moi, moi qui vous parle, madame, moi que vous accusez d'élever la voix et de prendre un ton menaçant. Que suis-je ? un pauvre officier sans fortune, sans abri, sans avenir, si le regard de ma reine, que j'ai si longtemps cherché, ne se fixe pas un moment sur moi. Regardez M. le comte de La Fère, un type de noblesse, une fleur de la chevalerie ; il a pris parti contre sa reine, ou plutôt, non pas, il a pris parti contre son ministre, et celui-là n'a pas d'exigences, que je crois. Voyez enfin M. du Vallon, cette âme fidèle, ce bras d'acier, il attend depuis vingt ans de votre bouche un mot qui le fasse par le blason ce qu'il est par le sentiment et par la valeur. Voyez enfin votre peuple, qui est bien quelque chose pour une reine, votre peuple qui vous aime et qui cependant souffre, que vous aimez et qui cependant a faim, qui ne demande pas mieux que de vous bénir et qui cependant vous... Non, j'ai tort ; jamais votre peuple ne vous maudira, madame. Eh bien ! dites un mot, et tout est fini, et la paix succède à la guerre, la joie aux larmes, le bonheur aux calamités.

Anne d'Autriche regarda avec un certain étonnement le visage martial de d'Artagnan, sur lequel on pouvait lire une expression singulière d'attendrissement.

– Que n'avez-vous dit tout cela avant d'agir ! dit-elle.

– Parce que, madame, il s'agissait de prouver à Votre Majesté une chose dont elle doutait, ce me semble : c'est que nous avons encore quelque valeur, et qu'il est juste qu'on fasse quelque cas de nous.

– Et cette valeur ne reculerait devant rien, à ce que je vois ? dit Anne d'Autriche.

– Elle n'a reculé devant rien dans le passé, dit d'Artagnan ; pourquoi donc ferait-elle moins dans l'avenir ?

– Et cette valeur, en cas de refus, et par conséquent en cas de lutte, irait jusqu'à m'enlever moi-même au milieu de ma cour pour me livrer à la Fronde, comme vous voulez livrer mon ministre ?

– Nous n'y avons jamais songé, madame, dit d'Artagnan avec cette forfanterie gasconne qui n'était chez lui que de la naïveté ; mais si nous l'avions résolu entre nous quatre, nous le ferions bien certainement.

– Je devais le savoir, murmura Anne d'Autriche, ce sont des hommes de fer.

– Hélas ! madame, dit d'Artagnan, cela me prouve que c'est seulement d'aujourd'hui que Votre Majesté a une juste idée de nous.

– Bien, dit Anne, mais cette idée, si je l'ai enfin...

– Votre Majesté nous rendra justice. Nous rendant justice, elle ne nous traitera plus comme des hommes vulgaires. Elle verra en moi un ambassadeur digne des hauts intérêts qu'il est chargé de discuter avec vous.

– Où est le traité ?

– Le voici.

XXIV

*Comme quoi avec une plume et une menace on
fait plus vite et mieux qu'avec l'épée et du
dévouement (suite)*

Anne d'Autriche jeta les yeux sur le traité que lui présentait d'Artagnan.

– Je n'y vois, dit-elle, que des conditions générales. Les intérêts de M. de Conti, de M. de Beaufort, de M. de Bouillon, de M. d'Elbeuf et de M. le coadjuteur y sont établis. Mais les vôtres ?

– Nous nous rendons justice, madame, tout en nous plaçant à notre hauteur. Nous avons pensé que nos noms n'étaient pas dignes de figurer près de ces grands noms.

– Mais vous, vous n'avez pas renoncé, je présume, à m'exposer vos prétentions de vive voix ?

– Je crois que vous êtes une grande et puissante reine, madame, et qu'il serait indigne de votre grandeur et de votre puissance de ne pas récompenser dignement les bras qui ramèneront Son Éminence à Saint-Germain.

– C'est mon intention, dit la reine ; voyons, parlez.

– Celui qui a traité l'affaire (pardon si je commence par moi, mais il faut bien que je m'accorde l'importance, non pas que j'ai prise, mais qu'on m'a donnée), celui qui a traité l'affaire du rachat de M. le cardinal doit être, ce me semble, pour que la récompense ne soit pas au-dessous de Votre Majesté, celui-là doit être fait chef des gardes, quelque chose comme capitaine des mousquetaires.

– C'est la place de M. de Tréville que vous me demandez là !

– La place est vacante, madame, et depuis un an que M. de Tréville l'a quittée, il n'a point été remplacé.

– Mais c'est une des premières charges militaires de la maison du roi !

– M. de Tréville était un simple cadet de Gascogne comme moi, madame, et il a occupé cette charge vingt ans.

– Vous avez réponse à tout, monsieur, dit Anne d'Autriche.

Et elle prit sur un bureau un brevet qu'elle remplit et signa.

– Certes, madame, dit d'Artagnan en prenant le brevet et en s'inclinant, voilà une belle et noble récompense ; mais les choses de ce monde sont pleines d'instabilité, et un homme qui tomberait dans la disgrâce de Votre Majesté perdrait cette charge demain.

– Que voulez-vous donc alors ? dit la reine, rougissant d'être pénétrée par cet esprit aussi subtil que le sien.

– Cent mille livres pour ce pauvre capitaine des mousquetaires, payables le jour où ses services n'agréeront plus à Votre Majesté.

Anne hésita.

– Et dire que les Parisiens, reprit d'Artagnan, offraient l'autre jour, par arrêt du Parlement, six cent mille livres à qui leur livrerait le cardinal mort ou vivant ; vivant pour le pendre, mort pour le traîner à la voirie !

– Allons, dit Anne d'Autriche, c'est raisonnable, puisque vous ne demandez à une reine que le sixième de ce que proposait le Parlement.

Et elle signa une promesse de cent mille livres.

– Après ? dit-elle.

– Madame, mon ami du Vallon est riche, et n'a par conséquent rien à désirer comme fortune ; mais je crois me rappeler qu'il a été question entre lui et M. de Mazarin d'ériger sa terre en baronnie. C'est même, autant que je puis me le rappeler, une chose promise.

– Un croquant ! dit Anne d'Autriche. On en rira.

– Soit, dit d'Artagnan. Mais je suis sûr d'une chose, c'est que ceux qui en riront devant lui ne riront pas deux fois.

– Va pour la baronnie, dit Anne d'Autriche, et elle signa.

– Maintenant, reste le chevalier ou l'abbé d'Herblay, comme Votre Majesté voudra.

– Il veut être évêque ?

– Non pas, madame, il désire une chose plus facile.

– Laquelle ?

– C'est que le roi daigne être le parrain du fils de Mme de Longueville.

La reine sourit.

– M. de Longueville est de race royale, madame, dit d'Artagnan.

– Oui, dit la reine ; mais son fils ?

– Son fils, madame... doit en être, puisque le mari de sa mère en est.

– Et votre ami n'a rien à demander de plus pour Mme de Longueville ?

– Non, madame ; car il présume que Sa Majesté le roi, daignant être le parrain de son enfant, ne peut pas faire à la mère, pour les relevailles, un cadeau de moins de cinq cent mille livres, en conservant, bien entendu, au père le gouvernement de la Normandie.

– Quant au gouvernement de la Normandie, je crois pouvoir m'engager, dit la reine ; mais quant aux cinq cent mille livres, M. le cardinal ne cesse de me répéter qu'il n'y a plus d'argent dans les coffres de l'État.

– Nous en chercherons ensemble, madame, si Votre Majesté le permet, et nous en trouverons.

– Après ?

– Après, madame ?...

– Oui.

– C'est tout.

– N'avez-vous donc pas un quatrième compagnon ?

– Si fait, madame ; M. le comte de La Fère.

– Que demande-t-il ?

– Il ne demande rien.

– Rien ?

– Non.

– Il y a au monde un homme qui, pouvant demander, ne demande pas ?

– Il y a M. le comte de La Fère, madame ; M. le comte de La Fère n'est pas un homme.

– Qu'est-ce donc ?

– M. le comte de La Fère est un demi-dieu.

– N'a-t-il pas un fils, un jeune homme, un parent, un neveu, dont Comminges m'a parlé comme d'un brave enfant, et qui a rapporté avec M. de Châtillon les drapeaux de Lens ?

– Il a, comme Votre Majesté le dit, un pupille qui s'appelle le vicomte de Bragelonne.

– Si on donnait à ce jeune homme un régiment, que dirait son tuteur ?

– Peut-être accepterait-il.

– Peut-être !

– Oui, si Votre Majesté elle-même le priait d'accepter.

– Vous l'avez dit, monsieur, voilà un singulier homme. Eh bien, nous y réfléchirons, et nous le prierons peut-être. Êtes-vous content, monsieur ?

– Oui, Votre Majesté. Mais il y a une chose que la reine n'a pas signée.

– Laquelle ?

– Et cette chose est la plus importante.

– L'acquiescement au traité ?

– Oui.

– À quoi bon ? Je signe le traité demain.

– Il y a une chose que je crois pouvoir affirmer à Votre Majesté, dit d'Artagnan : c'est que si Votre Majesté ne signe pas cet acquiescement aujourd'hui, elle ne trouvera pas le temps de signer plus tard. Veuillez donc, je vous en supplie, écrire au bas de ce programme, tout entier de la main de M. de Mazarin, comme vous le voyez : « Je consens à ratifier le traité proposé par les Parisiens. »

Anne était prise, elle ne pouvait reculer, elle signa. Mais à peine eut-elle signé que l'orgueil éclata en elle comme une tempête, et qu'elle se prit à pleurer.

D'Artagnan tressaillit en voyant ces larmes. Dès ce temps les reines pleuraient comme de simples femmes.

Le Gascon secoua la tête. Ces larmes royales semblaient lui brûler le cœur.

– Madame, dit-il en s'agenouillant, regardez le malheureux gentilhomme qui est à vos pieds, il vous prie de croire que sur un geste de Votre Majesté tout lui serait possible. Il a foi en lui-même, il a foi en ses amis, il veut aussi avoir foi en sa reine ; et la preuve qu'il ne craint rien, qu'il ne spécule sur rien, c'est qu'il ramènera M. de Mazarin à Votre Majesté sans conditions. Tenez, madame, voici les signatures sacrées de Votre Majesté ; si vous croyez devoir me les rendre, vous le ferez. Mais, à partir de ce moment, elles ne vous engagent plus à rien.

Et d'Artagnan, toujours à genoux, avec un regard flamboyant d'orgueil et de mâle intrépidité, remit en masse à Anne d'Autriche ces papiers qu'il avait arrachés un à un et avec tant de peine.

Il y a des moments, car si tout n'est pas bon, tout n'est pas mauvais dans ce monde, il y a des moments où, dans les cœurs les plus secs et les plus froids, germe, arrosé par les larmes d'une émotion extrême, un sentiment généreux, que le calcul et l'orgueil étouffent si un autre sentiment ne s'en empare pas à sa naissance. Anne était dans un de ces moments-là. D'Artagnan, en cédant à sa propre émotion, en harmonie avec celle de la reine, avait accompli l'œuvre d'une profonde diplomatie ; il fut donc immédiatement récompensé de son adresse ou de son désintéressement, selon qu'on voudra faire honneur à son esprit ou à son cœur de la raison qui le fit agir.

– Vous aviez raison, monsieur, dit Anne, je vous avais méconnu. Voici les actes signés que je vous rends librement ; allez et ramenez-moi au plus vite le cardinal.

– Madame, dit d'Artagnan, il y a vingt ans, j'ai bonne mémoire, que j'ai eu l'honneur, derrière une tapisserie de l'Hôtel de Ville, de baiser une de ces belles mains.

– Voici l'autre, dit la reine, et pour que la gauche ne soit pas moins libérale que la droite (elle tira de son doigt un diamant à peu près pareil au premier), prenez et gardez cette bague en mémoire de moi.

– Madame, dit d'Artagnan en se relevant, je n'ai plus qu'un désir, c'est que la première chose que vous me demandiez, ce soit ma vie.

Et, avec cette allure qui n'appartenait qu'à lui, il se releva et sortit.

– J'ai méconnu ces hommes, dit Anne d'Autriche en regardant s'éloigner d'Artagnan, et maintenant il est trop tard pour que je les utilise : dans un an le roi sera majeur !

Quinze heures après, d'Artagnan et Porthos ramenaient Mazarin à la reine, et recevaient, l'un son brevet de lieutenant-capitaine des mousquetaires, l'autre son diplôme de baron.

– Eh bien ! êtes-vous contents ? demanda Anne d'Autriche.

D'Artagnan s'inclina. Porthos tourna et retourna son diplôme entre ses doigts en regardant Mazarin.

– Qu'y a-t-il donc encore ? demanda le ministre.

– Il y a, monseigneur, qu'il avait été question d'une promesse de chevalier de l'ordre à la première promotion.

– Mais, dit Mazarin, vous savez, monsieur le baron, qu'on ne peut être chevalier de l'ordre sans faire ses preuves.

– Oh ! dit Porthos, ce n'est pas pour moi, monseigneur, que j'ai demandé le cordon bleu.

– Et pour qui donc ? demanda Mazarin.

– Pour mon ami, M. le comte de La Fère.

– Oh ! celui-là, dit la reine, c'est autre chose : les preuves sont faites.

– Il l'aura ?

– Il l'a.

Le même jour le traité de Paris était signé, et l'on proclamait partout que le cardinal s'était enfermé pendant trois jours pour l'élaborer avec plus de soin.

Voici ce que chacun gagnait à ce traité :

M. de Conti avait Damvilliers, et, ayant fait ses preuves comme général, il obtenait de rester homme d'épée et de ne pas devenir cardinal. De plus, on avait lâché quelques mots d'un mariage avec une nièce de Mazarin ; ces quelques mots avaient été accueillis avec faveur par le prince, à qui il importait peu avec qui on le marierait, pourvu qu'on le mariât.

M. le duc de Beaufort faisait son entrée à la cour avec toutes les réparations dues aux offenses qui lui avaient été faites et tous les honneurs qu'avait droit de réclamer son rang. On lui accordait la grâce pleine et entière de ceux qui l'avaient aidé dans sa fuite, la survivance de l'amirauté que tenait le duc de Vendôme son père, et une indemnité pour ses maisons et châteaux que le Parlement de Bretagne avait fait démolir.

Le duc de Bouillon recevait des domaines d'une égale valeur à sa principauté de Sedan, une indemnité pour les huit ans de non-jouissance de cette principauté, et le titre de prince accordé à lui et à ceux de sa maison.

M. le duc de Longueville, le gouvernement du Pont-de-l'Arche, cinq cent mille livres pour sa femme et l'honneur de voir son fils tenu sur les fonts de baptême par le jeune roi et la jeune Henriette d'Angleterre.

Aramis stipula que ce serait Bazin qui officierait à cette solennité et que ce serait Planchet qui fournirait les dragées.

Le duc d'Elbeuf obtint le paiement de certaines sommes dues à sa femme, cent mille livres pour l'aîné de ses fils et vingt-cinq mille pour chacun des trois autres.

Il n'y eut que le coadjuteur qui n'obtint rien ; on lui promit bien de négocier l'affaire de son chapeau avec le pape ; mais il savait quel fonds il fallait faire sur de pareilles promesses venant de la reine et de Mazarin. Tout au contraire de M. de Conti, ne pouvant devenir cardinal, il était forcé de demeurer homme d'épée.

Aussi, quand tout Paris se réjouissait de la rentrée du roi, fixée au surlendemain, Gondy seul, au milieu de l'allégresse générale, était-il de si mauvaise humeur, qu'il envoya chercher à l'instant deux hommes qu'il avait l'habitude de faire appeler quand il était dans cette disposition d'esprit.

Ces deux hommes étaient, l'un le comte de Rochefort, l'autre le mendiant de Saint-Eustache.

Ils vinrent avec leur ponctualité ordinaire, et le coadjuteur passa une partie de la nuit avec eux.

XXV

Où il est prouvé qu'il est quelquefois plus difficile
aux rois de rentrer dans la capitale de leur
royaume que d'en sortir

Pendant que d'Artagnan et Porthos étaient allés conduire le cardinal à Saint-Germain, Athos et Aramis, qui les avaient quittés à Saint-Denis, étaient rentrés à Paris.

Chacun d'eux avait sa visite à faire.

À peine débotté, Aramis courut à l'Hôtel de Ville, où était Mme de Longueville. À la première nouvelle de la paix, la belle duchesse jeta les hauts cris. La guerre la faisait reine, la paix amenait son abdication ; elle déclara qu'elle ne signerait jamais au traité et qu'elle voulait une guerre éternelle.

Mais lorsque Aramis lui eut présenté cette paix sous son véritable jour, c'est-à-dire avec tous ses avantages, lorsqu'il lui eut montré, en échange de sa royauté précaire et contestée de Paris, la vice-royauté de Pont-de-l'Arche, c'est-à-dire de la Normandie tout entière, lorsqu'il eut fait sonner à ses oreilles les cinq cent mille livres promises par le cardinal, lorsqu'il eut fait briller à ses yeux l'honneur que lui ferait le roi en tenant son enfant sur les fonts de baptême, Mme de Longueville ne contesta plus que par l'habitude qu'ont les jolies femmes de contester, et ne se défendit plus que pour se rendre.

Aramis fit semblant de croire à la réalité de son opposition, et ne voulut pas à ses propres yeux s'ôter le mérite de l'avoir persuadée.

– Madame, lui dit-il, vous avez voulu battre une bonne fois M. le Prince votre frère, c'est-à-dire le plus grand capitaine de l'époque, et lorsque les femmes de génie le veulent, elles réussissent toujours. Vous avez réussi, M. le Prince est battu, puisqu'il ne peut plus faire la guerre. Maintenant, attirez-le à notre parti. Détachez-le tout doucement de la reine, qu'il n'aime pas, et de M. de Mazarin, qu'il méprise. La Fronde est une comédie dont nous n'avons encore joué que le premier acte. Attendons M. de Mazarin au dénouement, c'est-à-dire au jour où M. le Prince, grâce à vous, sera tourné contre la cour.

Mme de Longueville fut persuadée. Elle était si bien convaincue du pouvoir de ses beaux yeux, la frondeuse duchesse, qu'elle ne douta point de leur influence, même sur M. de Condé, et la chronique scandaleuse du temps dit qu'elle n'avait pas trop présumé.

Athos, en quittant Aramis à la place Royale, s'était rendu chez Mme de Chevreuse. C'était encore une frondeuse à persuader, mais celle-là était plus difficile à convaincre que sa jeune rivale ; il n'avait été stipulé aucune condition en sa faveur. M. de Chevreuse n'était nommé gouverneur d'aucune province, et si la reine consentait à être marraine, ce ne pouvait être que de son petit-fils ou de sa petite-fille.

Aussi, au premier mot de paix, Mme de Chevreuse fronça-t-elle le sourcil, et malgré toute la logique d'Athos pour lui montrer qu'une plus longue guerre était impossible, elle insista en faveur des hostilités.

– Belle amie, dit Athos, permettez-moi de vous dire que tout le monde est las de la guerre ; qu'excepté vous et M. le coadjuteur peut-être, tout le monde désire la paix. Vous vous ferez exiler comme du temps du roi Louis XIII. Croyez-moi, nous avons passé l'âge des succès en intrigue, et vos beaux yeux ne sont pas destinés à s'éteindre en pleurant Paris, où il y aura toujours deux reines tant que vous y serez.

– Oh ! dit la duchesse, je ne puis faire la guerre toute seule, mais je puis me venger de cette reine ingrate et de cet ambitieux favori, et... foi de duchesse ! je me vengerai.

– Madame, dit Athos, je vous en supplie, ne faites pas un avenir mauvais à M. de Bragelonne ; le voilà lancé, M. le Prince lui veut du bien, il est jeune, laissons un jeune roi s'établir ! Hélas ! excusez ma faiblesse, madame, il vient un moment où l'homme revit et rajeunit dans ses enfants.

La duchesse sourit, moitié tendrement, moitié ironiquement.

– Comte, dit-elle, vous êtes, j'en ai bien peur, gagné au parti de la cour. N'avez-vous pas quelque cordon bleu dans votre poche ?

– Oui, madame, dit Athos, j'ai celui de la Jarretière, que le roi Charles Ier, m'a donné quelques jours avant sa mort.

Le comte disait vrai ; il ignorait la demande de Porthos et ne savait pas qu'il en eût un autre que celui-là.

– Allons ! il faut devenir vieille femme, dit la duchesse rêveuse.

Athos lui prit la main et la lui baisa. Elle soupira en le regardant.

– Comte, dit-elle, ce doit être une charmante habitation que Bragelonne. Vous êtes homme de goût ; vous devez avoir de l'eau, des bois, des fleurs.

Elle soupira de nouveau, et elle appuya sa tête charmante sur sa main coquettement recourbée et toujours admirable de forme et de blancheur.

– Madame, répliqua le comte, que disiez-vous donc tout à l'heure ? Jamais je ne vous ai vue si jeune, jamais je ne vous ai vue plus belle.

La duchesse secoua la tête.

– M. de Bragelonne reste-t-il à Paris ? dit-elle.

– Qu'en pensez-vous ? demanda Athos.

– Laissez-le-moi, reprit la duchesse.

– Non pas, madame, si vous avez oublié l'histoire d'Œdipe, moi, je m'en souviens.

– En vérité, vous êtes charmant, comte, et j'aimerais à vivre un mois à Bragelonne.

– N'avez-vous pas peur de me faire bien des envieux, duchesse ? répondit galamment Athos.

– Non, j'irai incognito, comte, sous le nom de Marie Michon.

– Vous êtes adorable, madame.

– Mais Raoul, ne le laissez pas près de vous.

– Pourquoi cela ?

– Parce qu'il est amoureux.

– Lui, un enfant !

– Aussi est-ce une enfant qu'il aime !

Athos devant rêveur.

– Vous avez raison, duchesse, cet amour singulier pour une enfant de sept ans peut le rendre bien malheureux un jour ; on va se battre en Flandre ; il ira.

– Puis à son tour vous me l'enverrez, je le cuirasserai contre l'amour.

– Hélas ! madame, dit Athos, aujourd'hui l'amour est comme la guerre, et la cuirasse y est devenue inutile.

En ce moment Raoul entra ; il venait annoncer au comte et à la duchesse que le comte de Guiche, son ami, l'avait prévenu que l'entrée solennelle du roi, de la reine et du ministre devait avoir lieu le lendemain.

Le lendemain, en effet, dès la pointe du jour, la cour fit tous ses préparatifs pour quitter Saint-Germain.

La reine, dès la veille au soir, avait fait venir d'Artagnan.

– Monsieur, lui avait-elle dit, on m'assure que Paris n'est pas tranquille. J'aurais peur pour le roi ; mettez-vous à la portière de droite.

– Que Votre Majesté soit tranquille, dit d'Artagnan ; je réponds du roi.

Et saluant la reine, il sortit.

En sortant de chez la reine, Bernouin vint dire à d'Artagnan que le cardinal l'attendait pour des choses importantes.

Il se rendit aussitôt chez le cardinal.

– Monsieur, lui dit-il, on parle d'émeute à Paris. Je me trouverai à la gauche du roi, et, comme je serai principalement menacé, tenez-vous à la portière de gauche.

– Que Votre Éminence se rassure, dit d'Artagnan, on ne touchera pas à un cheveu de sa tête.

– Diable ! fit-il une fois dans l'antichambre, comment me tirer de là ? Je ne puis cependant pas être à la fois à la portière de gauche et à celle de droite. Ah bah ! je garderai le roi, et Porthos gardera le cardinal.

Cet arrangement convint à tout le monde, ce qui est assez rare. La reine avait confiance dans le courage de d'Artagnan qu'elle connaissait, et le cardinal, dans la force de Porthos qu'il avait éprouvée.

Le cortège se mit en route pour Paris dans un ordre arrêté d'avance ; Guitaut et Comminges, en tête des gardes, marchaient les premiers ; puis venait la voiture royale, ayant à l'une de ses portières d'Artagnan, à l'autre Porthos ; puis les mousquetaires, les vieux amis de d'Artagnan depuis vingt-deux ans, leur lieutenant depuis vingt, leur capitaine depuis la veille.

En arrivant à la barrière, la voiture fut saluée par de grands cris de : « Vive le roi ! » et de : « Vive la reine ! » Quelques cris de : « Vive Mazarin ! » s'y mêlèrent, mais n'eurent point d'échos.

On se rendait à Notre-Dame, où devait être chanté un *Te Deum*.

Tout le peuple de Paris était dans les rues. On avait échelonné les Suisses sur toute la longueur de la route ; mais, comme la route était longue, ils n'étaient placés qu'à six ou huit pas de distance, et sur un seul homme de hauteur. Le rempart était donc tout à fait insuffisant, et de temps en temps la digue rompue par un flot de peuple avait toutes les peines du monde à se reformer.

À chaque rupture, toute bienveillante d'ailleurs, puisqu'elle tenait au désir qu'avaient les Parisiens de revoir leur roi et leur reine, dont ils étaient privés depuis une année, Anne d'Autriche regardait d'Artagnan avec inquiétude, et celui-ci la rassurait avec un sourire.

Mazarin, qui avait dépensé un millier de louis pour faire crier « Vive Mazarin ! » et qui n'avait pas estimé les cris qu'il avait entendus à vingt pistoles, regardait aussi avec inquiétude Porthos ; mais le gigantesque garde du corps répondait à ce regard avec une si belle voix de basse : « Soyez tranquille, monseigneur », qu'en effet Mazarin se tranquillisa de plus en plus.

En arrivant au Palais-Royal, on trouva la foule plus grande encore ; elle avait afflué sur cette place par toutes les rues adjacentes, et l'on voyait, comme une large rivière houleuse, tout ce flot populaire venant au-devant de la voiture, et roulant tumultueusement dans la rue Saint-Honoré.

Lorsqu'on arriva sur la place, de grands cris de « Vive Leurs Majestés ! » retentirent. Mazarin se pencha à la portière. Deux ou trois cris de : « Vive le cardinal ! » saluèrent son apparition ; mais presque aussitôt des sifflets et des huées les étouffèrent impitoyablement. Mazarin pâlit et se jeta précipitamment en arrière.

– Canailles ! murmura Porthos.

D'Artagnan ne dit rien, mais frisa sa moustache avec un geste particulier qui indiquait que sa belle humeur gasconne commençait à s'échauffer.

Anne d'Autriche se pencha à l'oreille du jeune roi et lui dit tout bas :

– Faites un geste gracieux, et adressez quelques mots à M. d'Artagnan, mon fils.

Le jeune roi se pencha à la portière.

– Je ne vous ai pas encore souhaité le bonjour, monsieur d'Artagnan, dit-il, et cependant je vous ai bien reconnu. C'est vous qui étiez derrière les courtines de mon lit, cette nuit où les Parisiens ont voulu me voir dormir.

– Et si le roi le permet, dit d'Artagnan, c'est moi qui serai près de lui toutes les fois qu'il y aura un danger à courir.

– Monsieur, dit Mazarin à Porthos, que feriez-vous si toute la foule se ruait sur nous ?

– J'en tuerais le plus que je pourrais, monseigneur, dit Porthos.

– Hum ! fit Mazarin, tout brave et tout vigoureux que vous êtes, vous ne pourriez pas tout tuer.

– C'est vrai, dit Porthos en se haussant sur ses étriers pour mieux découvrir les immensités de la foule, c'est vrai, il y en a beaucoup.

– Je crois que j'aimerais mieux l'autre, dit Mazarin.

Et il se rejeta dans le fond du carrosse.

La reine et son ministre avaient raison d'éprouver quelque inquiétude, du moins le dernier. La foule, tout en conservant les apparences du respect et même de l'affection pour le roi et la régente, commençait à s'agiter tumultueusement. On entendait courir de ces rumeurs sourdes qui, quand elles rasent les flots, indiquent la tempête, et qui, lorsqu'elles rasent la multitude, présagent l'émeute.

D'Artagnan se retourna vers les mousquetaires et fit, en clignant de l'œil, un signe imperceptible pour la foule, mais très compréhensible pour cette brave élite.

Les rangs des chevaux se resserrèrent, et un léger frémissement courut parmi les hommes.

À la barrière des Sergents on fut obligé de faire halte ; Comminges quitta la tête de l'escorte qu'il tenait, et vint au carrosse de la reine. La reine interrogea d'Artagnan du regard ; d'Artagnan lui répondit dans le même langage.

– Allez en avant, dit la reine.

Comminges regagna son poste. On fit un effort, et la barrière vivante fut rompue violemment.

Quelques murmures s'élevèrent de la foule, qui, cette fois, s'adressaient aussi bien au roi qu'au ministre.

– En avant ! cria d'Artagnan à pleine voix.

– En avant ! répéta Porthos.

Mais, comme si la multitude n'eût attendu que cette démonstration pour éclater, tous les sentiments d'hostilité qu'elle renfermait éclatèrent à la fois. Les cris : « À bas le Mazarin ! À mort le cardinal ! » retentirent de tous côtés.

En même temps, par les rues de Grenelle-Saint-Honoré et du Coq, un double flot se rua qui rompit la faible haie des gardes suisses, et s'en vint tourbillonner jusqu'aux jambes des chevaux de d'Artagnan et de Porthos.

Cette nouvelle irruption était plus dangereuse que les autres, car elle se composait de gens armés, et mieux armés même que ne le sont les hommes du peuple en pareil cas. On voyait que ce dernier mouvement n'était par l'effet du hasard qui aurait réuni un certain nombre de mécontents sur le même point, mais la combinaison d'un esprit hostile qui avait organisé une attaque.

Ces deux masses étaient conduites chacune par un chef, l'un qui semblait appartenir, non pas au peuple, mais même à l'honorable corporation des mendiants ; l'autre que, malgré son affectation à imiter les airs du peuple, il était facile de reconnaître pour un gentilhomme.

Tous deux agissaient évidemment poussés par une même impulsion.

Il y eut une vive secousse qui retentit jusque dans la voiture royale ; puis des milliers de cris, formant une vraie clameur, se firent entendre, entrecoupés de deux ou trois coups de feu.

– À moi les mousquetaires ! s'écria d'Artagnan.

L'escorte se sépara en deux files ; l'une passa à droite du carrosse, l'autre à gauche ; l'une vint au secours de d'Artagnan, l'autre de Porthos.

Alors une mêlée s'engagea, d'autant plus terrible qu'elle n'avait pas de but, d'autant plus funeste qu'on ne savait ni pourquoi ni pour qui on se battait.

XXVI

Où il est prouvé qu'il est quelquefois plus
difficile aux rois de rentrer dans la capitale
de leur royaume que d'en sortir (suite)

Comme tous les mouvements de la populace, le choc de cette foule fut terrible ; les mousquetaires, peu nombreux, mal alignés, ne pouvant, au milieu de cette multitude, faire circuler leurs chevaux, commencèrent par être entamés.

D'Artagnan avait voulu faire baisser les mantelets de la voiture, mais le jeune roi avait étendu le bras en disant :

– Non, monsieur d'Artagnan, je veux voir.

– Si Votre Majesté veut voir, dit d'Artagnan, eh bien, qu'elle regarde !

Et se retournant avec cette furie qui le rendait si terrible, d'Artagnan bondit vers le chef des émeutiers, qui, un pistolet d'une main, une large épée de l'autre, essayait de se frayer un passage jusqu'à la portière, en luttant avec deux mousquetaires.

– Place, mordioux ! cria d'Artagnan, place !

À cette voix, l'homme au pistolet et à la large épée leva la tête ; mais il était déjà trop tard : le coup de d'Artagnan était porté ; la rapière lui avait traversé la poitrine.

– Ah ! ventre-saint-gris ! cria d'Artagnan, essayant trop tard de retenir le coup, que diable veniez-vous faire ici, comte ?

– Accomplir ma destinée, dit Rochefort en tombant sur un genou. Je me suis déjà relevé de trois de vos coups d'épée ; mais je ne me relèverai pas du quatrième.

– Comte, dit d'Artagnan avec une certaine émotion, j'ai frappé sans savoir que ce fût vous. Je serais fâché, si vous mouriez, que vous mourussiez avec des sentiments de haine contre moi.

Rochefort tendit la main à d'Artagnan. D'Artagnan la lui prit. Le comte voulut parler, mais une gorgée de sang étouffa sa parole, il se raidit dans une dernière convulsion et expira.

– Arrière, canaille ! cria d'Artagnan. Votre chef est mort, et vous n'avez plus rien à faire ici.

En effet, comme si le comte de Rochefort eût été l'âme de l'attaque qui se portait de ce côté du carrosse du roi, toute la foule qui l'avait suivi et qui lui obéissait prit la fuite en le voyant tomber. D'Artagnan poussa une charge avec une vingtaine de mousquetaires dans la rue du Coq et cette partie de l'émeute disparut comme une fumée, en s'éparpillant sur la place de Saint-Germain-l'Auxerrois et en se dirigeant vers les quais.

D'Artagnan revint pour porter secours à Porthos, si Porthos en avait besoin ; mais Porthos, de son côté, avait fait son œuvre avec la même conscience que d'Artagnan. La gauche du carrosse était non moins bien déblayée que la droite, et l'on relevait le mantelet de la portière que Mazarin, moins belliqueux que le roi, avait pris la précaution de faire baisser.

Porthos avait l'air fort mélancolique.

– Quelle diable de mine faites-vous donc là, Porthos ? et quel singulier air vous avez pour un victorieux !

– Mais vous-même, dit Porthos, vous me semblez tout ému !

– Il y a de quoi, mordioux ! je viens de tuer un ancien ami.

– Vraiment ! dit Porthos. Qui donc ?

– Ce pauvre comte de Rochefort !...

– Eh bien ! c'est comme moi, je viens de tuer un homme dont la figure ne m'est pas inconnue ; malheureusement je l'ai frappé à la tête, et en un instant il a eu le visage plein de sang.

– Et il n'a rien dit en tombant ?

– Si fait, il a dit... Ouf !

– Je comprends, dit d'Artagnan ne pouvant s'empêcher de rire, que, s'il n'a pas dit autre chose, cela n'a pas dû vous éclairer beaucoup.

– Eh bien, monsieur ? demanda la reine.

– Madame, dit d'Artagnan, la route est parfaitement libre, et Votre Majesté peut continuer son chemin.

En effet, tout le cortège arriva sans autre accident dans l'église Notre-Dame, sous le portail de laquelle tout le clergé, le coadjuteur en tête, attendait le roi, la reine et le ministre, pour la bienheureuse rentrée desquels on allait chanter le *Te Deum*.

Pendant le service et vers le moment où il tirait à sa fin, un gamin tout effaré entra dans l'église, courut à la sacristie, s'habilla rapidement en enfant de chœur, et fendant, grâce au respectable uniforme dont il venait de se couvrir, la foule qui encombrait le temple, il s'approcha de Bazin, qui, revêtu de sa robe bleue et sa baleine garnie d'argent à la main, se tenait gravement placé en face du Suisse à l'entrée du chœur.

Bazin sentit qu'on le tirait par sa manche. Il abaissa vers la terre ses yeux béatement levés vers le ciel, et reconnut Friquet.

– Eh bien ! drôle, qu'y a-t-il, que vous osez me déranger dans l'exercice de mes fonctions ? demanda le bedeau.

– Il y a, monsieur Bazin, dit Friquet, que M. Maillard, vous savez bien, le donneur d'eau bénite à Saint-Eustache...

– Oui, après ?...

– Eh bien ! il a reçu dans la bagarre un coup d'épée sur la tête ; c'est ce grand géant qui est là, vous voyez, brodé sur toutes les coutures, qui le lui a donné.

– Oui ? en ce cas, dit Bazin, il doit être bien malade.

– Si malade qu'il se meurt, et qu'il voudrait, avant de mourir, se confesser à M. le coadjuteur, qui a pouvoir, à ce qu'on dit, de remettre les gros péchés.

– Et il se figure que M. le coadjuteur se dérangera pour lui ?

– Oui, certainement, car il paraît que M. le coadjuteur le lui a promis.

– Et qui t'a dit cela ?

– M. Maillard lui-même.

– Tu l'as donc vu ?

– Certainement, j'étais là quand il est tombé.

– Et que faisais-tu là ?

– Tiens ! je criais : « À bas Mazarin ! à mort le cardinal ! à la potence l'Italien ! » N'est-ce pas cela que vous m'aviez dit de crier ?

– Veux-tu te taire, petit drôle ! dit Bazin en regardant avec inquiétude autour de lui.

– De sorte qu'il m'a dit, ce pauvre M. Maillard : « Va chercher M. le coadjuteur, Friquet, et si tu me l'amènes, je te fais mon héritier. » Dites donc, père Bazin, l'héritier de M. Maillard, le donneur d'eau bénite à Saint-Eustache ! hein ! je n'ai plus qu'à me croiser les bras ! C'est égal, je voudrais bien lui rendre ce service-là, qu'en dites-vous ?

– Je vais prévenir M. le coadjuteur, dit Bazin.

En effet, il s'approcha respectueusement et lentement du prélat, lui dit à l'oreille quelques mots, auxquels celui-ci répondit par un signe affirmatif, et revenant du même pas qu'il était allé :

– Va dire au moribond qu'il prenne patience, monseigneur sera chez lui dans une heure.

– Bon, dit Friquet, voilà ma fortune faite.

– À propos, dit Bazin, où s'est-il fait porter ?

– À la tour Saint-Jacques-la-Boucherie.

Et, enchanté du succès de son ambassade, Friquet, sans quitter son costume d'enfant de chœur, qui d'ailleurs lui donnait une plus grande facilité de parcours, sortit de la basilique et prit, avec toute la rapidité dont il était capable, la route de la tour Saint-Jacques-la-Boucherie.

En effet, aussitôt le *Te Deum* achevé, le coadjuteur, comme il l'avait promis, et sans même quitter ses habits sacerdotaux, s'achemina à son tour vers la vieille tour qu'il connaissait si bien.

Il arrivait à temps. Quoique plus bas de moment en moment, le blessé n'était pas encore mort.

On lui ouvrit la porte de la pièce où agonisait le mendiant.

Un instant après Friquet sortit en tenant à la main un gros sac de cuir qu'il ouvrit aussitôt qu'il fut hors de la chambre, et qu'à son grand étonnement il trouva plein d'or.

Le mendiant lui avait tenu parole et l'avait fait son héritier.

– Ah ! mère Nanette, s'écria Friquet suffoqué, ah ! mère Nanette !

Il n'en put dire davantage ; mais la force qui lui manquait pour parler lui resta pour agir. Il prit vers la rue une course désespérée, et, comme le Grec de Marathon tombant sur la place d'Athènes son laurier à la main, Friquet arriva sur le seuil du conseiller Broussel, et tomba en arrivant, éparpillant sur le parquet les louis qui dégorgeaient de son sac.

La mère Nanette commença par ramasser les louis, et ensuite ramassa Friquet.

Pendant ce temps, le cortège rentrait au Palais-Royal.

– C'est un bien vaillant homme, ma mère, que ce M. d'Artagnan, dit le jeune roi.

– Oui, mon fils, et qui a rendu de bien grands services à votre père. Ménagez-le donc pour l'avenir.

– Monsieur le capitaine, dit en descendant de voiture le jeune roi à d'Artagnan, madame la reine me charge de vous inviter à dîner pour aujourd'hui, vous et votre ami le baron du Vallon.

C'était un grand honneur pour d'Artagnan et pour Porthos ; aussi Porthos était-il transporté. Cependant, pendant toute la durée du repas, le digne gentilhomme parut tout préoccupé.

– Mais qu'aviez-vous donc, baron ? lui dit d'Artagnan en descendant l'escalier du Palais-Royal ; vous aviez l'air tout soucieux pendant le dîner.

– Je cherchais, dit Porthos, à me rappeler où j'ai vu ce mendiant que je dois avoir tué.

– Et vous ne pouvez en venir à bout ?

– Non.

– Eh bien ! cherchez, mon ami, cherchez ; quand vous l'aurez trouvé, vous me le direz, n'est-ce pas ?

– Pardieu ! fit Porthos.

Conclusion

En rentrant chez eux, les deux amis trouvèrent une lettre d'Athos qui leur donnait rendez-vous au *Grand-Charlemagne* pour le lendemain matin.

Tous deux se couchèrent de bonne heure, mais ni l'un ni l'autre ne dormit. On n'arrive pas ainsi au but de tous ses désirs sans que ce but atteint n'ait l'influence de chasser le sommeil, au moins pendant la première nuit.

Le lendemain, à l'heure indiquée, tous deux se rendirent chez Athos. Ils trouvèrent le comte et Aramis en habits de voyage.

– Tiens ! dit Porthos, nous partons donc tous ? Moi aussi j'ai fait mes apprêts ce matin.

– Oh ! mon Dieu, oui, dit Aramis, il n'y a plus rien à faire à Paris du moment où il n'y a plus de Fronde. Mme de Longueville m'a invité à aller passer quelques jours en Normandie, et m'a chargé, tandis qu'on baptiserait son fils, d'aller lui faire préparer ses logements à Rouen. Je vais m'acquitter de cette commission ; puis, s'il n'y a rien de nouveau, je retournerai m'ensevelir dans mon couvent de Noisy-le-Sec.

– Et moi, dit Athos, je retourne à Bragelonne. Vous le savez, mon cher d'Artagnan, je ne suis plus qu'un bon et brave campagnard. Raoul n'a d'autre fortune que ma fortune, pauvre enfant ! et il faut que je veille sur elle, puisque je ne suis en quelque sorte qu'un prête-nom.

– Et Raoul, qu'en faites-vous ?

– Je vous le laisse, mon ami. On va faire la guerre en Flandre, vous l'emmènerez ; j'ai peur que le séjour de Blois ne soit dangereux à sa jeune tête. Emmenez-le et apprenez-lui à être brave et loyal comme vous.

– Et moi, dit d'Artagnan, je ne vous aurai plus, Athos, mais au moins je l'aurai, cette chère tête blonde ; et, quoique ce ne soit qu'un enfant, comme votre âme tout entière revit en lui, cher Athos, je croirai toujours que vous êtes là près de moi, m'accompagnant et me soutenant.

Les quatre amis s'embrassèrent les larmes aux yeux.

Puis ils se séparèrent sans savoir s'ils se reverraient jamais.

D'Artagnan revint rue Tiquetonne avec Porthos, toujours préoccupé et toujours cherchant quel était cet homme qu'il avait tué. En arrivant devant l'hôtel de La Chevrette, on trouva les équipages du baron prêts et Mousqueton en selle.

– Tenez, d'Artagnan, dit Porthos, quittez l'épée et venez avec moi à Pierrefonds, à Bracieux ou au Vallon ; nous vieillirons ensemble en parlant de nos compagnons.

– Non pas ! dit d'Artagnan. Peste ! on va ouvrir la campagne, et je veux en être ; j'espère bien y gagner quelque chose !

– Et qu'espérez-vous donc devenir ?

– Maréchal de France, pardieu !

– Ah ! ah ! fit Porthos en regardant d'Artagnan, aux gasconnades duquel il n'avait jamais pu se faire entièrement.

– Venez avec moi, Porthos, dit d'Artagnan, je vous ferai duc.

– Non, dit Porthos, Mouston ne veut plus faire la guerre. D'ailleurs on m'a ménagé une entrée solennelle chez moi, qui va faire crever de pitié tous mes voisins.

– À ceci, je n'ai rien à répondre, dit d'Artagnan qui connaissait la vanité du nouveau baron. Au revoir donc, mon ami.

– Au revoir, cher capitaine, dit Porthos. Vous savez que lorsque vous me voudrez venir voir, vous serez toujours le bienvenu dans ma baronnie.

– Oui, dit d'Artagnan, au retour de la campagne j'irai.

– Les équipages de M. le baron attendent, dit Mousqueton.

Et les deux amis se séparèrent après s'être serré la main. D'Artagnan resta sur la porte, suivant d'un œil mélancolique Porthos qui s'éloignait.

Mais au bout de vingt pas, Porthos s'arrêta tout court, se frappa le front et revint.

– Je me rappelle, dit-il.

– Quoi ? demanda d'Artagnan.

– Quel est ce mendiant que j'ai tué.

– Ah vraiment ! qui est-ce ?

– C'est cette canaille de Bonacieux.

Et Porthos, enchanté d'avoir l'esprit libre, rejoignit Mousqueton, avec lequel il disparut au coin de la rue.

D'Artagnan demeura un instant immobile et pensif puis, en se retournant il aperçut la belle Madeleine, qui, inquiète des nouvelles grandeurs de d'Artagnan, se tenait debout sur le seuil de la porte.

– Madeleine, dit le Gascon, donnez-moi l'appartement du premier ; je suis obligé de représenter, maintenant que je suis capitaine des mousquetaires. Mais gardez-moi toujours la chambre du cinquième ; on ne sait ce qui peut arriver.

FIN

Printed in France by Amazon
Brétigny-sur-Orge, FR

16603991R00228